올림픽 마케팅

Olympic Marketing

by Alain Ferrand, Jean-Loup Chappelet and Benoît Séguin
Copyright © 2012 by Routledge
All rights reserved.

Korean Translation edition © 2014 by Dong-Yeon Press
Authorized translation from the English language edition published by Routledge,
a member of the Taylor & Francis Group, Abingdon, UK
Arranged by Bestun Korea Agency, Seoul, Korea

올림픽 마케팅
Olympic Marketing

알랭 페랑, 장-루프 샤플레, 브누아 세갱, 오지윤 함께 씀
오지윤 옮김

동연

나의 손녀 빅토리아Victoria와 손자 루이스Louis에게
— **알랭 페랑**Alain Ferrand

나의 아버지에게
— **장-루프 샤플레**Jean-Loup Chappelet

나의 가족 샹탈Chantal, 제네비에브Geneviève,
마크-안드레Marc-André 그리고 알렉산더Alexandre에게
— **브누아 세갱**Benoît Séguin

세상에서 가장 사랑하는 부모님께
— 오지윤

차례

그림 차례

도표 차례

○ 추천사

국제올림픽위원회International Olympic Committee는 올림픽 마케팅 프로그
램의 목적을 아래와 같이 정의한다.

- 올림픽 무브먼트의 독립된 재정 안정성을 확보하여 올림픽 무브
  먼트의 전 세계적 확산에 주력한다.
- 각 올림픽대회조직위원회에 의해 성공적으로 개발된 활동을 구축
  하여 각 올림픽대회의 마케팅 조직 재구축 필요성을 제기한다.
- 모든 올림픽 무브먼트를 통해 공정한 수입 분배를 확보하고, 개도
  국의 스포츠 활동에 대한 재정지원을 제공한다.
- 올림픽 이미지와 이상理想의 고유한 자산을 보호한다.

(IOC 2010a)

스포츠 세계가 주요 참여자들의 전문화로 인해 더욱 복잡해지고 있
기 때문에, 모든 스포츠 참여자들이 올림픽 마케팅과 이와 관련된 원칙
및 규정에 대한 지식을 강화할 필요가 증가하고 있다. 알랭 페랑, 장-루
프 샤플레, 브누아 세갱 그리고 오지윤은 학문적 지식을 바탕으로 주요
스포츠 이벤트의 관리와 마케팅 분야에서 탄탄한 실무 경험을 겸비한
진정한 전문가들이다.

이 책은 독자들에게 올림픽 시스템, 올림픽 자산, 권리 보호에 대해 자세하게 설명하고 있다. 또한 저자들은 공통되거나 상호 대립되는 복잡하고 다양한 이해관계자(국제올림픽위원회, 올림픽대회조직위원회, 국가올림픽위원회, 스폰서 등) 간의 복잡한 올림픽 마케팅 모델을 효과적으로 제시한다. 이를 통해 그들은 올림픽을 둘러싼 마케팅의 관계적 중요성을 부각시켰다.

올림픽 솔리다리티Olympic Solidarity의 지원으로, 전 세계 12개 대학에서 진행되어온 '올림픽 스포츠 최고 경영진 행정가 석사 과정Executive Masters in Sport Organizations Management'인 MEMOS의 이사로서, 나는 이 책이 올림픽 마케팅을 이해하는 데 초석이 될 것이라 확신한다. 따라서 이 책《올림픽 마케팅》은 스포츠를 공부하는 모든 학생은 물론이거니와 올림픽 스포츠 조직의 관리자와 실무자, 더 나아가 올림픽과 관련된 모든 이들에게 소중한 참고서가 될 것이다.

티에리 진츠Thierry Zintz

루뱅 가톨릭 대학 교수(벨기에)

벨기에올림픽위원회 부회장

MEMOS 이사

○ 추천사

참으로 시의적절한 책이다. 아니, 이미 나왔어야 했다.

스포츠와 그것의 구조 및 운영, 경제적인 그리고 기타 기회의 개발과 관련 선두주자들의 성공과 실패를 다룬 많은 책들이 있다. 그 책들은 '입문용'이거나 '사건사고 기록', '천상천하유아독존'식의 내용들이다. 하지만 이들 대부분은 역사적 사실을 열거한 것이거나 상상의 소산물일 뿐이어서, 진지한 분석이 결여되어 있으며 국수주의적이다. 작금의 세계에서 스포츠는 경제적, 행위적 측면만이 아니라, 사회 질서의 일부분으로서 그것이 어떻게 작용하는지를 이해하는 측면에서도 그 중요성을 인정받고 있다. 이러한 이해를 이끌어내려면 단순한 이야기식 서술로는 어려우며 기존에는 없던 다른 분석이 필요하다.

스포츠의 많은 범주는 현실적 실험의 연속된 시행착오를 드러내는 데 머물지 않고 좀 더 여러 측면에서 도출된 경험적 진화를 반영하고 있다. 이러한 진화의 일부는 (종종 엄청난 몽상이라도 넘어설 만큼) 성공하고 일부는 실패하기도 하며, 이따금 성패를 오가며 짜릿한 드라마를 연출할 때도 있다. 원래 예측 불가능한 영역이기 때문에 초기 선두주자들에게는 따를 지표가 없었다. 따라서 그들은 남들이 만든 길이 아닌 새로운 길을 스스로 개척하게 되었고, 그 영역을 발전시키기 위해서는 운에 기대기보다 원칙을 따르는 것이 훨씬 생산적이었다. 일종의 조직적·경제적 다윈주의Darwinism는 그들이 해야 했던 것과 하지 말아야 했던 것을 유형화하여 더욱 분석적으로 인식하도록 하는 데 어느 정도 도움을 주었다. 하지만 대체적으로 초기 개척자들은 향후 참고할 만한 신뢰도 있는 원칙은 물론이고 코앞의 미래에 대해서도 그들을 이끌 수 있는 초보적인 구조라도 만들 시간과 필요한 기술을 갖추지 못했다.

이러한 엄청난 규모의 기능적 분석은 전체적이고 통제된 접근법을 필요로 한다. 즉, 방대한 데이터에서 중요한 요소들을 선별하기가 그것이다. 확정된 결과들 및 모든 추정 상황에서 바로 증명될 수 있는 결과물들을 확인하기 위하여 스위스와 프랑스, 캐나다 그리고 한국 출신인 저명한 학자와 실무자 넷이 합심을 했다. 그들은 각각 스포츠에 대한 독특한 관점을 갖고 있으나 함께 머리를 맞대고 연구를 했기에 재능을 잘 모을 수 있었다. 그 결합에 의해 제각각 빛을 발하게 된 관점으로 제공하는 저 나름의 주제에 대한 학술적 연구로 학자들과 학생들, 실무자들, 관련 기관이나 입법자들에게 가장 주목을 받을 만한 뛰어난 연구서를 만들어냈다.

이 책 저변에 깔린 주제 접근법은 어떤 면에서는 장-루프 샤플레의 저서인 *The Olympic System*(1991)의 독창적인 기여에 바탕을 둔 것이 분명하다. 사마란치 IOC 전 위원장은 이 책을 '올림픽 무브먼트에 대한 최고의 독립적인 분석'이라고 평가한 바 있다. 불가피한 배후 사정의 불협화음에서 물러나서 각 요소의 필수 요건을 확인하고 각각의 역할과 위치를 결정하기, 다른 반응에 대한 효율성을 평가하는 것, 분석적 접근법을 제시하는 것, 결과를 평가하여 고려될 수 있는 추가적 사실을 확인하는 것은 식견 있는 학자들에게 적합한 역할이다. 이 책은 학자들의 역할이 어떻게 잘 수행되었고 스포츠의 연구에 학문적 기여가 그토록 중요한 이유를 보여주는 증거이다.

이 책은 아주 체계적이다. 또한 오늘날의 스포츠 및 예견 가능한 미래와 연관하여 고려사항들을 다양하게 다뤘다. 책의 내용은 기존의 분석을 검토하는 차원에서 포괄적이다. 한편 다행히도 어떤 사람이 사소한 문제에 대해서도 해당 주제에 대한 모든 내용을 읽어봤는지를 증명해야 하는 현재의 고달픈 학문적 경향을 따르고 있지 않다. 중요한 기고문들은 특별한 접점을 추구하고 적절한 수준의 학문적 엄정함을 증명하고자 하는 학자들에게 안내 역할을 할 수 있도록 충분히 검증되었다.

이 책은 우리 시대의 스포츠에 영향을 미치는 중요한 사항들을 고려할 때에 견고한 기초를 제공할 것이다. 미래의 추세와 도전뿐만 아니라 스포츠의 영향력이 작용하거나 하지 않은 까닭과 그 이유가 무엇인지에 대한 이해할 수 있는 원칙적인 이해를 포함하고 있다. 이것은 스포츠 마케팅의 역사적 분석과 평가에 요긴하게 사용될 것이다.

저자들이 보여주는 개념과 사려 깊은 연구를 한 노력, 스포츠의 보편적 본질에 대한 인식(그들의 국제적 협력을 통한) 그리고 그들이 도달하고 제시한 결론에 이르기까지 적용했던 공정한 방식에 경의를 표한다.

2011년 10월 몬트리올에서
리처드 파운드Richard W. Pound
캐나다 IOC 위원
IOC 부회장(1987-1991, 1996-2000)
IOC 마케팅위원회 회장(1982-2001)
WADA 회장(1999-2007)

한국의 독자들에게

2011년 7월 11일 남아프리카공화국 더반에서 열린 제123회 IOC 총회에서, 한국의 평창은 독일 뮌헨(25표)과 프랑스 안시(7표)를 제치고 첫 라운드에서 63표를 받아 제23회 동계올림픽의 개최 도시로 최종 선정되었다. 1988년 서울에서 하계올림픽이 개최된 이래 30년 만에 다시 한국에서 올림픽이 개최되는 것이다. 이로써 한국은 독일과 캐나다, 미국, 프랑스, 이탈리아, 일본에 이어 하계올림픽과 동계올림픽을 모두 개최한 7번째 국가가 되었다.

평창의 올림픽 마케팅은 정부와 국민들로부터의 적극적인 지지를 이끌어낸 강력하고 감동적인 프로젝트를 통해 동계올림픽을 성공적으로 유치하는 데 기여해왔다. IOC 자크 로게Jacques Rogge 위원장은 개최 도시 발표 직후의 기자 회견에서, "평창의 감동적인 프로젝트는 동계올림픽에 참여한 모든 이들의 심장이 고동치는 소리를 깊은 산 속에 울려 퍼지게 할 것이다. 또한 평창이 아시아의 새로운 동계스포츠 허브로 발돋움함으로써, 한국은 우수성, 우정, 존중이라는 올림픽의 가치를 경험한 선수들과 젊은 세대들이 국내에서 동계스포츠를 즐기고, 그들이 '올림픽 드림'을 추구하도록 해주는 귀중한 유산을 갖게 될 것이다. 평창이 2018년 동계올림픽 개최지로 선정된 것을 진심으로 축하하며, 우리 IOC는 앞으로 7년 동안 평창과 함께 일하고 협력하게 된 것에 큰 기대를 하고 있다"라고 언급했다.

마케팅은 원활한 조직운영과 올림픽 게임 유산을 위해 매우 중요한 활동이다. 평창동계올림픽조직위원회POCOG는 적절한 마케팅 전략의 개발이 대회의 성공적 개최를 위해 아주 중요한 전략이라는 점을 분명히 했다. IOC와 POCOG가 체결한 마케팅 플랜 협약Marketing Plan Agreement, MPA에는 마케팅 프로그램과 관련된 이해관계자들이 지켜야 할 의무사항을 구체적으로 적시하고, 올림픽 경기와 관련된 모든 파트들이 올림픽 마케팅 원리를 명확하게 이해하고 '올림픽 무브먼트'의 순수성과 이미지를 지키고 보존할 것을 서약하는 내용이 담겨 있다. 대회조직위원회의 운영예산은 IOC의 분담금과 함께 주로 기업들의 후원금으로 조성되기 때문에, 강력한 마케팅 프로그램은 특히 중요하다.

2013년 1월 30일, IOC와 POCOG은 본격적인 마케팅 활동, 특히 국내 파트너를 모집할 수 있는 MPA를 체결했다. 축하연 자리에서 자크 로게 위원장은, "오늘의 MPA 체결은 조직위원회가 마케팅 활동을 시작할 수 있는 완전한 자격을 얻은 것을 기념하는 자리이다"라고 소감을 밝혔다. POCOG의 김진선 위원장도 MPA 체결은 앞으로의 POCOG 마케팅 활동의 기초가 될 것이라고 강조했으며, '2018평창'의 마케팅 프로그램은 올림픽 경기를 후원할 국내 파트너들을 확보하기 위한 노력에서 시작될 것이라고 덧붙였다.

그 결과, POCOG은 국가올림픽위원회NOC, 국제스포츠연맹IF, 올림픽대회조직위원회OCOG, TOP 파트너, 방송사, 국내 가맹경기단체, IF와 NOC 관련 임직원들과 단체 그리고 선수 등 수 많은 이해관계자들을 아우르는 올림픽 전체 시스템의 중심에 있는 IOC 최고의 권위 아래 마케팅 활동을 시작할 수 있게 되었다.

올림픽 시스템의 중요한 요소들 대부분과 거의 모든 수입은 수많은 상징들과 그것을 상품화한 물건들, 올림픽의 전통들과 호칭들에 대한 관리와 마케팅에서 나오는데, 그중 가장 잘 알려진 것은 5개의 대륙을 상징화한 오륜과 '올림픽대회Olympic Games'라는 문구이다.

올림픽 시스템의 주요 이해관계자들은 상호 연결된 네트워크 속에서 큰 부분을 차지하고 있다. 이들의 목표는 올림픽 정신을 전파하는 것이며, 올림픽 정신은 올림픽 헌장에 따라 크게 2가지로 정의된다: (1) 올림픽 정신은 인간 신체의 질적 균형과 조화를 함양시키는 삶의 철학이다. 문화와 교육이 조화된 스포츠로서 올림픽 정신은 노력의 기쁨과 교육적 가치를 가지고 있으며 윤리를 기본 원칙으로 인간의 삶의 길을 추구하는 것이다. (2) 올림픽 정신의 목적은 스포츠를 통하여 인간의 균형 발전에 기여하고 인간 존엄성을 유지하고 평화로운 사회를 증진시키는 데 있다.

올림픽 정신은 우수성과 존중, 우정이라는 세 가지 가치를 기반으로 한다. 올림픽 무브먼트와 그의 파트너들은 상호 협력하여 이러한 올림픽 가치를 삶에 실현하고자 한다. 상호의존적이고 협조적인 마케팅 활동은 이러한 가치 실현에 기여한다. 이러한 활동은 관중들이 개인, 단체 또는 전체 사회의 이익을 위한 행동을 자발적으로 수용하거나 거절, 수정 또는 포기하도록 하는 것을 목표로 한다. 마케팅 이해관계자들의 체제는 사회적 지향성과 관련된다.

이러한 마케팅의 방향성은 사회 변화에 기여한다. 그것은 그들의 파트너와 대중들이 포함된 다양한 올림픽 무브먼트 이해관계자들의 세계에 대한 관계성 의식에 입각해야만 한다. 우리의 삶에서 올림픽 가치에 따라 그들의 행동을 바꿀 수 있도록 의식하게 그들을 이끄는 것은 매우 복잡한 과정이다. 그것은 IOC가 오랫동안 추구해왔던 야심찬 목표와도 부합한다. '스포츠를 통해 더 나은 세상을 건설하는 것', 그것이 바로 올림픽 마케팅 활동이 점점 더 이해관계자들-마케팅 패러다임으로 나누어지는 이유이다. 이러한 개념 아래, 조직운영의 기본적인 책임은 가치창출 과정으로부터 어느 조직의 이해관계나 또는 어떤 이해관계자들도 배제하지 않고 최대한 많은 가치를 창출하는 것이다. 이것이 올림픽 마케팅에 활력과 통합을 가져온다.

이 책은 런던 올림픽 개최 몇 개월 전에 출판되었으며, IOC의 고급 스포츠 행정가 과정인 Executive Masters in Sport Organisations Management(MEMOS)와도 밀접한 연관이 있다. 이 책은 국내외 스포츠 조직에서 일하고 있는 이들과 스포츠에 관심이 많은 모든 이들에게 도움을 주고자 출판되었다. 국제올림픽위원회, 올림픽 솔리다리티, 그리고 유럽올림픽위원회가 1994년부터 시작된 이 계획에 큰 도움과 협조를 아끼지 않고 있다.

MEMOS 과정은 올림픽 조직 내에서 분석하고 활동할 수 있는 특정 콘텐트 발전에 기여하는 배움 공동체를 창설했다. 이 책은 MEMOS의 교수 3명과 졸업생 한 명이 함께 만든 것이다. 오지윤 씨는 2011-2012년에 제15기 MEMOS 프로그램에 참석하여 동양인 최초로 최고상인 알베르토 마델라Alberto Madella 상을 수상했다. 그녀의 참여와 도움 없이는 이 프로젝트가 성사될 수 없었기에 다시 한 번 그녀의 노고에 진심으로 경의를 표한다.

마지막으로, 우리는 마케팅 윤리의 중요성을 다시 한 번 강조하고자 한다. 이것은 진정한 가치를 우리 곁의 보다 가까운 곳으로 가져와, 우리가 일상적 행동과 타인들과의 관계 속에서 윤리를 실천할 수 있도록 이끌어줄 것이다.

성공적인 2018평창동계올림픽대회 개회를 기원하며
알랭 페랑, 장-루프 샤플레, 브누아 세갱

소개글

리사 베어드Lisa Baird
(미국올림픽위원회의 최고 마케팅 책임자)

마케팅 전문가와 학자들의 협력으로 만들어진 이 책은 스포츠 마케팅의 바탕이 되는 주요 개념을 설명하고 있다. 저자들은 목적과 자원 및 내용의 기능을 통해 어떠한 행위를 할지 결정할 때 쓸 수 있는 실질적 도구를 실무자들에게 제공하기 위해 인간행동학적 접근법Praxeorogical Appoach을 적용했다. 또한 이 책은 '어떻게 생각해야 하는가?' 그리고 '무엇을 해야 할까?'라는 근본적 질문에 답할 수 있는 힌트를 제공하여 그들의 행위에 효율성을 더하게 했다.

　이 책은 미국올림픽위원회United States Olympic Committee, USOC의 최고 마케팅 책임자이자 뛰어난 전문가 리사 베어드Lisa Baird의 소개로 시작한다. 그녀의 실무적인 시각은 올림픽 마케팅의 '내부적 작업'에 대한 독특한 직관과 이 책에서 표현된 프레임 워크에 훌륭한 보완점을 제공한다. 리사의 소개 글은 그녀의 경험과 주요 성공 요인을 설명하고 USOC가 당면한 도전을 표현하며, 이를 통해 발전시킨 올림픽 이해관계자 간의 상관성을 소개하고 있다. 우리는 실무자들이 마케팅의 효율성을 높이고자 할 때 전문적 환경이 진화하는 것을 고려해서 그 과정을 지속적으로 평가할 필요가 있다는 걸 증명해준 그녀의 공헌에 감사를 표시하고자 한다.

리사 베어드는 2009년 1월부터 USOC의 최고 마케팅 경영자로 부임했다. 그녀는 USOC의 마케팅과 스폰서십 판매, 이벤트 및 소비자 제품 부서를 관할했다. USOC에 합류한 이래, 그녀는 가장 도전적인 마케팅 시장(미국)에서 새로운 사업 영역을 넓혀가고 14개의 신규 스폰서와 1억 달러 이상의 계약을 체결했다.

2005년부터 2007년까지 리사 베어드는 NFL의 마케팅 및 소비자 제품 부문 부사장을 역임하면서 소비자 제품, 직접 마케팅, E-커머스, 엔터테인먼트 마케팅 및 광고 프로그램을 담당했다. 그녀는 소매 판매 분야에서 총 30억 달러에 달하는 라이선스 사업을 관장했다.

1999년부터 2005년까지 리사 베어드는 광고 부문 부사장으로 IBM에서 일했고, 그 후에는 수석 부사장으로 글로벌 마케팅 커뮤니케이션 부문을 담당했다. IBM 이전에 리사 베어드는 제너럴 모터스, 워너 램버트, 존슨 앤 존슨 및 프록터 앤 갬블(P&G)에서 마케팅을 담당했다.

배경

미국은 올림픽 무브먼트에서 길고 풍부한 역사를 가지고 있다. 미국은 거의 모든 동·하계올림픽에 대표선수단이 참가했으며, 19세기부터 세인트루이스를 기점으로 총 7회의 올림픽을 개최했다. 또한 올림픽은 1억 3천만 명이 넘는 미국인이 시청할 만큼 미국에서 가장 강력한 스포츠 이벤트로 꼽힌다.

올림픽 경기의 인기는 점차 증가하고 있으나 최근 미국의 스폰서십 시장은 2008년 경제 위기의 후폭풍으로 타격을 받고 있으며, 경기 회복도 들쑥날쑥하여 기업들의 스폰서십 시장에 영향을 미치고 있다. 또한 미국에서는 프로야구, 미식축구, 하키 그리고 축구가 올림픽과 함께 인기 성장세 면에서 확고하다.

USOC의 미션은 올림픽 이상理想을 보전하면서 올림픽과 패럴림픽 선수들이 경기에서 지속적으로 우수한 성적을 얻을 수 있도록 지원하여, 이를 통해 모든 미국인의 자부심을 고취시키는 것이다. 1978년 11월 아마추어 스포츠 법Amateur Sports Act에 근거해 올림픽 관련 국제 경기에 미국 선수들을 파견하기 위한 비영리 조직 기구로 USOC가 특별히 인정되었다. 또한 정부예산을 받지 않기 때문에 거의 전적으로 개인이나 기업 후원금으로 운영된다. 아마추어 스포츠 법에 의거하여 USOC는 올림픽 무브먼트를 지원할 수 있는 수입을 창출하기 위해 올림픽 및 패럴림픽 상표에 대한 사용권을 미국 영토 내에서 독점으로 행사한다.

개괄

미국은 세계에서 손꼽히는 경쟁적인 스포츠 시장이다. 미국은 미국 프로 미식축구연맹NFL, 프로골프협회PGA, 미국프로농구협회NBA, 북미하키리그NHL, 미국테니스오픈US Tennis Open, 마스터즈Masters 그리고 젊은 소비자를 상대로 한 온라인 게임과 같은 유명한 세계 스포츠 이벤트들의 근거지이다. 스포츠 시장이 고도로 발전하고 성숙할수록 스포츠 미디어 시장의 중계권에 대한 주요 중계권자들의 경쟁은 심화된다. 각 경기 종목별로 특정 스포츠팬들을 타깃으로 정하고 있어 스폰서십 금액에 대한 경쟁은 매우 치열하다. 이러한 경쟁시장에서 올림픽 경기와 국가대표Team USA는 매력도 면에서 고도로 차별화되었다. USOC의 최근 연구는 스포츠 열성 팬들이 있는 팬 세분화(그림 1)를 통해 거대하고 열성적인 올림픽 팬을 구체적으로 보여준다. 올림픽과 연관되어 있다는 것은 가치 제안value proposition 면에서 의미가 프로 스포츠와는 다르다. 즉, 올림픽 무브먼트의 핵심 가치 측면인 민족주의는 올림픽 선수들에게는 고도의 영예이며 미국인들에게 고도의 관심사가 된다.

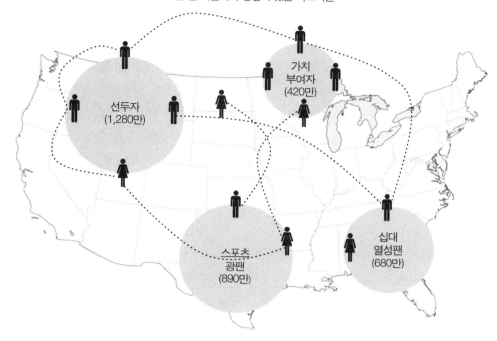

올림픽 팬 세분화

핵심 팬 세분화와 영향력 있는 파트너들

선두자
(1,280만)

가치
부여자
(420만)

스포츠
광팬
(890만)

십대
열성팬
(680만)

〈그림 1〉 USOC 올림픽 팬 기반과 올림픽 팬 세분화

올림픽 브랜드

올림픽 브랜드의 강력함과 고매함은 미국 스포츠 시장에서 가장 강력한 요소이다. 브랜드의 지명도는 올림픽이나 패럴림픽 선수 모델에 따라 좌우되는데, 그만큼 미국에서는 올림픽(패럴림픽) 선수가 롤 모델로 존경을 받는다. 올림픽 선수와 국가대표에 대한 존경은 인지도를 제외한 거의 모든 부분에서 다른 대회의 선수들보다 결과가 높게 나타난다(그림 2).

Q. 다음 문장들은 다양한 스포츠를 대표하고 있습니다. 이 문장들과 연관된다고 생각하는 스포츠에 표기를 해주세요.

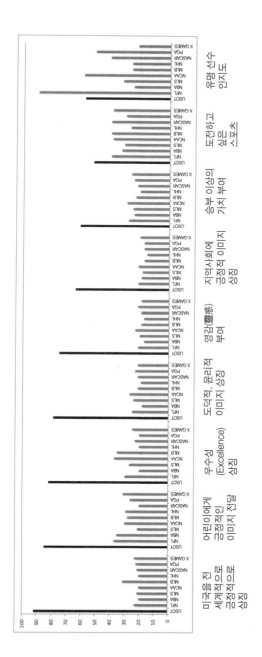

〈그림 2〉 올림픽에 대한 소비자의 긍정적 인식(출처: 2010 USOC Brand Tracker)

〈그림 3〉 미국올림픽위원회 엠블럼

2009년, USOC는 엠블럼을 새롭게 디자인하면서 브랜드 구조의 전반적인 재정립을 시작했다. 올림픽 헌장을 준수하면서 다시 디자인한 USOC 엠블럼은, USOC의 이미지를 한층 강화하고, 현대적이고 유행에 민감하지 않으며 표준화된 브랜드의 등급 및 구조를 소개할 기회였다. 그 핵심적 목표의 하나는 애국심을 고취하기 위해 미국에서 가장 인지도 높은 아이콘인 미국 국기를 활용하고 패럴림픽 로고에 대한 인식을 올림픽 엠블럼의 지명도와 동일한 수준으로 상향시키는 것이었다(그림 3). 엠블럼은 주요 미국 소매상에게 국가대표가 갖는 호소력에 편승하여 연중 상시적으로 판매할 수 있는 상품들을 확대하기 위한 기반이 될 것이다. 사용허가권 사업은 USOC의 수입에 새로운 재원을 제공함과 동시에 미국 올림픽 팬과의 강력한 브랜드 접점이 된다.

마케팅 개괄

USOC 마케팅 전략의 핵심은 브랜드에 있다. 브랜드의 인지도를 높이고 현재와 미래의 팬들 사이에서 브랜드에 대한 관심과 참여도를 높이는 것이 USOC의 기본 목표이다. 연구 결과에 따르면 브랜드에 대한 관심은 선수들과 그들의 역사, 이야기 그리고 성취에 대한 관심에서 나온다. 비록 USOC의 방송 파트너인 Comcast/NBC가 방송 중계를 촉진하기 위한 동력의 일환으로 선수들을 홍보하는 데 중요한 역할을 수행하지만, USOC가 미래의 팬들을 육성하는 것뿐만 아니라 현재 팬들의 관심과 참여를 이끌기 위한 고유의 플랫폼을 개발하는 것 역시 중요하다.

USOC 브랜드 전략의 두 번째는 브랜드 이미지를 제고하는 것이다. 미국 올림픽 및 패럴림픽 선수들에 대한 마케팅과 홍보 노력을 기울임으로써, 우리는 우리의 자산을 선수들에 대한 소비자들의 인지도에 기반한 다른 자산들과 차별화할 수 있었다. 올림픽 대표팀의 자격조건을 부여하는 경기인 올림픽 선발전 및 디지털 미디어 플랫폼들, 올림픽 유망주 특집 프로그램 등은 모두 미국의 올림픽 브랜드 이미지를 강화하고 팬들 사이의 유대감을 구축하는 역할을 담당한다. 또한 올림픽 출전 선수들의 홍보는 경기 시점에서 중요한 마케팅 활동이 된다. 미국 올림픽 선수들은 국민들에게 자부심과 애국심을 일깨워줄 수 있기 때문에, USOC는 7월 4일 미국독립기념일과 같은 애국적 주제의 행사 등에 올림픽 유망주들을 연계시키는 방안을 찾는다. 판매 문제에서 우리는 선수들의 독특한 프로필과 올림픽 게임에 관심 있는 국내의 폭넓고 다양한 팬 층을 포함하여 프로 스포츠와는 다른 우리 자산의 차별화된 특징을 부각시킨다. 예를 들면 우리 팬들의 절반 이상은 여성이며 이는 여성 구매자에게 호소하고자 하는 스폰서들에게는 큰 경쟁력을 가진다.

브랜드 가치를 증대하는 것이 우리 마케팅 전략의 세 번째 목표이며, 이것은 우리가 스폰서와 정부 기관에 이득을 줄 수 있는 플랫폼을 개발할 필요가 있음을 의미한다. 이는 시장에서 지속으로 혁신을 하고 있는 프로 스포츠와 경쟁하기 위해서 중요하다. 우리는 사용허가권 사업을 확충하고 모든 관련 당사자들에게 이익이 되는 프로그램을 활성화하는 데 국내 조직 기구들을 개입시킴으로써 이를 이행하고 있다.

브랜드 관심 증가	브랜드 이미지 제고	브랜드 가치 증대
참여 증대 · 팬층 강화	올림픽 선수 인지도 제고 · 리더십 유지	파트너에게 브랜드 가치 증대 · 신규 매출 증대
Team USA 브랜드 강화 Team USA 팬 및 서포터 충성도 강화 소비자와 올림픽 연계	Team USA 올림픽 선수 마케팅 및 홍보 강화 올림픽 충성도 및 가치의 위상 강화 다양한 권리 개발	스폰서의 신규 플랫폼 개발 및 지원 Team USA 라이선싱 혁신제품 개발 비영리 단체와 윈-윈 전략 개발

〈그림 4〉 마케팅 목표와 전략 2011-2012

요약과 전망

미국에서 올림픽 가치제안value proposition 마케팅은 다양한 측면 전략을 요구한다. 팬 층과 시장 잠재력을 이해하고 파악하는 것은 중요한 요소이다. 이것은 핵심 고객을 정의할 뿐 아니라, 판매 대상인 타깃 고객에 도달할 수 있는 기부자나 스폰서를 잠재적 고객으로 정의한다. 브랜드 파워의 성장은 마케팅의 의무이다. 브랜드 매니지먼트—상표, 메시징, 라이선싱, 상표권의 관리—는 성공적인 스포츠 재산의 초석이 된다. 스폰서 혹은 방송 중계권사가 우리의 엠블럼을 사용하기 위해 지불하는 돈은 투자와 같으며 장기적으로는 지급 받을 수 있는 배당금(강력한 이미지 구축)이다. 엠블럼을 구축하는 것에 투자하는 만큼, 강력한 안티 앰부시anti-ambush 정책을 포함한 강력한 브랜드 보호 프로그램을 구축하는 것도 중요하다. 마지막으로, 마케팅 전략과 프로그램을 통해 기업 브랜드 이미지 제고, 팬 층 확대가 가능하며 이는 기업 파트너들을 유치하고 디지털 미디어 또는 라이선싱 제품을 통한 새로운 수익 창출 기회도 제공할 것이다.

향후 올림픽 시장에서 국가올림픽위원회NOC가 더 핵심적인 역할을 하게 될 것이다. 기존의 스폰서십과 중계권 계약을 넘어선 새로운 수익 창출에 지속적인 혁신이 예상된다. 이것은 후원하는 팀들의 경쟁 비용이 증가하고 있기 때문에 중요하다. 더 많은 국가들이 새로운 팬들과 스폰서를 매료할 수 있는 디지털 미디어 플랫폼과 프로그램에 투자할 것이다. 디지털 세계에 진입함으로써 어떤 국가라도 기존 매체보다 훨씬 저렴한 비용으로 질적으로 우수한 팬들을 만들 수 있으며 선수들과 경기를 홍보할 수 있다. 또한 NOC는 팬들을 관리하며 데이터베이스화하여 직접적인 마케팅을 할 수 있는 역량을 개발하여 올림픽 스포츠팬들에게 다양한 권리를 제공할 수 있을 것이다. 마지막으로 우리는 NOC들의 마케팅 사례를 공유함으로써 서로에게서 배우고 경험을 나눌 수 있는 협력관계를 증대할 수 있을 것이다.

약어표

NOC 관련 기구

약어	정식 명칭	국 문
ANOC	Association of National Olympic Committees	국가올림픽위원회연합회
ANOCA	Association of National Olympic Committees of Africa	아프리카국가올림픽위원회연합
PASO	Pan-American Sports Organisation	전미스포츠기구
OCA	Olympic Council of Asia	아시아올림픽평의회
EOC	European Olympic Committees	유럽올림픽위원회
ONOC	Oceania National Olympic Committees	오세아니아국가올림픽위원회

올림픽 종목 단체

동계 종목

약어	정식명칭	국문
AIOWF	Association of the International Olympic Winter Sports Federations	동계올림픽국제연맹총협회
IBU	International Biathlon Union	국제바이애슬론연맹
FIBT	International Bobsleigh and Tobogganing Federation (Fédération Internationale de Bobsleigh et de Tobogganing)	국제봅슬레이스켈레톤연맹
WCF	World Curling Federation	국제컬링연맹
IIHF	International Ice Hockey Federation	국제아이스하키연맹
FIL	International Luge Federation (Fédération Internationale de Luge de Course)	국제루지연맹
ISU	International Skating Union	국제빙상연맹
FIS	International Ski Federation (Fédération Internationale de Ski)	국제스키연맹

하계 종목

약어	정식명칭	국문
ASOIF	Association of Summer Olympic International Federations	하계올림픽국제연맹 총협회
FINA	International Swimming Federation (Fédération Internationale de Natation Amateur)	국제수영연맹
FITA	International Swimming Federation (Fédération Internationale du Tir l'Arc)	국제양궁연맹
IAAF	International Association of Athletics Federations	국제육상경기연맹
BWF	Badminton World Federation	국제배드민턴연맹
FIBA	International Basketball Federation (Fédération Internationale de Basketball Amateur)	국제농구연맹
AIBA	International Boxing Association (Association Internationale de Boxe Amateur)	국제복싱연맹
ICF	International Canoe Federation	국제카누연맹
UCI	International Cycling Union (Union Cycliste Internationale)	국제사이클연맹
FEI	International Equestrian Federation (Fédération Equestre International)	국제승마연맹
FIE	International Fencing Federation (Fédération International d'Escrime)	국제펜싱연맹
FIFA	International Association Football Federation (Fédération Internationale de Football Association)	국제축구연맹
FIG	International Gymnastics Federation (Fèdèration Internationale de Gymnastique)	국제체조연맹
IHF	International Handball Federation	국제핸드볼연맹
FIH	International Hockey Federation (Fédédration Internationale de Hockey)	국제하키연맹
IJF	International Judo Federation	국제유도연맹
UIPM	International Union of the Modern Pentathlon(Union Internationale de Pentathlon Moderne)	국제근대5종연맹
FISA	International Rowing Federation (Fédération Internationale des Sociétés	국제조정연맹

	d'Aviron)	
ISAF	International Sailing Federation	국제요트연맹
ISSF	International Shooting Sport Federation	국제사격연맹
ITTF	International Table Tennis Federation	국제탁구연맹
WTF	World Taekwondo Federation	세계태권도연맹
ITF	International Tennis Federation	국제테니스연맹
ITU	International Triathlon Union	국제트라이애슬론연맹
FIVB	International Volleyball Federation (Fédération Internationale de Volleyball)	국제배구연맹
IWF	International Weightlifting Federation	국제역도연맹
FILA	International Federation of Associated Wrestling Styles(Fédération Internationale des Luttes Associées)	국제레슬링연맹

기타

약어	정식명칭	국문
CAS	Court of Arbitration for Sport	스포츠중재재판소
CGF	Commonwealth Games Federation	영연방경기대회연합
CIJM	International Committee of Mediterranean Games	국제지중해대회위원회
CISM	International Military Sports Council	세계군인체육회
FISU	International University Sports Federation	국제대학스포츠연맹
IF(s)	International Federation(s)	국제경기연맹
IOA	International Olympic Academy	국제올림픽아카데미
IPC	International Paralympic Committee	국제장애인올림픽위원회
JMPA	Joint Marketing Programme Agreement	공동마케팅 프로그램 협약서
MEMOS	Executive Masters in Sport Organisations Management,	고급 스포츠 행정가 석사
NOC(s)	National Olympic Committee(s)	국가올림픽위원회
OGKS	Olympic Games Knowledge Management Programme	올림픽대회 정보서비스
TAFISA	Trim & Fitness International Sport for All	세계생활체육연맹
WOA	World Olympians Association	세계올림피언협회
WADA	World Anti-Doping Agency	세계반도핑기구

서문

올림픽은 스포츠의 글로벌 아이콘이다. 이 종합 스포츠 경기는 2년마다 하계올림픽과 동계올림픽을 번갈아 개최하며 세계 최고의 선수, 수백만의 팬과 관광객, 수십억 명의 전 세계 텔레비전 시청자를 끌어 모은다. 올림픽이 세계에서 가장 강력한 브랜드와 연결되고자 하는 기업이나 다른 이해관계자들에게 호소력을 가지는 이유는 이러한 거대한 잠재 고객 때문이다. 따라서 세계 각국의 기업들은 올림픽 경기, 올림픽 선수, 성화 봉송, 국가올림픽위원회NOC, 그리고 이해관계자들과 올림픽 시스템의 자원들을 후원함으로써 올림픽에 투자하고 있다. 1984년부터 올림픽 마케팅 프로그램은 수십억 달러의 현금, 현물 수익을 창출하고 있다. 이는 1894년 올림픽 경기의 부활 이후 IOC와 올림픽 무브먼트가 극복해야 했던 많은 문제를 고려하면 놀라운 성과이다. 이 장에서는 주로 방송 중계권과 스폰서십을 통해 올림픽 마케팅을 개발하는 방법에 대한 역사적 관점을 제시하고, 올림픽 시스템 내에서 올림픽 마케팅이 가지는 힘을 설명한다. 또한 올림픽 마케팅의 다양한 모델과 이 책의 구조를 소개한다.

올림픽 마케팅: 1896년-1984년

바론 피에르 쿠베르탱Baron Pierre de Coubertin은 올림픽이 스포츠를 통해 신체적 활동과 문화와 예술을 찬양하고, 국제 교류를 증진시켜 인류의 이상理想이 더 높이, 더 멀리, 더 빨리 도달할 수 있도록 고취하는 넓은 범위의 사회적 무브먼트를 확립하고자 했다. 또한, 그는 올림픽의 이상이 상호간의 이해, 우정 및 인내심과 같은 보편적 가치를 증진시킬 수 있다고 확신하는 한편, 이를 통해 더 나은 그리고 더 평화로운 세상을 만드는 데에도 기여할 수 있을 것이라 믿었다(Muller 1986). 그는 이러한 올림픽의 성공 여부는 다양한 이해관계자들이 그의 아이디어를 구매하게 만드는 일에 달려 있다고 생각했다. 이에 따라 그는 IOC 위원으로 명망 있는 사람을 불러 모으는 것, 다양한 국가로부터 스포츠 지도자/스포츠 연맹의 참여를 얻어내는 것, 경기 개최에 정부의 지원을 얻어내는 것 그리고 학교 스포츠를 발전시키는 것, 경기를 위해 기부자(민간, 공공, 개인)를 참여시키는 것, 뉴스를 전파하고 경기에 대한 관심을 갖게 만드는 방송사의 지원을 받는 것, (아마추어 규율을 준수하면서) 최고의 선수들이 참여하여 경쟁하는 것, 그리고 올림픽의 이상을 대중에게 호소하는 것에 많은 초점을 두었다. 쿠베르탱은 그의 노력이 마케팅이라고는 생각하지는 않았지만, 아주 초창기 때부터 하나 혹은 그 이상의 마케팅 개념이 올림픽 무브먼트의 중요한 역할을 담당했다. 1896년 아테네에서 열린 첫 번째 근대 올림픽 경기에서는 우표, 티켓, 기념주화, 광고 및 개인 기부를 포함한 다양한 자원을 활용해 재원을 조달했다. 그리스의 자선가인 조지 아베로프George Averoff는 근대 올림픽 경기장인 파나테나익Panathenaic 스타디움의 재건에 39만 달러를 기부했고, 그리스 정부는 첫 번째 올림픽 경기 기념우표 시리즈를 발행했다(O'Reilly & Séguin 2009).

하지만 올림픽 무브먼트에 대한 진정한 마케팅의 시작은 1912년 스톡홀름 올림픽에서 시작되었다고 본다(Landry & Yerlès 1996). 올림픽대회조직위원회Organizing Committee of the Olympic Games, OCOG의 수입은 공공기부(스톡홀름 주와 시), 스폰서십 프로그램 및 체육 증진을 위한 스웨덴중앙협회Swiss Central Association가 관리하는 복권을 포함한 다양한 자원으로부터 조달되었다(Landry & Yerlès 1996). OCOG의 마케팅 프로그램에 부가된 사항 중 주목할 만한 계기는 독점적인 사진 촬영권과 기념품 프로그램의 판매이다(O'Reilly & Séguin 2009). 1912년 올림픽의 성공에도 불구하고 쿠베르탱은 경기를 주최하는 비용의 증가, 과도한 상업화와 많은 국가에서 '올림픽 게임Olympic Games'이라는 타이틀이 무분별하게 남용되는 것을 우려했다(Martyn 1996). 이러한 고민 끝에 1913년 올림픽 경기의 명칭을 보호할 목적으로 새로운 IOC 지침이 제정되었다: '올림픽 게임'이라는 명칭은 IOC가 주최하는 올림픽에서만 사용될 수 있었고 '올림피아드'의 의미는 올림픽 주기의 뜻으로만 사용될 수 있었다(Martyn 1996). '올림픽'이라는 명칭의 독점적 사용권을 보호하고자 하는 피에르 쿠베르탱의 바람은 그가 올림픽의 가치(상징적 그리고 금전적)가 증가하리라는 것을 잘 알고 있었음을 보여준다. 흥미롭게도 그가 오륜을 올림픽 무브먼트의 공식 심벌로 소개한 것도 이때다(1913년). 올림픽 깃발은 1914년에 도입되었고, 1920년 앤트워프Antwerp 올림픽에서 처음 게양되었다. 그 후 올림픽 깃발은 각 올림픽 경기의 개최에 중요한 일부가 되었다(IOC 2009c).

1924년 파리 올림픽은 근대 올림픽에서 처음이자 마지막으로 올림픽 경기장 내에 광고를 설치함으로써 상업화 단계를 밟았다(IOC 2009c). 같은 해, 프랑스는 IOC의 주관하에 조직된 국제 동계 스포츠 주간International Winter Sports Week을 샤모니Chamonix에서 주최했다. 이 이벤트는 빅토르 구스타프 바크Viktor Gustaf Balck 장군이 동계 스포츠를 위하여 조직하여 1901년과 1903년, 1905년 그리고 그 이후 매 4년마다 1926년까지 스웨덴에서 개최된 멀티 스포츠 이벤트인 노르딕 게임 Nordic Games의 자연스러운 연장이었다. 바크는 IOC위원이었고 쿠베르탱의 가까운 친구였지만, 다른 IOC 위원들은 동계올림픽 경기를 반대했다(Schantz 1995). 1925년 IOC는 별도의 동계올림픽 경기를 만들기로 결정했고, 샤모니가 첫 번째 동계올림픽 개최지로 소급 결정되었다. 브랜드 관점에서 동계올림픽 게임Olympic Winter Games은 올림픽 게임 Olympic Games과 같은 브랜드 이름으로 IOC가 대회 분야(멀티 스포츠 이벤트)에서 추가적인 아이템(즉, 동계 스포츠)을 소개함으로써 동일한 브랜드로 간주될 수 있었다.

1928년 암스테르담 올림픽에서는 티켓 판매, 권리 수수료 그리고 다양한 계약을 통해 총 비용의 60% 이상을 충당하는 수입을 거둬들였다(Landry & Yerlès 1996). 올림픽 라이선스 상품 역시 새로운 수입원으로 부상했다. 자사의 제품이 암스테르담 경기와 연계되기를 희망하는 기업에게서 수없이 요청을 받은 뒤, 대회조직위원회는 특정 이름(올림픽 게임, 1928 올림피아드)과 아이템(오륜 엠블럼)의 무분별한 상업적 사용과 이를 보호하기 위하여 정부기관에 등록하여 법적으로 보호받게 하였다(Landry & Yerlès 1996).

비즈니스와 올림픽의 성공적인 관계는 1932년 LA올림픽에서도 지속되었다. 올림픽 경기는 사업가, 호텔, 여행사에게 캘리포니아라는 새로이 각광받는 주에서 관광업을 촉진하기에 알맞은 플랫폼을 제공했다. 조직위원회는 다양한 광고 캠페인에 대한 올림픽 심벌과 엠블럼을 사용할 권리에 대해 여러 광고 에이전시와 접촉했다(Trumpp 1998). 그러나 경기의 성공과 함께 악평 역시 계속 증가해 올림픽의 상업화와 올림픽 및 올림피아드라는 단어의 남용이 여러 기업에 의해 지속되었다. 1932년 올림픽 선수촌에 빵 공급권을 따낸 헬름 베이커리Helm Bakeries는 대표적 사례이다. 이 공급사는 올림픽 상표를 광고에 광범위하게 사용했고, 그 회사가 올림픽과 연계되어 있다고 마케팅을 진행했다(예: 헬름 올림픽 빵). 1932년 올림픽 경기 기간 당시에는 헬름 빵집의 마케팅 권리행사가 적법했지만, 그 회사는 경기가 끝난 이후에도 수년간 올림픽이라는 단어와 엠블럼을 계속 사용하여 문제가 제기되었다. 이것은 1938년, 미국 IOC 위원인 에이버리 브런디지Avery Brundage의 주목을 끌게 되었는데, 그는 올림픽 엠블럼이 보호받지 못한 상태가 지속되면 올림픽 무브먼트에 심각한 위협이 될 것이라고 생각했다:

> "선수들이 사용하는 여러 종류의 장비와 의류 및 신발 제조업체와 판매업체가 그들이 먹고 마시는 모든 제품의 광고에 '올림픽'이라는 명칭과 오륜 엠블럼 그리고 모토를 사용한다면, 분명히 올림픽의 광고 효과는 곧 끝나버릴 것이다."
>
> (Preuss 2000: 132)

수차례에 걸쳐 헬름 빵집에게 올림픽 광고의 무단 이용을 멈출 것을 설득하는 데에 실패한 이후, 좌절한 브런디지는 1949년 소송을 제기하기로 결정했다. 이는 장래의 모든 올림픽 심벌 도용자들에 대한 경고가 될 것이므로 브런디지에게는 매우 중요한 싸움이었다.

> "그들(헬름 빵집)은 우리의 상표를 훔쳐 부를 이루었고, 이후 아마추어 스포츠에 몇 달러를 쥐어주고는 모든 사람이 그들을 천사라고 생각하게 만들었다."
>
> (Martyn 1996)

비록 이 사건은 1953년 최종적으로 해결되었지만, IOC는 올림픽의 상업화에 관하여 거대한 도전들에 직면했다. IOC의 위원장으로서 브런디지는 그의 임기 20년간(1952-1972) 올림픽 무브먼트 외부에서 심벌 남용으로 상업적 이익을 취하려는 수많은 부당한 시도에 시달렸다. 그는 IOC의 의사 결정에 기업의 이익이 부적절한 영향을 미칠 수 있다고 여겼고, 이러한 점이 올림픽 정신의 이상에 부합하지 않는다고 확신했다(Schantz 1995). 흥미롭게도 그의 임기는 텔레비전의 출현과 동시대인 1950년대에 시작했는데, 이는 IOC와 주요 이해관계자(방송사, 기업/광고주, OCOG, NOC, IF 및 선수) 사이에 큰 갈등을 가져왔다.

브런디지는 올림픽 무브먼트를 전 세계로 확장하고 증진시킬 수 있는 텔레비전의 엄청난 잠재력을 즉각 인지했다. 하지만 방송사 경영진들의 상업적 목표와, 올림픽을 이윤 창출에 이용하고자 하는 그들의 욕심에 대해 불만을 토로했다(O'Reilly & Séguin 2009). 텔레비전 방송사들의 경영진들은 올림픽 경기가 다른 프로그램보다 더 많은 시청자에게 매력적임을 깨달았고, 더 많은 광고를 기업에 판매하기 위한 시청률 상승이 그들의 주요 관심사가 되었다. 올림픽 중계에 대한 '독점적 권리'를 산다는 개념은, 텔레비전 방송사들의 시장 지위 강화와 시청자들을 확보한다는 목표를 통해 사업적 타당성을 갖게 만들었다(Slater 1998). 텔레비전의 주요 관심사가 '뉴스'에서 '오락'으로 이동한 것은 올림픽 역사의 전환점이었다. 이후 올림픽 게임들은 가치 있는 오락 자산으로 평가되었고, 그것들은 대회조직위원회에 의해(IOC의 승인하에) 가장 높은 금액의 입찰자에게 판매하는 상품이 되었다. 많은 동계 스포츠가 이미 상당 수준 상업화되었기 때문에, 동계올림픽은 방송 중계권으로 많은 이익을 얻었다. 브런디지는 자신의 임기 동안 동계올림픽과 올림픽 이상을 전파하는 데 그의 정책이 충분히 기여했는지 의문을 품게 만드는 이런 현상이 만족스럽지 못했다(Schantz 1995).

텔레비전과 올림픽의 관계에서 가장 중요한 발전 계기는 위성 통신의 출현이다(Wenn 1994, Downing 1996, Landry & Yerlès 1996, Slater 1998). 위성은 올림픽 영상의 제작 및 전파를 비약적으로 발전시켰고 경기의 모든 부분을 생방송으로 전달할 수 있게 했다(Downing 1996). 이는 전 세계 수천만 명의 사람이 집에서 편안하게 경기를 (동시에) 즐길 수 있게 되었음을 의미한다. 스포츠 경쟁의 주요한 매력을 예측 불가능 성이라고 할 때, 위성통신은 올림픽 중계에 대한 주요 돌파구가 되었으 며, 텔레비전이 제공하는 오락적 경험이 거기에 더해졌다. 비슷한 시기 에 미국의 ABC 방송은 그들의 프로그램을 스포츠(미식축구, 올림픽 경기 등)를 중심으로 편성하기로 결정했다(Slater 1998). 그 결과 스포츠 프로 그램의 품질은 크게 향상되었고, 시청자에 대한 오락적 가치 또한 개선 되었다. 방송사 경영진들은 더 많은 스포츠를 중계하면서 빠르게 성장 하는 시청률에 민첩하게 대응했고, 이는 훌륭한 사업적 판단으로 이어 졌다.

IOC에게 이런 현상은 기쁜 소식이었다. 스포츠 콘텐츠에 대한 증가 하는 관심은 더욱 많은 나라들이 경기를 중계하도록 했고, 사람들이 올림픽과 올림픽 스포츠에 더 많은 시간을 할애하도록 만들었다. 올림 픽 경기의 인기는 가장 비싼 광고료를 받을 수 있는 강력한 가치를 만들 어냈고, 이에 따라 방송사들에게 훌륭한 수익을 제공했다(O'Reilly & Séguin 2009). 1968년 ABC는 방송 중계권을 구매하는 데 450만 달러를 지불했고, 그 결과 2천만 달러가 넘는 광고 수익을 올렸다. 스포츠 콘텐 츠에 대한 요구가 증가함에 따라 올림픽 권리에 대한 방송 중계권료는 급격히 증가했고 1972년 텔레비전 중계권은 IOC의 주요 수입원이 되 었다(Wenn 1995).

방송 중계권의 진정한 가치를 정하는 일은 1967년 IOC에 의해 설치 된 재정위원회의 주요 업무가 되었다. 이는 당시 생소한 일이었지만, 위원회는 미디어와 엔터테인먼트 전문가들에게 조언을 받아 방송 중계권에 대한 전문지식과 협상 절차를 습득했다(Wenn 1995). 재정위원회는 이익의 극대화 원칙에 따라 올림픽 조직자들이 올림픽의 방송권에 대한 가격을 인상할 수 있도록 했다(O'Reilly and Séguin 2009). 그러나 브런디지는 경제적(TV, 광고 등), 그리고 정치적 이익에 의해 증가하는 영향력이 IOC의 자율성에 위협이 될 것이라고 여겼다(Schantz 1995). 올림픽 경기의 상업화 및 프로페셔널화에 대한 그의 강력한 반대는 올림픽 무브먼트 내의 분열로 이어졌다. 브런디지는 전통적 올림픽 이상의 옹호자였고 많은 국제경기연맹(예: 축구, 스키, 피겨스케이팅, 야구)들이 아마추어 규칙을 완화해 적용하는 것에 불만을 품었다. 또한 동계올림픽은 올림픽에 고려 대상이 되어서는 안 된다고 확신했다(Schantz 1995).

그러나 텔레비전은 특정 스포츠에서 선수들을 대스타로 만드는 데 기여했고, 선수들과 스포츠 조직들이 성공과 인기로 돈을 벌어들이는 걸 포기한다는 것은 매우 어려운 일이었다. 결과적으로 영향력 있는 일부 IOC 위원들이 올림픽 세계 내 마케팅과 스폰서십의 새로운 현실에 대한 진정한 개방을 요구하기 시작했다. 브런디지가 올림픽 무브먼트에서 상업적 이익을 배제하고자 '필사적'으로 노력했지만, 인기 스포츠와 올림픽 사업의 새로운 현실 앞에 올림픽 마케팅과 스폰서십은 이미 개척될 준비가 되어 있었다. IOC는 마케팅의 영향력을 점진적으로 받아들였고 브런디지 이후 시대에서는 경기의 상업화를 염두에 두기 시작했다. 예를 들어, IOC는 1976년 몬트리올올림픽대회조직위원회에게 공공성 및 상업적 목적으로 올림픽 엠블럼을 사용할 수 있는 권리를 부여하기로 결정했다. 결과적으로 대략 2천만 달러(7백만 달러의 현금과 기타 수입 1천3백만 달러)의 수익을 스폰서십 프로그램을 통해 얻을 수 있었다(Landry & Yerlès 1996).

1984년 LA올림픽은 올림픽 마케팅과 스폰서십의 새로운 시대를 열었다. 피터 위버로스Peter Ueberroth의 통제하에 올림픽 경기는 '상업과 스포츠의 조직화된 파트너십의 발전을 표현하는 올림픽 무브먼트의 전환점'으로 평가되었다(McMahon 1996). 역사상 처음으로 민간 기업에 의해 모든 경기가 조직되고 관리되며, 이를 위한 재정이 마련되었다. 방송 중계권자와 스폰서는 올림픽 경기를 지원하는 두 개의 대들보가 되었다. LA올림픽대회조직위원회Los Angeles Olympic Organizing Committee, LAOOC는 기업의 수요에 걸맞은 전략을 개발하고 광고업계와 스폰서십 프로그램을 제휴했다. 즉, 기업이 어떠한 목적 혹은 이익을 원하는지, 그리고 서로에게 가치를 창출하는 프로그램이 어떠한 것인지 발견한 것이다. 기업에게는 '기업의 이미지 제고, 제품 인지도 증가, 직원 충성도 강화 그리고 해당 제품 카테고리의 독점권으로 매출 증대가 가능하다(LAOOC 1984). LAOOC에서 나온 새로운 형태의 스폰서십은 제품 카테고리의 독점권을 소개한 독특한 판매 형태이다. 흥미롭게도 이는 이 책의 후반부에 소개될 앰부시 마케팅이라고 알려진 다른 형태의 마케팅으로 이어졌다. 초기에 2천만 달러 이상의 스폰서십을 계약한 코카콜라와 안호이저 부시Anheuser-Busch(미국 맥주회사)는 다른 협상에서도 벤치마킹의 대상이 되었으며, 이는 민간에서 재정 지원을 받는 올림픽 경기도 가능할 수 있다는 것을 보여주는 대표적 사례가 되었다(LAOOC, 1984). LAOOC는 35개의 회사와 스폰서 계약을 체결하고 64개 회사와 공급사 계약을, 그리고 65개의 라이선스 계약을 체결했다. LAOOC의 마케팅 프로그램은 1억5700만 달러의 수입을 거두었으며 이는 1976년의 몬트리올 올림픽 수입의 10배에 해당하는 금액이다. 방송 중계권 수입은 2억3600만 달러로 몬트리올의 3500만 달러와 비교하면 사상 최대의 기록이었다. 최종적으로 전례 없던 2억2270만 달러의 이윤을 기록하면서(Landry & Yerlès 1996) 올림픽 경기가 건전한 사업 관행에 따라 운영된다면 이익을 창출할 수 있다는 분명한 증거를 보여주었다. 민간 부문과 파트너십을 발전시키기로 한 IOC의 결정과 결합한 올림픽은 IOC와 올림픽 무브먼트의 급격한 수입 상승률을 불러왔다. IOC는 1988년 하계 및 동계올림픽 경기에서(서울과 캘거리에서 열린) TOP I 프로그램(1988-1992)을 시작했고 이는 대략 10억 달러의 수입을 가져왔다(IOC 2011).

1986년 IOC는 1992년 동·하계올림픽을 같이 개최하는 것을 마지막으로 이후 두 대회를 번갈아가며 개최하기로 결정했다. 광고 수입을 극대화하기를 원하는 방송사의 로비와(한 해 두 번의 경기에 광고 시간을 판매하는 것은 어려운 일이었다) 스폰서에게 더 많은 가치를 제공하고 경기를 통한 잠재적 수입을 극대화하며, 올림픽 브랜드에 대한 통제권을 더 많이 갖고자 하는 IOC의 바람이 이러한 결정을 이끌어냈다(Preuss 2000).

오늘날 올림픽 마케팅 프로그램은 전 세계에서 가장 큰 스포츠 마케팅 프로그램으로 성장했다. 올림픽 마케팅은 라디오 및 텔레비전 방송 중계권, 멀티미디어권(인터넷, 모바일), 스폰서십 (및 공급사) 프로그램, 라이선스 프로그램, 기념주화 프로그램, 경기 티켓 판매 수입 등 재정의 모든 측면을 포함하고 있다. 이러한 수입은 국가 혹은 지방 보조금의 형태로 제공되는 정부 재원과 별개로 부가적인 수익이다. 올림픽 마케팅 프로그램은 IOC가 대부분의 수입을 OCOG와 IF, NOC에 분배하면서 경기의 개최와 올림픽 무브먼트의 일상적 업무에 필요한 재원을 지원하기 위해 고안된 것이다.

올림픽 마케팅의 힘

올림픽 브랜드는 전 세계 평균 94% [■] 의 인지도를 보이는 가장 잘 알려진 브랜드이다(그림 5). 올림픽 브랜드는 독특한 특성의 결합을 자랑한

■ 올림픽 브랜드 인지도 2012년 전 세계 평균은 95%이며 대한민국은 94%이다.

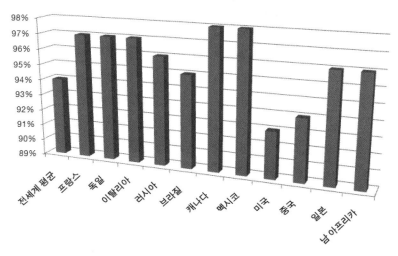

〈그림 5〉 올림픽 브랜드의 인지도(출처: IOC survey 2008, 모든 국가)

다. 우수성, 존중, 로열티, 역동성, 노력, 우정, 참여, 영원, 평화, 축전, 고취, 페어플레이, 애국, 결의, 평등, 상업화, 세계 이벤트, 전통 등 이 모든 속성의 통합이다. 브랜드의 본질을 지원하기 위한 노력으로 IOC 는 우수성과 우정, 존중이라는 세 가지 가치에 기초한 세 가지 소통의 플랫폼을 발전시켰다.

동계 및 하계올림픽은 세계에서 가장 호소력 있는 스포츠 이벤트가 되었다. 2008년 베이징올림픽과 2010년 밴쿠버동계올림픽의 텔레비 전 시청자는 각각 43억 명, 38억 명이었다. 2008 베이징올림픽은 최초 로 게임 전체가 디지털 방송으로 중계되었다. 전 세계 어디에서나 인터 넷과 핸드폰으로 접속이 가능했으며, IOC의 디지털 채널을 통해 2100 만 명 이상의 아프리카와 아시아, 중동의 시청자들이 올림픽 경기를 보기 위해 접속했다. 미국에서는 600만 명 이상이 스마트폰을 통해 경 기를 시청했다. 생중계 시간은 5천 시간 이상의 녹화 분량에 달했다.

스폰서와 방송 중계권의 판매 수입은 기하급수적으로 증가했다. 예를 들면 방송 중계권은 2002-2004년의 22억 달러, 2006-2008년까지는 26억 달러, 2010-2012년까지는 38억 달러의 수입을 기록했다. 'TOP 프로그램'으로 인한 수입은 TOP I(1985-1988)의 9억6000만 달러에서 TOP VI(2005-2008)의 86억6000만 달러로 증가했다. 그러나 두 번의 심각한 재정 경제의 위기가 IOC로 하여금 운영경비를 삭감토록 했으며, 이로 인해 마케팅 및 방송 중계권 수입이 크게 증가하게 되었다. TOP VIII(2013-2016)은 이미 5개의 스폰서로부터 56억3000만 달러의 수입을 창출했다. IOC는 방송 중계권에 대한 시청각 분야의 새로운 개발 전략을 적용했다. 방송 중계권은 더 이상 하나의 파트너에게 체계적으로, 독점적으로 부여되지 않는다. 유럽에서는 일부 권리들을 에이전시를 통해 협상한다. 그러나 IOC는 경기 시청률을 극대화하고 스마트폰이나 인터넷 같은 새로운 플랫폼을 통해 젊은 시청자들이 올림픽의 매력을 누릴 수 있도록 하기 위해 무료 중계시청을 우선순위로 하는 방침을 채택하고 지속적으로 요구하고 있다.

올림픽 시스템에서의 마케팅

올림픽 시스템에서의 마케팅은 네 가지 성격을 띤다: 1) 이해관계자의 시스템을 포함한다. 2) 독점적 마케팅 자산 및 권리의 개발에 기반한다. 3) 강력한 브랜드에 기반한다. 4) 이해관계자의 시스템 내의 가치 배열 value constellation을 제공하도록 고안되어 있다.

올림픽 마케팅은 이해관계자 시스템을 포함한다

"올림픽 무브먼트는 일치되고 조직된 보편적, 항구적인 활동이며 올림픽 이념의 가치에 감화된 모든 개인과 주체들이 IOC라는 최고 권위기관 하에서 수행한다. 올림픽 무브먼트의 활동 영역은 5개 대륙이며, 전 세계의 선수들을 위대한 스포츠 축제인 올림픽대회에 불러 모음으로써 그 절정에 이른다. 올림픽 무브먼트의 상징은 서로 연결된 오륜이다."

(올림픽 헌장)

넓은 의미에서 올림픽 무브먼트는 많은 수의 이해관계자들로 구성되며 이들은 조직의 목적 현실화에 영향을 미치거나 받는 모든 개인 혹은 단체를 포함하는 것으로 간주할 수 있다(Freeman 1984). 이에 따라 정의된 올림픽 시스템의 이해관계자는 다음과 같다:

- 국제올림픽위원회International Olympic Committee, IOC
- 국제경기연맹International Sports Federation, IF
- IF 연합(Sport Accord, ASOIF, AIOWF, ARISF)
- 국가올림픽위원회National Olympic Committee, NOC
- NOC 연합World Association of NOC, ANOC
- 5개의 대륙별 NOC 연합
- 올림픽대회조직위원회Organizing Committee of the Olympic Games, OCOG
- 세계반도핑기구World Anti-Doiping Agency, WADA
- 스포츠중재법원Court of Arbitration for Sport, CAS
- 국제경기주최자(World and European Championships and Cups 등)
- 대륙 및 멀티스포츠 경기 주최자
- 프로 스포츠 리그
- 국내 및 국제 올림픽 스폰서
- 방송 및 중계권 보유 미디어
- 신문 및 권리 미보유 미디어

- 국가별 가맹경기단체National Federation, NF
- 올림피안
- 클럽 및 선수
- 선수들의 동료들
- 심판, 주심, 코치 및 기타 스포츠 임원 및 기술진
- 모든 스포츠 참가자
- 스포츠팬과 청소년 스포츠 인구
- 스포츠 교사
- 스포츠 장비 제조업자
- 스포츠 비정부 기관non-governmental organization, NGO
- United Nation(UN), United Nations Educational, Scientific and Cultural Organization(UNESCO), European Union(EU) 및 기타 국제 비정부 기구
- 스위스 연방법원 및 국제법원

이상의 이해관계자들이 올림픽 시스템을 구성한다(Chappelet & Kübler-Mabbott 2008). 이 같은 네트워크 사이에서 올림픽 마케팅이 발생하게 되며 이러한 상황은 바타차르야Bhattacharya와 코어슌Korschun(2008: 113)의 분석에서 강조하는 점과 일치한다.

"이해관계자 이론 대부분은 이해관계자들은 각자 독립적이며 상호 독점적이라는 기존의 허브 및 스포크 모델hub and Spoke Model로 간주되고 있다. 하지만 최근에는 기업의 행위가 직·간접적 결과를 낳는다는 점을 들어 실질적으로 기업의 구성원이 상호 네트워크에 포함된다는 동의가 이뤄지고 있다."

올림픽 마케팅은 독점적 마케팅 재산 및 권리의 개발에 기반을 둔다

올림픽 마케팅 활동은 IOC가 소유하는 재산 및 권리에 기반을 두고 있다. 올림픽 헌장은 올림픽 무브먼트의 행위와 운영, 조직 관리와 더불어, 올림픽 경기의 축전 조건을 조정하는 부분에 대해 올림픽 무브먼트의 세 이해관계자(IOC와 NOC, OCOG)의 권리와 상호적 의무를 규정하고 있다. 따라서 올림픽 헌장은 마케팅 전략과 프로그램이 올림픽 시스템의 행위자에 의해 적용될 것을 전제조건으로 한다.

스폰서십의 각 단계는 올림픽 이미지와 엠블럼의 독점적 사용에 대한 권리와 함께 특정 지역과 제품의 카테고리에서 각각 다른 마케팅 권리를 후원사들에게 부여한다. 글로벌 올림픽 파트너 프로그램(TOP)은 IOC가 관리하며 협상권을 갖는다. 이는 올림픽 스폰서십의 가장 높은 단계이며 하계와 동계, 청소년 올림픽 경기에 대한 글로벌 마케팅 권리를 파트너에게 부여한다. TOP 파트너들은 모두 경기의 개최를 돕기 위한 직간접 지원, 스폰서십 서비스 혹은 전문 지식을 제공할 능력을 갖춘 다국적 기업들이다. TOP 파트너들은 IOC와 OCOG에게 기여하는 것뿐만 아니라 NOC와 그들의 올림픽 팀에 대한 지원도 제공한다.

OCOG는 IOC의 감독하에 그들 고유의 마케팅 프로그램을 운영한다. 이러한 프로그램들은 경기 개최를 지원하기 위해 고안되었고, 보통 4년에 제한되고 범위는 개최국에 한정되며, TOP 파트너들의 제품과는 경쟁하지 않는 제품 카테고리 안에서 고려된다.

NOC는 TOP 파트너의 제품과 경쟁하지 않는 제품 카테고리를 포함한 NOC의 지역 스폰서십 프로그램을 통해 그들의 활동과 올림픽 팀의 발전을 지원한다. 이러한 스폰서십 프로그램과 연계된 올림픽 마케팅 권리는 NOC 국가 혹은 해당 영역에 제한된다.

올림픽 마케팅은 '브랜드 자산의 이해관계자 모델'과
브랜드 시스템에 연결되어 있다

세계에서 가장 강력한 브랜드로 꼽히며 최고로 가치가 높은 무형 자산인 오륜 마크의 소유주로서 IOC는 오륜 마크의 브랜딩을 최고 경영 사항으로 꼽아왔다. 올림픽 브랜드의 중심에는 텔레비전 방송과 스폰서 활성화 프로그램을 통해 대중에게 '포장'되고 '전파'되어왔던 일련의 이상과 핵심적 가치들이 있다. 결과적으로 오륜은 세계에서 가장 널리 알려진 심벌이 되었다. 성화 봉송과 올림픽 휴전과 같은 잘 알려진 다른 올림픽 심벌들도 올림픽 브랜드의 중요한 연장선이다. 올림픽은 이를 바탕으로 국제적인 인기와 영향력을 갖는 가치와 희망의 축제로 만들어진다. 그 결과 기업들(방송사와 기업), 정부(지방과 국가), 프로 스포츠 리그 그리고 기타 많은 단체들은 올림픽 브랜드와 연계하여 큰 혜택을 얻을 수 있음을 깨달았다. 이는 IOC로 하여금 모든 이해관계자들 간의 연대를 형성함으로써 브랜드에 포함된 가치를 공동으로 창조할 수 있게 해주었다. 브랜드에 의해 이뤄진 높은 단계의 자산은 이해관계자들의 충성도를 높이고, 경쟁사들에 대해 월등한 마케팅 우위를 선점하게 한다. 즉 더 큰 라이선싱과 브랜드 확장 기회를 포함한 일련의 혜택을 제공하는 것이다. 그러나 브랜드의 보호와 성장, 레버리징(외부 자본을 들여와 이용하는 것)은 주의 깊은 관리를 필요로 하며, 브랜드와 관련된 모든 이해관계자들을 고려하기 위한 IOC의 브랜드 관리시스템의 중요성은 더욱 커지고 있다.

올림픽 마케팅은 가치 창조에 다양한 이해관계자들을 개입시킨다

올림픽 마케팅은 이해관계자 배열constellation을 통해 가치를 창조하는 것을 목표로 한다. 노르만Normann과 라미레즈Ramirez(1993a)는 '가치 배열value constellation'의 창조성에 대해 언급하면서, "차례대로 가치를 '부가'하는 대신, 제안의 과정 속에서 파트너들이 다양한 형태의 '협동적인' 관계를 통해 함께 가치를 창조한다"고 주장했다. 이 아이디어에 따라 고안된 협력 프로그램은 가치의 공동 생산을 포함한다. 이러한 제안 형태를 고안할 때는, 최상의 가치 창조를 위하여 '어떻게 다른 행위자들의' 행위가 이루어질 것인지 물어야 할 것이다: '누가, 무엇을, 언제, 어디서, 누구와 함께'를 고려하게 된다(Normann and Ramirez 1998: 53).

이 네트워크는 올림픽 브랜드의 보호 밑에서 다양한 이벤트와 프로그램에 의해 활성화되며, 시스템의 이해관계자들은 협력하거나 경쟁하며 그들의 사회적·경제적·환경적 목적을 이룰 수 있다. 또한 한 이해관계자가 다른 이해관계자들과의 관계를 시작하고 발전시키도록 부추길 수도 있다. 그들의 행동은 그들의 마케팅에 올림픽을 이용하는 것에 초점을 두고 있다. 요약하면, 마케팅은 시장Market, 네트워크Network 그리고 내부Internal 시스템 내에서 네트워크와 관계를 개발시킨다(그림 6).

올림픽 시스템에서 마케팅은 복수의 이해관계자들이 가치를 창조

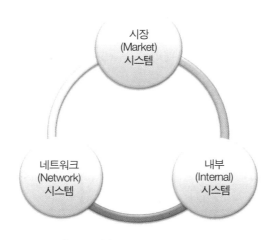

〈그림 6〉 올림픽 마케팅의 3가지 하부 시스템

할 수 있도록 한다. 관계마케팅과 이해관계자 마케팅 접근법을 통해 이러한 결과를 얻을 수 있다. 관계마케팅은 네트워크 내에서의 장기적인 관계를 발전시킬 것을 목적으로 하는 반면, 이해관계자 마케팅은 조직의 다음과 같은 목표를 지향한다.

> "개인, 직원, 기관, 단체, 커뮤니티, 대중, 정부 그리고 전체 사회를 포함한 기업의 활동에 영향을 받을 수 있는 이들을 포함하기 위해(Bhattacharya & Korschun 2008) 눈앞의 목표인 소비자의 이해관계만을 고려하는 것을 넘어서는 마케팅을 기초로 한다."
>
> (Gundlach & Wilkie 2010: 90)

올림픽 마케팅의 다단계 모델

올림픽 시스템 내에서의 마케팅 전략은 프로그램의 분석과 고안, 이행에서 이해관계자의 이익과 관계를 분명히 고려하고 있다. 이는 4단계 사이의 관계를 관리하는 것을 포함한다(그림 7). 올림픽 시스템을 구성하는 이해관계자(1단계)는 권리와 자산의 개발(2단계)과 강력한 브랜드 시스템(3단계)을 통하여 가치 배열의 공동생산을 목표로 하는 마케팅 전략을 수행(4단계)한다.

2018평창동계올림픽 마케팅을 통해 이 모델을 설명할 수 있다. IOC는 올림픽 헌장에 따라 개최 도시의 NOC로서 대한체육회Korean Olympic Committee, KOC와 개최 도시인 평창에 올림픽대회의 조직운영권을 부여했다. KOC는 이를 바탕으로 IOC에 직접 보고하는 평창동계올림픽대회조직위원회PyeongChang Organizing Committee for the 2018 Olympic Games, POCOG를 구성하는 데 일조하게 된다. 또한 IOC와 국제패럴림픽위원회 IPC의 협조하에 POCOG는 패럴림픽을 개최하게 된다.

〈그림 7〉 올림픽 마케팅의 다단계 모델

　개최 도시 계약서와 공동마케팅 협약서Joint-Marketing Programme Agree-ment, JMPA ■는 POCOG가 2020년 말까지 대한민국 올림픽 및 패럴림픽 팀(Team Korea)에게 스폰서십을 판매할 수 있도록 해주었다. POCOG 는 KOC와 대한장애인체육회(=대한패럴림픽위원회)에, 그들에게 속한 팀들에 대한 마케팅 권리를 보호해줄 의무가 있다. 이는 국내에서 올림픽 마케팅 권리를 통합적 그리고 집중적으로 모집하고 관리하기 위함이다. POCOG는 영향 관계(예: POCOG의 마케팅은 IOC의 감독하에 이뤄진다)와 의존 관계(예: POCOG는 로컬 마케팅 스폰서의 참여에 달려 있다)가 있는 이해관계자 시스템에 속하며, 이들은 올림픽 헌장이 정한 규정을 준수해야 한다.

■ 2010년 12월 21일 대한체육회와 2018평창동계올림픽 유치 전에 체결한 협약으로 2013년 1월 1일부터 2020년 12월 31일까지 8년간 POCOG와 KOC의 올림픽 관련 자산(지식재산 포함) 모두를 통합하는 마케팅 협약 프로그램(국내외 스폰서십, 라이선싱 등).

POCOG의 예산은 방송권 판매수입 분배금, TOP 파트너십 수입 분배금, 로컬 스폰서십 수입금, 입장권 수입금, 기념우표·주화 등 라이선싱 수입금, 복권 판매 수입, 국내외 개인·단체로부터의 기부금, 대회 종료 후 사무집기 등 자산 매각 대금, 국가 보조금(중앙·도·시군) 등으로 구성된다. 스폰서십 수입을 극대화하기 위해 스폰서에게 부여된 연계 권리들을 독점하는 것이 필수적이다. 결과적으로 올림픽 헌장 규정에 따라 POCOG는 올림픽 특별법에 의해 특별 권리를 부여 받게 되었다.

POCOG 마케팅은 '2018평창PyeongChang 2018' 브랜드의 자산에 기초한다. 올림픽(오륜)과 패럴림픽(아지토스agitos) 엠블럼은 '2018평창' 브랜드를 지원하며, 경기의 공식 엠블럼인 '2018평창' 엠블럼의 중심이 되었다. POCOG, 공식 스폰서와 방송 중계권자, 공식 상품 라이선스시, 라이선스를 받은 비상업적 파트너, KOC와 KPC는 '2018평창' 브랜드 및 기타 대회의 지식재산권(마스코트, 픽토그램, 슬로건 등)을 사용할 수 있는 유일한 조직들이다. 더욱이 POCOG는 공식 방송 중계권자, 스폰서, 공급사 및 라이선시를 보호하고 대회의 통일성을 보호할 계약 의무가 있다.

이해관계자 시스템 내에서 POCOG의 재산과 권리는 로컬 스폰서십, 라이선스 전략과 티켓 판매 전략에 기초한 마케팅 계획을 수행할 수 있도록 해준다. 가치의 공동 창조는 올림픽 브랜드와 텔레비전 시청률, 로컬 스폰서 플랜과 TOP 프로그램의 조화, 대중의 열정과 대한민국 내 다른 커뮤니티들의 참여와 서로 연계하고 있다.

이 책의 이론적 설명

이 책을 펴내는 근본 목표는 올림픽 시스템에 사용된 관계마케팅relation-marketing과 이해관계자 마케팅stakeholder-marketing의 기본 틀을 검토하는 것이다. 두 기본 틀은 가치의 창조에서 복수의 이해관계자들을 포함한다. 크리스토퍼Christopher와 페인Payne, 밸런타인Ballantyne(2002: xiii)에 따르면 관계마케팅은 고객을 포함한 주요 이해관계자들과 가치의 교환을 통해 관계를 창조하는 것에 초점을 두고 있다. 이러한 주요 이해관계자들은 마케팅 타깃과 경쟁자, 스포츠 조직의 내부 이해관계자들이다. 네트워크에 기초한 관계는 시장 지향적 관계를 위한 플랫폼을 제공한다. 그들은 이해관계자 동맹과 경쟁, 조직 환경에서의 규칙에 초점을 두고 있다. 자신의 마케팅 전략을 수행하기 위해 조직은 그 조직의 내부 이해관계자에게서 필요한 자원과 기술을 획득하고 조직하고 협력해야 한다.

> "이해관계자 마케팅은 모든 이해관계자의 이익을 극대화하기 위해 마케팅 이니셔티브를 고안하고 수행 및 평가하는 것을 포함한다. (…) 또한 복지 수혜자와 비영리, 보편적 환경과 보편적 사회를 포함한다."
>
> (Smith 2010: 617)

올림픽 시스템에서 관계마케팅과 이해관계자 마케팅은 가치를 공동 창조하려고 협조하는 모든 당사자 사이의 협력을 위한 촉매제로 작동하며, 그들의 관계에 토대를 둔 경쟁력 있는 편익을 창출하게 한다. 이 책에서 우리는 올림픽 마케팅 전략과 원리가 어떻게 스포츠 마케팅에 적용될 수 있는지 간략히 안내할 것이다.

이 책의 구조

1장에서는 올림픽 이해관계자에 대해 개괄적으로 설명하고 그들의 주요 의무를 설명할 것이다. IOC의 이해관계자들의 다양한 모델에 대한 분석을 하는 이유는 올림픽 이해관계자 사이의 상호관계에서 나타나는 '종합 올림픽 시스템Total Olympic System' 모델을 제공하기 위함이다. 이 모델은 이어지는 장에서 종합 올림픽 시스템에서 핵심 이해관계자들이 이용하는 마케팅 접근법을 살펴보는 데 적용된다.

2장에서는 올림픽 자산Olympic properties, 즉 올림픽을 구성하는 유·무형물과 그 대회를 개최하는 데 기여하는 조직들에 대해 기술할 것이다. 이러한 자산들은 올림픽 브랜드에 기여할뿐더러, 올림픽 시스템의 조직들은 마케팅을 위한 자원으로 사용한다. 스폰서와 공급사, 라이선스시와 방송 중계권을 가진 미디어·방송사는 기간과 장소가 한정된 가운데 이러한 재산의 전부 혹은 일부를 이용한다. 이러한 권리의 판매로 벌어들이는 수입은 올림픽 시스템의 재원 확보에 기여한다.

3장에서는 올림픽 브랜드 마케팅 시스템을 검토할 것이다. 올림픽 브랜드의 역사에 대한 고찰은 다음 여섯 개 특징에 기초한 올림픽 브랜드 자산을 분석한 다음에 할 것이다. 또한 이 장에서는 브랜드 포지셔닝과 브랜드 마케팅, 브랜드 퍼포먼스, 브랜드 성장 그리고 전략적 브랜드 관리를 포함한 IOC 브랜딩 전략의 조사를 실었다.

4장에서는 시스템 내에서 올림픽 이해관계자들이 가치를 창조하기 위해 사용하는 마케팅 전략을 살펴볼 것이다. 이 장은 가치의 공동 창조를 위한 관계마케팅과 이해관계자 마케팅을 사용하기 위한 기본 틀에 대한 논의에서 시작할 것이며, 이어서 이해관계자 이론과 행위자 네트워크 이론Actor-Network Theory, ANT, 번역이론Translation Theory에 초점을 두는 관계·이해관계자 마케팅의 이론적 기초를 설명할 것이다. 마지막으로 올림픽 시스템 이해관계자들이 수행하는 전략과 프로그램의 분석을 위한 기본 틀을 설명할 것이다.

다음 네 개의 장에서는 마케팅에 대한 상이한 접근법을 각각의 목적에 따른 올림픽 시스템의 각각의 이해관계자 관점에서 분석했다. IOC

는 미래의 올림픽 시스템을 위해 방송사와의 파트너십과 글로벌 TOP 파트너 프로그램, 공식 공급사와 라이선스 프로그램(5장)을 포함하는 복잡한 마케팅 전략을 발전시켰다. OCOG는 개최 국가의 NOC와 개최 도시가 구성한 임시 기구이다. 대회 개최를 지원하기 위한 OCOG의 마케팅 활동들은 IOC가 세심하게 관리한다. 따라서 OCOG와 IOC의 관계는 조직과 마케팅 측면에서 모두 중요하다(6장). 현재 5개 대륙 204개의 NOC는 그들 국가에서 올림픽 정신을 발전시키기 위해 마케팅을 이용한다. 그들의 마케팅 프로그램은 NOC의 정확한 목적과 중요성, 크기에 따라 상당히 다르다. 8장에서는 TOP 프로그램 파트너, IOC, OCOG, NOC 그리고 IOC가 직접 관리하는 공급사를 포함한 올림픽 마케팅을 살펴볼 것이다. 그리고 마지막 장에는 이 책의 마무리로 올림픽 마케팅의 미래에 대한 논의를 실었다.

올림픽
시스템

1장에서는 올림픽 이해관계자에 대한 개요와 그들의 주요 역할에 대해 설명한다. 국제올림픽위원회International Olympic Committee, IOC가 수년간 진행해온 이해관계자 모델에 대한 분석은 이해관계자들 사이의 강력한 상호작용에 중점을 두고 있는 '올림픽 시스템' 글로벌 모델을 구축하기 위해 사용되었다. 이 책의 후반부에 언급했지만, 올림픽 시스템의 핵심 멤버들이 사용한 마케팅 전략을 고찰하기 위해서도 이해관계자 모델이 사용되었다.

서론

"올림피즘은 인간의 신체, 의지, 정신을 전체적인 균형과 조화 속에서 고취시키는 생활 철학이다."

(올림픽 헌장 기본원칙 1)

"올림피즘의 목표는 인간의 존엄성 보존을 추구하는 평화로운 사회 건설을 도모하기 위해 스포츠를 통해 조화로운 인류 발전에 기여하는 것이다."

(올림픽 헌장 기본원칙 2)

"올림픽 무브먼트Olympic Movement는 일치되고 조직된 보편적이고 항구적인 활동이며 올림픽 이념의 가치에 감화된 모든 개인과 주체들이 IOC라는 최고 권위기관 하에서 수행한다. (…) 올림픽 무브먼트에 참여하기 위해서는 올림픽 헌장 준수와 IOC의 승인을 필요로 한다."

(올림픽 헌장 기본원칙 3, 7)

1894년 피에르 쿠베르탱과 그의 지인 15인이 사교클럽 형태로 설립한 IOC는, 스위스 법에 따라 설립한 비영리기구이며 올림픽 무브먼트의 중심 조직이다. IOC 위원은 5대륙에서 선출된 115명으로 구성된다.

올림픽 무브먼트에 대한 정의에서 언급된 모든 기관과 개인은 IOC의 중요한 이해관계자이다: "조직의 목적을 달성하기 위해 영향을 미치거나 받는 어떠한 개인 혹은 그룹"(Freeman 1984: 25). 이들은 올림픽 브랜드와 자산의 가치를 증대하기 위해 고안된 모든 활동으로 정의할 수 있는 올림픽 마케팅에 참여한다. 여러 이해관계자 중 특히 올림픽대회조직위원회OCOG의 활동이 가장 활발하며(2장 참조), 올림픽 관련 지식재산을 통해 다양한 수익 창출에 기여한다.

올림픽 선수와 국제경기연맹IF, 국가올림픽위원회NOC, 올림픽대회조직위원회OCOS와 같은 이해관계자들은 비교적 잘 알려져 있다. 그러나 비교적 인지도가 낮거나 저명하지 않지만 관계마케팅의 관점에서 중요한 역할을 담당하는 다른 이해관계자들도 여럿이다. 더군다나 비교적 비슷한 그룹 내의 이해관계자들 사이에서도 각각의 마케팅 영향력은 이해관계자의 본질에 따라 달라진다. 예를 들어 같은 하계올림픽 종목이라고 하더라도 국제육상경기연맹IAAF이 국제근대5종경기연맹UIPM보다 확실히 더 중요하고, 미국올림픽위원회USOC는 모나코올림픽위원회보다 마케팅 가치가 훨씬 크다.■ 또한 차기 올림픽의 대회조직위원회는 그 이후 올림픽의 대회조직위원회보다 더 친숙하게 느껴지며, 이러한 단체, 올림픽 선수, 심판 그리고 팬들은 그들의 국가 내에서든 혹은 국제적으로든 광대한 범위의 올림픽 마케팅에서 일부분을 이루고 있다. 이렇듯이 사실 올림픽은 각자가 맡은 역할을 담당하는 이해관계자들의

■ 미국 법률하에서, 오륜마크는 미국올림픽위원회(USOC)의 자산이다. 따라서 IOC는 미국 올림픽위원회의 (비용이 지불된) 동의 없이는 미국 내에서 올림픽 경기에 대한 방송 및 마케팅 권리를 판매할 수 없다.

협조 없이는 성립할 수 없을 것이다.

이 장의 목적은 올림픽 이해관계자를 파악하는 것이며, 이들 중 중추적인 또는 부수적인 역할을 하는 이해관계자들을 구별할 수 있는 모델을 제시하는 것이다. 우리는 이해관계자에 대한 스탠포드Stanford 리서치 연구소의 본래적 정의인 "그들의 지원 없이는 조직의 존재 자체가 지속될 수 없는 그러한 그룹"(Freeman & Reed 1983: 89)으로서의 이해관계자에 더 중점을 둘 것이다.

올림픽 이해관계자

이해관계자 이론은 중앙 조직인 IOC와 올림픽에 개입한 행위자들 사이의 상호성과 관계를 분석하기 위한 큰 틀을 제시한다. 올림픽의 근대 초기 역사에서는 OCOG가 IOC보다 더 중요한 기구였다. 그러나 1980년대 이후 올림픽 마케팅이 부각되면서부터는, 올림픽 마케팅의 분석에서 첫 번째 단계인 IOC의 마케팅 목적에 영향을 주거나 영향을 받는 단체와 개인의 파악이 중요해졌다.

우리는 다음의 순서에 따라 내부 이해관계자부터 시작하여, 외부 이해관계자로 옮겨가며 그들을 파악해나갈 것이다: IOC 사무행정, IOC 조직, 올림픽대회조직위원회OCOG, 국가올림픽위원회NOC, 올림픽 선수 및 팬, 국제경기연맹IF, 프로 스포츠 리그, 미디어, 스폰서, 인가된 스포츠 관련 단체, 기타 비정부기구NGO, 정부 그리고 일반 대중. 이러한 각각의 주요 범주는 올림픽 마케팅에 대한 각 단체의 역할을 알아보기 위해 더욱 세분화된 범주로 나뉜다.

IOC 사무행정

후안 안토니오 사마란치Juan Antonio Samaranch 위원장의 재임 기간(스페인, 1980-2001)부터, IOC 위원장은 보수 없이 스위스 로잔에 있는 집무실에서 상근으로 최고책임자(CEO) 역할을 담당한다(위원장의 생활비와 공적 활동에 관련된 비용은 IOC에서 지급). 위원장은 사무총장이 통솔하는 행정국 직원 450명의 수장이다(Chappelet & Kübler 2008). IOC 위원장은 IOC 총회 중에 선출되는 IOC 위원이며, 8년 임기나 1회에 한해 4년 임기의 재임이 가능하다. 1999년까지 위원장의 재임 횟수에 대해서는 제한이 없었다. 자크 로게Jacques Rogge(벨기에, 2001-2013) 위원장 이전에 세 명의 위원장이 있었으며 각각 21년, 8년 그리고 20년 동안 재임했다. 현재 위원장인 토마스 바흐Tomas Bach(독일)는 119년 IOC 역사에서 첫 번째 올림픽 금메달리스트(펜싱) 출신 위원장으로 2013년 9월 11일에 선임되었다. 공식적으로 위원장의 권한은 제한되어 있으며 IOC 위원들이 선출한다. 그러나 실질적으로는 위원장이(지금까지는 모든 위원장이 남성이었음) 사무총장을 통하여 행정국의 업무를 일일 단위로 관리하는 권한을 지니고 있기 때문에, 전략 전반에 대해서 큰 영향력을 미친다.

조직적 관점에서 IOC는 15개 부서로 나뉘어 있으며, 올림픽 경기, 스포츠, 재무, NOC 관계, 올림픽 솔리다리티 그리고 올림픽 박물관 분야를 책임지고 있다. 각 부서는 사무총장에게 보고를 올리는 국장이 운영한다. 그러나 열다섯 명의 국장 중 두 명은 정책적인 문제와 IOC 위원 사이의 관계를 담당하는 위원장 수석보좌역과 IOC의 주요 '제품(스포츠)'을 관리하는 올림픽 게임 사무국장이 있다. 2011년 수석보좌역과 올림픽 게임 사무국장의 역할은 통합되었다. 또한, 현재 IOC의 마케팅 부서는 IOC가 100%의 지분을 가지고 있으며, 스위스 법에 근거한 유한 회사 IOC 텔레비전 앤 마케팅 서비스TMS로 운영되고 있다.

IOC 조직

IOC는 IOC 위원, 총회, 이사회, IOC 각종 위원회 그리고 올림픽 솔리다리티로 구분된다. 올림픽 헌장에 따라 IOC 위원은 최대 115명으로 구성될 수 있으며 모두 IOC 총회에서 선임된다. 2012런던올림픽 시점까지 IOC는 77개국에서 총 109명, 그중 여성이 17명으로 구성되어 있다. IOC 총회 혹은 IOC 위원의 정기 회의는 IOC 위원장을 의장으로 한 IOC의 최고 기구이며 중대한 결정 및 임원 선출을 담당한다. 이사회는 IOC의 행정기구이며 위원장이 의장이 되어 1년에 4~5회 개최한다. IOC의 상임위원회는 대략 25개가 있으며 IOC와 그 위원들의 특정 분야에 대한 주요 사항을 검토한다. 몇몇 위원회(선수, 규정, 재무)는 어떤 다른 위원회보다도 중요하다(Chappelet & Kübler 2007). 마지막으로 올림픽 솔리다리티는 다른 NOC에게 예산을 분배해주면서 운영된다. 다음 네 개의 다른 이해관계자는 법적으로는 독립되어 있지만 이사회 위원에 의해 통제되므로 IOC의 범주에 속한다고 할 수 있다: (1) 박물관 건물을 소유하고 있는 올림픽 박물관 재단, (2) IOC의 재산을 운용하고 관리하는 올림픽 재단, (3) IOC의 스폰서와 방송 중계사들에게 서비스를 제공하며, 법적으로는 독립되어 있다 할지라도 IOC의 내부 마케팅 부서 역할을 하는 IOC TMS, (4) IOC와 OCOG로부터 구매한 방송권을 가진 방송국에게 텔레비전 전파를 송출하는 올림픽 방송 서비스OBS.

올림픽대회조직위원회(OCOG)

OCOG는 성공적인 동·하계 혹은 청소년 올림픽 경기를 개최하기 위해 설립된 법인 성격을 가진 임시 조직이다. 유치 도시는 IOC 총회에서 개최 도시로 선정된다. OCOG는 조직이 생기고 경기를 마칠 때까지 대략 10여 년 동안 운영되며 각국 정부기관과 개최 국가의 NOC에 의해 구성되자마자 IOC와 계약 당사자들 간의 권리와 의무를 정한 '개최 도시 계약'host city contract'에 서명하게 된다. IOC는 개최 도시를 7년 전에 결정하므로 통상 5~6개의 OCOG를 통솔하게 된다(청소년올림픽대회 조직위원회 포함). 관리 우선순위 측면에서 가장 중요한 OCOG는 곧 개최될 OCOG와 올림픽유치위원회이다. OCOG와 부속 기구들은 원칙적으로 경기를 주최하는 단체 중에서 선정되거나, 이와 가까운 파트너십으로 구성된다.

국가올림픽위원회(NOC)

NOC는 IOC의 국가별 대표 회원국이나 IOC와는 법적으로 독립되어 있다(대부분의 NOC는 비영리 단체이다). 2013년 IOC는 204개의 NOC가 있다고 공지했으며, 이는 UN에 속한 국가 수보다 더 많다. 그들의 주요 임무는 올림픽 경기에 참여할 선수단을 조직하고―때로는 대륙 간 경기에서도―자국에서 올림픽 정신을 수호하는 것이다. NOC는 올림픽 솔리다리티를 통해 경기에 대한 방송과 마케팅 권리를 제공받는다. 각 NOC는 적어도 5개 이상의 국가 내 스포츠클럽과 선수들을 대표하는 국내 가맹경기단체National Federation로 구성된다. NOC는 독립된 재정운영 가능 여부와 정부에서 독립되어 있는 형태에 따라 5가지로 구분할 수 있다(Chappelet & Kübler 2008: 54): (1) 정치적으로 독립되어 있으면서 재정 능력이 충분한 NOC(USOC를 포함하여 대략 20개 NOC), (2) 재정 여력 없이 정치적으로는 독립된 NOC(주로 유럽), (3) 정부가 통제하는 데 팍토de facto NOC(올림픽 헌장에 따라 자율적인 단체가 되어야 함에도 불구하고 주로 개도국에서) (4) '판타지' NOC(상징적 관점으로 4년마다 경기에 참여하기 위해 나타나는 NOC). 이들 네 개의 카테고리 외에 (5) 일시적으로 활동이 중지된 NOC들(2000년 아프가니스탄, 2003년 이라크, 2010년 쿠웨이트)과 아직 IOC에 의해 인지되지 않은 NOC(예: 지브롤터)가 추가될 수 있다. NOC는 국제적으로 국가올림픽위원회연합회ANOC와 다섯 개 대륙의 위원회(ANOCA, OCA, ODEPA, ONOC, EOC)로 구성되어 있다.

올림픽 선수 및 주변 관계자

가맹경기단체와 스포츠클럽은 올림픽에 나갈 선수들을 선발한다. 올림픽 경기에 한 번이라도 출전한 선수들을 올림피안Olympian이라고 부른다(하계올림픽 11,000여 명과 동계올림픽 3,000여 명). 2005년에는 그들이 함께 모여 세계올림피안협회WOA를 구성했다. 1999년 이후 IOC는 20명의 선수위원회를 포함시켰고, 위원 중 12명은 현재 혹은 직전 올림픽에 참여한 올림픽 출전 선수로 올림픽 선수촌에서 그들의 동료(참가 선수)에 의해 선출된다. 스포츠 테크니션들은 올림픽 경기 때까지 수년간 경쟁자로서 함께 활동하게 된다. 이런 측근들의 일부 부정적인 영향을 통제하기 위하여, 2009년 IOC는 앙투라지위원회Entourage committee를 조직하여 선수, 코치, 매니저, 스폰서 그리고 선수들을 후원하는 기타 모든 이해관계자들 간의 관계에 관련된 문제들을 총괄하고 있다. 또한 꿈나무 선수들의 부모와 체육교사들도 올림피안들이 성장하는 데 지대한 영향을 미칠 수 있기 때문에 올림픽 이해관계자로 포함하고 있다.

올림픽 자원봉사자와 팬

선수 및 주변 관계자 외에 올림픽 경기의 운영에 중요한 역할을 하는 이는 자원봉사자(각 경기마다 수만 명), OCOG가 채용하는 유급 직원(요원), 그리고 올림픽 경기를 관람하기 위해 표를 구매하는 관중이다. 이들은 TV를 시청하거나 대회의 성공적 수행에 기여한 자들로, 다양한 학문 분야에서 연구를 수행하는 데 활용되어 올림픽 팬의 핵심을 구성하고 있다. 일부 팬들은 여가활동으로 직접 스포츠를 즐기고 있고 사회체육Sports for all에도 참여하고 있다는 점에서 중요하다.

국제경기연맹(IF)

국제경기연맹은 전 세계에 걸쳐서 해당 종목 스포츠, 또는 이에 따른 관련 학문을 관장하는 비영리 기구이다. 대략 100여 개의 국제연맹이 모여 스포츠어코드SportAccord(구 국제경기연맹의 총연합General Association of International Sport Federation, GAISF)를 구성한다. 각 국제연맹의 중요도는 해당 스포츠에 대한 미디어 영향력, 국제연맹 내의 국가연맹 수, IOC의 인정 단체 여부 그리고 해당 스포츠가 하계 혹은 동계올림픽 종목에 포함되어 있는지 여부에 따라 달라지며, 이에 따라 IOC에게 받는 재정 지원금도 영향을 받는다. 올림픽 종목 국제연맹(동계 혹은 하계 경기에 포함된 스포츠 - 2012년 기준 35개), 승인된 국제연맹(경기에 포함되기를 원하는 종목 - 2012년 기준 30개), 기타 국제연맹: 세계플라잉디스크연맹 혹은 국제추크볼연맹과 같이 스포츠어코드 회원에는 포함된 연맹으로 나뉜다. 올림픽 종목 국제연맹은 해당 스포츠 규정을 올림픽에 적용하며, 소속 심판들은 올림픽 경기를 관장한다. 하계 종목은 하계스포츠국제연맹연합ASOIF 혹은 동계 종목은 국제동계스포츠연맹연합AIOWSF의 두 연합 중 하나에 포함되게 되는 올림픽 국제연맹은 해당 종목에 대한 국제 대회(Championship, Cup 등)들도 관장한다. 각 연맹은 IOC로부터 합의된 분배율에 따라 경기에서 얻은 수익을 직접 배분받는다. ASOIF 와 AIOWSF 내의 IF 사이에도 큰 차이가 있는데 예를 들어 국제스키연맹FIS이나 국제육상경기연맹IAAF의 경우에는 자체 세계 챔피언십의 비중이 매우 크기 때문에 분배율 역시 크다. 반면 국제카누연맹IFC과 국제루지연맹IFL의 경우에는 거의 전적으로 IOC 배분 수입에 의존하게 된다. 또한, 경기종목별 IF의 영향력은 해당 IF 위원장이 IOC 위원인지의 여부도 작용하게 된다.

프로 스포츠 리그

1980년대 초반까지 적용된 올림픽의 아마추어 자격 규정에 따라, 개인 또는 단체 종목에 상관없이 프로 선수들은 올림픽에 참여할 수 없었다. 하지만 1984년 LA올림픽에서 공식적으로 테니스와 축구 선수들에 한해 처음으로 프로 선수들의 참가 허용이 이루어졌다. 그 이후 IOC가 세계 최고의 선수들을 올림픽으로 불러 모을 수 있도록 모든 종목에서 프로 선수들의 참여가 허용됐다. IOC는 최고 프로 선수들의 올림픽 참여를 보장할 수 없는 스포츠(2005년 경우, 야구)는 제외했지만 프로 선수의 참여가 가능한 스포츠(2009년 경우, 골프)는 허용했다. 이와 관련하여 OCOG와 특정 프로 리그 및 관련 국제연맹 간에 합의서가 체결되었는데, 이는 소속 선수들의 올림픽 경기 참여를 확실히 하기 위함이었다. 이 합의서에 서명한 프로 리그는 1988년의 올림픽 경우, 테니스프로페셔널연합ATP, 1992년에는 미국프로농구협회NBA 그리고 1998년 동계 올림픽에는 북미하키리그NHL를 포함한다. IOC의 이해관계자로서 프로 리그는 올림픽 스포츠를 위한 리그(농구, 아이스하키, 테니스 등)와 비올림픽 스포츠 리그(미식축구, 스쿼시, 야구 등)로 구분될 수 있다.

미디어

IOC는 브랜드의 가치 제고를 위해 올림픽 경기가 최대한 널리 보급될 수 있도록 노력했다. 그러한 노력은 신문으로 시작됐고, 다음은 라디오(1924년부터), 그 다음에는 텔레비전(1956년부터)으로 이어졌으며 현재는 그 범위가 인터넷이나 스마트폰과 같은 새로운 미디어를 포함한 멀티미디어로 확장되고 있다. OCOG는 모든 미디어를 위해 다양하게 지원을 하지만, IOC는 보도권(신문사와 통신사의 기자나 사진기자)을 구매한 방송사와 특정 국가 내에서 방송 중계권(그리고 라디오와 인터넷)을 통해 경기를 중계할 수 있는 권리를 엄청난 금액으로 구매한 방송사와 분명히 구분하고 있다. 이렇듯 가장 중요한 중계권을 가지고 있는 방송사는, 1992년부터 하계올림픽, 2002년부터 동계올림픽의 미국 전역 방송 중계 계약을 맺은 미국의 NBC 방송이다. NBC는 IOC의 2008년 베이징올림픽 방송 중계권료 총 수입의 절반을 지불했으며, 2012년 런던올림픽에서는 인터넷과 텔레비전 중계를 위해 12억 달러를 지불했다. 2011년 IOC는 NBC가 2014소치, 2016리우, 2018평창 그리고 2020도쿄올림픽까지 총 44억 달러의 방송 중계권 계약을 체결했다고 발표했다. 온라인 미디어 이해관계자들도 방송연합에 포함할 수 있으며 이는, 2006년까지 유럽에서의 IOC의 독점방송권자인 유럽방송연합, 시청권 마케팅 에이전시(예: 스포츠파이브Sportfive), 그리고 해당 지역에서 200시간 동안 암호화되지 않은non-encrypted 경기를 중계하는 민간 채널(예: 이태리의 Telepiú)을 포함한다. 2008년 베이징올림픽 이후, 유튜브YouTube(구글 소유)와 테라Terra(텔레포니카Telefonica 소유) 같은 인터넷 회사들이 해당 인터넷 페이지에서 올림픽 영상을 보여주기 위해 IOC와 계약을 체결했다. 하지만 올림픽 관련 동영상에 대한 접근은 일부 국가의 중계권을 보호하기 위해 지역적으로 제한받는다(NBC와 같이 라디오, 텔레비전, 인터넷 중계권을 묶음으로 구매한 회사들).

스폰서

1980년대 초반부터 IOC와 OCOG는 방송 중계권과 더불어 추가적인 재원을 확보하기 위해 광고와 스폰서 판매를 시작했다. 1985년 IOC는 다국적 기업(맥도날드, 코카콜라, 비자, 파나소닉 등)을 겨냥한 스폰서 프로그램을 만들며 TOPThe Olympic Partners라고 불렀다. TOP 프로그램 VI (2005-2008)은 8억6천6백만 달러의 수입을 올렸으며, TOP VII(2009-2012)은 약 10억 달러의 매출을 창출했다. OCOG의 올림픽대회 엠블럼을 활용하는 스폰서는 제품을 공급할 뿐만 아니라 직접 라이선스 제품을 판매할 수 있다. 이로 인해 창출된 수입은 IOC가 일부 지원받는다. OOCG의 스폰서는 대회 개최국에 제한됨에도 불구하고 때로는 TOP 파트너의 후원금보다 더 많이 기여하고 있다. 1990년대 이후 IOC는 자체적으로 공식 공급사(벤츠, 미즈노/2013년부터 아우디와 나이키 등)를 보유하고 있으며 올림픽 박물관에 대한 스폰서(UBS, Union Bank of Switzerland)도 별도로 가지고 있다.

NOC와 NF 그리고 선수들 또한 해당 소속 국가 내에서 스폰서와 공급사 또는 라이선스시가 있다. 올림픽 경기 중에는 모든 형태의 광고가 금지(clean venue policy)되나, 스포츠 장비 제조업자들은 선수들을 통해서 예외적인 광고 노출 효과를 얻게 되는 스폰서 혹은 공급사라 할 수 있다. 또한 중계권이 해당 지역에서만 판매되고 국경을 넘어 확장되기 어렵기 때문에 중계권을 가진 미디어들은 로컬 스폰서나 라이선스시와 마찬가지로 간주된다. 다만, 유로스포트 채널(여러 언어로 유럽에서 경기를 중계)과 글로벌 잡지사인 〈타임〉지(1990년대 TOP 파트너)는 예외이다.

승인된 스포츠 관련 조직

한편으로는 IOC와 올림피안 간에, 다른 한편으로는 미디어와 스폰서와 같은 경제적 이해관계자들 간의 관계가 점차 복잡해지자, 스포츠 현상의 불규칙성을 통제하고 특별 조직을 승인하기 위한 새로운 기구들이 탄생했다. 이러한 조직 중 가장 중요한 곳이 1983년 다음의 두 곳(WADA, IPC)에서 제기된 분쟁을 해결하기 위해 설립된 스포츠중재법원 CAS이다. 세계도핑방지기구WADA는 1999년에 설립되었는데, 각국의 정부와 스포츠 무브먼트가 공동으로 지원해 선수들의 금지약물 사용을 관리하고 감시하기 위해 창설된 기구이다. 국제패럴림픽위원회IPC는 1989년에 설립되어 장애인 스포츠에 대한 국내 및 국제 조직들을 하나로

모았다. 1988년 이후 패럴림픽은 동계·하계올림픽이 폐막한 다음에 개최되며 자크 로게 위원장 재임 기간 동안 협력 체계가 강화되었다. IPC의 위원장은 1999년부터 IOC 위원의 자격을 갖게 되었다. 이외에도 IOC는 올림픽과 관련된 50개 이상의 다른 영역(교육, 스포츠 과학, 시설, 기타 멀티스포츠 경기 등)의 조직을 인정하고 승인한다. 이러한 조직들은 IOC의 이해관계자라고 할 수 있으나 IOC와는 별개로 독립된 단체이다. 그 예로 국제피에르쿠베르탱위원회, 국제올림픽아카데미, 스포츠약물국제연맹 그리고 국제페어플레이위원회 등도 여기에 포함된다.

기타 NGO

IOC는 20세기 말부터 앞 단락에서 언급한 인가받은 기관 외에도 스포츠와 관련된 여러 개의 비정부 기구NGO와 협력하여 스포츠를 통한 세계 평화, 국가 발전을 위해 노력했다. 일부는 IOC와 적극적으로 협력(예: 국제적십자위원회 및 국제 Right to Play)하며, 일부는 비교적 덜 협력적이다(예: 국경없는기자회 및 그린피스). 극단적인 사례는 1972년 뮌헨올림픽에서 테러리스트 검은 9월단이 이스라엘 선수들을 학살하면서 올림픽을 공포로 몰아간 사건이다.

정부

1970년대 이후 IOC는 정부 및 그 산하기관들과의 협력을 증대시켰다. 국가적 단계에서 이해관계자는 경기를 주최하는 국가, 지역 및 지방 자치단체 정부들(이들은 인프라, 치안, 교통 및 관광, 유산 등과 깊이 연계한다)로 구성된다. 로잔Lausanne, 보드 캔튼Vaud canton 그리고 스위스 연방의 시 정부(IOC의 본부와 IOC의 기구들이 법적 관할권 내에 유치되어 있음); NOC의 자율성이 항상 존중되는 것은 아닌 기타 정부(스위스와 개최 국가를 제외); 과거 올림픽 도시(2008년에 로잔과 아테네에 의해 설립된 World

Union). 정부 간 단계에서 보면 가장 중요한 조직은 국제연합UN으로, 2년마다 총회에서 휴회에 대한 결의를 채택하고 2009년부터 IOC로부터 배석자 지위를 부여 받았다; UN 체제 내의 특별 조직들(예: UNESCO, WHO, UNICEF 등으로 IOC와 수많은 협력 협약을 체결); 유럽 연합 및 위원회(경제적 측면에서 스포츠를 보는 단체들이었으나 2009년 IOC와 유럽 연합과 유럽 의회는 리스본 협약에 따라 스포츠의 특별한 본질을 인식하기 위해 대화를 시작했고, 이 협약은 EU의 설립에 대한 개혁을 가져왔다); 그리고 EU는 도핑, 관중 폭력 및 스포츠 승부 조작을 상대하기 위한 여러 국제 협약에 대한 협의를 진행하고 있다.

일반 대중

일반 대중은 개최 도시의 주민과 지역 주민으로 구분될 수 있다(1976년 덴버 시가 부정적인 투표 결과로 인해 대회 유치를 포기한 것처럼 민주적인 절차가 OCOG에 위협이 되는 결과를 불러올 수 있다). 또한 국내 및 국제적 시민 단체들이 있으며 이들은 경기의 이미지에 관해 소비자와 IOC 모두에게 매우 중요한 단체이다.

스포츠에 참여하는 전 세계의 청소년 역시 IOC의 중요한 고객이다(소셜 미디어와의 경쟁으로 텔레비전에 대한 청소년의 시청률이 감소하고 있기도 하고 청소년이 스포츠에 참가하는 것이 IOC의 주요 목표 중 하나이므로). 마지막으로 텔레비전 방송 시청자(수십억 명으로 추산)들은 4년마다 올림픽 영상을 소비하며, 광고 시간대에 방송사들에게 많은 돈을 지불하는 스폰서들의 마케팅 타깃이 된다(그럼에도 불구하고 시청자의 평균 연령대는 지속적으로 높아지고 있다).

이와 같이 올림픽 이해관계자들은 수도 많고 범위도 다양하다. 다음 절에서는 이러한 올림픽 마케팅에서 이해관계자들을 연구하기 위해 사용된 모델을 자세히 소개할 것이다.

올림픽 이해관계자들의 세 가지 모델

IOC는 자크 로게 위원장의 통솔 아래 이해관계자 문제에 대하여 좀 더 공식적인 접근을 시작했다. 2001년에 선출된 자크 로게의 IOC에 대한 비전은 정치적인 면보다 관리적 측면이 더 부각되고 있다. 새로운 위원장이 이행한 내·외부 감사에 기초하여 IOC 이해관계자들의 일련의 모델들이 새롭게 입안되었다. 이러한 모델을 시간 순으로 아래에 나열해보면 다음과 같다.

2002년에 입안된 첫 번째 모델은 올림픽 이해관계자들에게 비전을 집중하고 있음을 보여준다. IOC를 구성하고 있는 위원과 집행부, 위원장, 이사회가 그 중심을 차지한다(그림 1-1). 핵심 이해관계자는 중심에 있으며, 이보다 약한 이해관계자는 IOC와 직접 연결되어 있다. 클락슨 Clarkson(1995)의 연구에 따르면 이 모델은 중심에 있는 당사자들과 첫 번째 원 안에 있는 이들이 최우선적인 이해관계자들이며, 두 번째 및

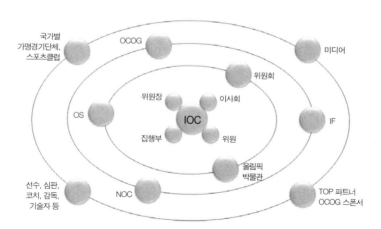

〈그림 1-1〉 IOC 이해관계자 모델 1
(IOC 웹사이트에서 인용(2002. 9. 1.), Robinson & Camy 2008에서 참조)

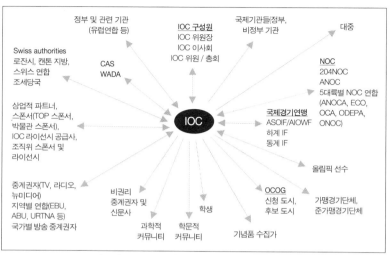

정부 및 관련 기관
(유럽연합 등)

IOC 구성원
IOC 위원장
IOC 이사회
IOC 위원 / 총회

국제기관들(정부,
비정부 기관

대중

Swiss authorities
로잔시, 캔톤 지방,
스위스 연합
조세당국

CAS
WADA

NOC
204NOC
ANOC
5대륙별 NOC 연합
(ANOCA, ECO,
OCA, ODEPA,
ONOC)

상업적 파트너,
스폰서(TOP 스폰서,
박물관 스폰서),
IOC 라이선시 공급사,
조직위 스폰서 및
라이선시

IOC

국제경기연맹
ASOIF/AIOWF
하계 IF
동계 IF

올림픽 선수

중계권자(TV, 라디오,
뉴미디어)
지역별 연합(EBU,
ABU, URTNA 등)
국가별 방송 중계권자

비권리
중계권자 및
신문사

학생

OCOG
신청 도시,
후보 도시

가맹경기단체,
준가맹경기단체

과학적
커뮤니티

학문적
커뮤니티

기념품 수집가

〈그림 1-2〉 IOC 이해관계자 모델 2(IOC 2005)

세 번째 원 안에 있는 이들이 2차적 이해관계자들이다. 올림픽 선수들이
심판과 코치, 기타 스포츠 기술자들과 함께 그리고 미디어와 스폰서들
과 같은 수준에서 세 번째 원 안에 위치하고 있는 것이 흥미롭다. 반면
IOC의 담화문에서 그들은 IOC의 최우선 과제의 중심에 있었다. 아마
도 이런 이유 때문에 이 모델이 2004년도에 IOC의 웹사이트에서 삭제
된 것일지도 모른다.

두 번째 모델은 2005년부터 등장했으며(그림 1-2), 이것은 'IOC 행
정부의 올림픽 강화 구축Building on Olympic Strength to Transition to a State-
of-the-Art'이라는 명칭의 IOC 내부 행정 업무의 성과였다(IOC 2005).
이는 IOC의 행정 업무 지침의 일부이긴 하나, IOC 보고서나 웹사이트
에 공식적으로 보고된 적은 없었다. 〔모델 2〕는 〔모델 1〕과 같이 원형의
'햇살' 형태를 차용했다. 그러나 〔모델 2〕에서의 이해관계자 분류체계는
더 취약해 보인다. 일부 이해관계자들의 중요함을 보여주기 위해 밑줄

이 그어져 있으나, 이 모델에서는 IOC 행정처를 둘러싼 단일의 최고층만 확인할 수 있을 뿐이다. 즉 이 모델에서 모든 이해관계자를 관리하는 조직은 IOC 위원장과 IOC 위원들이다. 스폰서나 올림픽 선수들은 밑줄이 그어진 이해관계자들이 아닌데, 아마도 그들이 일부 특정 상황(도핑, PR 등)을 제외하고는 IOC 행정처의 직접적인 관리를 받지 않기 때문일 것이다. 더욱이 행정처와 이해관계자들의 대부분의 관계는 상호적(쌍방향 화살)이고 따라서 IOC와 다른 중요도가 떨어지는 조직들 사이의 일방적인 관계보다는 더 밀접하다. 비록 국내 가맹경기단체와 스포츠 클럽들이 더 이상 포함되지 않고 올림픽 박물관과 올림픽 솔리다리티는 IOC에 포함되고 있음에도〔모델 2〕(18개)는〔모델 1〕(15개)보다 더 많은 이해관계자들을 보여주고 있다(이는 IOC의 운영 관리적 측면에 관한 사례이다).〔모델 2〕의 주요 개혁 내용은 각 범주 내의 이해관계자들 사이를 중요도에 따라 덜 중요한 조직과 더 중요한 조직으로 구별 짓는 첫 번째 시도라는 것이다(예: OCOG는 신청 도시와 후보 도시로 구분된다).

〔모델 3〕은 2007년에 발표되었다(그림 1-3). 쿠베르탱의 피라미드형 비전■을 응용하여 스포츠에 참여하거나 올림픽 경기를 보는 세계의 모든 관람객(텔레비전 시청자 포함, 특히 젊은 층)까지 범위를 확장했다. 뒤집어진 피라미드의 정점에 IOC가 있고 그 위에 NOC/IF/OCOG, TOP 파트너, 방송사 그리고 승인된 언론 매체가 있다. 이 구조는 처음 두 모델보다 더 위계적이다. 스포츠 선수들이 스폰서와 미디어 위에 있어 기존의 모델보다는 훨씬 중요해보이지만 피라미드의 중간에 위치해 있다는 것을 확인할 수 있다. '세계 최고의 선수들' 다음에 따르는

■ 쿠베르탱은, 오늘날 우리가 '모든 사람을 위한 스포츠'라고 부를 만한 어떤 것을 제시하고자 했다. 예를 들어 그것은 다음과 같은 것이다: "신체 단련에 관심을 갖고 참여하는 사람 100명 중에 50명은 반드시 스포츠를 직접 즐겨야 하고, 그중의 20명은 훈련을 받은 전문가들이어야만 한다. 또한 전문적인 훈련을 받은 20명 중 5명은 반드시 예외적인 특별한 기량을 보여주어야만 한다."(Chappelet 1991: 34)

전 세계 인구

세계 청소년 인구

관중

세계 최고 선수

승인된 언론 매체

방송 중계권사

TOP 파트너

NOC- IF-OCOG

IOC

〈그림 1-3〉 IOC 이해관계자 모델 3(IOC 2007 적용)

이해관계자들이 앞서의 두 모델에 포함되지 않았기 때문만은 아닐 것이다(일반 대중이라는 매우 불분명한 범주는 제외하고). 〔모델 3〕의 상당히 넓은 이해관계자 범위(세계 인구를 포함하고 있으며 쿠베르탱의 '세계의 청소년'이라는 표현을 사용하는)는 IOC의 전략적 사고가 어떻게 진화했는지 보여준다. 사실 21세기 초부터 IOC는 잠재적 올림픽 팬의 보유고로써 특정 범위까지 일반 대중을 관리해야 한다고 믿기 시작했다(젊은 스포츠 인구, 선수, 올림피안, 자원봉사자, 관중, 시청자 그리고 올림픽 제품의 현재 혹은 미래의 소비자).

2007년 IOC의 올림픽 경기 부서는 올림픽 경기의 여러 다른 측면들을 관리하기 위한 전체적이며 통일된 관점을 제공하는 넓은 의미의 '360도 관리' 접근 방식을 소개했다. 이는 IOC 행정처의 내부 이해관계자들을 6개의 교차 기능적인 내부 부서 커뮤니티로 조직하는 것을 포함한다: (1) 올림픽 제품과 경험, (2) 고객 서비스, (3) 경기 개최지와 사회적 인프라, (4) 이미지, 컨텍스트와 명성, (5) 경기 운영 그리고 마지막으

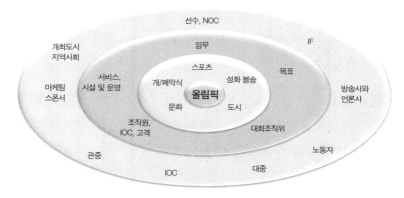

〈그림 1-4〉 올림픽 경기 이해관계자(IOC 2009a)

로 (6) 상업적·재무적 커뮤니티이다(IOC 2009). 이러한 커뮤니티들은
올림픽 경기를 나타내는 중심원을 둘러싼 여섯 개의 링으로 표시된다.
이러한 커뮤니티가 성숙하고 발전할수록 경기를 둘러싼 지식 네트워크
가 효과적으로 기능하여 더 많은 올림픽 이해관계자들을 통합시키며
넓어질 수 있을 것으로 기대된다.

2009년 IOC는 올림픽 경기와 그들의 다섯 가지 특징인 스포츠 경
쟁, 개회식·폐회식·매달 수여식, 성화 봉송, 문화 프로그램 그리고
개최도시 이벤트('라이브 사이트')를 중심(그림 1-4)으로 올림픽 이해관
계자들이 둘러싼 지도를 발표했다. 이는 다른 이해관계자 모델과 마찬
가지로 동일한 일부 이해관계자들을 포함하고 있으나 이전과는 달리
선수들, NOC, IF 그리고 경기를 주최하는 커뮤니티가 왕관의 끝에 있는
원형의 왕관을 형성하고 있다. 이 모델에서 IOC는 왼쪽 아래에 있고
OCOG는 아예 언급되지도 않았다.

공감되는 내용이 많이 있지만, 위 모델들은 올림픽의 모든 이해관계
자에 대한 전반적인 모습을 다 보여주지 못한다. 이것을 보충할 수 있는

모델이 종합 올림픽 시스템이다.

종합 올림픽 시스템

샤플레Chappelet과 퀴블러Kübler(2008)는 올림픽 무브먼트의 체계적 관점에 기반한 독립적인 모델을 입안했다(그림 1-5). 이 모델은 같은 크기의 링을 사용함으로써 동등한 것으로 보이는 주요 이해관계자들에 덧붙여, IOC의 사회·역사학적 진화로 인해 점차 나은 방식으로 교류하게 되는 이해관계자들 사이의 다중 교차행위에 초점을 맞추고 있다. 이러한 시스템의 중심에는 OCOG와 개최지 커뮤니티가 놓여 있는데, 거기에는 전통적인 '올림픽 시스템'의 존재 의미raison d'être가 여전히 남아 있다(Chappelet 1991). NOC와 IF, 그들의 NF와 함께하는 올림픽 선수들로 구성된 전통적인 이해관계자와 더불어 이제는 매우 중요한 국내 혹은 국제 스폰서(중계권을 가진 방송사 포함), 정부, 프로 스포츠 리그 그리고 경기에 참여하는 선수들과 같은 이해관계자에 더욱 초점을 맞추고 있다. 이런 이해관계자들 중 일부는 올림픽 헌장에서조차 거의 언급되지 않았다. 예를 들어 IOC의 거의 모든 수입을 제공하고 있음에도 불구하고 방송사는 한 번만 언급이 되었고, 스폰서에 대해서는 아예 언급이 없다(단지 스폰서십만 언급). 올림픽 시스템을 통제하는 데 기여하는 스포츠중재법원 및 세계도핑방지기구는 이 모델의 상위에 있다. 〈그림 1-4〉에 있는 '올림픽 시스템'은 '샤플러와 퀼블러의 모델'(2008)에서 누락된, 1항에 규정한 이해관계자들을 올림픽 시스템에 추가한 결과를 보여준다. 부가된 이해관계자는 회색 링에 나타나며 오륜을 연상시키는 다섯 가지 색의 링으로 나타남으로써(비록 배열은 다르지만) 올림픽 시스템의 심장을 중심적으로 구성한다. 종합 올림픽 시스템 모델은 IF(스포츠어코드)와 NOC(ANOC)의 상부 기관 및 대륙 간 경기나 주요 국제

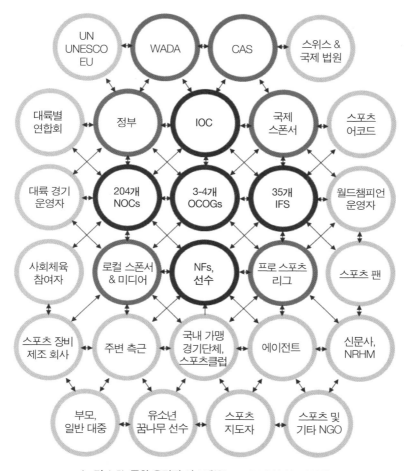

〈그림 1-5〉 종합 올림픽 시스템(Chappelet & Kübler 2008)

경기(세계 및 대륙 간 챔피언십, 컵스)의 조직자를 포함하고 있다. 스포츠를 즐기는 인구는 몇 개의 링으로 나타내고 있다: 레저 스포츠 참여자, 선수, 스포츠클럽, 스포츠 팬, 청소년, 스포츠 교사. 또한, 선수들의 측근과 에이전트들 역시 이해관계자로 인식하고 있다. 다른 회색 링은 스포츠 장비 제조 회사, 신문사 및 중계권이 없는 미디어의 특정한 역할을 강조하고 있다.

결론

올림픽 이해관계자들에 대한 정의는 분명하고 단순하지만 올림픽 무브먼트에 영향을 주는 사회적·경제적·정치적 현상에서 누가 가장 영향력이 있는지는 의문스럽다. 매우 넓은 의미에서 이해관계자를 구성하는 것이 무엇인지 살펴보면 하부 형태를 제외하고 스물여덟 가지 형태의 이해관계자를 확인할 수 있다(그림 1-5). 이 전체적 비전은 종합 올림픽 시스템의 핵심을 검토하고 궁극적인 목표인 종합올림픽 시스템 주변을 둘러싼 모든 종류의 타깃에 도달하기 위한 올림픽 마케팅의 상세 분석의 프레임을 제공한다. 이러한 타깃들은 올림픽 헌장에 분명히 명시된 것처럼 전체로써의 휴머니티humanity을 포함한다.

> "올림피즘의 목표는 인간의 존엄성을 보존을 추구하는 평화로운 사회 건설을 도모하기 위해 스포츠를 통해 조화로운 인류 발전에 기여하는 것이다."
>
> (올림픽 헌장)

IOC는 이 시스템의 중심이며 올림픽 권리의 관리와 분배에 깊이 관여하게 된다. IOC는 NOC와 OCOG에 대해 막대한 영향력을 가지는데, 그 이유는 이들에게 주어진 영토 내에서 승인된 권리만 제공하고 TOP 프로그램 내에 있는 파트너가 보유하는 제품의 범주에 대해서는 자체적인 로컬 스폰서를 가질 수 없도록 하기 때문이다. 이에 따라 각 OCOG는 지속 가능한 유산을 제공하는 경기가 되는 것을 원하는 지방 자치단체와 개최 도시의 기대를 고려한 로컬 마케팅 프로그램을 만들어야 한다. 이러한 영향력과 독립성의 줄다리기는 시스템을 관할하면서 시스템 내부에서 이해관계자들에 의해 수행되는 마케팅의 근본적인 사항이다.

　서론에서 언급했듯이 올림픽 시스템의 주요 이해관계자들은 서로 복잡하게 연결된 네트워크로 이루어져 있다. 이로 인해 각 이해관계자의 마케팅 행위는 다른 이해관계자의 행위에 영향을 미치게 된다. TOP 파트너는 IOC에게 마케팅 권리를 획득하고, 이 권리의 일부를 OCOG를 통해 행사함으로써 올림픽 개최가 특별한 최고의 이벤트가 될 수 있도록 한다. 또한 이를 위해 필요한 서비스와 제품을 독점 공급한다. 올림픽 브랜드는 특별한 경기에 대한 경험과 결합하여 방송사와의 협상을 매우 용이하게 해줄 수 있고, 많은 관중을 매혹시킴으로써 올림픽 팀이 그러한 경험을 강화할 수 있도록 도움을 준다. NOC도 동·하계올림픽의 매력으로부터 마케팅 프로그램의 혜택을 받기 때문에 다수의 스폰서를 유치하게 된다. 가맹 경기단체와 선수들은 프로 리그에 속해 있는지의 여부에 상관없이 스폰서를 보유하고 있기에, 올림픽 마케팅에서는 올림픽 이해관계자들과 다른 모든 이해관계자와의 이익과 관계를 고려해야 한다. 종합 올림픽 시스템 네트워크 관점에 기초한 마케팅은 이해관계자 마케팅 구조에 해당한다(Bhattacharya 2008). 올림픽 관리자들은 시스템 내 단일 조직의 이익에 초점을 둔 '인사이드 아웃in-side-out' 접근방식이 아닌, 복수 이해관계자들의 이익을 고려하는 '아웃사이드 인outside-in' 접근방식을 채택해야 한다. 이러한 콘셉트와 이해관계자 마케팅 구조에 대해서는 4장에서 논의할 것이다.

핵심 요약

- IOC는 주요 올림픽 이해관계자이다.
- 그러나 IOC는 각 대회를 운영하는 OCOG(올림픽대회조직위원회), NF(가맹경기단체)로부터 선발한 선수를 파견하는 NOC(국가올림픽위원회), 그리고 각 종목별로 해당 올림픽 경기를 관장하고 운영하는 IF(국제경기연맹)이 없이는 정상적으로 경기를 치를 수 없다.
- 1970년대 이후 개최국 정부는 더욱 중요한 이해관계자가 되었다.
- 1980년대 이후 올림픽 시스템은 그들 재원의 거의 대부분을 올림픽 스폰서와 방송사에서 조달했다.
- 1990년대 이후부터 대부분의 프로 선수들이 경기에 참여할 수 있었으며, 이는 IOC와 프로 스포츠 리그, IF 그리고 OCOG의 협상을 통해 성사되었다. 이는 올림픽과 프로 스포츠 리그 양쪽 모두의 성공을 불러 일으켰다.
- 올림픽 시스템의 성장과 더불어 많은 기타 이해관계자들이 나타났다. 이러한 모든 이해관계자들은 올림픽 브랜드를 효율적으로 관리하기 위해 반드시 고려되어야 한다.
- 올림픽 선수(올림피안)들은 올림픽 시스템에서 주요한 명분이 됨에도 불구하고 많은 이해관계자들 중 단지 하나에 불과한 실정이다.
- 시스템은 두 개의 외부기관인 세계도핑방지기구와 스포츠중재법원에 의해 규제되고 조율된다.
- 올림픽 시스템의 주요 이해관계자들은 관리와 마케팅에서 서로 밀접하게 연관된 네트워크로 구성된다.

2장

올림픽 자산과
법적 보호

2장에서는 올림픽대회를 성공적으로 준비하고 개최하는 데 가장 기본적으로 보호받아야 하는 올림픽 지식재산권에 대해서 소개한다. 이는 올림픽 브랜드의 일부를 구성하고 있으며 올림픽 시스템 내에서 승인된 이해관계자들에게 마케팅 목적으로도 사용된다. 지식재산권 또는 중계권을 구매한 스폰서, 공급사, 라이선스시 그리고 미디어는 통상적으로 주어진 영토 내에서, 주어진 기간 동안 독점적으로 올림픽 지식재산의 전부나 일부를 사용할 수 있는 권리를 부여받는다. 또한 이렇게 판매된 권리는 올림픽 재정에 기여하게 된다.

서론

'올림픽대회Olympic Games'를 대표하는 오륜五輪은 다섯 개의 대륙을 상징하는 것으로 알려져 있으며, 올림픽 시스템에서 가장 크고 중요한 부문을 차지하고 있다. 마케팅을 활용하여 오륜의 여러 의미와 목적, 전통 그리고 명칭을 통해 다양한 수익을 창출한다.

이 장에서는 올림픽 시스템의 조직들, 특히 IOC를 살핌으로써 이러한 올림픽 자산의 소유권을 규명하고 확인하며 그 역사를 추적할 것이다. 다음으로 이러한 올림픽 자산이 어떻게 지식재산권법에 의해 보호를 받는지에 대해, 특히 2012년 런던올림픽의 예를 통해 자세히 살펴볼 것이다. 웨이Wei(1997)는 *The Olympic Image: The First 100 Years*라는 저서에서 처음 100년 동안 올림픽 자산이 어떻게 진보하고 사용되어왔는지를 명백하게 밝히고 있다. 대부분의 올림픽 자산은 *The Olympic Symbols*(IOC, 2007b)라 불리는 IOC 교육 책자에도 설명되어 있다.

올림픽 경기에(또는 다른 스포츠 행사들에서도) 소유의 개념이 있다는 것은 의외지만, 다른 한편으로 주관 기관에서 행사를 진행하기 위해 갖는 독점적 권리 및 그 노고에 상응하는 일종의 권한으로 해석할 수 있다. 이러한 독점적 권리는 마케팅과 스폰서 활동에서 매우 가치가 높다. IOC의 측면에서 볼 때, 한 세기 이상 이 권리를 바탕으로 올림픽이 정기적인 대회로 안정적으로 개최될 수 있었다. 물론 현대의 올림픽이 고대 그리스에서 열렸던 올림픽과 거의 유사한 면은 없지만 대회를 지속적으로 개선하고 발전시켜온 원천, 원동력으로써 이를 부정할 수 없다.

앞으로 살펴보게 될 내용과 같이, IOC의 지식재산권에 대한 권리는 올림픽 경기, 이미지 그리고 경기에서 얻어진 데이터 이상이다. 그리고 때로는 다른 올림픽 이해관계자들의 지식재산권과 겹칠 수 있다(1장 참조). 특히 경기에 참여한 선수들의 이미지에 대한 권리, 선수 개인의 권리, 일반 시민에 대한 정보공개의 의무 그리고 올림픽 조직 내 비영리 기관의 권리·권한과 상충될 수도 있다. 그리고 2000년 이후, 올림픽 경기의 주최국들 대부분은 올림픽 재산권에 대하여 다른 권한들을 포괄하거나 규제하는 어떠한 법보다 더 통합적인 법적 구성을 선언하고, 규정짓고 있다.

올림픽 재산권

1894년 근대 올림픽 재개再開와 함께 다양한 올림픽 재산권에 대한 논의도 시작되었다. 근대의 올림픽 경기는 두 차례의 세계 대전이 벌어졌을 때를 제외하고, 19세기 말부터 4년마다 세계 각국에서 개최된 종합 스포츠 이벤트Multi-Sport Event이다. 올림픽 경기의 재창설을 위한 위원회는 피에르 쿠베르탱의 주창으로 1894년 파리에서 조직되었다. 근대 첫 올림픽은 1896년 아테네에서 개최되었다. 이 위원회는 국제올림픽위원회IOC라는 공식 명칭의 기관을 설립했으며, 공식적으로 하계올림픽이라고 알려져 있는 4년마다 열리는 올림피아드 게임Games of the Olympiad

의 성공에 크게 기여했다.

1924년 IOC는 동계 스포츠를 위한 대회를 만들고 동계올림픽이라고 명했다. 동계올림픽은 초기에 하계올림픽이 열리는 그 해 1월에서 2월에 열렸지만, 1994년 이후 2회의 하계올림픽 사이 짝수 해에 개최하는 것으로 변경되었다. 제23회 동계올림픽은 2018년 2월 평창에서 개최된다. 2007년 IOC는 동계올림픽이 개최되는 해와 같은 년도에 열리는 청소년올림픽대회도 만들었다. 첫 번째 하계 청소년올림픽 경기는 2010년 8월 싱가포르에서 개최되었으며, 첫 번째 동계 청소년올림픽은 2012년 1월 인스부르크Innsbruck에서 개최되었다. 또한, 하계 및 동계 패럴림픽대회는 올림픽 경기가 폐막한 이후 약 10일 정도 뒤에 개최되며, 같은 개최 장소에서 진행하게 된다. 하계패럴림픽은 1988년부터, 동계패럴림픽은 1992년부터 개최되었다. 패럴림픽은 주최자인 국제패럴림픽위원회IPC와 IOC와의 합의가 있었기에 가능한 일이었다.

올림픽의 역사는 기원전 776년부터 기원후 393년까지, 12세기 이전의 고대 그리스에서 열렸던 대회를 포함하여 3000여 년 전으로 거슬러 올라간다. 여러 국가의 도시들이 지난 500여 년간 대회의 복원을 위해 여러 시도를 해왔다: 영국(1962년 코츠월드 올림픽Cotswold Olympick, 1850년 머치 웬록 올림피안 게임Much Wenlock Olympian Games), 프랑스(1976년 파리의 프랑스 공화국 올림픽Olympiade de la République, 1832년 그르노블Grenoble의 롱도 게임Rondeau Games), 스웨덴(1834년에 람뢰사Ramlösa), 캐나다(1844년 몬트리올 올림픽Montreal Olympics) 그리고 그리스(1859년 자파스 올림픽Zappas Olympics). 동계올림픽은 1901년부터 1926년까지 개최된 스톡홀름의 노르딕 대회(오슬로에서 한 번 개최)에서 많은 영감을 받았으며, 청소년올림픽대회는 유럽올림픽위원회가 1991년부터 2년마다 개최한 하계유럽청소년올림픽페스티벌European Youth Olympic Festival, EYOF과 1993년부터 개최한 동계유럽청소년올림픽페스티벌에 기초하고 있다.

올림픽 찬가(Hymn 또는 Anthem)는 그리스 음악가 스피로 사마라Spiro Samara가 작곡하고, 그리스 시인 코스티스 팔라마스Kostis Palamas가 작사했다. 올림픽 찬가는 1896년 아테네에서 개최된 제1회 근대 올림픽대회에서 처음으로 연주되었으며, 1960년 로마올림픽에서 다른 곡들과 함께 올림픽대회와 IOC의 공식 주제가로 선정되어 기념행사 등에 사용되는 간주곡 형태로 사용되었다. 대회 시상식 때마다 사용되는 이 음악의 저작권은 IOC에 있다.

올림픽 메달은 금(정확히는 금으로 도금된 은), 은, 동으로 만들어져 최초의 근대 올림픽 시대부터 수여되었으며, 그 크기와 디자인은 올림픽대회를 거치면서 변화·발전되었다. 메달의 앞면은 각 대회마다 올림픽의 특징을 나타냈으나, 뒷면은 상대적으로 일정한 모습을 유지해왔다. 1928년부터 2000년까지는 그리스의 승리의 여신인 니케Nike(스포츠 브랜드와 무관)가 고대의 아치 기둥을 배경으로 앉아 있는 모습을 하고 있었다. 2004년 아테네올림픽부터 니케의 모습은 파르테논 신전을 배경으로 한 아테네 근대 올림픽 경기장Panathenaic Stadium에 서 있는 여신상으로 대체되었다. 동계올림픽은 메달의 앞뒷면 모두 각 대회마다 디자인이 다르다. 2012런던올림픽 때에는 영국의 아티스트인 데이비드 왓킨스David Watkins가 디자인한 메달을 대회 1년 전 사전행사에서 대중에게 공개한 바 있다.

올림픽 구호인 'Citius, Altius, Fortius'는 일반적으로 '더 빠르게, 더 높게, 더 강하게'라고 해석되지만, 일부 라틴어 학자들은 운동선수의 단순한 성과를 나타내는 말이라기보다, 신체의 민첩함과 영혼의 숭고함, 개성의 강함을 나타내는 뜻을 내포한다고 강조한다. 올림픽 구호는 1891년 파리 근처 아르퀼Arcueil 지역의 알베르트 르 그랑드Albert Le Grand 고등학교의 교장이며, 그르노블Grenoble의 롱도Rondeau 신학교에서 공부했던 헨리디돈Henri Didon 신부가 학생들에게 주지시켰던 구호였으며, 디돈의 친구인 피에르 쿠베르탱에 의해 'Citius, Fortius, Altius'의 순서로 1894년 IOC의 구호가 되었다. 올림픽 헌장에 따르면 이 구호는 "올림픽 무브먼트의 이상"으로 정의되어 있다. 이 구호는 2000년 시드니올림픽과 1996년 애틀랜타올림픽에서 "Look of the Games"이라는 탁월한 방법을 포함하여, 여러 올림픽에서 널리 사용되어왔다. 이 구호는 2005년까지 IOC의 공식 서류나 자료의 머리글로 사용되었으나 어느 순간 사라지게 되었다. 이는 아마도 무제한적인 발전을 암시하는 듯한 이 문구가, 올림픽을 위해 IOC가 채택한 지속적인 발전이라는 지침과 상충되기 때문인 것으로 판단된다. 사실 이 책의 저자 중 한 명은 올림픽 정신의 세 가지 기조를 만드는 환경이 된 1994년 파리 올림픽 총회에서 이 구호를 삭제하거나 또는 원래 순서인 'Citius, Fortius, Altius'로 사용하자고 주창했다(Chappelet, 1994).

올림픽 포스터는 매회 올림픽마다 만들어졌으나, 개회식에서 진행되는 참가국들의 행진에 흑백이 아닌 컬러 대형 포스터를 사용했던 1912년 스톡홀름올림픽까지는 공식적인 올림픽 포스터가 없었다(Timmers, 2008: 19). 하계 및 동계올림픽의 공식 포스터 컬렉션은 올림픽 마케팅과 상업 활동에 널리 활용된다. 예를 들어 2012런던올림픽 의류 부분 공식 후원사인 '아디다스adidas'는 올림픽 포스터를 '빈티지'한 자사의 제품에 이용한 바 있다. 오늘날의 올림픽에는 다수의 공식 포스터가 사용되고 있으며, 일반적으로 주최국의 유명한 예술가가 참여해 제작하게 된다: 1948런던올림픽에서는 빅벤Big Ben과 의회 건물 배경 위에 유명한 그리스의 원반 투수 동상Discobolous statue과 오륜이 그려져 있는 한 개의 공식 포스터가 사용되었다. 이후 2012년 런던올림픽에서는 열두 명의 유명한 영국의 아티스트가 제작한 열두 개의 공식 포스터가 만들어졌다.

올림픽 심벌은 1913년 피에르 쿠베르탱에 의하여 다섯 개의 원형이

서로 연결되어 있는 도안으로 만들어졌으며, 1914년 소르본Sorbonne 올림픽 경기 중 올림픽의 부활을 기념하는 20주년 기념행사에서 사용되었다. 초기의 오륜은 쿠베르탱이 그린 올리브 잎과 리본이 올림픽 구호를 장식하고 있는 것에 흑백의 다섯 개 원으로 구성된 도안이 더해진 단순한 디자인이었다(상부 3개, 하부 2개의 원). 이후 IOC의 문서 등에 인쇄된 로고에 색깔을 입힌 오륜이 등장했다. 이 마크는 피에르 쿠베르탱의 세밀한 지시에 따라 그의 집 근처 파리 7구에 있는 봉 마르쉐Bon Marché 백화점에서 깃발로 제작되었다.

올림픽 깃발은 흰색 바탕 위에 좌측부터 파란색, 노란색, 검정색, 녹색, 빨간색 순서의 원으로 구성된다. 원이 연결되어 있는 방식은 초기에는 임의적이었지만, 현재는 IOC의 엠블럼 규정에 따라 공식적으로 규정되어 있다. 1914년에 과거 올림픽대회를 리뷰하는 자리에서 피에르 쿠베르탱은, 전 세계 모든 국가의 국기는 오륜의 다섯 가지 색 중 최소한 한 가지 색을 사용하고 있으며, 1912년 스톡홀름올림픽에서 아시아 최초로 일본이 참가함으로써 처음으로 다섯 개 대륙의 국가들이 모두 참여한 대회가 되었기 때문에 다섯 개의 원이 다섯 개의 대륙을 상징한다 할 수 있다고 설명했다. 덧붙여 1912년 올림픽은 1894년 이후 다섯 번째로 개최된 올림픽이다. 일부 사람들은 계속 각각의 색깔을 각 대륙과 연관 짓는다(검정색은 아프리카, 빨간색은 미국, 노란색은 아시아 등)라고 추측하지만 이는 피에르 쿠베르탱의 의도가 아니다. 아마도 피에르 쿠베르탱이 사무총장을 지냈고 올림픽 재건에도 밀접하게 영향을 끼쳤던 프랑스 육상경기조합Union of French Athletics Societies에서 이 원들에 대한 영감을 받았을 것이다. 조합의 심벌에서 연결된 두 개의 원을 확인할 수 있으며, 이 또한 피에르 쿠베르탱이 도안한 그림이다.

'올림픽 깃발'은 1920년 앤트워프Antwerp올림픽에서 처음 사용되었으며, 이후의 대회에서 계속 쓰이면서 유명한 상징물이 되었다. 결과적으로 올림픽 심벌은 세계에서 가장 잘 알려진 로고이다. 설문에 따르면 세계 인구의 90% 이상이 오륜을 인지하고 있으며, 이러한 인지도는 셸 사의 가리비 모양의 로고와 벤츠사의 별 모양 로고를 큰 격차로 앞서고 있다(IOC 1997). 이는 적십자와 UN의 로고에 비해서도 크게 앞선 수치이다. IOC는 1990년대부터 대형 올림픽 심벌을 경기를 관람하는 모든 경기장과 같은 올림픽 행사 장소에 반드시 설치하도록 하였다. 2000년 하계올림픽과 2002년 동계올림픽부터 올림픽 기간 동안 세계의 시선을 주목시키기 위해 아주 거대한 크기의 올림픽 심벌을 그 도시의 가장 상징적인 기념물에 설치했다(예: 시드니 항, 아테네 근대 올림픽 경기장, 런던의 타워 교Tower Bridge 등). 2011년 IOC는 올림픽 헌장에 따라 오륜에 대한 그래픽 사용 규정을 다시 정의했다(IOC 2011b).

올림픽 선서도 올림픽 깃발과 같이 1920년으로 거슬러 올라간다. 현재는 개최국 참가 선수들과 심판이, 그리고 2010년부터는 개최지 NOC 임원이 대표로 선서를 하게 된다. 성공적인 개최를 위해 각 개인의 선서 내용은 매 올림픽대회마다 조금씩 진화했다. 이 선서에는 공정하게 시합에 임할 것, 팀과 스포츠에 대한 명예를 지키기 위해 경기할 것, 그리고 약물이나 속임수 등을 사용하지 않겠다는 약속도 포함된다. 2012년 런던올림픽 개막식에서 올림픽 선언을 하게 될 영국 선수와 심판 등은 개막식 며칠 전에 공개되었다.

올림픽 성화의 경우 1928년 암스테르담올림픽과 1932년 로스엔젤리스올림픽에서도 타올랐지만, 1936년 베를린올림픽 전까지는 공식적인 성화가 아니었다. 베를린올림픽에서는 올림피아 유적지인 그리스에서 점화된 성화가 주자들의 릴레이 봉송을 통해 여러 동유럽 국가들을 거쳐 독일의 수도인 베를린까지 운반되었다. 이런 릴레이 방식은 베를린올림픽의 사무총장이었던 칼 디엠Carl Diem의 제안으로 만들어졌으며, 고대 그리스 람페드로미아 성화 봉송Lampedromia torch races에서 영감을 받았다고 한다. 그 당시 1936개의 불꽃을 담은 디자인의 성화봉이 특별히 제작되었다. 오늘날 올림픽 성화봉은 당대 디자인의 걸작이 되었으며, 그 대회를 가장 명확하게 상징하는 대표 이미지 중 하나가 되었다. 2012런던올림픽의 성화봉은 에드워드 바버Edward Barber와 제이 오스거비Jay Osgerby의 디자인과 베이즐던Basildon 지역 소재 엔지니어링 회사 테코짐Tecosim 사와 코번트리Coventry 지역의 제조업체인 더 프리미어 그룹The Premier Group 사의 협업으로 제작되었다.

올림픽 성화 봉송은 올림픽대회마다 봉송 주자 숫자의 증가, 다양한 이동수단 등장(위성 포함) 그리고 참가영역 확장 등 급격하고 다양한 변화를 겪어왔다. 2008베이징올림픽 당시에는 샌프란시스코, 파리, 런던 등을 지나는 범 대륙적 성화 봉송 행사를 진행하는 과정에서 티베트와 중국의 인권문제와 관련해 도처에서 무력시위가 발생했다. 그 결과 현재 IOC에서는 그리스와 주최국에서만 성화 봉송을 진행하도록 하고 있다. 런던올림픽에서는 2012년 5월 18일 올림피아에서 채화된 성화가 란즈엔드Land's End부터 셰틀랜드Shetland Islands까지 영국 전 지역을 순회한 후, 2012년 7월 27일 개막식에서 점화되었다.

동계올림픽의 성화 봉송은 1952년 오슬로 대회부터 시작되었으나, 1964년 인스부르크 대회 때까지는 그리스의 올림피아에서 채화하지 못했다. 사실 수년간 그리스올림픽위원회는 성화를 채화해야 할 정도로 동계올림픽에 가치를 두지 않았다. ■

오늘날 올림픽 성화 봉송은 그 자체로 의미 있는 행사일 뿐만 아니라 개최국의 올림픽 분위기를 띄우는 데도 매우 중요한 역할을 한다. 일부 사람들에게는 과도하게 평가되기도 하지만, 대부분의 성화 봉송 주자

■ 2014소치동계올림픽 성화는 2014년 2월 7일 올림픽 개막 때까지 123일간 약 1만4천 명의 손에 들려 2900여 도시를 지나면서 동계올림픽 사상 역대 최장거리인 6만5천Km를 이동했다. 또한 2013년 11월 초 성화를 우주화물선으로 국제우주정거장에 운송해 우주 공간에서도 성화 봉송 장면을 연출했다.

는 대회의 스폰서가 선정할 수 있게 하는 특별한 마케팅 활동과 연계된다(MacAloon 2011). 성화대에서 17일간 불꽃을 피우게 되는 불씨를 점화하게 될 성화 봉송의 마지막 주자의 이름을 공개하는 것은 올림픽 개회식 행사 중에서도 최고의 보안 유지가 필요한 사항 중 하나이다.

올림픽 마스코트는 상상의 동물이나 사람의 캐릭터로 매 올림픽에서 발표된다. IOC에서 공식적으로 인정한 바는 없으나, 최초의 올림픽 마스코트는 1968년 그레노블동계올림픽의 '스키어 슈스Skier Schuss'이다. 다음 1972년 뮌헨하계올림픽에서는 닥스훈트 모양의 '왈디Waldi'가 그 뒤를 이었다. 이러한 마스코트는 어린이들에게 호감을 줄 수 있게 디자인되었으며, 다양한 머천다이징(상품화 계획)으로 이어졌다. 현재까지 가장 유명한 마스코트는 자바에 마리스칼Javier Mariscal가 디자인한 1992년 바르셀로나올림픽 마스코트인 '고비Cobi'이며, 그것은 수백 종에 이르는 다양한 버전의 마스코트 상품으로 출시되었다(각종의 올림픽 경기를 하는 모습, 자원봉사자, 기자, 경찰 등). 가장 많은 비난을 받은 마스코트는 1996년 애틀랜타 대회의 '이지Izzy'란 마스코트와 1992년 알베르빌동계올림픽의 '마지끄Magique'라는 마스코트이다. 1994년부터는 둘(보통, 남여 둘 다 구성) 또는 그 이상의 마스코트가 적용되기 시작했다. 2008년 베이징올림픽에서는 5종류의 동물(정치적 이유로, 티베트의 영양 마스코트 포함)이 마스코트로 사용되었다. 마스코트의 이름은 종종 투표로 선정되기도 한다. 2012년 런던올림픽의 두 마스코트는 '웬록Wenlock'과 '맨더빌Mandeville'이라고 불렸으며, 이는 웬록올림픽과 패럴림픽대회의 근원지인 스토크 맨더빌 경기Stoke Mandeville Games를 기리기 위하여 붙여진 이름이다.

올림픽 엠블럼은 OCOG, NOC나 주로는 IOC 또는 OCOG의 스폰서가 고안한 로고를 올림픽 심벌이나 마크와 결합하여 만든다. 첫 번째 OCOG 엠블럼은 1932년 개최된 LA하계올림픽 및 레이크플래시드동계올림픽에서 올림픽 엠블럼과 결합하여 사용되었다. 오륜을 통해 M자를 형상화한 1976년 몬트리올올림픽 이후, IOC는 오륜을 나머지 디자인 부분과 분명히 구분할 것을 규정했다. OCOG 엠블럼은 개최 도시 및 개최국을 연상시키도록 고안된다. 올림픽 신청 도시가 유치 첫 단계인 유치 후보 도시로 통과되었을 때도 그 도시는 오륜을 활용한 엠블럼을 제작하게 된다. 2012런던올림픽유치위원회가 사용한 엠블럼은 오륜 위에 런던 이름을 검은색으로 표기하고 템스 강을 형상화한 리본으로 디자인되었다. 2012런던올림픽 엠블럼은 울프 올린스Wolff Olins가 고안했는데, 그것이 처음 등장했을 때 큰 화제가 되었다. 숫자 '20'이 숫자 '12'를 바탕으로 매우 스타일리시하고 파격적으로 디자인되었기 때문이다. 이 엠블럼에서 오륜은 2012의 0으로 형상화되며 다양한 색의 여러 버전으로 응용되었다. 처음으로 패럴림픽에도 동일한 엠블럼이 사용되었으며, 유일한 차이점은 오륜 대신에 IPC의 엠블럼이 자리하고 있다는 점이다.

미국올림픽위원회USOC는 1920년대부터 엠블럼을 사용한 첫 번째 NOC이다. 오늘날에는 모든 NOC가 기관 엠블럼Institute Emblem을 가지고 있는데, 대부분 해당 국가의 국기, 국가를 대표하는 이미지 그리고 국가의 이름을 형상화한 디자인이다. 일부 NOC는 상업적으로 사용하는 상업 엠블럼Commercial Emblem을 갖고 있다. 예를 들어 USOC는 원래 사용하던 성조기의 USA를 빨간색으로 표기해 아래에 있는 오륜과 결합한 엠블럼을 사용하고 있으며, 프랑스의 NOC는 오륜 아래 'FRANCE'라고 파란색의 이름을 넣어서 사용하고 있다. 영국올림픽위원회는 영국의 대표 색상으로 디자인된 사자 머리 아래 'British Olympic Association'을 표기한 기관 엠블럼과 영국 국가대표팀을 나타내는 'Team GB' 상업 엠블럼을 사용하고 있다. 대한체육회의 경우, 대한체육회 기관 엠블럼과 대한민국 국가대표팀의 'Team Korea' 상업 엠블럼이 있다. IOC의 TOP 파트너들과 OCOG의 주요 스폰서들은 계약 기간 동안 오륜을 조합하여 사용할 수 있다. 단, 이러한 모든 엠블럼은 사용 전 IOC를 통해 승인받아야 한다.

올림픽 픽토그램은 하계 및 동계 스포츠 종목을 상징하는 그림 문자이다. 1948년 런던올림픽에서 처음 사용되었고, 1960년 로마올림픽 이후부터 각 대회 OCOG에서 고유의 픽토그램을 개발해 광범위하게 사용하게 됐다. 이제 픽토그램도 올림픽 이미지의 일부를 구성하고 있다. 1970년대 IOC는 미디어가 픽토그램을 사용할 경우 라이선스를 담당한 스위스 회사와의 계약을 통해 라이선스 비용을 지불하도록 하면서 픽토그램을 잠재적 수입원으로 여기기 시작했다. 그러나 이러한 시도는 인텔라이선스Intelicense라는 회사와의 장기간 지속된 법적 다툼 끝에 실패하고 말았다. 2012런던올림픽에서는 올림픽 종목 IF와 협의하여 38개 픽토그램을 '실루엣' 버전과 런던 지하철 지도에서 영감을 받은 '다이내믹' 버전 두 가지 형태로 만들었다.

올림픽 스틸사진은 대회 기간 중 올림픽 경기 장소에서 찍힌 사진들로써 IOC에 의해 올림픽 자산으로 간주된다. 이는 첫 번째 근대 올림픽이 개최되었을 때 민간 출판사들이 자신의 이익을 위하여 올림픽 엽서를 판매하기 시작하면서부터 이미 그 시장성이 예측되었던 부문이다. 1912년 OCOG는 스톡홀름올림픽에서 선수들과 이벤트를 보여주는 흑백 엽서를 공식 판매할 수 있는 올림픽 이미지의 제작 및 판매에 대한 독점적 권리를 활용해 처음 엽서를 판매하기 시작했다. 하지만 1920년대부터 1950년대까지 높은 인기를 보였던 올림픽 엽서는 텔레비전과 컬러 잡지가 등장하면서 공식 기념품 카탈로그에서 거의 사라졌다. 대신 인터넷이나 스마트폰과 같은 새로운 미디어들이 등장하면서 올림픽 관련 사진의 중요성이 다시 부각되고 있다.

올림픽 동영상이란 올림픽 경기장, 선수촌, 인터뷰 장소 등의 올림픽 경기 장소에서 경기장면뿐만 아니라 경기 외의 모든 행사를 동영상으로 촬영한 비디오와 오디오로써, 이 또한 IOC의 재산으로 간주된다. 올림픽 방송 서비스Olympic Broadcast Service, OBS(스위스 법에 의해 설립된 유한회사, IOC 100% 소유)에서 송출되는 영상은 국제 텔레비전 및 라디오 신호International Television and Radio Signal, ITVR로 불린다. 1960년대 이후부터 IOC는 방송 중계권을 보유할 수 있는 독점적 권리를 해당 국가의 라디오–텔레비전 채널과 방송 네트워크사에게 판매하기 시작했다. 중계권을 구매하기 위한 비용은 1984년 LA올림픽 이후로 급격히 상승했다. NBC 방송사는 2011년, 2014년, 2016년, 2018년 그리고 2020년 올림픽을 미국 내에서 방송할 권리를 구매하기 위해 IOC에 43억8천만 달러를 지급했다. 런던올림픽의 방송 및 인터넷 중계권 수익 금액은 전 세계적으로 20억 달러에 이른다. 대한민국의 경우, SBS에서 2022년까지 방송 중계권을 가지고 있다.

올림픽 데이터는 예선/결선 명단과 기록 그리고 메달 결과 등 올림픽 경기에 관련된 사실과 기록으로 구성된다. 원래는 신문과 같은 미디어에 의해서 제한 없이 재생산되고 배포될 수 있는 뉴스로 간주되었다. 하지만 2000년 시드니올림픽부터 이러한 올림픽 데이터가 인터넷의 발전과 온라인 도박으로 인해 매우 가치가 높다는 점을 IOC가 본격적으로 인식하기 시작했다. 이 때문에 지금은 데이터에 대한 통제가 더 엄격해졌다. 최근 2012런던올림픽 경기에 대한 데이터는 LOCOG 온라인 사이트에 게재되지 않았으며, 중계권을 구매한 온라인 미디어 사이트에서만 독점적으로 다룰 수 있게 조치되었다(예 www.nbcolympic.com 및 www.bbc.com/sports/olympics).

위의 내용에서 보듯이 대부분의 올림픽 자산들은 '고안된 전통in-vented tradition'(Eric Hobsbawm 1983)이라고 불리며 오륜과 올림픽 기, 대부분의 올림픽 의전에 대한 책임을 지는 올림픽 창시자, 그중 가장 유명한 피에르 쿠베르탱과 같은 이들에게서 유래한 것이지 개별 경기에서 발생한 것은 아니다. 올림픽이 100년 이상 전통을 가질 수 있도록 닻이 되어준 것은 이러한 재산권들이다. '올림픽'이라는 단어가 환기시키는 힘은 올림픽 엠블럼, 포스터, 마스코트, 픽토그램, 오디오와 비디오 그리고 데이터의 형태로 경기에 가치를 부여하고 있다.

올림픽 자산의 보호

본질적 문제로써 IOC는 올림픽 경기의 배타적 소유권과 이에 관련된 모든 권리 및 데이터에 대한 소유권을 주장하고 있다. 올림픽 헌장은 올림픽 경기와 올림픽 자산에 관한 권리를 명백히 정의했다.

1. 제7조 2항 : 올림픽대회는 IOC의 독점적 자산으로, IOC는 올림픽대회의 조직, 활용, 방송, 기록, 상영(representation), 복제, 입수 access, 배포dissemination 등과 관련된 현존하는 또는 개발 중인 모든 형태와 양식의 제반 권리를 비롯하여, 올림픽대회와 관련된 제반 자료 및 권리를 소유한다.
2. 제8조~제14조 : 올림픽의 상징, 올림픽 기, 표어, 올림픽 찬가, 표식Identifications(Olympic Games와 Games of the Olympiad를 포함하나 이에 국한되지 않는다), 명칭designations, 휘장, 성화는 전체적으로 또는 개별적으로 "올림픽 자산"이라 칭한다. IOC는 올림픽 자산에 관한 제반 권리와 영리 추구나 상업적 또는 광고를 목적으로 하는 사용권 등, 올림픽 자산의 사용에 대한 배타적 권리를 갖는다. IOC는 IOC 집행위원회가 제정한 규정과 조건에 따라 이러한 권리의 일부 또는 전부에 대한 사용을 허가할 수 있다.

올림픽 헌장 제7조 외에서도(8~14조, 메달에 경우 56조) 상기 나열된 올림픽 자산에 대하여 상세히 설명하고 있으며, 부칙 7-14에서는 이러한 재산들이 어떠한 규정하에 관리되어야 하는지를 정하고 있다. 올림픽 헌장은 올림픽 명칭을 굉장히 광범위한 용어로 정의하고 있다.

"올림픽 명칭은 올림픽대회, 올림픽 무브먼트 또는 그 구성요소들과의 관련성이나 연관성을 나타내는 시각적 또는 청각적 표현을 의미한다."

(올림픽 헌장 14조 올림픽 명칭)

IOC가 이렇게 포괄적인 의미를 부여한 것은 올림픽 심벌 외의 모든 올림픽 지식재산권을 보호하여 분쟁 발생을 예방하기 위함이다.

올림픽 심벌은 대부분의 나라에서 보호받고 있으나 이러한 보호가 항시적이지는 않으며, 때때로 IOC보다는 NOC가 더 이득을 얻는 상황도 있다. 아르헨티나, 호주, 미국, 프랑스 그리고 영국과 같은 일부 국가들은 오륜에 대한 소유권 혹은 보유권을 그들의 NOC가 소유하도록 하는 법안을 통과시켰다(Stupp 2006). 예를 들면, 미국의 올림픽 및 아마추어 스포츠 법United States' Olympic and Amateur Sport Act of Law(1978)은 미국 영토 내에서 USOC에게 오륜(그리고 기타 올림픽 지식재산)에 대한 배타적 권리를 부여하고 있다. 이 법은 IOC와 USOC 그리고 각각의 스폰서가 미국 내에서 올림픽 엠블럼을 사용하고 보호받는 데 충분한 역할을 했다. 이로 인해 IOC가 1984년부터 방송 중계권료 및 IOC 스폰서십(대부분이 미국 회사)으로부터 받은 수입을 각 NOC에 다시 배분할 때, USOC가 중계권 수입(12.75%)과 스폰서십(20%) 수입을 분배받는 큰 이유가 되었다. 하지만, IOC와 USOC는 2020년 대회부터 이 분배율을 감축하는 쪽으로 협상 중에 있다.

1970년대 말 IOC는 오륜에 대한 더 강한 통제권을 갖기 위해 특별협약 초안을 작성하기로 하고 세계지식재산권협회wIPO와 접촉했다. 이는 1981년에 49개 나라가 서명한 '올림픽 심벌 보호에 관한 나이로비협약Nairobi Treaty'이라는 결과로 이어졌다. 2012년 현재 브라질, 그리스, 인도, 이탈리아, 멕시코 그리고 러시아 등 32개 나라만 협약을 비준했고, 대부분의 유럽과 북미, 아시아 시장은 포함되지 않았다. 조약에서는 오륜이 사전에 상표 등록이 되어 있지 않는 한 IOC 의해 허가받지 않은 상업적 이용이 금지되며, NOC의 재정적 이익 및 허가에 대한 관리 조건에 대해 IOC와 해당 국가 NOC 간의 합의가 없는 한 조약에 서명한 국가는 오륜을 포함하는 어떠한 브랜드도 거부하거나 무효화해야 한다고 명시되어 있다.

나이로비 협약의 제한적 보호에 따라 NOC의 역할이 증대되며 IOC가 한동안 올림픽 엠블럼을 보호하지 않은 것처럼 여겨졌고(쿠베르탱 사후 50년이 지난 1987년, 일부 사람들이 보유하고 있는 심벌이 공공재산화됨), 이 때문에 IOC는 초기부터 충분히 보호할 수 있는 다른 심벌의 개발을 고려하기도 했다(Martyn 1998). 그리하여 1986년, 디자이너들에게 새로운 심벌을 만들라는 임무가 주어졌으나 IOC 이사회는 그러한 시도를 거부했다. 결국 IOC는 올림픽 심벌과 워드마크word marks를 상표 등록하기로 결정했지만 이 또한 새로운 스위스 법에 따라 IOC 서비스 상표의 등록이 허용된 1993년까지는 등록이 불가능했다(이전에는 단지 상품에 대한 상표권만 등록이 가능했다). 상표 등록은 매 10년마다 갱신해야 하고, 다른 기구(예: NOC)에 등록되지 않은 심벌을 가진 모든 나라들과의 국제 협약을 통해 확장할 수 있다. 올림픽 엠블럼(오륜도 반드시 포함하는) 또한 마찬가지로 보호한다. 오늘날 IOC는 NOC가 등록한 해당 국가 언어로 된 엠블럼이 있는 국가는 제외하고, 'Olympic'과 'Olympics'라는 단어와 60개국 이상의 언어로 번역된 단어에 대해 80개 이상의 워드마크를 보유하고 있다(Lacotte & Stupp 2010). 스위스 법 상 'Olympiad',

'Olympic Games', 'Citius, Altius, Fortius' 및 '쿠베르탱Coubertin'과 같은 단어들은 국제적으로 등록할 수 있게 되어 있다. '피에르 쿠베르탱'의 경우에는 유족들의 요구에 따라 함께 상표로 등록되었다. 또한 'Torino 2006', 'Beijing 2008' 그리고 'Vancouver 2010' 같은 단일 대회 관련된 브랜드 명칭도 여기에 해당한다. 'London 2012®', 'London Games®' 그리고 '2012 Games®'라는 브랜드도 IOC와 LOCOG의 지식재산권 보호를 위해 등록되었다. 평창동계올림픽의 오륜이 위에 그려진 '2018평창PyeongChang 2018' 또한 대회 유치 시점에 등록되었다. IOC는 대회 유치 의사를 밝힌 후보 도시의 이름을 발표하는 순간, 해당 개최 연도와 유치 후보 도시의 이름을 함께 자동적으로 등록하여 해당 대회의 잠재적 명칭을 선제적으로 보호한다.

일부 국가에서는 법령을 통하여 이러한 등록을 강화한다. 예를 들어 프랑스의 스포츠 법은 아래와 같이 정하고 있다.

"프랑스올림픽스포츠위원회French National Olympic and Sports Committee는 프랑스 올림픽 엠블럼의 소유권자이며 올림픽 모토, 주제가 및 심벌, 'Jeux Olympiques(청소년 올림픽)' 그리고 'Olympiade'라는 용어에 대한 수권자이다.

프랑스의 올림픽 및 스포츠 위원회의 승인 없이 위에 언급된 명칭의 엠블럼과 모토, 주제가, 심벌, 용어를 등록, 재생산, 복제, 각인, 제거 혹은 수정하는 것에 대해서는 L. 716-9조와 지식재산권 관련 법규에 따라 과징금(민법 및 형법)이 부과된다."

영국에서는 올림픽 심벌 (보호) 등에 관한 법규Olympic Symbol etc. Protection Act 1995, OSPA가 다음의 단어들을 포함함으로써 올림픽 및 패럴림픽 엠블럼과 모토를 보호하고 있다.

"올림피아드Olympiad, 패럴림픽Paralympic, 패럴림피안Paralympian과 패럴림피아드Paralympiad 및 이들 용어의 복수 그리고 이들의 번역 및 이들과 유사한 모든 것(예: Olympix)."

또한 2006년 2012런던올림픽 개최가 결정됨에 따라 영국 의회는 런던올림픽 및 패럴림픽대회에 관한 법안을 통과시킴으로써, 런던올림픽(패럴림픽)조직위원회로 하여금 제3자가 올림픽 및 패럴림픽대회와 연관된 제품을 생산하는 것을 막을 수 있도록 법률화했다.

이 법규에서는 '특정 표현'을 나열하고 있으며, 법원은 이와 연관이 있다고 판단되면 조치할 수 있도록 규정하고 명시했다. 특정 표현이란 다음 단어 중 하나 이상을 사용할 경우다: '런던', '메달', '스폰서', '여름', '금', '은', '동'. 'Come to London in 2012'와 'Watch the Games here this Summer'과 같은 소제목 또한 이 법규에 해당한다. 하지만, 광고 산업 세계에서는 표현의 자유를 위협하는 가혹한 것으로 간주되었다(Blackshaw 2009).

사실 2000년 시드니 올림픽 이후, 모든 개최국들은 올림픽 지식재산권을 보호하고 앰부시 마케팅을 방지하기 위해 특별법을 통과시켰다. 이것은 1976년 몬트리올 대회에서 처음 시도되었으나 발효되지는 못했다. IOC는 하계, 동계 혹은 청소년 올림픽을 개최하기 위한 필수 조건으로 이러한 법률을 통과시킬 것을 규정화했고, 그 결과 최근 대회가 개최된 국가들에서 오륜과 기타 올림픽 지식재산은 매우 잘 보호되고 있다: 호주(2000), 그리스(2004), 이탈리아(2006), 중국(2008), 캐나다(2010), 영국(2012), 러시아(2014), 브라질(2016), 대한민국(2018).

여기에 덧붙여, 'Olympic', 'Olympics', 'Olympiad'는 다른 나라 언어로 번역되어 해당 국가의 법규에 따라 보호되고 있다. 이들 나라는 아르헨티나, 오스트리아, 벨기에, 칠레, 코스타리카, 체코, 에콰도르,

이집트, 프랑스, 과테말라, 헝가리, 레바논, 룩셈부르크, 멕시코, 폴란드, 포르투갈, 푸에르토리코, 루마니아, 슬로바키아, 남아공, 한국, 스페인, 터키, 미국, 우루과이 그리고 베네수엘라 등이다(Lacotte & Stupp 2010).

IOC와 NOC는 이러한 법규와 상표 등록 덕분에 올림픽 자산을 사용하는 제3자에 대한 소송에서 승소하는 경우가 많았다. 예를 들어 록 그룹 'The Olympic Hopefuls'와 프랑스 와인 'Cuvée olympique'의 제조업체는 그 이름을 사용할 수 없게 되었다. Belmont Olympic(2000), 독일 텔레콤Deutsche Telekom(2003), 알렉산드레 사 취리히Alexandre SA Zurich(2004) 그리고 베네통Benetton(2006)에 대한 소송에서도 역시 IOC가 승소했다.

그럼에도 불구하고, '올림픽'이라는 단어와 이의 파생어에 대한 보호는 법적 보호 효력이 발휘되거나 IOC가 이를 상표 등록하기 전까지는 완전할 수 없었다. 그리스 항공사인 올림픽 에어Olympic Air(전 올림픽 에어라인Olympic Airlines)의 휘장이 오륜과 매우 유사하게 그려져 있고, 미국 페인트 제조사인 올림픽Olympic의 로고는 성화봉의 형태로 된 페인트 붓 디자인이었으며, 올림픽 뱅킹 시스템Olympic Banking System(스위스 은행용 소프트웨어 업체) 역시 마찬가지였다. 또한 올림픽대회를 개최한 도시의 많은 중소기업이 그들의 이름 수식어에 올림픽을 사용하고 있다. 1932년 LA올림픽에서는 올림픽대로Olympic Boulevard에 위치한 많은 회사들이 회사 이름 앞에 올림픽을 형용사로 붙였다. 1899년에 창설된 유명한 프랑스 축구 클럽인 '올림피크 데 마르세유Olympique de Marseille'가 있다. IOC는 스위스 도시 시온Sion(2006년 동계올림픽 유치에 도전했으나 토리노에 패배)의 축구 클럽 '올림피크 데스 알페스 SAOlympique des Alpes SA'을 제재하지 않았다. 또한 2010년 리우올림픽대회조직위원회에서 '올림픽'이라는 단어가 들어간 제목의 학술지 출판을 막으려고 했으나 올림픽 연구단체의 반대에 부딪쳐 실행하지 못했다.

인터넷 도메인의 등록이 쉬운 것 자체도 올림픽 자산을 보호하는데 어려움을 준다. 2000년 IOC는 안티사이버 불법자에 대한 소비자 보호법Anticybersuatting Consumer Protection Act을 통해, 올림픽 상호나 철자법만 살짝 바꾼 이름(Olimpic 및 Olympix 포함)을 가진 1800여 개의 도메인 주소에 대하여 미국 지방법원에 소송을 제기하여 워드마크에 대한 특별 보호를 부여 받았다. 이로 인해 모든 침해 가능한 도메인 주소에 대하여 이를 취소할 수 있는 실질적인 통제권을 갖게 되었다. 예를 들어 Chicago2016.com은 시카고유치위원회(Chicago2016.org를 소유)가 아닌 개인 소유물이므로, 만약 2016년 대회를 개최하게 되었을 때 큰 문제를 야기할 수 있었을 것이다.

대부분의 브랜드 소유자와 같이, 현존하는 최상위 도메인 주소generic Top Level Domains, gTLD들(예를 들면 .com, .org, .info, .aero 등) 외에 '.health', '.medal', '.flame'과 같은 최상위 도메인 주소까지로 보호 범위를 완전히 확장했다(Lacotte & Stupp 2010). 2011년에 이러한 확장된 보호 범위의 도메인 주소가 국제인터넷주소관리기구Internet Corporation for Assigned Names and Numbers, ICANN에 의해 발표되었다. 새로운 도메인 주소를 ICANN에 등록하는 비용은 약 19만 달러로 추정되며, 수요에 대한 평가 절차를 전제로 선착순 배분될 예정이다. IOC는 '올림픽'이라는 최상위 도메인을 등록하지는 않으나, 일부 운영자들이 등록된 올림픽 마크가 포함된 최상위 도메인을 구매할 것을 우려한다(등록된 마크의 사용권을 판매하고자 하는 자는 보통 IOC이다). 올림픽 워드마크는 ICANN이 그의 고유의 상표권을 보호하기 위한 조치로써 보유한 상표의 목록에 포함되었을 수 있다. 또한 스포츠에서 강력한 지위를 가지고 있는 IOC의 역할로 인해(올림픽 헌장 2조) 'sport' ■ 라는 최상위 도메인에 관련한 ICANN의 의도를 알 수 있다. 2011년 6월, ICANN의 행정자문위원회의 추천을 계기로 ICANN은 적십자와 올림픽에 대하여 .redcross 및 .olympic과 같은 도메인의 사용을 금지하는 새로운 최상위 도메인 프로그램을 승인했다(ICANN 2011). 이와 같은 중요한 성과와 함께 IOC는 이제 ICANN으로 하여금 olympic과 olympiad에 대한 4개의 비라틴어 문자를 포함한 8개의 추가적인 언어로 된 도메인 또한 olympics와 '혼동하기 쉬운 유사한' 단어의 배열로 간주하고 금지할 것을 요구하고 있다(Bickoff 2011). 이러한 요구들로 인해 ICANN의 웹사이트에는 그리스 국민을 중심으로 올림픽이라는 단어가 IOC의 재산인지 여부에 대한 이의 제기가 이루어지고 있다.

IOC는 워드마크와 더불어 '올림픽' 명칭을 사용한 모든 이벤트와 싸움을 벌이고 있다. 승소한 사례는 노인 올림픽, 주방장 올림픽, 단어 올림픽 등이 있으며 우리나라의 경우, 디자인올림픽이 디자인 페스티벌로 바뀐 사례가 있다. 그중 가장 유명한 케이스는 USOC가 성공적으로 제재한 대회인 동성애 올림픽Gay Olympic Games이다. 이 이벤트는 1982년에 창립되었고 현재는 '동성애 경기The Gay Games'라고 불린다(Simons & Warren 2006). 그러나 사마란치의 재임 기간 동안 IOC는 국제패럴림픽위원회IPC에서 주관하는 지적 장애인들을 위한 대회인 스페셜 하계(및 동계) 올림픽대회, 그리고 신체적 장애인들을 위한 하계(및 동계) 패럴림픽대회에서의 올림픽 명칭 사용을 합의했다. 이와는 대조적으로, IOC는 2012런던올림픽대회 준비 과정 중에 벨기에에서 수십 년 동안 사용하고 있던 학교 대항 경연에 '학교 올림픽School Olympics'이라는 명칭을 사용하지 못하게 했다(현재 UK School Games으로 불림). 또 다른 예로 IOC는 지속적인 협의에도 불구하고 1927년부터 2년마다

■ 국제경기연맹총연합(GAISF)과 하계올림픽국제경기연맹연합(ASOIF), 국제동계올림픽종목협의회(ALOWF) 연합의 상위 조직인 스포츠 어코드(Sport Accord)는, 2012년 일반최상위 도메인 gTLD(generic Top Level Domain)을 신청했다.

세계체스협회World Chess Federation, FIDE가 주관하는 국제 체스 토너먼트의 이름인 체스 올림피아드Chess Olympiad라는 명칭을 매입하는 것을 2007년 최종적으로 거절했다. 1985년부터 다양한 지역에서 올림픽 기간에 열린 올림픽 우표 전시회를 'Olymphilex'라 불렀다. 하지만 이 상표는 IOC가 아닌 개인이 등록한 이름이었고 2008베이징올림픽 이후로는 IOC가 적법하게 등록한 경기에 대한 모든 수집 품목을 망라하는 이름으로 'Olymphilex' 대신 'Olympex'를 등록해 사용했다.

다른 한편으로, IOC는 그것들이 명백하게 올림픽 의례의 영향을 받았음에도 불구하고, 다른 종합 스포츠 경기들의 개·폐회식과 메달 수여식에 사용되는 (올림픽과 유사한) 의례들에는 반대하지 않았다. 대부분의 대륙 간 및 지역 간 경기는 때로는 특별한 의식을 약간 특이한 방식으로 치른다. 예를 들면, 영연방대회Commonwealth Game에서 성화 봉송의 첫 주자는 여왕이 봉송을 첫 주자에게 넘겨주며 시작을 알리고, 지중해 경기Mediterranean Games에서는 지중해의 물이 담긴 암포라(그릇)를 들고 성화 봉송을 한다.

올림픽을 위해 생산된 예술 창조물(OCOG 엠블럼, 보고서, 픽토그램 등)은 OCOG가 해산되면 IOC로 저작권이 이관되면서 체계적인 보호를 받는다. 그러나 근대 초기 올림픽에서는 이런 형태가 아니었다. 예를 들어 1928년 암스테르담 올림픽에 올림픽 기 앞에서 뛰고 있는 선수의 모습을 보여주고 있는 공식 포스터의 소유권자는 1990년대 이후로 IOC에게 이 포스터의 사용을 허용하지 않았다. IOC는 이 권리를 사지 않고 다른 네덜란드 예술가가 그린 포스터를 공식 포스터로 교체하는 것으로 결정했다(오류가 없음).

반대로, 1995년 이후로 IOC는 필요할 경우 OCOG들에 의해 만들어진 모든 공식/비공식적 올림픽 경기 영상과 경기 장면을 복원할 권리를 구매하려고 지대한 노력을 기울여왔다. 이를 위해 IOC는 올림픽텔레비전기록국Olympic Television Archive Bureau, OTAB을 창설했다. 이것은 영국 런던에 있으며 트랜스월드인터내셔널Trans World International이라는 회사와 매우 밀접한 관계를 맺고 일하고 있다. 오늘날 OTAB는 레니 리펜슈탈Leni Riefenstahl의 1936년 베를린 올림픽을 다룬 영상물 〈올림피아Olympia〉를 포함하여 3만 시간이 넘는 경기 영상을 기록 및 관리하고 있으며, 1988년부터 그 국제 텔레비전 및 라디오 전파는 모든 방송의 시작과 끝에 등장하는 IOC 명의의 저작권 표기에 의해 보호되어왔다.

IOC 사진 기자가 찍은 사진 역시 저작권 보호를 받는다. 또한 IOC는 1894년 이후 게티 이미지Getty Image 사와 다른 회사의 사진작가가 찍은 올림픽 사진에 대해서도 게티 이미지 사와 판매권 계약을 체결했다. 경기에 참가한 수만 명의 공식 참가자(선수, 심판, 자원봉사자 등)와 경기 관람자들도 매우 근접한 거리에서 수백만 장의 사진을 찍는다. 하지만 참가동의서 또는 관람 티켓의 후면에 명시되어 있듯이 IOC의 동의 없이는 이들이 찍은 사진을 상업 용도로 사용할 수 없도록 하고 있다. 그럼에도 불구하고 카메라의 보급과 올림픽 개최지에서 무선 네트워크를 통하여 쉽게 영상들을 업로드할 수 있기 때문에 사진이나 동영상의 관리와 통제는 더욱 어려워지고 있다. 2010년, IOC는 밴쿠버올림픽 루지 경기 중에 일어난 조지아Georgia 선수의 치명적인 충돌 사고를 보여주는 비디오를 삭제할 것을 해당 웹사이트에 요청했지만 소용이 없었다. 캐나다 법의 적용을 받는 웹사이트의 소유주가 뉴스의 일부로 저작권을 사용하고 있다고 주장했기 때문이다.

2002년부터 IOC는 경기에 천문학적인 방송 중계권료를 지불한 미디어와의 경쟁을 피하기 위하여, 경기의 참여자들(선수, 심판, 자원봉사자 등)에 대한 인터넷 사용 지침을 발간했다. 그들의 목적은 언론의 자유를 침해하지 않고 문제점을 통제하는 것이었다. 2012년 런던올림픽 참가자 및 기타 승인자들에 대한 'IOC 소셜 미디어와 블로그, 인터넷 지침'에서는 올림픽 경기 장소(올림픽 경기 장소 외부에서 찍히지 않은 이상)에서 찍힌 사진의 출판(2004년과 2008년에는 허용되지 않았음)은 허용했으나, 동영상은 허용하지 않았다(IOC 2010b). 게시글과 댓글은 반드시 올림픽 정신을 반영하되 비상업적이어야 하고, 작성자가 직접 작성(일기 형식)해야 하며 경기나 기타 게임의 활동에 대한 보도자료 형식이어서는 안 된다(이는 기자의 역할로 간주됨). 추가적인 제한은 올림픽 선수촌에서도 적용이 되며 이는 사생활 보호를 위해서이기도 하다. 반면, 올림픽 참가자나 경기를 관람한 자는 참가 동의서에 서명을 하거나 티켓을 구매하면서 사진이나 동영상에 찍힐 수 있다는 것에 동의해야 한다. 이는 관중들과 참가자, 특히 선수들이 올림픽 사진의 출판을 거부하거나, 초상권이나 사생활에 대한 권리를 제기하는 것을 방지하기 위함이다.

이와 같이 IOC는 개최국과 세계 각국의 지식재산권을 관할하는 법률에 의해 제공되는 다양한 채널을 통해, 올림픽 재산권을 보호하기 위한 복잡한 시도를 지속적으로 펼쳐나가고 있다.

올림픽 자산과 권리를 관리하는 원칙

올림픽 헌장 부칙 7-14에는 올림픽 자산 및 권리가 설명되어 있다. 규정을 준수하기 위해서는 IOC와 NOC, OCOG 사이의 긴밀한 협조가 필요하며, 이것은 여타의 올림픽 이해관계자들, 특히 스폰서, 공급사, 라이선스시 그리고 미디어 권리 보유자들에게도 마찬가지다(IOC 2011b). 이는 다음의 내용을 포함한다: (1) 법적 보호, (2) IOC나 IOC가 승인한 제3자에 의한 올림픽 자산의 이용, (3) 올림픽 심벌과 깃발, 모토, 주제가의 이용, (4) NOC나 OCOG의 올림픽 엠블럼의 제작과 이용, (5) 우표, (6) 음악 창작물.

이 부칙에서 IOC는 직접 관리하는 영구적인 자산과, 해당 국가

NOC 또는 대회 및 OCOG와 연관된 자산에 대해서 근본적인 차이를 두고 있다.

IOC와 OCOG 간의 관계는 개최 도시 계약서Host City Contract에 의거해 규제되며, 이는 IOC와 개최 도시 그리고 개최국 NOC가 유치 단계에서 서명한 후 제출되고 대회 유치가 성공적으로 확정된 순간 바로 발효된다. 이 계약서에는 유치가 확정되고 난 뒤 4~6개월 이내에 구성되는 OCOG가 바로 이어서 서명하게 된다. 이 계약 조항들은 해당 경기에 관련된 지식재산권(엠블럼, 마스코트, 포스터, 픽토그램, 메달, 성화봉 등)에 대한 저작권이 즉시 IOC로 이전되거나, 먼저 OCOG에 속했다가 대회 종료(OCOG가 해산되는 때) 후에 IOC로 이전된다고 명시되어 있다.

그래서 IOC는 OCOG의 비용으로 OCOG의 엠블럼에 대한 권리를 전 세계적으로 등록하지만, OCOG가 고유의 사용 목적으로 엠블럼을 등록한 개최국은 그 예외로 한다(엠블럼 사용권은 OCOG가 해체된 이후 IOC로 이전).

이러한 모든 규정은 한정된 제품의 범주에 대한 배타적인 권리를 스폰서가 IOC, NOC 그리고/또는 OCOG와 제휴하여 판매할 수 있도록 하기 위함이다. 이러한 스폰서십 시스템은 이 책의 다른 장(5~7장)에서 다룰 것이다. 이것으로 OCOG는 〔개최 년도 + 도시 이름〕 올림픽의 공식스폰서(혹은 공급사)'라는 명칭 사용권을 붙일 수 있도록 허용할 수 있다.

IOC는 다국적 기업들이 모든 승인된 NOC와 연이어 열리는 하계 및 동계 OCOG/대회와 제휴하여 계약할 수 있는 올림픽 파트너 프로그램TOP을 고안했다. 이 계약은 TOP 파트너들로 하여금 올림픽 엠블럼을 포함한 모든 올림픽 자산에 대해 IOC의 사전 승인을 취득할 것을 조건으로 하고, 그들의 브랜드와 올림픽 자산을 연계할 수 있도록 허용하고 있다. 그 결과 OCOG와 NOC(NOC 올림픽 국가대표팀 포함)는 같은 범주의 제품에 대해서는 복수의 다른 회사와 계약할 수 없게 했다—1984년 LA올림픽에서 미국 올림픽 팀은 코닥으로부터 스폰서를 받고, OCOG 는 코닥의 경쟁자인 후지로부터 스폰서를 받아 일반 대중에게 매우 혼란스러운 상황을 야기한 바 있다. 2012년 런던올림픽은 다음과 같은 11개의 TOP 파트너를 가지고 있다: 코카콜라(1928년부터 2020년까지 계약이 되어 있으며, 후원사들 가운데 가장 처음 표기될 수 있는 권리가 있다), 에이서Acer(에이서는 2012년 말로 계약 종료), 아토스 오리진Atos Origin, 다우 케미컬Dow Chemical, 제너럴일렉트로릭GE, 맥도날드, 오메가, 파나소닉, 프록터앤갬블P&G, 삼성Samsung 그리고 비자.

4년 주기의 올림픽 시스템(IOC, 204개의 NOC, 2개의 OCOG)을 활용하는 TOP 파트너 이외에, OCOG는 개최국 내에서 활동할 수 있는 다양한 후원사 및 공급사와 계약을 체결한다. 지급하는 금액에 따라 이러한 로컬 스폰서National Partner(OCOG의 국가 내에 있는 회사일 필요는 없음)는 해당 대회와 관련하여 특정 자산을 사용할 수 있는 권리가 있다. 2012년 런던올림픽의 공식파트너(국내 파트너의 최고 범주 1등급)는 아디다스(의류), 비엠더블유BMW(자동차), 브리티시 페트롤룸British Petroleum(정유), 브리티시 에어웨이British Airways(항공), 브리티시 텔레콤British Telecom(통신), EDF(에너지) 그리고 로이즈 TSBLloyds TSB(은행)가 있었다. 또한 2012런던올림픽에는 7개의 공식 서포터(2등급)와 25개의 공식 공급사(3등급)가 있었다.

올림픽 성화 봉송은 추가적인 스폰서십을 통해 권리가 부여되며, 보통 하나 혹은 둘의 TOP 파트너와 로컬 스폰서에 의해 구매가 이루어진다. 예를 들어 2012런던올림픽 성화 봉송은 코카콜라와 삼성, 로이즈 TSB가 함께 진행했다. IOC의 '클린 베뉴 정책Clean venue policy'으로 인해 경기에 사용되는 공식시간 기록장치(2012년은 오메가) 화면과 결승선을 제외하고는 어떤 스폰서도 올림픽 경기장 내에서 광고를 노출할 수 없다. 그러나 스폰서들의 제품과 서비스는 대회 기간 동안 올림픽 행사 장소에서 OCOG 및 다른 스폰서들에 의해(예: 올림픽 공원 내의 그들의 판매대에서) 사용된다. 예로, 성화 봉송 때 사용되었던 프로모션용 캐러밴 자체가 움직이는 광고 제품이 된 것이다.

역사적으로 올림픽 우표(1896년 아테네)와 올림픽 주화(1952년 헬싱키)는 다른 기념품들과 함께 OCOG와 개최국에게 중요한 수입원이었다. 올림픽 우표와 주화는 올림픽 심벌과(우표에서는 1928년부터) 또는 OCOG의 엠블럼(1948년 이후)을 보여준다. IOC헌장의 부칙 7-14조의 5항에서는 판매에 대한 로열티를 대가로 이의 판매를 허용하고 있다. 하지만 이 계약은 1980년 레이크 플래시드Lake Placid와 1984년 LA올림픽에 대해서는 미국 우체국과 합의를 보지 못했다. 그 결과 오륜이 아닌 동일 패턴의 5개의 별로 대체되었다. 2012년 런던올림픽에서 영국 우체국Royal mail은 우표 30여 가지를 발행했다.

1952년 이후로 오륜이 그려져 있는 올림픽 주화는 개최국(그리고 기타 국가)에서 인기 제품이었다. 1970년대와 80년대, 90년대에는 금, 은 그리고 백금으로 생산되었으며 주화의 판매는 OCOG(그리고 IOC)의 주요 수입원이었다. 하지만 지금에 이르러 전통은 유지되고 있으나 현재 큰 재원은 아니다. 1994년 IOC는 100주년을 기념하기 위해 다섯 국가의 금화를 생산했다. 2012년 런던올림픽을 위해 로얄 민트Royal Mint(영국 조폐국)는 8개 형태의 50펜스 주화와 14개 형태의 은화를 제작했고, 이들 모두에는 올림픽 심벌이나 게임의 엠블럼이 디자인되어 있다.

올림픽 스폰서 권리를 구매하지 않고도 사람들에게 마치 그 기업이 어떠한 방식으로든 경기와 연계되어 있는 것처럼 보이게 하는 기업들이 계속 늘고 있다. 이 기업들은 앰부시 마케팅을 하고 있는 것이다. 즉 직접적으로 올림픽 자산을 이용하지는 않으나, 그 요소나 관련된 사항들의 조합으로 올림픽 게임이나 올림픽 시스템과 연계가 있어 보이도록 하는 것이다. 유명한 사례가 아메리칸 익스프레스이다. 이 회사는 아테네 올림픽 전에 아크로폴리스Acropolis(그리스 도시의 성채)를 보여주며 "그리스에 오기 위해 비자(TOP 파트너)는 필요 없습니다You don't need a Visa to come to Greece"라는 슬로건을 걸어 비자사와의 충돌을 야기했다.

IOC는 앰부시 마케팅과 싸우고 이를 통제하면서, 올림픽 공식 스폰서 덕분에 경기 개최가 가능하고, OCOG의 재정을 지원하며 선수의 이익을 위한 올림픽 시스템에 기여할 수 있다는 점을 설명하기 위한 브랜드 보호 캠페인을 벌였다. 대회 기간에는 IOC와 OCOG는 광고를 모니터링하기 위한 전문 회사를 고용했다. IOC는 고의적으로 앰부시 마케팅을 계속하는 회사를 공공연히 비난하고 위협하기 위해 '공개 및 비난 절차'를 사용한다. OCOG는 대회 기간 중 경기장에서 참가자들이 공식 스폰서가 아닌 타 브랜드를 지나치게 노출하지(TV 중계 화면에) 않는지 확인한다. 1996년 애틀랜타올림픽에서 코스타리카의 첫 번째 금메달 수상자가 실격당할 뻔했는데, 그 이유는 그녀가 코스타리카의 국기와 유사한 수영 모자를 썼고 이것이 펩시콜라(코카콜라의 첫 번째 라이벌)의 로고 및 색깔과 유사했기 때문이다(Payne 2005: 20).

오늘날 개최국에서는 앰부시 마케팅을 방지하기 위한 특별한 조치가 취해지고 있다. 이러한 조치는 보통 올림픽 브랜드나 올림픽 게임과 관련된 연합을 보호하기 위한 목적으로 '특별법'의 형태로 이루어진다. 대부분의 앰부셔들은 올림픽 지식재산권(상표법에 의해 보호받는)의 사용을 피하지만, 그들이 종종 대회와의 연관성을 성공적으로 만들어내기도 하기 때문에 특별법은 불가피한 것으로 여겨진다. 예를 들면, 캐나다의 '올림픽 및 패럴림픽 마크에 관한 법' 제4항(2010년 동계올림픽을 위한 특별법)은 다음과 같은 내용을 담고 있다.

"어떠한 자도 법안이 정한 기간 동안 대중이 오인하거나 오인할 수 있는 아래와 같은 방법으로 상표나 기타 표식을 이용하여 그들의 사업이나, 물품 혹은 용역에 대한 직접적인 대중의 관심을 가져오게 하여서는 안 된다: (a) 그들의 사업, 물품 혹은 서비스가 조직위원회, 캐나다올림픽위원회COC 혹은 캐나다패럴림픽위원회CPC의 승인, 동의 혹은 허가를 득하였다고 믿게 하거나 (b) 개인의 사업과 올림픽 경기, 패럴림픽, 조직위원회, COC 혹은 CPC 간에 제휴가 존재한다고 믿게 하는 경우."

(Ellis, Scassa and Séguin 2011)

그러나 개최국 밖에서 IOC는 이러한 경쟁을 확실하게 견제하기 위해 비교적 덜 가혹하거나 부적절한 법률을 적용해야만 한다.

일부 중계권을 가지지 못한 뉴미디어(인터넷 및 휴대 전화)도 사용자나 광고주의 이익을 위해 올림픽 경기를 방송하려 한다. 경기의 불법적인 비디오 중계는 인터넷을 통해 크게 증가했다. 2008년 베이징올림픽에서는 네덜란드 회사인 필립스가 제공한 지문 기술을 통해 유튜브YouTube, 데일리모션Dailymotion, 라이브비디오LiveVideo, 마이스페이스Myspace 그리고 베오Veoh 같은 사이트에서 8,085건의 불법 중계를 확인할 수 있었다(Chappuis 2010: 9). 2008년, IOC는 유튜브와 계약을 체결하여 인터넷 중계 계약이 체결되지 않은 나이지리아와 인도, 인도네시아를 포함한 아프리카·아시아·중동의 77개국에서 베이징올림픽 경기를 광고 없이 공식적으로 볼 수 있도록 했다. 그 외 국가에서는 인터넷 주소를 국지화하는 시스템을 사용하여 인터넷 사용자들을 차단했기 때문에 중계권을 구매한 회사(일반적으로 텔레비전 방송 중계권자)들이 해당 지역에서 배타적 중계권을 갖게 되었다.

또한 IOC는 올림픽 자산과 해당 국가의 스폰서를 보호하기 위해 NOC에 특정 권한을 부여한다. 일부 NOC는 다른 NOC보다 더 활발하게 활동한다. 예를 들어 프랑스올림픽위원회는 2004년 르클레르Leclerc

슈퍼마켓 체인점이 쇼핑 카트에 "올림픽 공식 캐리어transporteur officiel olymprix"라는 문구를 사용해 소송을 진행했는데, 프랑스 법원은 'olymprix'라는 신조어가 'Olympique'에 너무 가깝다고 판단해 프랑스올림픽위원회에 승소 판결을 내렸다. 1932년 USOC가 LA올림픽대회조직위원회의 공식공급사였던 헬름Helm이라는 제빵 업체의 '헬름의 올림픽빵Helm's Olympic Bread'이라는 제품의 판매를 금지하기 위해 20년이 넘게 (1932-1954) 싸운 사례도 있었다. 이는 OCOG와 NOC의 다양한 권리들이 잘못 정의되고, 미국에서 오류과 워드마크가 USOC의 지식재산임을 분명하게 정의하지 않았기에 벌어진 일이었다. NOC는 IOC나 OCOG의 재산인 올림픽 엠블럼이나 대회 엠블럼을 스폰서(TOP 파트너는 예외)나 공급사가 사용할 수 있도록 승인할 수 없다. 그러나 NOC는 NOC의 엠블럼이나 NOC 팀의 엠블럼과 연계하여 "[NOC + 국가명]의 올림픽 팀의 공식 스폰서(혹은 공급사)"라는 타이틀을 사용할 수 있도록 허용할 수는 있다(예를 들어 영국올림픽위원회의 Team GB 엠블럼).

선수들과 선수들이 소속된 NF와 IF 역시 올림픽 자산 관리에 중요한 이해관계자이다. 이는 미묘한 문제인데 이러한 이해관계자들은 올림픽 기간 중 스포츠 경기를 통해 방송에 많이 노출되기 때문이다. 또한 그들은 그들 소유의 지식재산권도 가지고 있다. 이러한 서로 다른 권리 사이의 혼선이 문제를 일으킬 수 있다.

"NOC는 올림픽대회와 이와 관련된 모든 스포츠 대회 및 행사와 관련하여 대표단이 착용할 의복과 유니폼과 장비를 결정할 유일하고 독점적인 권한을 갖는다. 이와 같은 독점적 권리는 실제 스포츠 대회 기간 중 대표선수단이 사용할 특수 장비까지 확대되지 않는다. 해당 규정의 목적상, 특수 장비는 해당 NOC가 장비의 특성상 선수의 성적에 중대한 영향을 미치는 것으로 인정한 장비로 국한한다. 이러한 특수 장비에 관한 홍보활동이 올림픽

대회를 지칭하거나 이에 관한 명시적·묵시적 언급이 있을 경우, 해당 NOC에 제출하여 승인을 받아야 한다."

(올림픽 헌장 부칙 제27조 및 제28조 2.3항)

그러나 경기에 착용되어야 하는 어떤 장비를 결정하는 것은 선수들의 스폰서, NF 및 NOC 간의 분쟁을 야기할 수 있다. 예를 들어, 여러 차례 올림픽에 참여했던 프랑스 사이클 선수인 쟈니 롱고Jeannie Longo는 프랑스사이클링연맹의 스폰서 제품이 아닌 다른 공급사의 페달을 사용했다. 그리고 농구 선수인 마이클 조던Michael Jordan은 1992년 바르셀로나 경기에서 메달을 받을 때, 개인 스폰서인 나이키를 자극하지 않기 위해 USOC의 공식 공급사인 리복 유니폼의 로고 위에 미국 국기를 덮어 달았다.

선수들과 소속 단체는 경기 전후에 상관없이 상업 목적으로 올림픽 자산을 사용할 권리가 없다. 이러한 금지 규정에는 수여받은 메달이나 그들 경기에 대한 영상(사진 혹은 비디오)도 포함된다. 올림픽 헌장 부칙 40조에 따르면 이러한 금지 규정은 올림픽 참가자(이름, 사진 혹은 업무수행)도 동일하게 적용받는다. 그럼에도 불구하고 IOC는 IOC 동의가 있는 경우 대회 스폰서가 선수들의 이미지를 상업적으로 이용할 수 있는 범주를 만들어두었다.

"IOC 집행위원회가 승인한 경우를 제외하고 올림픽대회에 참가한 선수나 코치, 트레이너 또는 임원은 올림픽대회 기간 중 이름, 사진 또는 대회 성적을 광고의 목적으로 사용할 수 없다."

(올림픽 헌장 제40조 부칙)

IF의 경우 올림픽 지식재산권의 사용이 선수들보다 더욱 제한된다.

그들에게는 비상업적 용도로만 사용할 수 있는 경기 엠블럼을 제외한 모든 올림픽 자산에 대한 사용권이 없다. 또한 경기 개최지에서의 '클린 베뉴Clean Venue' 정책에 위반되지 않기 위해 IF 로고의 노출은 매우 제한된다. 2004년 아테네 경기에서 배구 네트, 공, 선수들의 운동복과 심판의 유니폼에 눈에 띄게 로고를 게시한 국제배구연맹FIVB은 2008년 베이징올림픽에서는 로고 노출이 전혀 불가능했다.

올림픽 자산의 관리는 이러한 자산들의 광범위성으로 인해, 그리고 많은 이해관계자가 관련되어 있기 때문에 복잡한 업무가 된다. 그러나 다음 장에서 보여주겠지만 이러한 다양성이 올림픽 이해관계자 마케팅에 풍요로움과 광대한 잠재성을 줄 수 있는 것이다.

결론

올림픽 자산properties은 그 수도 많고 다양하다. 그들의 주요 이해관계자는 IOC와 NOC 그리고 OCOG이다. 이는 고대 그리스 올림픽의 이미지와 다섯 개의 대륙을 상징하는 서로 결합된 링들을 전 세계적으로 인지한다는 것에 기초하여 피에르 쿠베르탱이 부활시킨 근대 올림픽 전통의 발굴로 인한 결과다. 1980년대 이후 올림픽 마케팅의 발전과 함께 IOC는 체계적으로 올림픽 자산을 보호하기 시작했다. 처음에는 오륜을 그 다음에는 올림픽 경기와 관련된 세계 각국의 언어로 된 명사와 형용사들이다. 오늘날 개최 도시 계약서, 상표법, 특별법 그리고 상표등록은 이러한 자산이 IOC와 NOC, OCOG의 이익을 위하여 엄격히 보호받고 있음을 보여준다. 올림픽 헌장은 이러한 세 이해관계자들의 이익을 보호하고 그 자산을 관리하기 위한 원칙들을 정하고 있다. 하지만 이와 반대로 올림픽 선수들, IF와 NF가 올림픽 자산을 사용하는 것은 매우 제한적이다.

핵심 요약

- 세계에서 가장 잘 알려진 로고인 올림픽 엠블럼은 피에르 쿠베르탱이 고안했다.
- '올림픽 게임'이라는 이름과 더불어 1896년 부활한 경기 이후, 특히 두 번의 세계대전 사이의 기간 동안(1920-1936), OCOG와 NOC 그리고 IOC에 의해 개발된 올림픽 자산은 올림픽 등과 관련된 그래픽 상징물(엠블럼, 사진 및 동영상), 명칭 그리고 제품(라이선스)을 포함한다.
- 올림픽 자산은 오륜과 올림픽이라는 단어 등의 다양한 형태와 언어로 나타난다. 이들은 영구적일 수도 있고, 단일 경기만을 위하여 만들어질 수도 있다.
- 올림픽 엠블럼은 올림픽 심벌과 특정 디자인 혹은 로고와의 복합체이다. 모든 OCOG와 NOC들은 최소한 한가지의 엠블럼을 가지고 있다.
- 영구적인 올림픽 자산은 IOC에 속한다(특히 그들의 엠블럼과 관련된 재산인 경우). OCOG는 그들이 주최하는 경기에 대하여 위임받은 올림픽 자산에 대한 임시적 소유자이다. 소유권은 경기 이후에 IOC에게 이관된다.
- 세 개의 주요 올림픽 이해관계자(IOC, OCOG, NOC)는 지식재산권을 활용하여 스폰서, 공급사, 라이선시 그리고 미디어에게 올림픽 자산을 판매할 수 있다.

올림픽

브랜드 마케팅
시스템

3장에서는 올림픽 브랜드를 구성하고 있는 핵심 브랜드의 개념을 검토할 것이다. 전통적인 브랜드 조사 방식과 최근의 방식을 결합해 올림픽 브랜드의 막대한 가치를 창조하는 이해관계자들을 바라보는 틀을 설명할 것이다. 우리는 이런 이해관계자들이 어떻게 올림픽 브랜드를 위한 공동 가치를 만드는지 설명하기 위해 다양한 브랜드 이론을 한 가지 모델로 통합할 것이다.

서론

서로 얽힌 다섯 개의 링으로 이루어진 오륜은 이미 올림픽대회의 상징으로 전 세계에 알려져 있다. 피에르 쿠베르탱이 오늘날까지 지속되는 일련의 원칙들을 바탕으로 근대 올림픽을 창시한 이래, 올림픽 브랜드는 100년 이상을 올림픽 게임과 연계되어왔다. 올림픽 이념Olympism의 개념 안에 요약되는 이러한 원칙과 이상 그리고 가치는 올림픽 브랜드가 다른 브랜드와 차별화되는 세계적으로 강력한 브랜드로 자리매김하는 데 기여한다.

브랜드는 단순하게 한 상품을 다른 상품들과 구별 짓는 이름이나 상징 그 이상의 가치를 지니며(Aaker 1991), 구체적인 특징, 이익, 서비스 혹은 경험을 제공함으로써 소비자에게 꾸준하게 약속한다(Kotler, Armstrong & Cunningham 2005). 마케팅 담당자들이 100년 이상 브랜딩과 브랜드 전략을 운영해왔다고는 하지만 스포츠에서 브랜드의 적용은 아주 최근에서야 시작됐다(Aaker 1994; Merz, He and Vargo 2009). 사실 스포츠만큼 고객(팬)에게 큰 열정을 북돋는 산업은 그리 많지 않다. 그리고 대부분의 기업이 고객들과 매우 깊고 감정적인 연결을 만들기 위한 장치도 거의 갖고 있지 못한 것이 사실이다. 맨체스터 유나이티드(축구), 뉴욕 양키즈(야구), 올블랙스(럭비), 더 최근에는 나이키 블리즈 블루(2011년 인도의 크리켓 월드컵 팀을 위해 개발됨)와 같은 브랜드의 이름은 단지 언급되는 것만으로도 수백만 고객의 마음속에 이미지, 추억, 속성, 소속감 그리고 브랜드와의 연관성을 불러일으킨다. 올림픽 브랜드와 서로 얽힌 다섯 개의 고리 역시 스포츠에서 가장 강력한 브랜드로 손꼽을 수 있다. 1894년 이래 올림픽 브랜드는 확고히 자리 잡은 이상들을 대표하고 그것의 핵심 가치를 홍보해왔다(Séguin, Richelieu & O'Reilly 2008). 성화 봉송, 올림픽 휴전Olympic Truce 그리고 스포츠 선수들의 선서와 같은 모든 올림픽 상징과 자산은 전 세계 사람들에게 강력한 감정적 연대를 상기시키는 올림픽 브랜드의 자산이 된다. 이러한 자산은 이벤트에 보편적인 호소력과 힘을 부여하여 스포츠를 영감과 가치의 축제로 만드는 데 기여한다. 이것은 올림픽 브랜드를 통해 자사의 브랜드에 이러한 이미지가 전달되기를 소망하는 다양한 이해관계자들(방송사, 스폰서, 정부, 국제경기연맹, 프로 스포츠 리그 등)에게 매력적인 제안이 되었다. IOC는 많은 이해관계자들과 공동으로 작업함으로써 올림픽의 이상을 전 세계적으로 TV 방송과 인터넷 그리고 스폰서십 액티베이션 프로그램을 통해 많은 대중에게 소개하고 광범위하게 전달하는 주목할 만한 일을 해왔다(O'Reilly & Séguin 2009).

몇 가지 연구는 올림픽의 이상과 가치가 올림픽 브랜드의 핵심임을 증명해왔다. 이로써 올림픽의 이상과 가치는 그 외의 프로 스포츠 시스템과 올림픽을 차별화했고, 올림픽 브랜드는 매력적인 포지셔닝을 할 수 있게 되었다. 1990년대 말 전략적 브랜드 경영 접근을 채택한 IOC의 결정이 이해관계자와의 관계와 조직을 완전히 바꿔 놓았다(Séguin, Richelieu & O'Reilly 2008). 올림픽 마케팅의 성공은 이해관계자들 사이의 이러한 네트워크 관계와 상당한 연관성이 있다. 우리는 이 책을 통해 이러한 이해관계자들이 어떻게 함께 가치를 창조하는지 설명할 것이다.

이 장에서 우리는 올림픽 브랜드의 주요 구성 요소를 제시하고 브랜드 자산의 개념과 그것이 어떻게 올림픽 브랜드에 적용되었는지를 소개할 것이다. 그 다음에 올림픽 브랜드를 위한 브랜딩 과정과 가치를 창조하는 브랜드 제휴의 전략적 중요성을 검토할 것이다. 이는 매우 높은 수준의 브랜드 자산을 지키기 위한 브랜드 관리의 필요성과 브랜드 보호의 역할에 대한 논의로 이어진다. 마지막으로 올림픽 이해관계자들이 어떻게 올림픽 브랜드와 밀접하게 관련을 맺고 있으며 어떻게 그들이 함께 가치를 창조해나가는지 보여줌으로써 결론을 맺을 것이다.

올림픽 브랜드

고리 다섯 개가 연결된 오륜은 피에르 쿠베르탱이 1914년 세계 총회 World Congress를 위해 디자인했다. 그러나 쿠베르탱이 그 심벌을 처음 사용한 것은 총회 전으로, IOC 20주년 기념행사에서 5개 링의 디자인으로 장식된 깃발들을 전시해 대표자들을 환영했을 때이다(Barney 1992). 비록 세계 총회는 제1차 세계대전으로 중단되었지만, 이후 그 디자인을 심벌(그리고 깃발)로 채택해 1920년 앤트워프Antwerp올림픽에서 첫 선을 보이게 되었다(Barne 1992). 그때부터 올림픽 심벌은 세계에 널리 알려진 강력한 브랜드 중 하나로 인식되기 시작했다. IOC는 올림픽 브랜드의 '영혼soul'을 세 개의 본질적인 부분으로 나눴다.

"그 첫 번째는 성공하기 위한 노력Striving for Success이다. 이는 노력, 우수성, 의지, 최고와 같이 스포츠에 내재하는 속성들에 근거한다. 두 번째 속성은 글로벌, 참여, 축하, 통합, 축제와 같이 올림픽대회를 세계 축제로써 정의한다. 세 번째는 긍정적 인간에 대한 가치로써의 이해, 갈망, 보편적 이상들로 정의되며 긍정, 존경, 영감inspirational의 속성들로 구성된다. 이러한 세 개의 속성이 전 세계의 많은 사람들이 올림픽을 스포츠를 초월한 강력하고 감동적인 브랜드로 느끼도록 지원한다."

(IOC 2006: 20)

이를 바탕으로 IOC는 올림픽 브랜드의 본질을 다음의 세 가지로 요약했다.

- 우수성Excellence: 올림픽 게임에서 최고가 되도록 노력하는 선수들의 모습은 스포츠 최고의 성취감을 제시하며 최선을 다하는 일상생활의 좋은 본보기를 제공한다.
- 우정Friendship: 올림픽 게임은 어떻게 인류가 정치적, 경제적, 종교적, 그리고 인종적인 차이점에도 불구하고 편견을 극복하고 우정을 쌓을 수 있는지에 대한 좋은 예를 보여준다.
- 존중Respect: 올림픽 게임은 스스로를, 다른 이들을, 그리고 규칙을 존중하라는 인류의 유용한 교훈인 '존중'이라는 단어의 깊은 뜻을 보여준다.

(IOC 2006: 24)

이러한 의사소통의 플랫폼은 브랜드가 소비자에게 제공할 수 있는 것이 무엇인지 보여준다. 또한 올림픽 브랜드와 다른 주요 스포츠 이벤트들(아마추어나 프로)이 차별화될 수 있도록 도와준다. 게다가 문화적 이벤트(스포츠뿐만 아니라)로서의 올림픽의 위치는 브랜드가 그 자체의 유산과 연결되는 것을 가능케 하며, 스스로를 다른 브랜드와 차별화시킨다. 올림픽은 204개의 국가올림픽위원회NOC, 수천 명의 올림픽 선수들, 수십억 몇의 TV 시청자로 전 세계를 단결시킬 수 있는 진정한 세계적 이벤트다. 올림픽 브랜드와 이에 따라 연상되는 가치와 이상은 특별하다. 그 결과, 많은 단체와 조직들이 이익을 얻기 위해(합법적으로든 불법적으로든) 올림픽 브랜드와 자신을 연관시킬 방법을 찾는다. 올림픽 브랜드는 전략적 이해관계자와 연합하고 또한 IOC가 그 이해관계자들과 협력함으로써, 해당 이해관계자들이 브랜드의 중요한 일부분이 되고, 올림픽 브랜드의 가치와 자산에 기여할 수 있도록 시스템을 개발해왔다.

이러한 시스템에서의 브랜드 관리는 이해관계자들이 그 브랜드에 개별적으로 어떻게 기여하는지, 관계 네트워크에서 어떻게 기여하는지 고려해야 하는 등 과정이 복잡하다. 이것은 시장 지위와 브랜드 정체성 사이에서 확실한 일관성을 확보하기 위한 꽤 높은 수준의 경영 통합과 통제를 필요로 한다. 올림픽 브랜드의 본질(가치나 이상 같은)을 정의하고 소통하기 위해서 경영진은 의식적으로든 무의식적으로든 특정한 가치에 전념해야 한다(그림 3-1). 이러한 이상들을 약화시키거나 혼란을 가중시키고 이를 위반하는 경영진 혹은 주요 이해관계자들의 행동은 필연적으로 올림픽 브랜드 가치를 저하하거나 훼손할 것이다.

올림픽 브랜드의 대표 가치
존경(Respect)
우수성(Excellence)
우정(Friendship)

〈그림 3-1〉 올림픽 브랜드의 대표 가치

브랜드 자산과 올림픽 브랜드

올림픽 브랜드는 지난 몇 년 간 많은 이해관계자들과 강력하고 귀중한 관계를 쌓아왔다. 이러한 관계는 브랜드 충성도로 이어지고 지속적인 보살핌을 받으면서 결과적으로 브랜드에 가치를 더해주는 훌륭한 자산이 되어왔다. 반면에 브랜드와 연관된 어떤 부채(부정적인) 항목들을(도핑, 스캔들 같은) 자산 가치의 마이너스를 초래한다(Aaker 1991). 브랜드 자산brand equity에서 자산assets과 부채들은 개별 정황마다 다르게 나타난다. 아커(1991)의 브랜드 자산 모델에 따르면 브랜드 자산은 브랜드 충성도, 브랜드 인지도, 인지된 품질, 브랜드 연상 그리고 제3의 브랜드 자산(특허, 상표, 유통 관계 등)을 포함한다.

　브랜드 자산 구축의 다른 중요한 개념은 '브랜드 정체성brand identity'으로 정의된다.

> "이는 브랜드 전략가가 만들거나 혹은 유지하기를 열망하는 브랜드 연관성의 특별한 조합으로 정의되며, 이러한 연상은 브랜드가 의미하는 것을 대변함으로써 조직구성원들의 고객에 대한 약속을 의미한다. 브랜드 정체성은 실용적이거나, 감성을 자극하는 혹은 자기표현에 유리한 점을 포함하여 제공할 가치를 만들어냄으로써 고객과 브랜드 사이의 관계를 형성하는 데 기여해야 한다."
>
> (Keller 2003: 763)

　켈러Keller(2003)는 만일 더 높은 수준의 브랜드 자산을 만들려고 한다면, 이러한 브랜드 연상은 강력하고 친근하며 독특한 것이 되어야 한다고 주장한다. 브랜드 자산은 기업과 그들의 고객에게 상당한 가치를 제공한다. 이는 마케팅 프로그램의 효율과 효과를 향상시키고 브랜드 충성도와 수익을 증가시켜 기업에 가치를 부여한다. 더 높은 수준의 브랜드 자산은 브랜드 확장의 기회를 용이하게 하고 거래와 유통구조에서 유리한 영향력을 행사할 수 있도록 할 뿐 아니라, 조직에게 경쟁 우위를 가져다준다. 브랜드 충성도는 고객들에게 브랜드에 관한 정보 해석과 처리가 쉽게 할 수 있도록 유도하고, 그들의 구매결정에 자신감을 향상시켜주며 상품의 만족도를 증가시킴으로써 고객들에게도 가치를 제공한다(Aaker 1991).

올림픽 브랜드 자산의 개념은 다음과 같은 아커(1991)의 브랜드 자산 모델에 기초했다.

브랜드 인지도: 다섯 개의 고리가 얽힌 오륜은 세계적으로 놀라운 인지도를 지녔다. 1998년부터 IOC가 모든 고객과 이해관계자들을 대상으로 한 연구에서 올림픽 브랜드는 가장 널리 알려진 상업적 혹은 비상업적(다른 국제 대회 포함하여) 로고임이 확인되었다. 이것은 IOC의 소통 프로그램에서 올림픽 브랜드를 사용하는 이해관계자들의 활동과 결합한 엄청난 언론 보도가 전 세계적으로 이루어지기 때문이다.

브랜드 연상: 흔히 오륜은 성공, 높은 수준, 국제협력, 우수성, 세계평화 그리고 국가적 자긍심으로 연상할 수 있다(IOC 2006). 덧붙여 이러한 브랜드 연상은 소비자와 그들의 관련성 그리고 올림픽 브랜드의 유산, 3000여 년의 역사를 가진 고대 올림픽 경기의 신비로움을 더한 연관성으로 그 이미지는 더욱 강력하다. 올림픽 브랜드의 가장 강력한 특성이 스포츠가 아니라 올림픽 가치라는 것은 흥미롭다. 소비자가 정의한 올림픽의 특성은 다음과 같이 요약 된다: "문화 교류를 위한 평화와 축제의 포럼 그리고 공정한 경기" 그리고 "평등, 전통, 존경 그리고 우수성의 이상"(IOC 2006). 이러한 브랜드의 특성은 다양한 측면을 보유함으로써 가치의 폭과 깊이를 더한다. 예를 들어 올림픽 가치의 '우정'이라는 항목은 선수 사이, 문화 사이 그리고 국가 사이의 우정을 포함한다. 유사하게

'평화'는 평화로운 이벤트, 평화로운 관중, 평화로운 주최국을 포함한다. 올림픽 무브먼트의 이상과 스포츠의 강렬함이 결합되어 올림픽 브랜드가 힘을 얻는다. 이는 1894년 작성된 최초의 올림픽 헌장의 기본 원칙과 근접하게 일치한다.

올림픽 브랜드는 소비자가 선호하는 이익(꿈, 흥미, 재미, 축제, 평화, 공정한 경기 등)을 제공하고 다른 스포츠 자산에서 발견되지 않는 독특한 이상/가치(브랜드의 핵심)의 연상을 나타낸다(Séguin 2008).

지각된 품질(소비자가 인식하는 제품의 품질): 올림픽 경기는 탁월한 스포츠 성취의 수많은 예를 보여준다. 경기에서 경쟁하는 세계 최고의 선수들이 보이는 우수한 성과는 전 세계의 모든 사람들에게 영감을 준다. 소비자는 올림픽 경기에서의 금메달 획득이 운동선수에게 가장 높은 성취라고 믿는다(IOC 2006). 브랜드의 높은 품질은 유수한 TV 방송사와 글로벌 브랜드 리더의 다국적 기업들, 높은 티켓 가격, 최고의 환대 프로그램, 프리미엄 가격의 올림픽 자원개발 등 여러 이해관계자들에 의해 지속적으로 강화되어왔다.

브랜드 충성도: IOC는 지난 30년 동안 다양한 충성스런 이해관계자들과의 성공적으로 관계를 맺으며 지내왔다. 예를 들어 몇몇의 파트너(올림픽 파트너 및 방송사/코카콜라, 비자는 2020년까지 계약)는 수십 년 동안 올림픽과 함께해왔다. 시청률과 현장의 관중의 수는 매회 경기마다 지속적으로 증가하고 있으며 이는 올림픽 팬들이 게임과 제품 소비에 강한 흥미를 유지하고 있음을 보여준다.

기타 올림픽 브랜드 자산: 올림픽 선서, 올림픽대회의 성화, 성화 봉송과 같은 기타 자산(2장 참조)은 올림픽 브랜드와 매우 밀접한 관련이 있다. 이러한 상징들은 전 세계에 평화, 통합, 희망을 대표하는 것으로 알려져 있다. 실제로 성화 봉송은 올림픽 브랜드의 중요한 요소(필수적인 것은 아닐지라도)가 되어왔다. 가장 최근의 예를 들어 2010밴쿠버동계올림픽 성화 봉송 행사 기간 중 수백만 명이 캐나다의 수백여 개 도시를 통과하면서 3000Km 이상 거리의 성화 봉송에 참여하는 기적을 이뤄냈다. 성화를 들고 일정 구간 뛰고 구간이 끝나면 다른 사람에게 넘겨주는 성화 봉송은 올림픽 성화의 힘을 경험할 수 있게 한다. 2010밴쿠버동계 올림픽 성화 봉송은 캐나다인을 하나로 묶을 수 있는 특별한 기회를 제공했다. 성화 봉송은 종종 '평생 단 한 번뿐인 경험Once in a life time experience'이라고도 불린다.

고객에게 가치 부여: 올림픽 브랜드는 브랜드 자산의 높은 단계에 도달하기 위해 소비자에게 다양한 방식으로 이익을 제공한다. 예를 들어 올림픽 브랜드의 주요 이해관계자인 TV 방송사는 강력한 올림픽 브랜드 가치를 획득할 수 있다. 올림픽 방송 중계권을 취득한 방송사는 올림픽을 중계했을 때 최고의 이벤트, 치열한 경쟁 세계 최고의 선수들 간의 치열한 경쟁, 값진 메달 그리고 4년에 한 번씩 치러지는 이벤트의 희소성 면에서 시청자와 광고주로부터 강한 관심을 받을 것을 확신한다. 또한 방송사는 드라마틱한 이야기들을 제공하면서 시청자들에게 좀 더 다가갈 수 있다. 결과적으로 올림픽 중계는 높은 시청률과 시장 점유율 제공을 통해 방송사가 프리미엄 요금으로 광고를 판매하여 수익이 창출될 수 있도록 함으로써 전체적으로 그들의 전략적 목표를 달성하게 한다.

획일적이고 보편적인 호소력의 결합은 올림픽 파트너에게 강력한 마케팅 이점을 제공할 수 있다. 사실 올림픽 가치와 협력은 수많은 전 세계 시장을 가로질러 다양한 인종들에게 동시에 하나의 메시지를 호소할 수 있도록 한다.

IOC에 가치 부여: 브랜드 자산은 올림픽 마케팅 프로그램의 효율성과 효과를 통해 IOC에게 큰 이익을 제공한다. IOC가 올림픽 가치를 전 세계적으로 강화하기 위해 '인류를 찬미하자Celebrate Humanity'는 캠페인을 방송했을 때, 그것은 모든 국가에 똑같은 광고를 내보낼 수 있었다.

유일하게 바꿔야 했던 것은 내레이터가 사용하는 언어뿐이었다. 게다가 IOC는 그런 광고와 관련된 비용을 지출하지 않고도 자신들의 여러 채널을 통해 광고를 내보내는 이해관계자(미디어, 스폰서 등)를 가지고 있음으로 해서 브랜드 파워의 영향력을 행사할 수 있었다. 올림픽 브랜드 자산은 또한 이해관계자들의 브랜드(예: 비자의 '가자 세계로' 캠페인)와 가치를 연결하는 액티베이션 프로그램(모든 시장을 위한 하나의 주제)과 포괄적 광고를 만들고, 세계적으로 그들의 구성원들에게 이익을 제공함으로써 스폰서에게 가치를 제공한다. 스폰서를 위해 만들어진 가치는 고가의 스폰서십 권리에 반영된다.

그런 이유로 IOC는 올림픽 브랜드의 본질(예: 가치, 이상)을 정의하고 소통함으로써 그리고 전략적 마케팅 프로그램을 활용하여 더 높은 수준의 브랜드 자산에 도달한 브랜드를 만들 수 있었다.

올림픽 브랜드 시스템

올림픽 브랜드가 보유하고 있는 고도의 브랜드 자산은 수년간에 걸쳐 주의 깊게 축적되고 관리된 시스템의 결과이다(1장 참조). 시스템 속의 이해관계자는 공동 브랜딩 혹은 브랜드 제휴 전략을 통해 올림픽 브랜드와 함께 가치를 창조하기 위해 협력한다. IOC는 다양한 자산/권리를 관리하고 그 모든 것을 브랜드와 일치시킨다(2장 참조). 결과적으로 IOC는 그들의 자산과 올림픽 브랜드를 관리, 보호, 통제하기 위한 브랜드 관리 구조brand governance structure를 도입해야만 했다.

브랜드 제휴

브랜드 제휴는 수년간 올림픽 무브먼트의 일부가 되어왔다. 사실상, 최초의 브랜드 제휴가 1896년의 첫 번째 근대 올림픽대회까지 거슬러 올라가는지는 논란의 여지가 될 수도 있는데, 당시에는 브랜드 제휴가 사기업(예: 코닥), 공공기구(예: 아테네 시와 그리스 정부) 그리고 개인(예: 자선가 조지 애버러프)으로 구성되었다. 비록 브랜드 제휴가 여러 다른 형태를 취하고 있다고는 하나(공동 브랜딩, 복합 브랜드 확대, 합동 브랜딩), 이 장에서 '브랜드 제휴'라는 용어는 소비자에게 시각적이고 중요한 방식으로 연결된 두 개의 브랜드에서 이루어지는 마케팅 활동의 모든 형태를 망라하는 포괄적 용어로 사용된다. 적절한 파트너와 브랜드 제휴를 결성하는 것은 회사에 상당한 이익을 제공한다. 브랜드 인지도 향상, 신규 상품 런칭의 용이함, 새로운 시장 진입, 리스크와 비용 감소를 통해 현재 시장에서의 경쟁력을 향상시킨다(Desi & Keller 2002; Park 외 1996). 그러한 이득을 달성하기 위해 브랜드 제휴는 지속적인 관계에 기초해야 하고 전략적 요소를 포함해야 한다. 이것은 올림픽 브랜드 측면에서 일반적이다. 예를 들면 코카콜라와 올림픽의 관계는 1928년에 시작됐고(IOC 2009), 올림픽대회조직위원회에 상품(예: 코카콜라)을

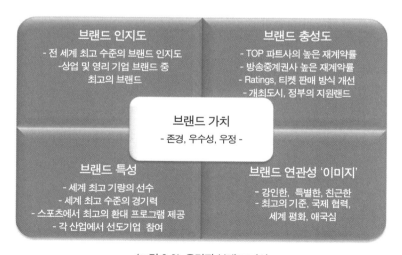

〈그림 3-2〉 올림픽 브랜드 자산

제공하는 것에서 시작하여 이제는 수백만 달러 가치의 상품과 서비스, 마케팅 활동(스폰서십 액티베이션, 성화 봉송, 올림픽 달리기 등)을 포함한 매우 전략적인 파트너십으로 발달되어왔다. 결과적으로 제휴를 통해 가치를 창조하는 것에는 이러한 여러 면들이 영향을 주기 때문에, 단기적(예: 유치 신청 도시) 혹은 장기적(올림픽 파트너)으로 올림픽 제휴를 지원하는 다양한 마케팅 활동과 제휴를 구성하는 개별적 브랜드의 수를 고려하는 것이 중요하다(Voss & Gammoh 2004).

라오Rao(2010)는 브랜드 제휴의 주요단계를 조사하기 위해 가장 중요한 요소들을 제휴 전, 제휴, 제휴 후의 단계로 통합했다. 제휴에 들어가기에 앞서 모든 브랜드는 브랜드 명성, 브랜드 이미지, 브랜드를 바라보는 고객들의 시각, 브랜드에 대한 친숙함과 같은 자신들만의 특성을 가지고 있다. 이는 브랜드 자산에 기여하며 파트너에게 잠재적 브랜드 제휴가 매력적이라고 느끼게 만든다. 제휴의 평가는 제휴 단계에서 소비자에게 미치는 효과/영향에 근거한다. 그러므로 제휴는 두 브랜드 사이에 제안된, 혹은 실제 제휴에 대한 소비자 반응에 따라 정적인 대상으로 평가되거나, 혹은 브랜드가 미치는 영향이 종종 예상 밖의 방식으로 드러나 소비자에게 (잘못된) 영향 또는 인식을 미치는 동적인 대상으로 평가될 수 있다(Rao 2010). 마지막으로 제휴 후 단계는 제휴 안에서 개별 브랜드의 성과와 제휴를 향한 태도의 관점으로 제휴의 결과를 검토한다(Rao 2010). 이러한 태도와 성과가 호의적일 때 제휴가 성공했다고 할 수 있다. 성공적 브랜드 제휴(혹은 공동 브랜딩)는 두 브랜드의 파트너십이 가치를 더할 때 발생한다. 이렇게 브랜드 제휴에 기인한 잠재적 부가가치는 두 브랜드의 제휴가 만든 잠재적 고객 기반 사이의 상보성을 조사하여 평가할 수 있다. 결과적으로 마케팅 담당자는 잠재적 브랜드 제휴가 어떻게 브랜드 자산에 기여하는지를 인지해야 한다.

브랜드 제휴는 한 상품에 두 개 혹은 그 이상의 브랜드(예: 다이어트

콜라와 뉴트라스위트 - 인공감미료)를 사용하거나 브랜드 이름, 로고 또는
홍보활동(예: 코카콜라와 올림픽)에 다른 브랜드 자산을 결부지어 상징적
으로 전달할 수 있다(Rao & Ruekert 1994; Rao 외 1999). 후자는 스포츠에
서 브랜드 제휴의 가장 흔한 형태이고 보통 스폰서십 계약의 형태이다.

브랜드 제휴 형태로서의 스폰서십

스폰서십은 흔히 브랜드의 대중 인지도를 높이거나, 브랜드의 명성을
전환하거나 향상시키는 것과 같은 다양한 목표에 도달하기 위한 방법이
다(Meenaghan 1991; Amis 외 1999; Ferrand & Pages 1999). 흥미롭게도,
어떤 스폰서가 이미지나 명성을 높일 목적으로 금액을 지불하는 경우는
단순한 교환 거래이므로, 모든 형태의 스폰서십이 브랜드 제휴라고 할
수는 없다(Blackett & Boad 1999). 그러나 기업의 모든 측면에 스폰서십
전략과 마케팅 액티베이션 프로그램이 통합되고 있으며, 이를 통해 스
폰서십 시장은 더 높은 수준의 단계로 진화해왔다. 이런 접근은 앞에서
언급한 브랜드 제휴의 개념과 일치한다. 결과적으로 스폰서십은 다양
한 단계에서 관계로부터 가치를 뽑아내고 현존하는 브랜드에 가치를
더할 뿐 아니라, 그 스스로 가치의 원천이 되는 공동 브랜드 정체성을
구성하는 기초로 사용될 수 있다(Motion 외 2003). 미나건Meenaghan과
쉬플리Shipley(1999)에 따르면 "스폰서sponsor와 스폰시sponsee(피스폰
서) 양자의 스폰서십 활동 속에서 스폰서에 대한 활동으로 인해 내재적
가치가 이동함으로써 공생적 관계가 포함된다." 또한, 다양한 활동과
다양한 상황 속에서 오랜 기간 동안 이루어지는 이러한 상호 상승적
교환의 확장은 공동 브랜드화된 기업 정체성identity과 관계 구축을 이끌
어낸다(Motion 외 2003).

"(브랜드 제휴는) 둘 혹은 그 이상의 개별 브랜드, 제품 그리고 차별화된

상표 자산의 결합 또는 장단기간의 연관성을 수반한다. 이러한 브랜드 혹은 상품은 물질적으로 (…) 또는 상징적으로 (…) 브랜드 이름과 제휴, 로고 또는 다른 상표와 제휴되어 나타날 수 있다."

(Simonin & Ruth 1998: 20-21)

스폰서는 올림픽에서 다양한 액티베이션 프로그램을 통해 올림픽 브랜드(오륜)와 기타의 다른 독점적 자산(성화 봉송, 과거 대회 이미지, 환대 등)을 연계해 브랜드 전략을 개발할 수 있으며, 목적에 따라 다양한 브랜드와 연관해 제휴를 선택할 수 있다. 예를 들면 2010년 IOC의 TOP 파트너사(밴쿠버올림픽대회조직위원회, 밴쿠버올림픽위원회의 권리 보유)인 코카콜라사는 추가적으로 성화 봉송을 후원했고 주유소와 편의점과 제휴해 프로모션을 진행했다(TOP 파트너도 프로모션 진행시에는 반드시 IOC의 승인을 받은 뒤에 집행이 가능하다). 이러한 제휴는 고객들이 다양한 방법으로 코카콜라 브랜드를 경험할 수 있도록 돕는다.

브랜드 제휴와 가치 창조

브랜드 제휴는 각각의 개별 기여 브랜드의 독특한 강점을 바탕으로 동반상승 효과에 따른 '양자 간의 최고의 성취'를 가능하게 하는 잠재력을 가지고 있다. 이는 두 개의 다른 브랜드가 각각 혼자 달성할 수 있는 것보다 더 큰 효과를 가져다줄 것이라는 동반 상승효과에 대한 기대로 형성된 것이다. 따라서 브랜드 사이의 적합성 혹은 상보성은 각 브랜드가 유용한 특성을 얻도록 유도할 수 있다.

로스서Leuthesser(2003)는 공동 브랜딩 전략co-branding strategy의 기본 틀을 상품 브랜드의 상보성complementarity 그리고 표적 시장target market의 두 가지 주요 측면으로 나누어 설명했다. 브랜드 상보성은 각각의 브랜드가 제휴를 통해 가치에 기여하는 방식을 말한다. 여기에서의 가치란 '브랜드(상품)가 소비자에게 전달하는 유형 또는 무형의 전체 이익의 묶음'이라는 점을 주목하는 것이 중요하다. 각 브랜드가 제휴의 핵심 이익에 상당한 기여를 하는 브랜드 제휴를 핵심 상보성이라고 한다. 로스서(2003: 40)는, 비록 핵심 상보성이 존재하지 않는다 할지라도 브랜드의 명성을 공동 브랜드와 공유함으로써 상보성이 확장될 수 있다고 주장했다. 예를 들면 올림픽 브랜드와 같은 강력한 브랜드가 로나_{RONA}(캐나다 기업으로 2010밴쿠버올림픽 홈하드웨어 부문 스폰서)와 같이 잘 알려지지 않은 브랜드와 같이 사용됨으로써 로나의 브랜드 가치를 끌어올릴 수 있다. 제휴 파트너가 핵심 단계와 확장 단계 둘 모두에 기여하는 것 또한 가능했다.

브랜드는 다른 시장과 제휴를 통해 표적 시장에서 새로운 시장에 접근할 수 있는 기회를 가질 수 있다. 이는 브랜드 제휴가 다른 제휴 브랜드의 시장과 통합할 수 있다는 가정에 기초한다. 제휴를 통해 상대방 파트너의 시장에 접근하거나, 모두에게 완전히 새로운 시장을 개발할 기회를 제공할 수도 있다. 이런 이유로 공동 브랜드의 표적 시장과 파트너의 소비자층이 상당히 다를 때, 공동 브랜딩 노력은 시장 개발 전략이 된다. 반면에 공동 브랜드와 파트너가 거의 같은 표적 시장을 가지고 있다면 공동 브랜딩 노력은 시장 침투 전략으로 나타난다. 로스서(2003: 41)는 공동 브랜딩 전략을 네 종류로 분류했다.

- 공동 브랜드의 핵심 혜택 패키지를 대폭 확대할 수 있는 파트너를 선택하여 보다 큰 시장에 진입한다.
- 공동 브랜드의 혜택 패키지를 대폭 확대할 수 있는 파트너를 선택하여 새로운 소비자층을 확보하는 동안 새로운 시장에 브랜드를 확장한다.
- 공동브랜드의 핵심 요소에 필수적이지는 않지만 공동 브랜드의

가치와 이미지를 상당히 향상시키며 긍정적인 브랜드 이미지를 제공하는 파트너를 선택함으로써 좀 더 큰 시장에 **침투**한다.

- 강력한 이미지와 신규 고객에게 접근성 모두를 포함한 공동 브랜딩 파트너를 선택함으로써 새로운 시장에 **진출**한다.

결과적으로 맥도날드와 같은 올림픽 파트너와 올림픽 브랜드는 제휴를 통해 브랜드 가치를 제고한다. 범세계적인 올림픽 브랜드와의 연계 속에서, 맥도날드는 자신이 존경, 우수성, 우정과 같은 가치를 지지하고 있다는 메시지를 소비자들에게 전달한다. 바꿔 말하자면, 올림픽은 맥도날드의 세계적 영업망을 통해 그들의 가치를 맥도날드의 기존 소비자들에게 연결하고 확장하고 있다.

수년 동안 올림픽 브랜드는 2013년 현재 올림픽 파트너(10개), 국가올림픽위원회(204개), 국제경기연맹(35개), 올림픽대회조직위원회(6개, 청소년올림픽대회조직위원회 포함), 올림픽대회조직위원회 스폰서, 주최국 정부, 선수 그리고 세계반도핑기구 등을 포함한 많은 다른 브랜드와 제휴를 맺어왔다. 이러한 이해관계자들은 올림픽 브랜드와 공동 가치 관계를 갖고 있다.

브랜드 보호

브랜드의 핵심 기능 중 하나는 소비자가 한 상품을 다른 상품과 구별하고 차별화할 수 있도록 도와주는 것이다. 브랜드는 스폰서 상품에 이름을 나타냄으로써 스폰서를 유사한 상품을 공급하는 경쟁자와 구별시키고 생산자와 소비자 둘 모두를 보호하는 역할을 한다(Aaker 1991). IOC에게 올림픽 브랜드 및 올림픽 지식재산을 보호하고 관리하는 것은 가장 중요한 일이다. 므충구Mʼzungu(2010)에 따르면 브랜드 자산을 구축하고 보호하기 위한 브랜드 관리 전략의 3단계는 브랜드 지향적 사고 채택, 내부 브랜딩 역량 개발, 브랜드의 지속적인 전달이다. IOC의 브랜드 관리 접근 방법을 채택하기 위한 결정은 첫 번째 단계와 일치한다. 경영 활동의 구조조정과 모든 마케팅 활동을 IOC 내부로 가져오는 결정은 두 번째 단계와 일치한다. 마지막으로 마케팅/브랜드 프로그램에 대한 통제권을 얻기 위한 최근의 움직임들은 IOC가 일관되게 브랜드를 제공할 수 있도록 도와왔다. 이는 다음과 같은 활동들을 포함한다.

- 올림픽 파트너와 방송사와의 협상
- 개최 도시계약서 내용
  - 개최 도시, OCOG 그리고 개최국 NOC 간의 계약 체결
  - OCOG와 개최국 NOC의 공동 마케팅 프로그램JMPA을 OCOG가 보장하게 함
  - 통합적인 'Look of the Games' 프로그램을 시행함으로써 상업적 광고를 통제하여 '클린 경기장Clean Venue'에서 '클린 도시'로 확장
  - 앰부시 마케팅으로부터 스폰서와 브랜드를 보호하기 위한 법률 제정
- 방송과 인터넷 모니터링 강화
- 경기 기간 동안 선수들의 마케팅 권리에 대한 통제 강화(올림픽 헌장 40조)
- 앰부시 마케팅 방지로 혼란 감소
- IOC가 관리하는 환대 프로그램 지원
- 티켓 판매
- 경기 동영상과 방송 중계보도의 소유(OTAB)
- 지난 대회의 이미지 관리
- 각 국가의 법률을 통한 올림픽 브랜드와 상표, 스폰서의 권리 보호

- 올림픽대회조직위원회 간의 지식 공유 프로그램 개발
- 올림픽의 전략적 소통과 홍보 프로그램에 관여
- NOC 마케팅과 브랜드 경영에 관한 교육 강화

또한 IOC는 지속적인 브랜드의 보호와 통제, 전달을 위해 많은 이해관계자를 필요로 한다(그림 3-3). 예를 들면 올림픽 브랜드에 대한 가장 큰 위협 중 하나인 도핑 행위의 발견은 1999년 세계반도핑기구WADA의 설립으로 이어졌다. 현재 도핑과의 싸움은 많은 IOC의 이해관계자에게 지원을 받고 있으며 WADA, 정부, IF, 국가별 반도핑 기구, NOC 그리고 국가별 가맹경기단체 등은 WADA와 긴밀한 협력을 필요로 한다. IOC와 스폰서들에게 점증하는 또 다른 걱정거리는, 스폰서가 아닌 기업이 올림픽과 관련 있는 것처럼 보이려고 시도하는 앰부시 마케팅(Sandler & Shani 1989)과 '지나친 상업화'의 문제이다. IOC와 이해관계자(OCOG/NOC, 올림픽 파트너/NOC 스폰서, 개최국의 정부)가 가깝게 일하는 것은, 올림픽 브랜드를 강화하고 OCOG와 개최 도시가 개최 도시/국가의 비전을 반영하는 독특한 시각 혹은 정체성을 만드는 것을 가능하게 한다. 정부 관리들과 공조함으로써, 상업화가 억제된 '깨끗한 도시clean

〈그림 3-3〉 브랜드 자산 모델 통제/보호

city'를 만들 수 있고 특별법을 제정해 앰부시 마케팅으로부터 파트너를 보호할 수 있다. 예를 들면 2010밴쿠버동계올림픽의 사전 준비로 캐나다 정부는 공식 스폰서의 배타적 권리를 보호하기 위해 올림픽 및 패럴림픽 특별법OPMA을 통과시켰다(Ellis, Scassa & Séguin 2011). OPMA는 상업 활동과 올림픽 경기 사이의 불법적 특정 제휴를 막고 올림픽 관련 상표를 보호하기 위해 제정되었다(Ellis 외 2011). 이와 유사하게 2012 런던올림픽의 경우, 2006년 영국 정부에 의해 런던올림픽 및 패럴림픽 특별법이 제정되었다. 평창동계올림픽의 경우 '2018평창동계올림픽대회 및 장애인동계올림픽대회 지원 등에 관한 특별법'이 2013년 3월 23일에 제정되었다.

이해관계자의 올림픽 브랜드 자산 관리

비록 아커Aaker(1991)의 브랜드 자산 모델은 올림픽 브랜드 자산을 평가하기 위한 유용한 도구를 제공하고 있지만, 이해관계자들이 브랜드 자산 형성 과정(Jones 2005; Ferrand & McCarthy 2009)에 어떻게 기여하는지 고려하지 않았다는 점과 브랜드 가치 원천으로써 이해관계자들의 수행 방법 또한 포함하지 않았다(Vargo & Lusch 2004; Merz, He & Vargo 2009)는 점에서는 한계가 있다. 앞에서 논의한 바와 같이 브랜드 보호와 통제는 올림픽 브랜드에 이익을 귀속시켜온 다양한 이해관계자들 사이의 협력에 의존하며, 브랜드 가치의 향상과 보존을 보장한다. 이해관계자의 관점에서 브랜드 자산은 여러 가지 관계가 영향을 미치는 다양한 구조를 드러내고 있다(Jones 2005, Ferrand & McCarthy 2009). 브랜드 가치의 공동 창조는 모든 조직의 이해관계자를 포함하기 때문에, 브랜드 자산 분석은 소비자(즉, 올림픽 스폰서, 팬)뿐만 아니라 폭넓은 이해관계자를(예: 정부, IF, OCOG, NOC) 기반으로 고려되어야만 한다(Vargo & Lusch 2004, 2008). 결과적으로 가치의 공동 창조 과정에서 각각의 이해관계자의 역할을 설정하는 것이 중요하다.

최근에 브랜드 연구자들은 브랜드 소비에게 동기를 부여하는 공통적이고 역동적인 과정을 조사하고 있는 중이다(Merz 외 2009). 브랜드가치를 측정할 때 이러한 접근 방법은 이해관계자를 고려해야 할 뿐만 아니라, 조직이 이해관계자를 바라보는 관점도 포함되어야 한다(Jones 2005). 새로운 브랜드 시대의 시작을 기념하는 21세기를 '이해관계자 중심의 브랜드 시대stakeholder-focus brand era'라 정의한다.

"2000년대 초기부터의 연구들은 다음의 같은 브랜딩에 이해관계자들의 관점을 채택하기 시작했다. (1) 브랜드 가치는 이해관계자 기반의 생태계 안에서 공동 창조된다. (2) 이해관계자는 단지 2개의 부분으로 이루어진 브랜드와의 관계를 형성하기보다는 다각적 네트워크를 형성한다. (3) 브랜드 가치는 다른 이해관계자들 사이에서 사회적 상호작용을 통해 역동적으로 만들어진다."

(Merz 외 2009: 337)

이러한 접근은 '상품을 눈으로 확인하고 교환가치를 통해 그들의 가치가 결정되는 방식으로 브랜드들이 나타났던 브랜드 논리'에 기반을 둔 초기의 접근 방식과는 매우 다르다. 왜냐하면, 그런 초기 방식은 브랜드들이 역동적이고 사회적인 과정과 이해관계자들에 의해 결정된 브랜드의 인지된 사용가치로서의 브랜드 가치로 표현되는 새로운 브랜드 논리로 진화해왔기 때문이다. 이는 올림픽 브랜드의 자산과 가치에 대한 연구에서 새로운 접근을 가능하게 한다. 우리는 이러한 과정들이 다양한 이해관계자들에 관한 정보(Ferrand & Camps 2008)와 올림픽 지식 시스템(Chappelet & Kübler 2007)의 결합으로 올림픽 브랜드가 어떻게 기여하는지를 검토할 수 있다.

올림픽 시스템은 이해관계자들의 복잡한 네트워크이다. 이는 2장에서 설명한 것처럼 권리를 구체적으로 규정하고 배분하여 규제한다. 이러한 이해관계자 기반의 협상은 올림픽 시스템(예: Brodie 2009; Brodie 외 2009) 안에서 브랜드 가치를 고려할 때 중요하다. 왜냐하면 이것이 곧 이해관계자에 초점을 맞춘 브랜드 가치 창조로 이어지기 때문이다.

이해관계자 이론에 따르면 관리자들을, 그들이 조직에 가져다주는 이익을 위해 이해관계자들이 관리되어야 하는 조직기반 접근에서 관계와 과정에 중점을 둔 네트워크 지향 관점으로 이동할 수 있게 한다(Ferrand & McCarthy 2009). 올림픽 시스템 안에서 자산과 브랜드 가치의 원천들을 바라볼 때 이러한 접근은 훨씬 더 풍부한 청사진을 제공한다. IOC에게 이러한 접근을 채택하는 것은 올림픽 브랜드와 연결된 관계 범위를 조사하는 것과, 이러한 관계를 통해 브랜드 자산이 어떻게 만들어지는지를 평가하는 것을 의미한다. 브랜드 사이, 그리고 이해관계자 사이의 연관성을 설명하는 이해관계자 자산의 모델을 데이지휠 Daisywheel 모델이라고 한다(Jones 2005). 이는 〈그림 3-4〉에서 볼 수 있는 것처럼 주요 올림픽 이해관계자를 보여주고 각각의 기대와 IOC가 이해관계자들의 기대를 충족시키기 위해 제공할 필요가 있고 제시할 수 있는 교환가치의 유형을 나타낸다.

> "초점은 브랜드 관리자가 고객에게 무엇을 제공해야 하는가라는 시각에서 브랜드 자산을 바라보는 것에서, 어떤 가치가 이해관계자들(소비자, 고객, 채널 대표자, 공급자 등)을 위해 만들어지는지, 그리고 이것이 어떻게 기업을 위한 가치로 전환될 수 있는지를 포함하는 관점으로 바뀌었다."
>
> (Jones 2005: 23)

각각의 이해관계자와 올림픽 브랜드(예: TOP 파트너와 올림픽 브랜드)

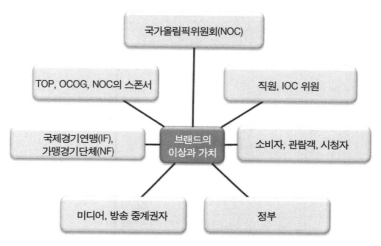

<그림 3-4〉 올림픽 브랜드 이해관계자(출처: Jones 2005의 모델 각색)

간의 관계를 분리해 조사하는 것은 브랜드 관리 전략 수립을 위한 의미 있는 정보를 제공한다. 그러나 각각의 관계는 브랜드의 '중추hub'를 통해 그것이 연결되는 방법의 측면에서 고려되어야 한다(Jones 2005). 예를 들어 올림픽 브랜드는 하나의 이해관계자와 강력한 자산을 구축할 수 있지만, 다른 이해관계자들에 의해 이러한 자산이 훼손될 수도 있음을 보여준다(예: 도핑과 부패 등의 방송 보도). 그런 이유로 이해관계자들을 확인하고 각각의 관계를 설명하며 교환의 본질을 밝히는 것은 브랜드 자산을 이해하는 단계에서 매우 중요하다. 게다가 이해관계자들의 브랜드 가치 기여 관점에서 각 관계의 전략적 중요성을 평가하는 것은 필수적이다.

이해관계자의 구분과 그들의 특징
1장에서 살펴보았듯이 올림픽 시스템에는 많은 이해관계자들이 얽혀 있고, 그들은 각각 다른 사안에 관한 역할의 차이 혹은 중요도의 차이가 있다. 예를 들면 2010밴쿠버동계올림픽대회조직위원회VANOC와 캐나다올림픽위원회가 올림픽 관련 지식재산권을 보호하기 위한 특별법을 제정하려고 로비를 벌이던 2006~2007년에는 캐나다 정부의 역할이 상당히 중요했다. 그 과정에는 캐나다 하원 내에서의 특별위원회 토론, 제안 법률 자료를 통과한 공식 회담, 법률을 통과시키기 위해 선임될 관료 추천 등이 포함되었다. 이러한 일들은 관리 방식과 관계의 중요 지표를 제공할 것이므로 중요한 역할을 담당하고 있다. 역할을 결정할 때는 각각의 이해관계자의 역할을 구별하는 것 외에도 이해관계자가 잠재하는지, 현존하는지, 얼마나 중요한지 등의 여부를 알아내는 것이 필수적이다. 또 마케팅 관점에서 각각의 이해관계자와의 교환과정이 어떻게 브랜드 가치를 만드는지를 이해할 필요가 있다(Jones 2005). 교환의 세 가지 종류는 기능적(브랜드와 관계된 파트너 사이의 공리적 가치의 교환), 상징적(브랜드와 고객 사이 의미의 전환) 그리고 감각적(브랜드와 경험적 혜택 관련)인 교환으로 분류될 수 있다. 이와 유사하게, 페랑Ferrand 과 토리지아니Torrigiani(2004)는 고객(이해관계자)과의 브랜드 창조 관계는 그들의 경험적 가치에 기초하고 있으며, 이러한 관계가 감정적 · 상징적 · 사회문화적인 이익을 만들어내는 것에 주목했다. '교환'과 '관계'라는 두 용어는 브랜드와 그 브랜드의 이해관계자 사이 양방향의 과정을 뜻한다. 예를 들면 올림픽 브랜드는 이해관계자들이 연결되고, 경험하고, (브랜드로부터) 이익을 얻을 수 있는 다양한 방법을 제공한다. 반면, 교환은 양방향 과정이므로 이해관계자가 제공하는 이익을 IOC가 인식하고 올림픽 브랜드의 교환 가치를 평가하는 것 역시 중요하다. IOC와 이해관계자들 사이의 이러한 상호작용은 올림픽 브랜드 가치를 만드는 가장 핵심적인 부분이다(Normann & Ramirez 1993). 결과적으로 IOC는 교환의 본질에 대하여 파악하고 있어야 하며, 관계로부터 발생한 이익에 대한 각각의 이해관계자들의 기대를 알아야만 한다. 예를 들면, 만일 교환이 서비스(예: 올림픽 환대)를 중심으로 진행된다면 IOC 는 서비스 수준에서 이해관계자(예: 스폰서)의 기대, 서비스가 제공되는 상황의 중요성(개최국의 독특함, 문화, 유적지 등), 어떻게 서비스를 만들어 내는지에 대해 알아내야 한다. 어쩌면 스폰서는 올림픽 브랜드와 자신 의 브랜드 사이에 이미지의 교환 혹은 그들의 명성을 높이기 위한 동력 을 찾고 있을지도 모른다. 그런 경우에는 '좋은 명성'에 대한 중요한 요소 를 식별하고 브랜드와 연결된 제휴를 이해하는 것이 필수이다. 각각의 이해관계자는 다른 관심사와 목표를 가지게 될 것이므로, 이해관계자 와 관련 기구를 위해 주된 관심사와 목표를 알아내는 것이 가치 창조의 중심이다(Jones 2005).

그런 이유로 브랜드 자산을 만들어내기 위해서는 이해관계자(관중, 스폰서, 선수, NOC, IF 등)를 위해 어떻게 가치가 창조되는지, 그리고 이것 이 어떻게 IOC를 위한 가치(예: 재정적, 합법성, 권력, 신뢰 등)로 전환될 수 있는지에 대한 철저한 이해가 필요하다. 게다가 조직 안에서 네트워 크 내에 관계를 형성하는 것은 '네트워크 자산'을 만들어내는데, 페랑 Ferrand과 맥카시McCarthy(2009)는 이를 '가치의 무리value constellation'라 고 불렀다.

브랜드 가치와 이해관계자

브랜드 가치는 다양한 이해관계자들이 어떤 한 브랜드에 연결될 때 만 들어진다. 조직과 조직의 고객 모두를 위한 가치 창조의 중요한 요소는 동반상승 효과를 이루는 관계 네트워크의 형성이다(Jones 2005; Ferrand & McCarthy 2009; Merz 외 2009). 브랜드 가치는 한 브랜드와 개인 사이 의 상호작용의 결과로 창출될 수도 있다. 하지만 브랜드 가치는 어쩔 수 없이 분리된 각각의 관계의 총합이 아닐뿐더러, 단 하나의 관계에 의존하지도 않는다. 올림픽 브랜드는 이러한 점을 분명히 보여준다. 1980년대 초에 IOC와 많은 이해관계자들 사이의 올림픽 시스템은 이러한 환경에 잘 부합하지 않았으며, 이들 관계에는 때때로 긴장감이 흘렀다. 이는 결과적으로 공동 가치 논리를 적용하지 못했기 때문이다. 따라서 (엄청난 비용을 치르는) 대회 주최에 관심을 보이는 도시가 적었으므로 게임의 미래에 대한 의문들이 쏟아져 나왔다. 동·서양의 정치적 긴장은 엄청난 거부 운동을 낳기도 했으며(1980-1984), 테러리스트 단체의 활동은 안전에 대한 심각한 우려를 불러 일으켰고, 아마추어 선수들은 시련을 겪었다(1960-70년대). 영향력이 큰 몇몇 IF는 올림픽 프로그램의 존재 가치에 대해 의문을 품기 시작했고, NOC는 동과 서, 부국과 빈국 사이의 커다란 차이로 나뉘어졌다. 그리고 IOC는 사기업(스폰서)과 공식 관계를 맺는 것을 거부했다. 이 기간 동안에 IOC는 파산되기 직전의 상태로 의심받았다. 그들 수입의 95%가 방송 중계권이었고, 이 금액의 85%가 한 네트워크, 즉 미국 방송사로부터 제공되었다. 이러한 한 이해관계자에 대한 의존은 다른 이해관계자들과의 빈약한 관계와 결합하여, 악화된 브랜드 자산과 가치 회복을 불가능하게 만들었다. 후안 안토니오 사마란치가 IOC의 위원장으로 선임되자, 그는 IOC를 세계에서 가장 강한 브랜드 중 하나이자 강력한 국제 스포츠 조직으로 만들기 위한 기반을 다지는 데 최선의 노력을 다했다. 올림픽 무브먼트 스스로(IOC와 NOC, IF)가 화합하고, 사기업(스폰서)과 프로페셔널 스포츠 리그—미국프로농구협회NBA, 미국패드볼협회APA—와 강력한 관계를 맺는 것 등이 그런 노력에 포함됐다. 게다가 그의 스페인에서의 정치적 경험(그는 1977년 소비에트 연방과 몽골의 스페인 대사였다)은 동유럽권과 서유럽권 모두를 포함한 전 세계의 정부와 중요한 유대 관계를 형성하는 데 기여했다.

올림픽 브랜드 자산 모델

IOC가 국제 스포츠 내의 지배적인 권력으로 다시 자리를 잡는 데 도움을 준 주요 마케팅 전략의 성공에 따라, IOC는 사업에 브랜드 관리 접근 방식을 채택하기로 결정했다. 이것은 올림픽 이해관계자에게도 획기적인 움직임이었지만, 동시에 다국적 기업을 위한 자연스러운 발전이기도 했다. 1990년 중반까지 전 세계 도시들은 대회 개최권을 얻기 위해 치열하게 경쟁했고, IOC의 대정부 영향력이 상당히 커져갔으며, NOC와 IF는 IOC의 지도하에 함께 일하기 시작했다. 게다가 올림픽에서 "최고"의 선수들이 경쟁하기를 바라는 사마란치의 희망은 프로 선수들(NBA, NHL, ATP 등)의 참가를 이끌어, 그들은 올림픽 경기에 출전할 자격을 갖게 되었다. 이것은 대회의 질을 향상시켰으며, 전 세계적인 소비자의 흥미를 증가시켜 더 많은 즐거움을 제공했다. 그 결과 IOC는 수입 기반을 성공적으로 다각화하여 4년마다 30억 달러 이상 수익을 늘렸다. 그러나 도핑, 몇몇 IOC 위원의 의심스러운 윤리의식, 지나친 상업화, 부정행위, 솔트레이크시티동계올림픽 뇌물 스캔들과 같은 많은 사안들이 올림픽 브랜드와 미래의 성장을 위협했다(Séguin 외 2008). 이런 사안들로 인해 IOC가 브랜드 경영 전략을 채택해 브랜드의 자산을 만들고 보호하고, 영향을 줄 수 있도록 할 필요가 있음을 확인하게 됐다.

존스Jones(2005: 26)는 다음의 가설에 기초하여 브랜드 자산 모델을 제안했다.

1. 가치 창조는 브랜드와 브랜드 이해관계자 사이의 상호관계에 있다.
2. 가치는 기능적, 상징적 혹은 감각적 성과물과 이해관계자의 기대가 교환의 형태로 만나면서 만들어진다.
3. 브랜드와 관련한 관리자의 행동은 브랜드에 대한 이해관계자의 인식에 영향을 미친다. 그렇지만 다른 이해관계자의 행동 또한 브랜드에 대한

전반적 인식에 영향을 준다.

이 모델은 브랜드 가치의 중요한 원천을 제공하는 관계의 구분을 포함한 거시적 접근 방법을 제공한다. 또한 수행성과에 대한 개념은 수익성뿐 아니라 명성, 동반상승 효과 그리고 정치적 영향력에 기초한다. 그런 이유로 존스의 모델은 성과라는 단 하나의 척도에 초점을 맞추지 않고 각각의 이해관계자에 관한 적절한 역할 수행을 식별하는 데 초점을 맞춘다.

이해관계자 구분과 특징: 가치의 공동 창조

올림픽 브랜드와 관련한 많은 이해관계자들이 있고, 그들의 역할은 많은 요인에 의해 영향을 받는다. 비록 몇몇 두드러지는 이해관계자들을 '고객'으로 간주할 수 있지만, 고객이 아닌 다른 이해관계자들 또한 브랜드 공동 생산과 가치 범주에서 중요한 역할을 한다. 예를 들어 비록 도핑이 올림픽 브랜드에 대한 중요한 위협이고 세계반도핑기구WADA가 도핑과 싸우는 주요 이해관계자라고 하더라도 WADA의 이사회에 속한 정부 관료는 올림픽 브랜드에 대한 고객이 아니다.

올림픽 브랜드 이해관계자는 공동 가치 창조(표 3-1)에 관련 있는 관계 네트워크의 부분으로 볼 수 있다. 즉, 모든 이해관계자는 브랜드 가치에 영향을 주는 브랜드 제휴 활동과 가치의 공동창조에 기여한다.

앞서 설명한 바와 같이 각 이해관계자들은 브랜딩과 공동 브랜딩 활동을 통해 올림픽 브랜드와 자체적인 가치를 창출한다. 이는 브랜드와 브랜드 자산의 핵심인 올림픽 이상과 가치를 강화한다. 앞서 언급되었지만, 브랜드 관리 시스템은 지속적이고 일관된 방법으로 브랜드를 보호하고 통제하는 데 주력하고 있다. 이는 〈그림 3-5〉와 같이 가치 공동 창조 틀로 정리할 수 있다.

<표 3-1> 이해관계자 가치 창조

이해관계자와 브랜드 특성	브랜드에 대한 관계	브랜드 가치의 공동 창조
IOC	- 브랜드 관리 - 정기적 브랜드 연구 조사 - 브랜드에 대한 이해관계자의 교육 - 올림픽 무브먼트에 대한 리더십 제공	- 존경, 우수성 및 우정과 같은 브랜드 가치 연관 - 파트너에게 글로벌 플랫폼 제공 - 환경 및 지속 가능성과 같은 사회적 이슈 강화
OCOG	- 개최국에서의 브랜드 관리 - 개최국 문화의 독특한 고유 브랜드 창조 - 정기적인 브랜드 연구, 파트너 교육의 이행 및 브랜드 전략의 제공 - 개최국에서의 브랜드와 모든 올림픽 심벌의 보호; 특별법 제정에 대한 정부 부처와의 협조. 브랜드의 적절한 사용에 대한 이해관계자들의 교육 - 대회의 Look 개발 및 실행	- 개최국 내에서의 올림픽 가치의 증진 - 공동 브랜드 제휴를 통한 폭넓고 깊은 브랜드의 제공 - '올림픽 경험'을 제공하기 위해 올림픽 브랜드에 대한 다양한 이해관계자들의 관여 - 환경 및 지속 가능성과 같은 핵심 사회적 이슈의 강화 - 자국 내 청소년 스포츠의 증진
NOC	- NOC의 올림픽 브랜드 관리 - NOC영역 내 올림픽 브랜드의 보호 - 프로그램 개발 및 다른 이해관계자들의 개입을 통한 브랜드 및 올림픽 가치 증진(교육, 광고 등)	- 이해관계자를 통한 자국 내 올림픽 가치의 전파 - 올림픽 무브먼트에 대한 이해관계자들(스폰서, 정부, 국내 스포츠 연맹 등)의 개입
IF	- 해당 스포츠의 홍보 강화 - 엔터테인먼트 요소 부여 - 챔피언십 혹은 기타 국제 이벤트 운영 - 팬들과 참여자와의 관계 유지 - 세계, 도핑, 부정행위 등에 대한 교육 및 감독 등	- 올림픽 경기의 엔터테인먼트 가치의 증진을 위해 최고의 선수들이 참여토록 함 - 이해관계자의 경험에 영향을 주는 해당 스포츠의 규칙 관리
선수	- 올림픽 브랜드의 '외교관' - 경기력을 통한 '핵심 제품'의 제공 - 선수 또한 브랜드 가치에 기여	- 올림픽 경기는 선수들로 하여금 시장가치를 보여줄 수 있는 판을 제공 - 선수들은 올림픽 브랜드의 중심으로 브랜드 핵심 가치의 증진 역할
스폰서	- 고유의 브랜드를 올림픽 브랜드에 연결하여 올림픽 브랜드 가치들을 자체 프로모션 프로그램에 통합시	- 스폰서의 액티베이션은 올림픽 브랜드에 엄청난 촉진적인 가치를 제공하며 다양한 시장에 진출 기회 제공

	키며, 활성화는 고객들에 대하여 브랜드와 연결/경험할 수 있는 기회 제공	스폰서는 올림픽 브랜드와 연관된 가치를 통해 이익 창출
방송/ 미디어	- 브랜드(이미지, 이야기 등)를 전 세계 수십억 가구에 전달 - 고객들에게 브랜드 경험 기회 제공 - 올림픽 경기와 기타 올림픽 관련 내용을 보도해 브랜드를 대중에게 제공	- 방송사는 전 세계에 올림픽 정신을 전파함으로써 큰 가치를 제공하는 반면, 소비자를 동감시키는 내용을 제공함으로써 이익을 취함
프로 스포츠 리그	- 관련 스포츠의 최고 선수를 배출, 관련 스포츠의 증진, 유명인 섭외 등	- 프로리그는 올림픽 경기에 최고의 선수들이 참여할 수 있도록 하여 경기에 엔터테인먼트 가치 부가 - 올림픽 브랜드는 프로스포츠 리그와 선수들에게 글로벌 플랫폼 제공
기타 스포츠 기구	- 스포츠 시스템에 유명인을 더하여 브랜드를 지원 - 도핑 방지를 통해 공정한 경기가 될 수 있도록 WADA와 협조. WADA 또한 올림픽 경기가 투명하고 공정한 절차가 이뤄질 수 있도록 보장	- IOC, OCOG 그리고 NOC와 협동
정부	- 올림픽 경기 개최에 대한 기여(재정적, 서비스 측면 등)를 통해 브랜드를 증진, 지속 가능한 인프라 구축, 도핑 방지, 국내 스포츠 기구 지원, 입법을 통한 올림픽 브랜드 보호 등	- 올림픽 경기에 정부 자원 투입(금융, 보안, 입법 등). 대가로 경기가 제공하는 글로벌 플랫폼으로부터의 이익(관광, 경제적 영향, IF 관계) 및 브랜드 증진 기회
일반 대중	- 경기에 대한 관심으로 올림픽 브랜드에 기여 - 브랜드와 연관된 가치에 대한 지지	- 대중은 경기가 국가/지역에 가져오는 증진 효과로부터 이익을 얻으며, 올림픽 무브먼트에 대해 가치 있는 자원 제공(세금, 자원봉사 참여 등)
올림픽 팬	- 경기에 참여, 텔레비전 시청, 경기 서포터, 경기에 연결된 가치, 브랜드와의 관계 개발에 의한 브랜드 경험 등	- 팬들은 현장에서 그리고 텔레비전을 통해 또한 스폰서 참여 프로그램 등을 통해 경기에 대한 '공동 제작자'로 참여 - 올림픽 팬들은 경기의 가치를 공유하고 특별한 일부분이 된다는 감정을 느끼며, 경기의 결과로부터 특별한 감정을 느낄 수 있으며 사회적 환경에서 독특한 경험을 가능

- 스폰서: TOP 파트너와 로컬 스폰서는 활성화 프로그램을 통한 가치 창조, 광고/홍보 프로그램을 통한 올림픽 가치 강화, 다양한 방법으로 고객들과 올림픽 브랜드를 연관시키는 등 가치 창조를 위해 적극적인 역할을 한다. 그들은 또한 질적으로 우수한 대회를 개최하기 위한 제품과 서비스를 제공한다. 올림픽 게임은 스폰서의 신규 제품과 신기술을 전 세계 주요 시장에 선보임으로써 스폰서 기업에게 도약의 발판을 마련해준다.
- 국가올림픽위원회NOC: NOC는 NOC 해당 국가 내에서 올림픽 관련 브랜드를 통제하고 보호할 책임이 있다. 자국 내에서 올림픽의 마케팅 프로그램과 교육 프로그램을 개발하기 위해 올림픽 브랜드의 영향력을 활용하고 올림픽 정신과 브랜드를 홍보하기

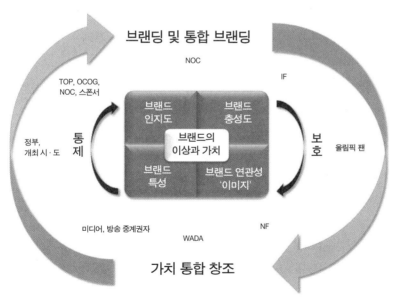

〈그림 3-5〉 가치의 공동 창조 틀

위해 교육시설, 공공시설, 기업과 제휴하며 국내 가맹경기단체와 스포츠를 증진시키고 올림픽 게임에 출전하는 선수들을 지원한다.

- **국제경기연맹IF:** 해당 핵심 제품(즉, 전 세계에서 경기되고 중계되는 스포츠)을 관리하는 규칙과 규제를 작성한다. 참가자와 관중, TV 시청자들을 위해 해당 스포츠를 흥미롭고 즐겁게 만드는 것이 그들의 주요 관심사이다. 이들은 반도핑 교육을 실시하고, 해당 스포츠를 모니터링하고, 적절한 통제가 유지되도록 보장할 책임이 있다. IF는 그들 스포츠에 신뢰성을 제고하고 흥미와 재미를 유발시키기 때문에 올림픽 브랜드와 함께 가치를 공동으로 창조하는 데 큰 관심을 갖는다. IF는 IOC, NOC, OCOG, NF, 선수, 정부 그리고 스폰서들과 돈독한 관계를 맺는다.

- **선수:** 이 이해관계자 그룹은 브랜드 가치를 만드는 데 필수적인 요소이며 올림픽 브랜드의 핵심이다. 선수들은 가장 높은 수준에서 경쟁하면서 올림픽 브랜드의 핵심인 올림픽 가치(우수성, 우정, 존경)를 홍보하고 보존하고 존중하면서 훌륭한 경기를 펼쳐 보일 것을 기대 받는다. 선수의 도핑, 부정, 부패와 관련된 사례들은 올림픽 브랜드 미래에 중대한 위협이다.

- **방송 중계권자:** 한편의 드라마와 같은 스포츠 영상 등을 제공함으로써 전 세계 수십억 가구에 올림픽을 전달하는 핵심적인 역할을 한다. 방송 중계권자는 또한 올림픽 브랜드를 강력한 가치로 만드는 데 큰 관심을 두고 있다. 올림픽대회 시청률이 증가할수록 방송사가 광고에 부가하게 되는 프리미엄은 커진다. 올림픽은 또한 시청자의 경험을 향상시키고 경기를 더욱 즐길 수 있는 새로운 기술을 소개할 수 있는 독특한 기회를 제공한다.

- **올림픽대회조직위원회OCOG:** 올림픽 브랜드와 함께 가치를 공동

창조하는 중추적인 역할을 한다. OCOG의 수명은 약 7년이고, 그 기간 동안 대회를 준비한다. 각 OCOG는 개최국의 주요 특성, 가치, 비전을 반영하기 위한 자체 브랜드를 창조한다. 이 브랜드는 IOC, 개최국, 다른 나라 NOC, IF, 스폰서, 티켓 판매 대행사, 교육 기관, 정부, NGO/NSO, 선수 등을 포함한 이해관계자들과의 거대한 네트워크 안에서 제휴를 통해 가치를 만들게 된다. OCOG는 'Look of the Game'을 통해 브랜딩된 대회의 정체성을 발전시킨다. 또한 그들은 위조 상품과 앰부시 마케팅과 싸우기 위해 사법당국과 협력한다.

- 정부: 전 세계의 지방, 지역, 국가 정부는 선수들, NF와 스포츠 기반시설을 설립하기 위한 기금을 제공함으로써 올림픽 무브먼트와 연결된다. 일부 개최국 정부는 그들의 나라 안에 올림픽 가치와 올림픽대회를 홍보함으로써 공동 가치를 창조하는 적극적인 역할을 한다. 정부는 앰부시 마케팅으로부터 올림픽 브랜드를 보호하기 위해 특별법을 통과시킨다(우리나라의 경우, 2018평창동계올림픽대회 및 장애인동계올림픽대회 지원 등에 관한 특별법).

결론

이 장에서는 올림픽 브랜드의 구성과 브랜드 자산에 기여하는 다양한 요소들을 검토했다. 올림픽 브랜드의 본질은 우정, 우수성, 존경의 가치를 바탕으로 하고 있으며, 이는 올림픽 무브먼트를 창설한 피에르 쿠베르탱의 이상과 일치한다. 글로벌 브랜드 연구기관은 이러한 가치에 더해 소비자가 올림픽 브랜드와 평화, 축제, 스포츠와 같은 다른 속성들과 결부하여 올림픽 브랜드에 깊이와 생명력을 더해왔음을 밝혀냈다.

또한 이 장에서는 브랜드 자산의 개념을 소개하고 브랜드와 연결된 브랜드 부채와 브랜드 자산을 한 쌍으로 정의했다(Aaker 1991). 아커의 브랜드 자산 모델은 세계적으로 널리 알려져 있으면서 고객 로열티와 긍정적이고 의미 있는 연상을 불러일으키는 올림픽 브랜드의 자산을 평가하기 위한 유용한 도구를 제공한다. 올림픽 휴전 및 성화 봉송과 같은 올림픽 자산은 올림픽 브랜드 가치 제고에 크게 기여한다. 아커 모델에서 제안한 것처럼 브랜드 자산은 IOC와 이해관계자 모두에게 중대한 이익을 제공한다. 그런 이유로 IOC가 자신의 브랜드를 고차원적 자산으로 확실하게 유지하는 것은 필수적이다.

올림픽 브랜드 관리는 복잡한 일이다. 5개의 얽힌 링(오륜)은 204개국의 NOC, 4개의 OCOG, 2개의 YOGOC, 모든 올림픽 유치 신청 도시, 다양한 스폰서, 방송 중계권사, 주최국 정부 그리고 기타 기관들—고급 스포츠행정 석사과정MEMOS, 스포츠과학기술국제아카데미AISTS, 국제올림픽아카데미IOA 등—과 브랜드 제휴를 맺고 있다. 그러므로 브랜드 보호/통제 프로그램은 올림픽 자산을 보호하는 한편, 다양한 상황 속에서 브랜드 일관성/응집성을 보장하고 브랜드를 세계적으로 강화시키는 데 필수적이다. 수년간 IOC는 올림픽 브랜드를 제한된 범위 내에서 사용할 수 있도록 이해관계자(국내외)가 준수해야 하는 가이드라인/정책을 만들어왔다. IOC가 올림픽 무브먼트의 상당한 자원에 기여하는 브랜드 제휴를 계속해서 만들기 때문에 IOC의 브랜드 관리 노력은 이해관계자들에게 인정을 받는 것으로 여겨진다.

브랜드 제휴와 가치 공동 창조는 올림픽 브랜드의 중요한 면이다. 브랜드 제휴는 둘이나 혹은 그 이상의 브랜드가 구체적인 목표를 달성하기 위해, 또는 그렇게 하지 않고서는 얻을 수 없는 이익을 얻기 위해 존재한다. 그런 이유로 코카콜라와 같은 회사는 IOC와의 파트너십 계약을 통해 올림픽 브랜드(그리고 그 가치)와 함께 자사의 상품을 연계시키고, 오륜을 코카콜라 상품에 부착함으로써 올림픽 브랜드와 연계하여 홍보 캠페인을 진행할 권리를 획득한다. 그 대가로 기업은 IOC에 돈을 지불한다. 또한 브랜드 제휴는 제휴관계에 있는 다른 이해관계자 혹은 IOC/OCOG에게 이익을 주는 다른 서비스를 제공할 수도 있다. 이는 브랜드 관리 관점에서 IOC가 브랜드와 연결된 다양한 관계/제휴를 반드시 조사해야 함을, 그리고 브랜드 자산에 기여하는 관계들 안에서 시스템을 만들어야만 함을 의미한다.

올림픽 브랜드 안의 이해관계자들은 공동 가치 창조에 기여한다. 그렇지만 공동 창조된 가치의 종류는 이해관계자에 따라 다르며, IOC와 다른 이해관계자와의 관계 유형에 따라서도 다르다. 이 장은 이해관계자 각 범주의 공동 가치 창조를 위한 기여를 요약 서술하면서 결론을 맺었다.

다음 장에서는 IOC의 주요 이해관계자들이 채택한 마케팅 접근을 검토하며 어떻게 시장 기반, 네트워크 기반, 내부 기반 관계를 통해 가치가 공동 창조되는 과정을 보여줄 것이다.

핵심 요약

- 올림픽 브랜드는 올림픽 무브먼트가 발족된 1894년 피에르 쿠베르탱에 의해 소개된 핵심 가치를 반영한다.
- 올림픽 브랜드의 핵심 가치는 존경, 우수성, 우정이다.
- 브랜드 인지도, 긍정적 브랜드 연상, 브랜드 로열티, 지각된 브랜드 품질 모두 브랜드 자산에 기여한다.
- 높은 수준의 자산을 가진 브랜드는 조직과 조직의 소비자 모두에게 이익을 준다.
- IOC는 지난 수년간 그들의 브랜드를 통제, 보호, 관리하는 데 중점을 두어왔다.
- 최근 브랜드 조사는 브랜드를 위해 가치를 창조 혹은 공동 창조하는 핵심 기여자들을 이해관계자라고 정의한다.
- 이해관계자들은 올림픽 브랜드 안에서 서로 상호작용을 통해 가치를 공동 창조한다.

올림픽
마케팅 모델

4장에서는 올림픽 시스템의 두 가지 중요한 마케팅 패러다임의 관계에 대해 논의할 것이다. 이는 가치 교환value exchange에서 공동 가치 창조value co-creation로의 변화에 대해 중점을 두고 이루어진다. 이해관계자 이론에서의 마케팅 분석은, 관계마케팅과 이해관계자 마케팅 모두가 이해관계자들 사이의 네트워크 안에서 공동 가치 창조에 이용될 수 있음을 보여준다. 이 장의 마지막 단락에서는 올림픽 시스템에서의 이 두 가지 마케팅 지향에 의한 프로그램 수립과 그 수행을 위한 접근법에 대하여 설명할 것이다.

서론

이 장에서는 올림픽 시스템 이해관계자들 사이에서 사용되는 마케팅 전략과 이러한 전략이 어떻게 수행되는지에 대한 설명과 분석을 할 것이다. 이해관계자들의 네트워크에서 '가치의 교환value exchange'과 '가치의 공동 창조value co-creation'를 통해 올림픽 마케팅이 수행된다는 가정으로 논의를 시작할 것이다. 이해관계자 이론을 기초로 올림픽 마케팅에서는 가치의 공동 창조가 가장 주요한 패러다임이며, 이는 이해관계자들 간의 관계와 이해관계자의 마케팅에 대한 이해를 통해 달성된다. 이 두 가지 마케팅 지향성을 포괄하는 프로그램과 다양한 이해관계자를 수반하는 공동 가치 창조 프로그램의 구축과 실행하는 방법을 소개하는 것으로 마무리할 예정이다.

올림픽 마케팅: 가치의 교환인가, 가치의 창조인가

미국마케팅협회American Marketing Association, AMA의 전신인 NAMTNational

Association of Marketing Teachers는 1935년도에 마케팅을 "생산자에게서 소비자 또는 사용자에 이르는 제품이나 서비스의 흐름을 관리하는 기업 활동"(AMA 1937)이라고 정의했다. 이후 마케팅에 대한 개념화와 적용에 커다란 진화가 이루어져왔다. 올림픽 마케팅에서 올림픽 시스템 내의 이해관계자들 또한 지속적으로 마케팅 전략을 합리화하고 다양화했다. 이 절에서는 이해관계자들의 네트워크에서 가치 교환(Alderson 1957; Kotler & Levy 1969)과 가치 창조(Prahalad & Ramaswamy 2004) 패러다임을 올림픽 마케팅에 적용해 설명할 것이다.

가치 교환 패러다임

지난 수십 년간, 마케팅 분야의 주요 패러다임은 가치 교환이었다. 1985년 미국마케팅협회는, 마케팅을 생산자로부터 소비자 또는 사용자에게로 재화나 서비스의 흐름에 원활히 이루어지도록 관리하는 기업 활동의 수행으로 재정의했다. 바고지Bagozzi(1975: 39)는 이러한 현상의 핵심을 교환Exchange 과정이라고 강조했다: "교환은 마케팅의 주요 개념이며, 난해한 마케팅의 기본이론 정립의 기초가 된다." 마케팅에 대한 정의는 다양하다. 그중 코틀러Kotler와 암스트롱Armstrong(2001: 6)은 마케팅이란 사회적이고 관리적인 프로세스로서, 이 프로세스에 의해 개인과 단체는 그들이 원하고 필요로 하는 것을 얻게 되는데, 그 과정은 제품을 다른 사람들과 함께 창조하고 제공하고 교환하는 과정을 통해 이루어진다고 정의했다. 스포츠 마케팅은 이 패러다임 안에 포함된다.

> "스포츠 마케팅은 스포츠 관련 구매자의 수요와 요구를 맞추기 위하여 스포츠 소비자의 모든 교환 활동 과정을 통해 구성된다. 스포츠 마케팅은 두 가지 주요 축에 의하여 발전해왔다: 스포츠 구매자에게 직접적으로 행해지는 스포츠 용품과 서비스에 대한 마케팅 그리고 스포츠 용품의 후

원 프로모션을 통해 다른 고객과 산업용 제품 및 서비스로 확대 가능한 마케팅으로 나뉜다."

(Mullin 외 2007: 11)

"스포츠 마케팅은 스포츠와 관련된 제품과 스포츠와 연관되지 않은 제품을 스포츠와 연관시키는 마케팅 원리와 과정의 특별한 응용체계이다."

(Shank 2005: 3)

교환 개념의 정의

코트럴와 암스트롱(2001: 11)은 "교환은 어떤 것을 제공하는 대가로 원하는 것을 취득하는 행위"라고 정의했다. 바고지(1975: 33)는 교환의 세 가지 유형을 제시했다.

- **제한적 교환**Restricted exchange은 두 집단의 상호관계이며, 도식적으로 A⇔B라고 표현할 수 있다. '⇔'는 '~에게 주다'와 '~에게 받다'의 의미이며, A와 B는 고객·소매자·판매자·기관 혹은 집단과 같은 사회적 행위자, 주체들을 나타낸다.
- **일반적 교환**Generalized exchange은 최소 세 주체 사이에서 교환이 이루어지는 상황에서 발생한다. 최소 셋 이상의 집단 간에서 상호관계가 이루어지며 직접적인 이익 없이 간접적 이익(혜택)만이 존재할 때 발생한다. 일반적 교환에서 사회적 주체들은 자신이 무엇인가를 준 주체가 아닌 다른 주체에게서 이익을 받게 된다.
- **복합적 교환**Complex exchange은 최소 세 주체 이상의 상호관계에서 발생한다. 각자의 사회 주체들은 하나 이상의 직접 교환에 묶여 있으며, 전체의 시스템에서 거미줄과 같은 관계로 얽혀 있다. 분배의 경로로 보아서는 마케팅에서 복합적 교환이 가장 좋은 예이다.

가치 창조와 전달

2004년, 학계 전문가와 연구자들의 조사에 따라 AMA는 마케팅의 정의를 다음과 같이 개정했다: "조직과 조직 이해관계자들의 이득을 위해 고객과의 관계를 관리하고, 고객에게 기여하는 가치를 창조, 소통, 전달하는 일련의 절차와 조직적 기능"(Keefe 2004: 17). 이 정의는 조직과 이해관계자들의 이득을 위한 고객과의 관계, 이를 통한 가치의 창조와 규정에 대해 강조하고 있다. 교환에 대한 개념이 내포되어 있다.

기능적, 경험적 가치

홀브룩Holbrook과 허쉬만Hirschman(1982)은 합리적인 고객 의사결정 프로세스의 보편성에 질문을 던짐으로써 경험적 마케팅의 정의를 도출했다(Howard & Sheth 1969). 이 개념에서 고객과의 관계는 감정과 논리, 그리고 보편적 사고의 절차를 통해 구축된 것으로 여긴다. 경험적 마케팅의 목표는 제공된 상품에 대해 소비자가 감성적 수준과 이성적 수준에서 반응하는 방식 속에서 어떤 관계를 밝혀내는 것이다. 그러므로 소비자 가치란 "상호적인 상대적 선호 경험"(Holbrook 1999: 5)이다. 구매자들은 구매대상이 제공하는 것을 소비함으로써 상호작용한다. 이 현상은 현재의 경험과 다른 경험을 비교하게 되기 때문에 상대적이며, 선호적 판단을 포함하고 있다. 또한 이 반응은 경험적 상황을 통해서만 감정적·상징적·사회문화적 이득이라는 가치를 획득할 수 있는 경험적 반응이다.

경험적 가치는 고객을 넘어 상업적 파트너와 같은 다른 이해관계자에게도 영향을 미친다(Schmitt 1999). IOC와 OCOG 두 기관의 집중적 과제의 하나로, 이러한 틀 안에 포함된 올림픽 마케팅은 그들의 모든 이해관계자들이 특별한 올림픽을 경험할 수 있게 보장한다. 그들은 이러한 경험을 만들기 위하여 스포츠 행사와 오찬·만찬이나 문화 교류

행사를 관련시키며 그들의 파트너들과 밀접한 관계를 맺고 있다.

> "일반적으로 전 세계와 젊은이들을 열광시킬 수 있는 올림픽 게임의 원동
> 력은 우수성Excellence과 적합성Relevance을 요구한다. 제품 질의 우수성—
> '일을 올바르게 하는 것Doing things right'(수행, 서비스 수준, 대응성 등)—과
> 올림픽 경험이 차지하게 되는 방식에 있어서의 적합성—'옳은 일을 하는
> 것Doing the right thing', 예를 들면 모든 요소를 개발할 때 그 내용들을 면밀
> 하게 고려하는 것은 궁극적으로 올림픽 경험을 진정 독특한 것으로 만들
> 어준다(스포츠 경기, 외적 요인, 도시적 분위기, 의미 전달 등)."
>
> (IOC 2010d: 12)

이는 올림픽의 경험적 가치가 감정적, 상징적 그리고 사회문화적
혜택을 기능적 혜택과 함께 제공한다는 의미이다.

관계의 정의
관계마케팅relationship Marketing은 큰 개념으로 정의하기보다는 관계 그
자체에 중점을 두고 이해해야 한다. 바타차르야Bhattacharya와 볼튼Bolton
(2000: 329)은 "고객과 조직 간의 관계는 하나 혹은 그 이상의 교환을
통해 양쪽에 이득이 있을 때 발전한다"고 했다. 다른 연구자들은 관계를
"성숙한 상호이해관계를 통한 지속적인 상호작용의 연속을 통한 결과
물이다"라고 정의했다. 관계는 양쪽 모두에 가치가 있는 특별한 상황에
서 발생한다(Barnes 2003). 그뢴루스Grönroos(2000: 33) 역시 이를 강조
했다: "구매자와 판매자 사이에 성숙한 방식의 사고가 존재함을 고객들
이 인지했을 때 관계형성이 가능하다."

관계마케팅에서, 장기적 관계의 생성과 유지
1980년대에 "시장 내 행위 주체들 사이의 협동적인 관계 발전에 의한

교환"이라는 정의에 기초한, 마케팅에 대한 새로운 접근법(Grönroos & Gummerson 1985; Berry & Parasuraman 1993; Christopher, Payne & Ballantyne 1991; Sheth & Parvatiya 2000)이 출현했다(Grönroos 2000: 33).

지금까지 관계마케팅을 다양하게 정의해왔다. 베리Berry(1983: 25)는 관계마케팅을 "관심 유발, 관계 형성 그리고─다양한 서비스 제공 기관들 사이에서─고객과의 관계 강화(장기적인 고객 유지)"라고 정의했다. 모간Morgan과 헌트Hunt(1994: 22)는 "관계마케팅은 가치 교환을 위해 성공적인 관계를 형성하고 발전시키고 유지하려는 모든 직접적인 마케팅 활동(관계의 발전)"이라고 정의했다. 반면에 크리스토퍼Christopher(1991: 5)는 "고객의 전 생애 가치의 극대화", "다양한 시장에서 집중되는 행동의 개념" 그리고 "그것은 상호교차적인 구조"라고 관계마케팅의 원리를 나열했다.

대부분의 접근법이 판매자와 구매자 사이의 관계로 그 범위를 제한하고 있지만, 일부 연구자는 조직의 네트워크 속에 다른 이해관계자들을 포함시키기도 했다. 예를 들어 크리스토퍼Christopher와 페인Payne과 밸런타인Ballantyne(1991), 코틀러Kotler(1992), 모간Morgan과 헌트Hunt(1994) 그리고 굼머슨Gummerson(1999) 등은 모두 복합적 관계들의 네트워크인 마케팅에 대하여 연구했다. 이러한 접근법은 조직과 그 조직 내 이해관계자들의 상호관계에 의한 관계마케팅의 접근에 대한 발전을 이끌었다(Gummerson 2006).

이러한 연구의 본질적인 사항은 조직과 그들의 고객과의 관계에 대한 연구였다. 예를 들어 맥도날드McDonald와 스타브로스Stavros(2007)는 스포츠 고객의 시각에서 접근했으며, 프로 스포츠 구단 고객들(시즌권 구매자)의 가입동기와 향후 계획을 조사했다. 그리고 이러한 조직의 마케팅 활동에 대하여도 고객 유지의 관점에서 연구했다. 비Bee와 칼레

Kahle(2006)는 스포츠 마케팅을 통해 어떻게 고객이 증가했는지, 왜 조직에 속하게 됐는지, 관계를 유지하게 된 배경, 전후 관계를 조사했다. 스포츠 조직은 장기적인 고객 유지에 집중했으며, 다양한 정보관리기술을 이용하여 고객과의 관계를 향상시켜나갔다. 이 접근법은 고객과의 관계를 경영하는 방법을 가장 중요하게 다루고 있으며, 관계마케팅의 측면에서 가장 폭넓게 연구되어온 분야이다.

가치 교환에서 관계 창조와 발전이라는 마케팅 개념의 한계

전통적인 마케팅의 관점에서 가치의 창조와 교환에 근거한 마케팅이 오랜 기간 심도 깊게 발전해왔지만, 여기에는 한계가 많았으며 올림픽 시스템과 함께 마케팅 전략의 도구로써 전 분야로 확장하는 데에는 제한적인 면이 있었다.

폰손비Ponsonby와 보일Boyle(2004)에 따르면, 고객은 수동적인 주체로 마케팅 커뮤니케이션을 흡수하기만 하며 경제적으로 합리적인 방향으로만 답을 하게 된다고 했다. 하지만 이 전통적 관점은 다른 연구자들 (Buttle 1994; Firat & Venkatesh 1993, 1995; Holbrook 1996; McDonagh & Prothero 1996; Woodruff 1997)에게 비판을 받았다. 덧붙여서, 이 과정을 통해 '가치value'는 '비용cost'과 '이익benefit'으로 정의되었다(Holbrook 1999; Gale 1994; Monroe 1990; Zeithaml 1988).

세스Sheth와 우슬레이Uslay(2007)는 판매자와 구매자 간의 양자 상호관계가 아닌, 구매자와 파트너, 조직 그리고 전체 사회구성원과 같이 더 많은 이해관계자들의 관점에서 가치의 창조를 보아야 한다는 구체적인 논리를 이끌어냈다. 그리고 가치는 이러한 이해관계자들을 떠나 독립적으로 생성될 수 없다고 주장했다. 그들은 "교환 패러다임이 판매자와 구매자 모두의 역할과 책임성을 제한하는 반면, 가치 창조 패러다임 아래서는 두 집단의 규모가 더욱 확장되었다"는 결론을 내렸다. 21세기에 일어나고 있는 이러한 한계들에 대한 인식의 확대는, 가치 창조에 있어서 이해관계자들 사이의 관계에 대한 중요성을 강조하는 현재의 패러다임의 등장을 가져왔다.

이해관계자 네트워크 내에서의 공동 가치 패러다임

이러한 새로운 연구의 흐름으로부터 나온 '네트워크 지향 관계마케팅 network-oriented relationship marketing'은 최근에는 '이해관계자 마케팅 stakeholder marketing'으로 발전했다.

조직과 고객 간의 공동 가치 창조

전통적인 마케팅 개념에서는 조직과 고객 사이의 교감을 통한 가치 창조는 고려되지 않았다. 그리하여 조직의 고객을 위한 가치 창조는 가치의 제공에만 목적을 두었으며, 가치의 교환은 물건과 서비스의 교환만을 의미했다. 프라할라드Prahalad와 라마스와미Ramaswamy(2004)는, 높은 수준의 교감은 고객들에게 조직과 함께 경험을 함께 창조하고, 이러한 경험을 통해 상호간에 합리적인 혜택을 제공한다고 했다. 올림픽 관람객의 존재와 적극적인 참여가 이러한 사회-감정적인 효과를 만들어내는 경우이다. 조직과 고객 사이의 교감은 그들의 역할이 수렴하는 것을 보여준다. 일반적으로 가치는 기업 단위에서 창조된 후 고객과 교환되지만, 가치의 공동 창조는 기업 단위와 고객이 함께 가치를 창조하게 되는 것을 말한다(Prahalad & Ramaswamy 2004). 가치의 공동 창조는 가치 창조 과정을 세분화하여 소비자에게 일부를 맡기는 것이 아니다.

가치 창조의 패러다임을 더 확장하면, 행위자의 요구와 수요는 공동의 가치 창조를 이미 요구하고 있거나 가치 교환의 필요성을 초월하고 있다. 이런 이유로, 가치의 공동 창조라는 관점에서 볼 때, IOC의 TOP

파트너로서 맥도날드와의 사이에서 이루어지는 거래는, 오륜을 사용하기 위하여 IOC에 돈을 지불했던 맥도날드의 단순한 경제적 교환으로부터, 맥도날드와 IOC, LOCOG가 공동으로 최고의 가치를 가진 제품과 조직, 자원봉사자와 근로자, 그리고 다양한 프로그램들을 만들기 위한 활동과정으로 변화했다. 이러한 구조에서 "전체로서의 시장은 가치 창조의 과정과 분리할 수 없다."(Prahalad & Ramaswamy, 2004).

이해관계자 네트워크에서 공동 가치 창조

챈들러Chandler와 바르고Vargo(2011)는 각 행위자들이 특수한 상황에서 어떻게 교환 행위를 하고 있으며, 교환 구조가 변해가는 상황에서 역할 탐색을 통해 어떻게 "함께come together"하는지를 연구했다. 그들은 다양한 주체들이 교환 행위를 하면서 발생하는 많은 자원들의 결합 결과에 의해 가치 창조가 만들어진다고 결론지었다. 더 나아가 바르고와 루쉬Lusch(2004, 2008)의 서비스 중심적인service-dominant 논리에 관한 연구는, 가치가 한 주체에서보다는 다양한 주체들에 의해 공동으로 창조된다는 것을 보여준다.

와세르만Wasserman과 파우스트Faust(1994) 그리고 세스Sheth와 우슬레이Uslay(1997), 캐링턴Carrington과 스코트Scott와 와세르만(2005)의 연구에 따르면, 가치 창조의 내용은 그들 사이의 특별한 상호적 연계를 가진 특별한 행위 주체들의 집단에 따라서 규정된다. 어떻게 두 주체의 이질성이 서로 영향을 미치며 원활하게 서비스가 공급되는지 파악하는 것이 관계를 정의하는 데 중요하다. 그러므로 행위 주체들, 관계 그리고 배경Context은 복잡한 형태를 구성하고, 두 주체 사이의 관계는 서로 간에 영향을 미치거나 배경을 통해 다른 관계에도 영향을 미치게 되는데 이는 주체들이 이미 다른 많은 주체들과 서로 관계를 형성하고 있기 때문이다(Freeman 1977; Barney, Wright & Ketchen 2001; Madhavaram

& Hunt 2008). 캔들러와 바르고(2011)은 다음과 같이 4가지 배경을 단계별로 정의했다.

- 가장 하위 수준micro level에서는 개별 주체 사이에서 일어난 일들에 의해 기본 틀이 변화한다. 각 주체는 그들의 자원과 능력을 직접적으로 다른 주체에게 전달한다(예를 들어, NOC가 스폰서에게 서비스를 제공하는 행위).
- 중위 수준meso level에서 기본 틀은 이해관계자들의 관계에서 발생하는 사안에 의해 변화한다. 이 수준에서 중요한 과정은 A 주체와 C 주체 사이에서 발생하는 간접적인 서비스와 서비스의 교환이다(예: 스폰서 마케팅 에이전시가 후원 계약에 의거한 활동 계획을 수립).
- 상위 수준macro level에서 기본 틀에서는 간접적인 3자 사이에서 교환 행위가 이루어진다(예: NOC 스폰서가 올림픽 대표팀의 연습하는 모습을 TV 광고에 활용할 수 있는 권리).
- 최상위 수준meta-layer에서 기본 틀은 생태 시스템과 같은 복잡한 관계 내에서의 교환 행위가 이루어진다(예: NOC가 스폰서의 B2B 관계를 운영).

각 단계에서 일어나는 서비스와 서비스의 교환은 그 수준의 가치를 창조해나가는 과정이다(Dopfer, Foster & Potts 2004; Andersson, Aspenberg & Kjellberg 2008; Storbacka, Nenonen & Korkman 2009). 최상위 수준에서는 이러한 교환이 동시에 발생하면서 가치를 만들어내는 발전 및 진화의 현상을 보여준다. 챈들러와 바르고(2011)는 "이러한 다양한 면들을 이해하기 위해서는 각 수준에서 발현되는 각 장면들의 순간 포착이 필요하다"라고 하였다.

네트워크 지향의 관계마케팅에서 공동 가치 창출

페인Payne과 홀트Holt(2001)는 마케팅 관련 주요 문헌에는, 고객과 다른 이해관계자들의 장기적인 관계에 대한 연구가 누락되었다고 지적했다. 이러한 상황에서 조직 내부와 외부의 이해관계자들에 대한 관리가 중요해진다. 뮐러Möller와 할리너Halliner(2000)는 전통이 서로 다른 배경하에 형성된 관계마케팅은 큰 차이가 있음을 주장했다. 시장 개념에서 시작한 마케팅과 관계 지향에서 시작한 마케팅은 다르다는 것이다. 첫 번째 이론에서는 조직과 고객 사이에서 장기적인 관계가 창조되고 발전되기 때문에 시장 지향에서 기원했다고 말할 수 있다. 두 번째 이론에서는 이해관계자들의 네트워크 안에서 복잡한 관계들이 발현되었기 때문에 관계 지향에서 기원한 이론이라 할 수 있다. 교환 행위는 하위, 중위, 상위의 수준에서 발생하게 되며 이해관계자들이 그들이 가치를 창조하기 위하여 자원과 능력을 조합하면서 조직되는 거대한 네트워크를 포함한다(Bhattacharya 2010; Christopher, Payne & Ballantyne 2002; Frow& Payne 2008).

네트워크 지향의 관계마케팅은 가치 사슬의 개념을 포함하는 수평적이고 간접적인 관계를 넘어선다. 노만Normann과 라미레즈Ramirez(1993a)는 가치 창조는 이해관계자들의 모임, 즉 "상이한 가치들을 합쳐나가는 것이 아닌, 다른 상호 생산적인 관계 형성의 수단을 통해서 공통의 가치를 생성해나가는 파트너들의 모임" 안에서 유지된다고 했다. 이러한 유형의 제안을 만들어가기 위해서는 다른 주체들과 최고의 성과를 창출할 수 있는 행동의 조합이 필수적이며, 최적의 가치를 창조하기 위한 근본 질문은 "누가, 무엇을, 언제, 어디서, 누구와?"이다(Normann & Ramirez 199a). 하칸손Håkansson과 스네호타Snehota(1995)은 네트워크 지향 마케팅의 중요한 세 가지 특성을 다음과 같이 정의했다: '활동의 연결activity links'은 파트너들 간의 협업에 관한 활동들의 집합체이다(마케팅, 기술적

· 관리적 측면의 사항); '자원의 결합resource ties'은 약속과 기술, 인적 자원, 재정과 지식재산의 공유를 의미한다. 그리고 '행위자 간 결합actor bonds'은 행위자와 같이 일하는 이해관계자 간 관계의 발전을 의미한다.

스포츠에서 네트워크 지향의 관계마케팅

네트워크 지향의 관계마케팅 모델은 스포츠 분야에서 반향을 일으켰다. 누퍼Nufer 와 뷜러Bühler(2010)는 스포츠 스폰서십 시장 관점에서 성공적인 관계 형성의 주요 요인들을 파악하고 논의함으로써, 시장 지향과 네트워크 지향의 관계마케팅을 구조화한 결과를 발표했다. 그보다 이전에 올코넨Olkkonen(2001)은 유럽에서의 스폰서십 조사와 관련하여 '조직의 내부 네트워크 접근inter-organizational network approach에 대한 영향'에 대해 논의한 바 있다. 그리고 라피오Lapio와 스페터Speter(2000)는 미디어와 스폰서 조직과 충성심 높은 고객을 기반으로 파트너십이 발전해가는 관계마케팅의 성공적인 적용에 관한 사례로 NASCARthe National Association for Stock Car Auto Racing을 발표했다. 대형 스포츠 행사 준비와 관련된 국가적 마케팅은 또 다른 논의사항이다. 오브라이언O'Brien과 가디너Gardiner(2006)는 관계마케팅이 2000년 시드니 올림픽을 위한 사전 행사 연습을 통해 어떻게 지속 가능한 영향력을 창조하였는지 조사했다.

〈그림 4-1〉은 페랑Ferrand과 맥카시McCarthy(2008)가 이해관계자들의 가치 창조에 관한 내용을 정리한 그림이다. 여기서 '가치 사슬Chain Value'은 전형적인 공급자-조직-고객 관계로 언급되었다. 가치의 공동 창조를 위한 집합체는 다양한 이해관계자들로 구성되어 있으며 올림픽 마케팅이 바로 그러한 경우다. 공동체의 가치 창조는 초기에 두 개의 주체에서 시작하여(1), 관계의 네트워크를 확대하는 형태(6)로 변화될 수 있다.

뷜허Bülher와 누퍼Nufer(2009)에 따르면, 많은 스포츠 조직들은 그들

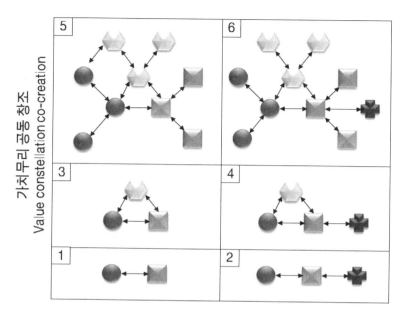

〈그림 4-1〉 이해관계자들의 네트워크에서의 가치 창조 유형(Ferrand & McCarthy 2008)

의 이해관계자들과의 심도 있고 훌륭한 관계에 대한 가치와 실제적 관계마케팅에 대해 무의식적으로 인지하고 있다. 스포츠 산업분야에서 관계마케팅의 적용과 그와 관련된 경영구조 자체에는 단절된 부분이 있다. 예를 들어 스폰서십은 다양한 액티베이션을 기획하고 실행해야 기대 효과가 높지만 대부분의 스폰서들은 계약 후 기대치만큼 활용하지 않는다. 그럼에도 모든 스포츠 마케팅의 거래들은 어떠한 유형의 관계마케팅에라도 관여되어 있다고 타워Tower(2006)는 주장한다. 어떤 경우에는 그러한 노력이 명백해 보이지만, 어떤 경우에는 숨겨져 있거나 인식되지 못하고 있다.

다양한 네트워크 관점과 관계마케팅

페랑과 맥카시(2008)의 모델은 시장, 네트워크 그리고 조직의 내부적 방향성들이 묶여 있는 스포츠 조직들 간의 네트워크를 잘 설명하고 있다. 이러한 패러다임은 모간과 헌트(1994), 크리스토퍼와 그의 동료들(1991) 그리고 굼머슨(2006) 등에 의해 작성된 분류체계들 속에 포함된 관계를 포함했는데, 그들은 그것을 좀 더 쉽게 수행할 수 있도록 하려고 복잡한 분류체계들을 줄이고 단순화했다. 사실 올림픽의 실천선행이론 practice preceded theory에 대해서는 연구자들이 연구를 진행한 적이 없거나, 매우 드물게 연구되었다. OCOG와 NOC는 관련된 이해관계자들에게 가치를 제공하기 위하여 공동 마케팅 프로그램을 근거로 협업하며 대회를 준비한다. 하지만, 이에 대한 극히 소수의 연구만이 올림픽 관계자들 간의 공동 가치 창조 과정에 대해서 논의하고 있다.

페랑과 맥카시(2008) 모델은 핵심적 이해관계자와 스포츠 조직 간의 관계가, 내부적인(조직에 기반한) 마케팅과 가치의 창조와 교환을 둘러싼 모든 기초들에 의해 시장 지향과 네트워크 지향 활동이 발전되어야만 한다는 것을 보여준다. 이를 위해서는 시장과 네트워크 및 내부 조직이라는 세 개의 하부 구성의 관리를 위한 전략이 필요하다(그림 4-2).

- 시장의 하부 조직 관계는 스포츠 조직과 이해관계자들 간의 전형적인 관계이다. 이 관계자들은 상업적이거나 비영리적인 교환과 상호관계의 기반을 제공하며, 그들은 시장 내의 경쟁자들과 다른 주체들에게 영향을 받는다. 대부분의 조직들은 그들의 관계마케팅 활동을 시장의 하부 조직에 집중한다. 2012년 런던올림픽의 TOP 파트너인 비자의 경우 적극적인 마케팅 활동을 통해 시장점유율을 높이고자 했다. 하지만 신규 고객(자원봉사자, 후원사 등 포함) 모집하면서 시장을 지나치게 독점한 결과로 브랜드 이미지에

부정적인 결과를 초래하기도 했다.

- 스포츠 조직 환경에서 네트워크의 하부 조직과의 관계는 이해관계자들의 협력과 경쟁, 제도상의 규정에 집중한다. 이러한 관계는 집합적인 가치와 관계가 있으며 그러므로 가치 사슬의 정의 아래 수평적이고 간접적인 관계를 넘어설 수 있다(Normann & Ramirez 1993). 협업 프로그램은 가치의 공동 생산을 위한 아이디어에 따라 구성된다. 2012년 런던올림픽의 스폰서인 BMW에서 이와 같은 사례를 확인할 수 있다. BMW는 LOCOG와 협업을 했으며, 런던 시와 BMW 배급사들은 BMW의 선진 기술들을 홍보하기 위해 '효율적이고 역동적인 발전Efficient Dynamics Technology'이라는 테마로 'BMW 2012런던'이라는 행사를 주관했다.
- 내부의 하부 조직들의 관계는 내부 조직의 특성을 갖는다. 시장과 하부 조직의 네트워크를 위한 관계마케팅 전략은 조직의 내부 관계를 효율적으로 관리하는 상황에서만 적용될 수 있다. 내부

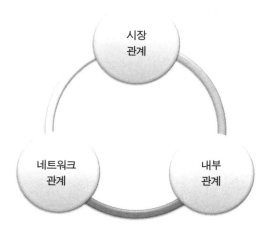

〈그림 4-2〉 세 개의 관계 범주(Ferrand & McCarthy 2008)

관계의 경영에 마케팅 원리를 적용하기 위해서 우선 조직의 내부 마케팅을 발전시킬 수 있도록 이끌어야 하며, 이는 "직원의 자율성과 경험적 지식이 모여, 시장에서의 관계를 보다 나은 수준으로 변화시킬 수 있게 하는 새로운 조직적 지식을 창조하고 순환시키는 관계 발전 과정"이라 정의할 수 있다(Ballantyne 1997). 2012년 런던올림픽 TOP 파트너인 맥도날드도 최고의 직원을 선발하고 직원들에게 동기 부여를 위한 '맥도날드 올림픽 챔피언 직원 프로그램'을 선보였다. 더군다나 맥도날드는 대회 운영을 위한 자원봉사자 프로그램을 운영하는 공식 파트너였다. 맥도날드는 LOCOG를 지원하기 위해 회사의 비용과, 시설을 포함한 자원을 제공하여 필요한 70,000여 명의 자원봉사자를 선발, 훈련시켰다. 이를 통해 이러한 내부 마케팅이 시장과 네트워크의 하부 조직들에게 시행될 수 있는 마케팅의 기조를 세우게 되었다.

관계마케팅부터 이해관계자 마케팅까지

올림픽 시스템과 같은 네트워크 안에서 운영되는 조직에 대한 마케팅 분석을 수행할 때는 가치의 공동 창조 과정을 포함한 이해관계자들 간의 관계를 평가해야 한다는 패러다임의 변화가 있었다. 1990년경에 연구자들은 가치 창조 과정과 관계의 복합성, 본질과 동역학성을 고려하기 위하여 패러다임의 변화에 대한 연구(가령 Grönroos 1994; Gummesson 1997)에 착수하기 시작했다. 세스Sheth와 우슬레이Uslay(2007)에 따르면 "마케팅은 교환(가치 교환)에서 공동 가치 창조(모든 이해관계자를 위한 가치)로 패러다임이 바뀌는 과도기에 있으며 이는 가치 창조의 중간 반복(가치와 관계마케팅)"이기도 하다.

쿠트Coote(1994)는 세 가지 주요한 접근법—미국식, 영국-호주식, 북유럽식—을 제시했다. 미국식 접근법은 서비스 마케팅과 B2B 마케팅에 기원한다. 판매자-구매자의 관계에 집중하고, 고객과의 평생주기 관계 발전을 강조한다. 영국-호주식 접근법은 "서비스 마케팅의 개념의 질적인 관리 그리고 고객 관계에서의 경제성 통합을 강조한다" (Christopher, Payne & Balantyne 1991: xi). 이 두 가지 접근법은 가치의 교환이라는 전통적 마케팅과 일치한다. 반면 북유럽식 접근법은 마케팅의 패러다임의 전환에 해당한다. 올림픽 시스템과 같은 상호관계 네트워크 이론에 근거하여 조직의 네트워크를 고려할 수 있는 이론이다. 가치의 창조는 다양한 배경에서 발생할 수 있다(하위, 중위, 상위 및 최상위). 그러나 일반적으로 조직들은 시장 지향의 마케팅을 적용했으며 그 이유는 고객과의 관계 형성에 따른 성장, 파트너와의 협력을 통한 시스템의 개발, 다른 이해관계자(기관, 공공의 의견)의 이익을 통해 성립 관계에 따른 성장을 보장하는 것에 초점을 맞추기 때문이다.

관계마케팅 구조에서는 이익에 근거한 이해관계자들이 우선시된다. 조직에서의 그들의 구매활동은 올림픽 시스템처럼 모든 이해관계자들의 이해를 고려해야 하는 조직의 사회적 책임과 관련한 마케팅 활동과 부합하지 않을 수 있다. 사회적 책임 기업은 그들의 이해관계자들과 그들의 관심사에 대응해야 하며, 이해관계자들이 "마케팅 활동의 가장 중요한 목표이며, 고객 개념을 넘어서는 가장 우선적인 대상이 되는 수혜자"라는 관점을 학습해야 한다(Bhattacharya & Korschun 2008). 이러한 '시장 지향'에서 '이해관계자 지향'이라는 목표의 전환은 이해관계자 마케팅의 발전을 가져왔다.

"이해관계자 마케팅은 모든 이해관계자들의 이익을 극대화하기 위한 마케팅 활동의 설계와 실행 그리고 평가 과정을 포함한다: 고객, 고용자, 주주, 공급자(공급 사슬에 있는 모든 관계자)뿐만 아니라 환경, 일반 사회, 비영리기관 그리고 비영리기관의 노력으로 혜택을 받는 모든 관련자를 포함한다."

(Smith & Williams 2011: 5)

이해관계자 마케팅은 이러한 배경에 따라 올림픽 시스템 내에서의 조직에 의해 수행된다. 바타차르야Bhattacharya(2010)에 따르면 이해관계자 마케팅의 접근법을 따르는 조직은:

- 마케팅 전략의 수립, 적용 그리고 평가에 관여하는 다양한 이해관계자들을 고려한다.
- 모든 이해관계자들(사회와 환경을 포함)에 대한 전체적인 마케팅의 영향력을 이해한다.
- 이해관계자들 간의 관계에 대해 연구한다.
- 이해관계자들의 수요와 이해관계에 대한 이해와 대립을 어떻게 효율적으로 다루는지에 대해 연구한다.
- 이해관계자들의 가치 극대화를 위해 연구한다.

이해관계자 네트워크 내에서 공동 가치 창조의 이론적 기반

이어지는 장에서는 관계마케팅과 이해관계자 마케팅 접근법의 분석을 위해 이해관계자이론stakeholder theory을 사용하고자 한다. 이러한 이론의 적용을 통해 이해관계자 이론actor-network theory과 번역이론translation theory■이 수행되었다.

■ 이 책에서 '번역이론'이라고 번역을 한 'translation theory'는 그 의미에서는 변형이론 또는 변화이론이라고 번역하는 것이 정확하겠으나, 일반적으로 사용하는 번역이론이라는 번역 용어를 사용했다.

이해관계자 이론의 기여

프리먼Freeman(1984)에 의해 알려지게 된 이해관계자 이론은, 조직 내에서 핵심적 위치에 있는 모임과 구성원 사이의 관계에 대한 분석과 모델을 제시한다. 이 이론의 발전으로 이해관계자들에게 조직의 독점적인 이익을 관리하기 위한 실제 모습을 보여줄 수 있고, 그 과정을 통해 이해관계자와의 관계를 고려하는 네트워크 기반의 비전을 보여줄 수 있는 조직 기반 마케팅의 전망을 제시했다. 이해관계자 이론의 목적은 조직과 이해관계자들 간의 상호의존성과 영향력을 함께 고려하기 위함이다.

프리드먼Friedman과 마일스Miles(2006)는 가장 포괄적인 의미에서부터 가장 세부적인 의미까지, 이해관계자라는 의미의 다양성을 언급했다(Michell, Agle & Wood 1997; Martinet 1984). 예를 들어 프리먼(1984)은 'affect(영향을 미치다)'라는 동사를 사용하여 넓은 관점에서 이해관계자들을 지칭하는 조직과 각 주체들 사이의 관계를 설명했다. 비슷한 관점에서 또 다른 정의로 '영향을 끼치다', '영향을 주다' 혹은 '상호작용하다'와 같은 예를 들 수 있다. 반대로 좁은 관점에서는 조직의 전략적 사항에서 직접적인 중요성만을 갖는 이해관계자만을 고려하는 의미가 있다. 올림픽 마케팅에 대해 고찰을 하려는 본 연구의 목적에는 스포츠 조직에서 관계의 본질과 모든 주체를 이해관계자로 고려하는 넓은 관점의 정의가 적합하다.

이해관계자 이론은 이해관계자들 간의 관계에 대하여 분석하고 있으므로, 이해관계자들의 시스템에서 적절한 마케팅 방법으로 사용될 수 있다. 이제 올림픽 마케팅에 어떻게 이해관계자 이론이 적용되는지 살펴보자.

이해관계자 이론의 세 관점

도날드슨Donaldson와 프레스턴Preston(1995)이 이해관계자 이론의 서술적, 도구적, 규범적인 세 관점에 대하여 제시했다. 이 유형 분류는 이론의 중심이 되었으며, 이해관계자 이론의 발전 이후에 체계화되었다.

서술적 관점

서술적 관점descriptive dimension은 조직과 그 조직 내에서의 협동적이고 경쟁적인 이익의 조합인 이해관계자 관계를 다룬다(Moore 1999). 이해관계자들 사이의 상호관계는 그들과 네트워크 구조 사이에서 권력 관계에 지배된다. 이해관계자들 사이의 독립성과 영향력의 관계는 고데트 Godet(2006)가 제시한 MACTORMatrix of Alliances and Conflicts: Tactics, Objectives and Recommendations 틀의 일부분인 직접적 영향력 매트릭스로 결정지을 수 있다. 직접적 영향력 매트릭스는 각각의 이해관계자들이 다른 이해관계자들에게 미치는 잠재적인 영향력을 0부터 4까지의 점수로 평가한다.

> 4점. 이해관계자 A는 이해관계자 B에 의해 어떤 마케팅 프로젝트라도 무효화할 수 있다.
>
> 3점. 이해관계자 A는 이해관계자 B에 의해 어떤 마케팅 프로그램의 실행을 위험에 빠뜨릴 수 있다.
>
> 2점. 이해관계자 A는 이해관계자 B에 의해 마케팅 활동의 성공을 위협받을 수 있다.
>
> 1점. 이해관계자 A는 이해관계자 B가 운영하는 마케팅에 의해 운영 절차의 공간 및 시간적 확장에 제약받을 수 있다.
>
> 0점. 이해관계자 A는 이해관계자 B에게 거의 영향을 받지 않는다.

〈표 4-1〉 올림픽 시스템에서 이해관계자들 간의 직접적인 영향력 매트릭스

	IOC	NOC	IF	NF	정부	OCOG	주최국 정부	TOP 파트너	로컬 스폰서	방송중계권자	WADA	CAS	선수	전체 영향도
IOC		3	1	0	1	4	2	2	2	2	3	3	2	25
NOC	0		0	3	1	1	1	2	0	0	1	1	3	13
IF	2	1		4	1	3	1	0	1	0	1	1	3	18
NF	0	2	2		0	1	0	1	1	0	0	0	4	11
정부	1	3	1	4		2	2	0	0	1	3	0	3	20
OCOG	3	3	2	2	0		3	2	4	3	0	0	2	24
주최국 정부	3	1	1	0	1	4		1	2	1	2	1	1	18
TOP파트너	3	2	1	0	0	3	1		3	2	0	0	1	16
로컬 스폰서	2	2	1	0	0	3	2	1		1	0	0	1	13
방송중계권자	3	1	2	0	0	3	1	2	2		0	0	1	15
WADA	2	2	2	1	1	2	0	0	0			1	4	17
CAS	2	2	2	2	0	2	1	1	1	1	2		3	19
선수	2	3	3	4	1	3	0	0	0	0	2	2		20
직접적 의존도	23	25	18	21	6	30	16	12	16	11	14	9	28	

올림픽 시스템 안에서 세 행위자의 활동은 다른 각각의 이해관계자들에게 미치는 영향력으로 평가받는다. 그들이 도달하는 합의점은 〈표 4-1〉과 같다.

직접적인 영향과 직접적인 의존성에 관한 합계는 이해관계자 간의 권력 구도를 보여준다. IOC는 가장 영향력이 있는 주체(총합 25)이며, 상당히 독립적인 기관이다(총합 23). 그러나 권력 관계에 대한 평가는 이해관계자들이 직접적인 압력을 행사할 수 있는 능력으로 국한되지

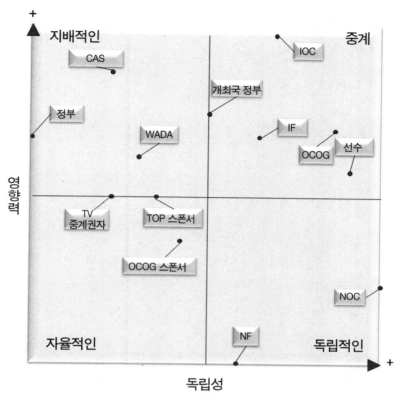

〈그림 4-3〉 올림픽 시스템에서의 영향력/의존성 그래프

않는다. 왜냐하면 이해관계자들 역시 다른 조직에 간접적으로 속하게 되며, 영향력 있는 전략을 가지고 있는 제3의 이해관계자의 영향에 노출되기 때문이다.

　그러한 전체적인 직·간접적인 이해관계자들 간의 영향력을 고려하면, 이해관계자 이론은 영향력/의존성 도표로 나타낼 수 있다. 영향력은 수직 축에, 의존성은 수평축에 표시한다(그림 4-3).

　영향력과 의존성을 위의 그래프로 볼 때, 각각의 이해관계자들은

4가지 범주 중 하나에 포함된다.

- 지배적인 이해관계자들은 그들에게 가해지는 압력 없이 다른 이해관계자들에게 거대한 압력을 행사할 수 있다(예: CAS, 정부기관, WADA).
- 중계 이해관계자들은 영향을 받지만 역시 다른 이해관계자들에게 압력을 행사한다(예: IOC, OCOG, IF, 개최국 정부기관, 운동선수).
- 지배받는 이해관계자들은 다른 이해관계자들에게 영향력이 거의 없으며 강한 압력도 받게 된다(예: OCOG 스폰서).
- 독립적인 이해관계자들은 거의 영향력이 없으며 강한 압력도 받지 않는다(예: NOC, NF).

도구적 관점

도구적 관점은 이해관계자 간의 관계 관리와 조직의 성과의 연결에 관한 관점이다. 일반적으로 이해관계자 관리 시스템을 도입한 조직은 보다 나은 성과를 달성하게 된다. 도구적 관점은 이해관계자들의 관심과 그들의 자원을 분석하는 관리 도구를 제공함으로써 그들이 가치 창조를 위하여 협업할 수 있게 하는 전략의 수립과 수행을 가능하게 한다. 이는 조직의 모든 이해관계자(관중, 조직 그 자체 혹은 파트너)의 이득을 창출하기 위한 마케팅 체계의 수립과 적용단계에 필수적인 요소이다.

규범적 관점

규범적 관점은 도덕성과 네트워크 운영과 관련된 윤리적 체계로 시스템의 관리방식에 영향을 미치는 이해관계자들의 관심 사항이 어느 정도로 정당하고 합리적인지 결정한다. 규범적 이론에 따르면, 사회조직은 선善, good에 대한 관념을 따르는 인간의 습성을 공고히 하는 합리적 실천

규범과 사상(규범의 수용 혹은 기준의 실천)을 가지고 있다.

규범적 관점은 올림픽 활동에서 매우 중요하며, 다음과 같은 올림픽 헌장에 핵심적인 원리를 포함하는 기준이 명시되어 있다: "올림픽 정신은 삶의 철학이다", "올림픽 정신은 노력의 즐거움에 기반한 삶의 방식을 창조하고, 올바른 본보기의 교육적 가치 그리고 보편적 핵심 윤리원칙의 존중을 추구한다", "올림픽 정신의 목적은 스포츠를 인간 존엄성이 보전되는 평화로운 사회를 추구하는 인류의 조화로운 성장을 위한 서비스로 만드는 것이다"(IOC 2011: 10). 올림픽 정신은 '우정과 연대감, 공정성의 정신을 가진 성숙한 이해'를 기초로 성립했다. 이는 올림픽 체계가 가진 사회 지향성의 바탕이 된다. 이는 많은 이해관계자(예: 후원사들)에게 '기업의 사회적 책임'에 대한 중요성을 강조함으로써 혜택을 제공한다.

올림픽 시스템에서 이해관계자들은 사회적 마케팅 프로그램에 기여하는 많은 '사회적' 이해관계자들을 포함한다. 안드레아슨Andreasen (1994)에 따르면 사회적 마케팅은 자발적인 조직의 헌신과 사회 참여를 유도할 수 있는 마케팅 도구와 프로그램의 방향을 제시한다. 예를 들어 다우 케미컬Dow Chemical 사는 인류 진화의 필수적 요소인 끊임없는 혁신이라는 '인간의 요소'로서 과학과 기술의 힘을 강조하며, 깨끗한 물의 수요와 공급과 신재생 에너지 개발 그리고 농업 생산성 증대 등 전 지구가 당면하고 있는 문제들에 대해 지속성이라는 원칙을 기반으로 화학과 혁신을 연결시켰다(Dow 2011).

이는 '사회적 접근'과 사회적 마케팅의 영향력을 고려하지 않았던 '전통적, 교환 기반의 마케팅 개념'과의 차이점을 잘 보여주는 사례이다.

관리적 관점과 이해관계자 이론의 조합

프리드먼Friedman과 마일즈Miles(2006)는 세 가지 관점에서 각각의 가치 모두는 행동을 기반으로 한 의미 있는 원칙이므로 서로 간의 상대적 평가는 중요하지 않다고 주장했다. 서술적 관점은 가장 중요한 이해관계자를 선별하며, 올림픽 시스템 내에서 영향력과 의존성의 관계를 규정하는 틀을 제공한다. 도구적 관점은 조직적 성과의 향상과 가치 창조를 위한 과정에서 서로 다른 이해관계자들과 함께 마케팅 프로그램을 수립, 수행해 나가는 틀을 제공한다. 그리고 규범적 관점은 이해관계자들이 고려하고 있는 사항에 대한 정당성을 확보하도록 하는 마케팅의 윤리적 기본 틀을 제공한다.

그러므로 관리적 관점에서 보면, 조직들의 관계마케팅에서는 서술적·도구적·규범적 세 가지 관점을 조합해야 한다. 다만 각각 다른 관점에서의 이해관계자들에게 지시사항을 전달하는 것에 문제가 있을 수는 있다. 예를 들어 OCOG의 미션에 따르면, 규범적 관점에서는 빈곤 국가의 사회적 문제 확대가 중요하다. 하지만 도구적 관점에서는 올림픽 게임의 준비와 조직운영이 훨씬 더 중요하다. 또한 세 관점에 따라 OCOG의 이해관계자들(운동선수, 스폰서, 미디어, 관중, 빈곤 국가)의 전략적 중요성을 판단해보면, 관계마케팅의 운영을 위한 이해관계자들의 평가가 각기 다르게 나타날 것이다. 결과적으로 경영자는 우선순위를 결정해야 하고 상호보완에 대한 합의점을 찾아야 한다.

어느 이해관계자가 전략적으로 가장 중요한지를 결정하기 위해서는 조직의 네트워크 안에서 내·외부 이해관계자들에 대한 분석, 이해관계자들 간의 협동 및 경쟁 관계, 그리고 그들의 운영을 지배하는 기관 및 규정의 체계가 선행되어야 한다(서술적 관점). 다음으로 그 분석은 조직의 목표(상업적 혹은 사회적)가 수립되어야 하며, 조직의 성과에 영향을 미치는 인자(도구적 관점)와 이해관계자들의 정당성(규범적 관점)이 확인되어야 한다.

- 스포츠 조직에서는 조직의 성과와 상업적 목적을 결합했을 때 경제적 가치가 최대화된다. 이는 IOC와 2012런던올림픽, 2010 밴쿠버올림픽에서 정보기술 서비스 시스템 통합 관리를 맡았던 아토스Atos와의 파트너십 같은 경우이다. 아토스는 다른 올림픽 파트너사들에게 자사가 보유한 'best-of-breed' 소프트웨어와 하드웨어를 공급하고 시스템을 구축했다.

- 스포츠 조직의 조직적 성과와 사회적 목적을 결합했을 때 사회적 가치가 최대화된다. 올림픽 솔리다리티가 이 경우에 해당하며, IOC는 올림픽대회의 중계권을 NOC에 할당하는 부분을 관리하고 감독하는 책임이 있다. 이는 NOC와 그들의 대륙별 협회에게 그들의 필요성과 우선적 고려사항에 따라 각 대륙과 각 나라에 다양한 프로그램을 공급함으로써 올림픽 정신을 발전시키는 데 기여한다.

- 스포츠 조직은 정당한 목적의 이해관계자들과 상업적 목적을 결합하여 윤리적 기준 안에서 경제적 가치를 창출한다. 맥도날드는 IOC와 LOCOG의 파트너로, 올림픽 수영선수 다라 토레스Dara Torres를 홍보대사로 기용하여 "올림픽 챔피언Champions of Play for the Olympic Games"이라는 프로그램을 시작했다. 다라 토레스는 아래와 같이 언급했다.

"나는 아이들과 가족에게 긍정적인 변화를 만들어주고 싶었습니다. 그래서 지금 맥도날드의 프로그램에 참여하는 것이 당연하다고 생각했습니다. 몇 년 후에 우리는 행복하고 건강하게 성장한 어린이들이 대회에도 참가할 수 있는 모습을 기대할 수 있을 것입니다. 맥도날드의 프로그램을 통해 수백만 명의 사람에게 균형 잡힌 식사와 신나는 놀이의 혜택이 제공될 것입니다."

- 스포츠 조직은 윤리적 틀 안에서 그들이 정당한 이해관계자들과 사회적 목적을 결합시켰을 때, 관계의 가치를 창조한다. 국내외적으로 올림픽 활동과 스포츠의 연결 고리에 대한 공통 관심사를 이끌어내고, 정보의 순환을 위해 각기 다른 스포츠 분야의 사람들을 한데 모으는 역할을 하는 각국의 올림픽 아카데미National Olympic Academy, NOA를 예로 들 수 있다.

이러한 접근법의 채택은 각 이해관계자들의 위치와 이해관계자들의 의욕을 고취할 수 있는 전략과 마케팅 목표를 제시한다. 다음 단계는 가치 창조 과정에서 수많은 이해관계자들을 포함하는 프로그램의 수립과 수행이다. 그러므로 시장 지향 측면의 마케팅은 장기적인 관계로 발전하고자 하는 이해관계자들을 선별하고 그들의 경쟁을 분석하는 조직을 필요로 한다. 이는 내부 마케팅의 경우에도 마찬가지이다. 조직은 그들이 제공하는 서비스의 수준을 보장하기 위해 구성원들을 양성해야 한다. 또한 이해관계자들의 네트워크 안에서 전략적 파트너십도 형성해야 한다.

메리시에Mercier(2010: 153)는 "이해관계자 이론은 사회와 기업 사이의 글로벌 계약 형태의 한 종류로써, 이해관계자와 그 기업 사이의 관계 변화를 위한 유용한 도구를 제공한다"는 사실을 강조했다. 또한 그는 이러한 접근법이 경제 활동에서 윤리적 가치를 창조하는 접근법이라고 했다.

행위자 네트워크 이론과 번역이론

네트워크 지향 관계마케팅network-oriented relationship-marketing 모델은 이해관계자들의 경험만을 요구하며, 새롭게 숙련될 필요가 없는 시스템의 수립과 적용에 특히 적합하다. 즉, 활동 주체들이 올림픽대회 유치와 같이 새롭고 혁신적인 마케팅 프로젝트를 협력하여 진행하는 경우에는 적합하지 않다. 혁신적인 프로그램의 수립이 선택되고 적용되기 위해서는 실제 진행 과정을 검토하거나, 결정사항의 분석, 논쟁, 협동과 대립을 통해 이해관계자를 이해시키는 것이 매우 중요하다.

행위자 네트워크 이론과 번역이론translation theory은 위의 이러한 질문들에 답할 수 있는 유용한 틀을 제공한다. 번역이론은 과학-기술 분야에서 발전했다. 이는 번역이론이 얼마나 과학적인 사실에 근거하여 발달했으며 협력적인 네트워크를 구성하면서 어떤 논쟁을 야기했는지를 짐작하게 한다. 점차적으로 번역이론의 초점을 사회과학 분야에서 경영관리 분야로 적용하면서 혁신적인 관리 도구의 창조와 보급, 수용을 위한 방향으로 범위를 확장시켜나갔다.

번역이론에서는 행위자가 혁신의 주체이며, 이들은 보급되고 수용될 수 있는 합의를 이끌어낸다. 그러므로 번역이론을 통해 이해관계자들이 네트워크 안에서 얼마만큼 올림픽 마케팅을 발전시키며 접근하는지 분석할 수 있는 틀을 제공한다. 위에 언급한 바와 같이 이는 올림픽유치위원회와 대회조직위원회, 두 기관 모두에게 연관되어 있으며, 그들은 이해관계자 모두에게 수용될 수 있는 새로운 프로젝트를 만들기 위해 다양한 형태의 이익으로 연관되어 있는 수많은 이해관계자 모두를 이끌어내야 한다. 프로젝트의 관리 승인을 얻기 위해 먼저 프로젝트를 '보조적'으로 홍보하고, 다듬고, 변환시켜 그들의 가치를 제공할 수 있는 도구로 '변화'시킬 수 있는 이해관계자 네트워크 구축이 필요하다. 이런 '변화'는 각각의 이해관계자들이 가진 프로젝트에 대한 관심을 유지시키기 위해 필요하다. 칼롱Callon과 라뚜르Latour(1981)에 따르면 변화는 협의, 모의, 설득의 활동, 계산 그리고 행위자의 폭력적 활동, 다른 행위자 또는 다른 권력의 이름으로 권한을 가져오는 강제성에 모두 부합한다.

번역이론의 변화 과정은 네 단계로 나뉜다: 문제 형성, 이익 분배,

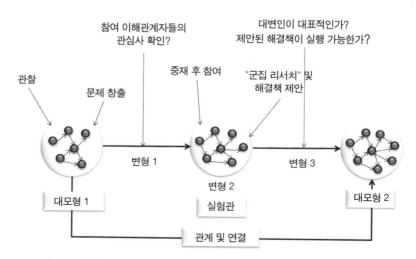

〈그림 4-4〉 변화 과정의 네 단계(Callon 1986; Callon, Lascoumes & Barthe 2001)

참여 그리고 협력자 동원(그림 4-4)이 바로 그것이다.

1. 문제 형성Problem formulation은 사실적 내용, 필요성, 관찰 또는 경험을 근거로 서로 다른 행위자들을 통합하기 위해 수행된다. 이는 올림픽을 유치할 때 스포츠 관련 기관과 개최 도시, 기업 등 다양한 이해관계자가 하나의 집합체로 단결되는 경우와 같다. 이러한 이해관계자들은 올림픽대회와 같은 프로젝트의 수립과 수행에 대한 경험이 없기 때문에 수많은 질문을 하게 된다: 어떤 종류의 마케팅 전략이 현지 시장과 기업 등에게 매력적인가? 어떻게 다양한 이해관계자들에게서 공동의 가치를 창조할 수 있는가? 어떻게 후원사들을 끌어올 수 있는가? 어떻게 후원사 선정을 진행해야 하는가? 이와 같이, 문제 형성은 이해관계자들의 관심을 수렴하고 인지하며 파악된 문제에 대한 가능한 답변의 예측을 포함

한다.

2. 이익 분배Interessement는 "각 주체들이 다른 행위자들의 독자성을 유지시키고 내세우는 모든 행위"(Callon 1986: 185)로 정의할 수 있다. 이는 이해관계자들의 문제에 대한 관심도를 강화하는 내용을 포함하여 협동의 체계를 형성, 중요한 이해관계자들을 협동하게 하는 이해관계자 간 마케팅이 수행되도록 한다. 올림픽 주최국 결정과 같은 유치과정에서 개최 도시, NOC, 정부, 기업, 정부 기관 그리고 국민들이 중요한 이해관계자에 포함된다.

3. 참여Enrolment는 프로젝트 내에서 이해관계자들 간의 역할을 규정하고 배분하는 과정을 포함한다(Callon 1986). 따라서 참여는 이익 분배 과정의 성공을 위한 중요한 요소이다. 참여는 이해관계자 그룹의 참가를 확고히 하고, 그들이 혁신적인 마케팅 프로젝트를 같이 수행할 수 있게 한다(예: 올림픽 개최를 위한 도시들 간의 유치 경쟁). 칼롱(1986: 189)에 따르면, "참여 과정은 다양한 언어로 이루어지는 협의 과정과 같으며, 힘의 논리 등이 매우 잘 반영되어 있다."

4. 협력자 동원The mobilisation of allies은 일부 행위자들의 대표성에 대한 질문을 야기한다. 일부 행위자들이 혁신을 위한 과정에 참여했을 때, 그들은 그들이 속한 사회적 그룹의 '대변인' 역할로 간주된다. 성공적인 유치를 위해 사회와 대중의 의견을 대표하는 집중된 기관은 반드시 필요하다. 이는 각기 다른 사회의 전문가가 그룹에 포함되었을 때 유치 대표자를 지정함으로써 가능해진다. 하지만 이러한 이해관계자들의 혁신에 대한 태도는 언제나 보장되는 것은 아니다.

실행의 단계는 선택된 솔루션과 프로세스 내의 각 이해관계자들의 역할에 대한 타당성 이슈를 제기한다. 라뚜르(1987)에 따르면 이해관계자들은 제안된 각각의 해결책에 대하여 매우 다양하게 반응한다. 무시하거나 받아들이거나, 세부원칙을 수정하거나 담고 있는 내용을 발표하거나, 도용 혹은 전혀 다른 뜻으로 변환해버린다. 의사를 전파하는 과정에 참여하는 행위자는 프로젝트의 성공을 위해 회의 중 제의 또는 건의를 통해 함께 이해관계자 마케팅 전략을 수용하고 수행해야 한다. 즉, 혁신적인 프로젝트가 가치를 창조하기 위해서는 협업하는 다양한 이해관계자들에 의해 공동으로 프로젝트가 수립되어야 한다.

라뚜르(1987)는 수립 과정을 함께한 동업자의 수에 혁신의 성공이 달려 있으며, 원하는 결과를 달성하기 위해 프로젝트가 필요한 형태로 변환된다는 점을 파악했다. 특히 이 이론은 올림픽 개최하려는 각 도시의 목표에 따라 이해관계자 마케팅 프로그램에 적용되어 수행되는 경우처럼, 새롭고 복잡한 실천과제의 분석에 적합하다.

이해관계자 이론과 번역이론은 변화하는 올림픽 시스템의 마케팅 프로그램을 공동으로 수립하고 수행하는 이해관계자들의 관계를 분석하는 틀을 제공한다. 이해관계자 이론의 서술적·도구적·규범적 관점은 의사 결정 과정을 분석하기 위해 조합될 수 있으며, 다음과 같은 질문에 답할 수 있다: 행위자들이 올림픽 시스템에서 더 많은 가치를 창출하려면 마케팅을 어떻게 활용해야 하는가? 결국 번역이론은 혁신적인 마케팅 프로그램의 수립을 위한 틀을 제공한다.

이해관계자 네트워크 내에서 공동 가치 창조를 위한 마케팅의 활용

위에서 언급한 바와 같이, 마케팅은 조직이 처해 있는 환경의 특성에 따라 서로 다른 수준에 있다. IOC와 OCOG, 큰 규모의 NOC(예: USOC)

그리고 TOP 파트너의 마케팅은 상당히 높은 수준까지 발전해 있는 반면, 올림픽 솔리다리티로부터 대부분의 예산을 지원받는 일부 개도국의 소규모 NOC들은 초기 수준에 머물러 있다. 각각의 상황과 상관없이 올림픽 시스템 내의 모든 조직들은 다양한 이해관계자들과 네트워크 안에서 공동의 가치를 창조하기 위한 마케팅 프로그램으로 운영된다. 이는 1장에서 다뤘던 세 개의 하위 체계를 포함한다: 시장, 파트너 간의 네트워크, 조직.

네트워크 조직에서 가치 창조를 위한 마케팅 체계

가치 창조를 위해서 〈그림 4-5〉와 같이 세 가지 주요 측면에서 마케팅 전략과 적용에 대해 접근해야 한다.

첫 번째 측면은 필연적으로 어떠한 마케팅 행위라도 가능한 '조직' 그 자체이다. 내부적인 변화가 필요하다는 사실을 받아들이지 않고 우선적으로 고객관계 관리시스템을 적용하는 많은 스포츠 조직들에서 간

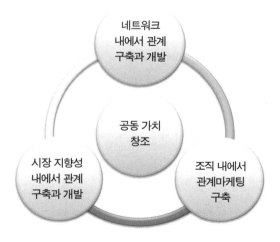

〈그림 4-5〉 조직 네트워크 안에서의 가치 창조를 위한 축

혹 간과되기도 하지만 조직 내부적으로 마케팅을 할 수 있는 기본이 구축되어야 한다. 마케팅 프로그램의 수행은 적절한 소프트웨어의 설치 이상의 것을 요구한다. 이는 이해관계자들의 적절한 관계 개선과 내부 구조의 조정, 조직의 습성, 기술, 자원을 요구한다. 마케팅에서 변화에 따른 내부 저항을 관리하는 것은 가장 중요한 변수이다.

두 번째 측면은 목표가 된 최종 사용자와의 관계 창조와 그 발전이며, 사용자 충성도의 고취와 관련되어 있다. 많은 스포츠 조직들은 공격적인 마케팅을 선호하고 인력 채용에 집중하며, 저비용이면서 효과적이고 방어적인 마케팅 전략은 종종 간과하는 경향이 있다. 예를 들어, NOC는 계약을 맺고 있는 후원사들에게 상당한 자원과 충성도를 유지하고 장기적인 관계를 발전시키기 위한 기업들의 기대에 따라 일부 서비스를 지원한다.

세 번째 측면은 네트워크 안에서의 관계를 관리하는 것이 일대일 관계의 관리보다 더욱 어렵다는 네트워크 지향의 마케팅을 포함하는 변화를 도입하고 있다. 스포츠 조직의 경우, 우선 시장 기반의 관계를 관리하기 위한 학습을 수행하고 나면 이해관계자들과 협력적인 관계를 지속적으로 구축할 수 있다.

이러한 절차를 통해, 조직에서 다음 단계를 위한 과제의 발전 목표를 정의하기 이전에 마케팅의 내부 기반이 먼저 수립되어야 하며, 이는 목표한 최종 사용자와 관계를 창조하고 협업의 네트워크를 구축해야 하는 반복적인 과정이다.

세 가지 주요 하위 체계에서의 공동 가치 창조

지금까지 세 가지 측면에 따라 수행되는 공동 가치 창조에서 다양한 이해관계자들을 포함시키고 협업하는 것에 대한 중요성을 강조했다. 이제는 올림픽 조직이 이러한 목적의 달성을 위해 활용할 수 있는 활동

원칙을 소개하고자 한다.

내부 지향 관계마케팅 프로그램

마케팅 프로그램을 실행하려면 해당 기관이 내부 자원과 권한을 지원하고, 운영하고, 조직화하는 과정이 필요하다. 전략과 구조 간에는 밀접한 관계가 있기 때문에, 이것은 전통적으로 조직의 구조적 이슈를 제기한다. 굼메슨Gummeson(2006)에 따르면 관계 접근은 네트워크로 설명이 되는데, 상관성이 있는 접근을 위해서는 "미미한nano" 관계와 "마케팅 활동의 수행을 위한 조건을 제공"하는 네트워크를 고려해야 한다.

올림픽 시스템 내에서 조직은 마케팅 활동을 위한 직원과 자원봉사자들의 채용, 관리, 만족도 강화와 유지 역할을 해야 한다. 내부 마케팅 프로그램은 내부적 소속감, 내부 소통과 내부 지식의 관리와 연관되어 있다(Ferrand & McCarthy 2008).

시장 지향 관점에서의 장기적 관계 구축

시장 지향 관점에서 조직은 그들의 마케팅 활동을 고객과 장기적인 관계의 발전을 위한 노력보다 새로운 고객과 사용자들의 발굴을 위한 자원 확보와 집중한다. 팔머Palmer(1994: 573)는 이러한 전략적 문제를 다음과 같이 요약했다.

"성공적인 마케팅은 새로운 고객의 확보에만 집중하는 것이 아니라 이미 충분한 지출을 통하여 형성된 충성도 높은 기존 고객에게도 집중하는 것이다. 이는 고객의 관점에서 관계를 형성하고 그들이 원하는 관계가 무엇인지를 아는 것이다."

예를 들어 NOC의 스폰서십 프로그램은 정해진 후원사의 기대를 만족시키기 위하여 차별화된 제안사항을 제시한다. 이러한 작업은 많은 노력과 자원을 요구하지만 관계를 관리하기 위해서는 충성도의 확보가 중요하기 때문이다. 또한, 이러한 과정은 함께 배워가는 관계에 기초한다(Peppers and Rogers 2004).

네트워크 내에서 공동 관계 구축과 개발

세스Sheth와 파르바티야르Parvatiyar(2000)에 따르면, 공동 네트워크는 다음의 네 가지 조건이 갖추어졌을 때에만 형성되고 발전할 수 있다: 경쟁력 있는 장점, 목표의 수렴, 상호보완적인 자원의 존재 그리고 활동 프로그램 수행을 위해 관계를 형성하고자 하는 이해관계자의 존재.

　조직은 각각의 이해관계자들의 상태를 정확히 규명하여 프로그램을 설계해야 하며 조직의 프로그램 참여 동기를 제공해야 한다. 언제나 최종 고객의 기대를 만족시킬 수 있는 프로그램 설계를 제공하기 위한 시장 지향 마케팅과, 자원을 제공하는 파트너와 함께 프로그램을 설계 및 공유하는 관계 지향 마케팅 두 가지 모두가 이러한 논리에 해당한다. 올림픽 시스템 내에서는 파트너도 최종 사용자가 될 수 있다. 이는 정보 기술 부문 TOP 파트너사인 아토스Atos가 올림픽대회를 위해 전산 시스템을 지원해주는 사례를 통해 확인할 수 있다. 아토스는 모든 IOC의 기술 파트너와 공급사에게 선수와 관중, 임원, 미디어, 시청자 그리고 전 세계 인터넷 사용자들과 실시간으로 소통할 수 있는 정보 기술을 전달하고 운영한다. 결과적으로 아토스는 파트너이면서 또한 최종 구매자가 되는 격이다.

　〈그림 4-6〉은, 이해관계자 간의 관계 설립, 마케팅 프로그램의 관리 및 거버넌스, 성과의 평가, 이해관계자에게 제공하는 가치 근원의 네트워크 개발이라는 이 과정의 4단계를 보여준다.

　네트워크 기반의 활동을 하려면 경영과 관리 체계의 수립이 필요하

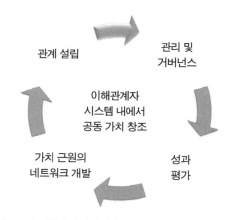

관계 설립 　　관리 및
　　　　　　　거버넌스

이해관계자
시스템 내에서
공동 가치 창조

가치 근원의 　　성과
네트워크 개발 　　평가

〈그림 4-6〉 시장 지향적 관계마케팅 프로세스(Sheth & Parvatiyar 2000)

다. 또한 참여를 이끌어낼 수 있는 목적이 정의되어야 하며, 평가가 가능한 지표와 측정방법이 마련되어야 한다. 이를 통해 프로그램의 성과를 최적화할 수 있어야 한다. 또한 이러한 평가는 연관된 이해관계자들을 위한 공동의 네트워크를 발전시키는 데 기여하는 정도에 대한 지표가 되어야 한다. 이해관계자들 간 관계의 특성, 양, 강도는 프로그램의 장기적인 성과에 영향을 미친다. 다양한 계층의 이해관계자들과 함께 장기적으로 높은 가치를 창출할 수 있는 네트워크 지향 관계마케팅 프로그램은 올림픽 마케팅의 발전을 위해 적용될 수 있다.

네트워크 지향 관계마케팅의 이러한 원리와 과정은 쉽게 이해관계자 마케팅에 적용될 수 있다. 스미스Smith(2010)는 이해관계자들이 일반적으로 조직과 사회에서 가치를 창조하기 위해 사전에 준비해야 하는 5가지 과제를 제시하였다(표 4-2).

이러한 과제는 세스와 파르바티야르(2000)의 관계 형성 첫 번째 단계와 일치한다. '이해관계자 지향의 적용'은 이해관계자들을 적절하게 위치시키고, 가장 중요한 이해관계자를 선별해내는 것을 의미한다. 그

〈표 4-2〉 이해관계자 마케팅 실현을 위한 과제(출처: Smith 외 2010)

과제	제안
조직 내 이해관계자들의 도식화	조직 내에는 많은 이해관계자가 존재한다. 그들의 특성과 관계에 대한 정확한 파악이 필요하며 도식화 작업을 통해 이를 정확하게 분석할 수 있다.
이해관계자 역할 결정	미첼(Mitchell) 외(1997)의 개발방법이며 우선순위를 줄 필요가 있는 사항을 강조하는 방식으로 명제 수행을 위해 제안된 방법이다.
이해관계자들의 이슈와 기대사항, 그리고 영향력의 측정에 대한 연구	이해관계자들의 관계에 대한 도식화와 누가 중요한 이해관계자인지에 대한 파악이 완료되면 그들의 기대와 관심사항에 대한 분석이 필요하다. 영향력의 평가를 위한 수단과 지표는 반드시 이해관계자들의 합의에 의한 것이어야 한다.
이해관계자의 수용	조직이 협업하고자 하는 이해관계자들의 관심과 기대의 수용이 필요하다.
이해관계자들의 방향성 유지	마케팅 담당자는 이해관계자들의 방향성이 상시적인 합의 도출 과정으로 집중되도록 해야 한다; 조직 내부의 노력이 단순한 마케팅 이상으로 발전할 수 있도록 조직의 진화가 필요하다.

리하여 그들의 기대와 관심사를 분석하는 것이다. 이러한 분석은 이해관계자들을 조직에 포함할 수 있도록 도우며, 활동을 계획하기 위한 기반을 형성한다. 조직은 가장 먼저 내부의 이해관계자들에게 이 원리를 적용해야 하며, 다음은 파트너 네트워크 안의 이해관계자, 최종적으로는 시장 내에서 목표로 하는 이해관계자들에게 적용해야 한다.

결론

이 장에서는 올림픽 이해관계자들에게 적용된 마케팅 전략의 분석에 대해 접근하면서, 올림픽 시스템이라는 방대한 네트워크 안에서 올림픽 조직들이 가치 창출을 위하여 어떻게 마케팅 프로그램을 수행하고 있는지 설명했다. 첫 번째 절에서는 이해관계자 간의 네트워크 내 가치 교환 마케팅에서 공동 가치 창조 마케팅으로의 관점 변화에 대하여 설명했다. 북유럽식의 관계마케팅은 동맹 관계의 구성을 통해 조직의 이익을 달성하기 때문에 이 변화에 부합한다. 마케팅의 전통적인 접근은 조직에 기여할 수 있는 각 이해관계자들에게 어떤 이익을 주는지 중점을 두고 있었다. 올림픽 관련 조직들에게 이해관계자 마케팅 구조를 적용함으로써 모든 이해관계자들의 사회적 목적을 달성하기 위해 이익을 공동으로 추구할 수 있게 됐다. 두 번째 절에서는 올림픽 시스템의 마케팅 프로그램 수립과 수행 과정에서 서술적·도구적·규범적 관점을 조합하는 이해관계자 관리의 중요성에 대하여 설명했다. 번역이론은 올림픽 조직 내 혁신적 마케팅을 도입하고 구축하기 위한 적정한 분석의 틀을 제공한다. 마지막 절에서는 올림픽 조직 내 가치 창출을 위하여 마케팅 프로그램을 수립하고 수행하는 데 다양한 이해관계자들을 함께 참여시키는 구조체계에 대하여 논했다. 이는 시장, 파트너 네트워크 그리고 조직이라는 세 개의 하부체계를 포함한다.

〈그림 4-7〉은 아래의 차원들 사이의 관계를 보여준다.

1. 가치 창조 과정의 핵심은 다음의 4단계로 나뉜다: 결정, 공동 창조, 평가 그리고 전달.
2. 가치 창조는 새로운 프로젝트를 발굴하고 조직적 학습을 통한 시스템의 효율을 높이기 위한 관계 축적을 반복하는 과정이다.
3. 공동 가치 창조 과정은 이해관계자의 세 가지 시스템을 포함한다 (조직 내부, 파트너와의 네트워크, 시장). 그리고 지속 가능한 성장을 위하여 세 가지 목적(사회적, 환경적, 재무적)을 조합할 수 있다.
4. 브랜드 시스템 단계는 브랜드(오륜, 2012런던, 2018평창 등)의 매력에 기초하여 올림픽 브랜드에 대한 경험을 만들어 파트너들에게 제공함으로써 브랜딩 전략을 확장하는 단계이다.

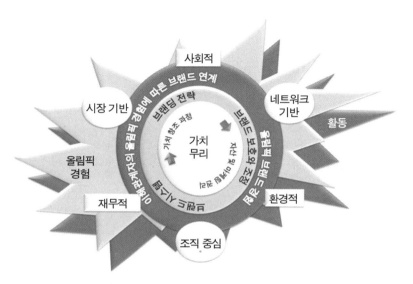

〈그림 4-7〉 올림픽 마케팅에서의 공동 가치 창출 모델

올림픽 마케팅은 이해관계자들의 수요에 대응하면서, 사회적 책임을 다하는 활동 범위 내에서 행해진다. 가치는 각각의 행동을 집중시켜 공동의 행동으로 변화시키는 데 협업하는 이해관계자들에 의해 공동으로 창조된다. 루쉬Lusch와 웹스터Webster(2011)에 따르면 가치의 공동 창조를 위한 전략 수립과 조직 공유에서 가장 중요한 개념은 가치 창조를 위한 핵심 권한과 적극성, 이를 달성하는 데 기여하는 이해관계자들과의 관계이다.

다음 장에서는 올림픽 시스템에서의 주요 이해관계자들의 마케팅 전략에 대하여 설명할 것이다.

핵심 요약

- 올림픽 마케팅은 이해관계자들의 체계 안에서 공동 가치 창출 패러다임에 근거한다.
- 가치의 창조를 위해서는 서로 다른 이해관계자들이 네트워크 지향 혹은 이해관계자 지향 관계마케팅 프로그램의 수립과 적용 과정에 협업해야 한다.
- 이해관계자 이론의 서술적·도구적·규범적 차원을 조합하여 중요한 이해관계자들을 식별, 집결시키고 공동의 마케팅 활동에 포함시켜야 한다.
- 번역이론은 이해관계자들 간의 협동에 기초한 혁신적인 관계마케팅 프로그램을 분석할 수 있는 적절한 틀을 제공한다.
- 마케팅 전략은 올림픽 시스템에서 가치 창조를 위한 다양한 이해관계자들은 포함하는 것을 기반으로 하며, (1) 조직의 이해관계자들 분석, (2) 중요 이해관계자 결정, (3) 이해관계자의 관심과 기대사항 파악과 마케팅 프로그램에서의 영향력 파악, (4) 이해관계자의 수용, (5) 조직 내 이탈을 막기 위한 이해관계자들의 방향성이 유지되어야 한다.

IOC
마케팅

5장에서는 IOC 마케팅의 올바른 이해를 위해 올림픽 마케팅, IOC와 주요 이해관계자들의 관계, IOC 올림픽 무브먼트의 재정적 안정성을 확보해주는 수익 창출 및 분배 모델 등의 세 가지 사항을 중점 소개할 것이다. 먼저 IOC가 그들의 이해관계자들과 함께 공동 가치를 창출하기 위해 채택하고 있는 마케팅 시스템과 그 시스템이 그들의 목적 달성 노력에 어떠한 영향을 미치는지를 검토할 것이다. IOC의 마케팅 방식은 다음 네 가지 활동 영역의 조합으로 분석된다: 기업 브랜딩, 올림픽 및 청소년올림픽 경기의 개최, 파트너십, TV 및 뉴미디어의 관리, 액션 프로그램에서 올림피즘.

서론

올림픽 마케팅은 새로운 현상이 아니다. 이 책의 서두에서 언급한 바와 같이 1896년 올림픽이 부활한 이후, 마케팅 프로그램은 IOC의 기능과 OCOG의 이윤 창출에 중요한 역할을 담당해왔다. 그러나 오늘날 우리가 알고 있는 올림픽 마케팅은 사마란치 위원장이 올림픽 무브먼트를 하나의 단일체로 만들고(IOC-NOC-IF), IOC를 '최고' 수준의 스포츠 사업 선두주자로 만든 1980년대부터 시작되었다. 스포츠 마케팅 에이전시인 ISLInternational Sports & Leisure의 도움과 IOC 위원인 리처드 파운드Richard Pound(재정위원회의 신규 재원 위원장)의 지도력에 힘입어, IOC는 마케팅 자산에 대한 통제권을 갖게 되었다. 이를 바탕으로 다국적 기업(예: 코카콜라, 비자, 삼성)과 계약을 진행하며, 방송사의 유일한 협상 권자가 되어 세계에서 가장 섬세하고 성공적인 스포츠 마케팅 프로그램 중의 하나를 운영하는 주체로 거듭났다(O'Reilly & Séguin 2009). 1988년 이후 IOC의 TOP 및 방송 프로그램은 150억 달러(TOP 프로그램에서 36억 달러, 방송 중계권으로 120억 달러)가 넘는 수익을 가져왔다(IOC

2010e).

또한 라이선싱과 머천다이징 같은 마케팅 프로그램들은 올림픽 홍보 및 교육에 크게 기여했으며, 전 세계 올림픽 팬들에게 올림픽의 이상을 전달하고 소통할 수 있게 했다. 결과적으로 전략적 마케팅 프로그램을 통해 축적된 재원은 IOC의 안정과 독립성을 보장했으며 전 세계에 지대한 영향력을 행사하는 조직이 되도록 만들었다. 더 중요한 것은 이러한 재원이 '올림피즘의 전 세계 전파와 올림픽 무브먼트의 선도'라는 IOC의 미션 수행에 중요한 역할을 하고 있다는 것이다.

1. 스포츠를 통한 청소년 교육뿐만 아니라 스포츠 윤리 발전 및 올바른 운영을 지지하고 장려하며, 스포츠에 있어 페어플레이 정신 확산과 폭력 금지를 위해 헌신적인 노력을 한다.
2. 스포츠와 경기 대회의 조직, 발전 및 조정을 장려하고 지원한다.
3. 올림픽대회를 정기적으로 개최한다.
4. 공공 또는 민간 기관과 협력하여 스포츠를 통해 인류에 봉사하고 이를 통해 평화 증진에 기여한다.
5. 올림픽 운동의 통일성 강화, 그 독립성 보호, 스포츠의 자율성 보존을 위한 조치를 취한다.
6. 올림픽 운동에 영향을 미칠 수 있는 일체의 차별에 저항하는 활동을 한다.
7. 남녀평등의 원칙을 실천하기 위하여 스포츠에 있어 모든 수준과 조직에서 여성 발전을 장려하고 지원한다.
8. 스포츠에서의 약물 복용 퇴치 운동을 주도한다.
9. 선수의 건강을 보호하는 조치를 장려하고 지원한다.
10. 스포츠와 선수의 정치적 상업적 남용을 반대한다.
11. 운동선수들의 사회적, 직업적 미래를 보장하기 위한 스포츠 조직과

공공기관의 노력을 장려하고 지원한다.

12. 생활 체육의 발전을 장려하고 지원한다.

13. 환경 문제에 대한 책임 있는 관심을 장려하고 지원하며, 스포츠에 있
    어 지속 가능한 발전을 도모하며, 이러한 원칙에 따라 올림픽대회가
    개최되도록 보장한다.

14. 올림픽대회가 개최 도시와 개최국에 긍정적 유산을 남기도록 장려한다.

15. '스포츠를 문화 교육과 접목시키는 정책을 장려하고 지원한다.

16. 올림픽 교육에 헌신하는 국제올림픽아카데미IOA 및 기타 기관의 활동
    을 장려하고 지원한다.

(올림픽 헌장 제2조 IOC의 사명과 역할)

올림픽과 청소년 올림픽의 개최는 올림픽 무브먼트의 목적 달성과
IOC의 미션에 크게 기여한다. 어쩌면 다양한 이해관계자가 참여하는
올림픽 마케팅이 광범위한 영향력을 행사하는 것은 당연한 일이다. 더
욱이 올림픽 마케팅 이외에 IOC가 주도하는 기타의 마케팅 활동(기업
브랜딩, 파트너십-방송-뉴미디어 그리고 'Olympism in Action') 또한 가치의
창조 및 공동 창조에 중요한 역할을 하며 IOC 마케팅을 더욱 성공적으
로 이끌고 있다. IOC의 TOP 프로그램이 창출한 수십억 달러는 이러한
IOC 마케팅의 성공을 입증하고 있다. 궁극적으로 IOC의 마케팅 프로
그램은 다음의 목표를 달성하기 위해 고안되었다.

- 올림픽 무브먼트의 독립적인 재정 안정성을 확보하고 이를 통해 올림
  픽 정신의 세계적인 증진을 조력하기 위함이다.
- 장기 마케팅 프로그램의 고안 및 유지와 이를 통한 올림픽 무브먼트와
  올림픽 경기의 재정적 안정성을 확보한다.
- 각 올림픽대회조직위원회OCOG의 성공적 활동영역을 구축하고 각 올

림픽 경기에 대한 새로운 마케팅 구조를 만들어낼 필요를 줄인다.
- OCOG, NOC 및 그들의 대륙별 협회, IF 및 기타 알려진 국제 스포츠 조직들을 포함한 전체 올림픽 무브먼트에 분배되는 한편 개발도상국에서의 스포츠에 대한 재정적 지원을 위한 수입을 창출한다.
- 주로 방송을 통해 전 세계의 최대한 많은 사람이 올림픽 경기를 경험할 수 있도록 한다.
- 올림픽 이미지와 이념의 고유한 자산을 촉진하고 보호한다.
- 올림픽 경기의 지나친 상업화를 제한 및 통제한다.
- 올림픽 이념을 증진하는 데 필요한 올림픽 마케팅을 지원한다.

(IOC 2011a: 5)

위에서 언급한 바와 같이 올림픽 마케팅의 주요 목적은 올림픽 무브먼트의 재정적 안정성을 확보하는 것이다. 대부분의 IOC의 활동/발의는(예: 올림픽 게임, 올림픽 솔리다리티 프로그램, 교육 프로그램 등) IOC의 재정에 많은 영향을 받는다. IOC의 활동/발의로 인한 이해관계자들의 참여는 올림픽 마케팅의 핵심 사항이다. 이해관계자들은 자금 지원뿐만 아니라, 가치의 창조 및 공동 창조에 필수불가결하고 IOC의 미션에 궁극적으로 기여한다. 예를 들어 TOP 파트너는 올림픽 무브먼트의 재정적 안정에 기여하는 것과 더불어 올림픽 이상을 증진하며, 대회를 개최할 때에 OCOG를 지원하고(전문가, 서비스, 자원봉사자, 제품 등), 소비자들에게 브랜드를 경험할 수 있는 기회를 제공한다. 올림픽 마케팅을 통해 창출된 수익은 NOC(특히 가장 큰 수요를 필요로 함)와 IF, 올림픽 무브먼트의 주된 목표를 얻고자 하는 기타 기관들을 지원하며, 반도핑(예: WADA에 주된 재정적 지원), 교육 프로그램(아카데미, MEMOS), 올림픽 휴전 그리고 IOC가 지원하거나 착수한 기타 많은 활동을 지원하는 데 사용된다.

이 장에서 우리는 올림픽 시스템 내 IOC의 관계와 마케팅 권리, 올림픽 마케팅의 구조와 수입 창출 및 분배 모델을 고찰할 것이다. 그 다음에는 4장에서 올림픽 마케팅의 구조를 분석하기 위해 설명했던 모델을 이용하여 IOC 마케팅의 전략적 형태를 검토할 것이다. 가치의 공동 창조 개념과 IOC 마케팅 프로그램의 성공에서 중요한 역할을 설명할 것이다. 마지막으로 우리는 올림픽 브랜드가 제공하는 독특한 가치 상품 및 브랜드의 '경험'을 이해관계자들에게 보여주기 위한 IOC의 전략을 논의할 것이다.

올림픽 시스템 내 IOC의 관계와 마케팅 권리

IOC의 권리

IOC 마케팅 프로그램은 한 명 혹은 수십 명의 이해관계자에게 분배할 수 있는 마케팅 권리를 개발한다(2장). IOC는 올림픽의 법적 소유권자로 올림픽 심벌, 올림픽 기, 성화 봉송, 표어 및 주제가 그리고 상업적 목적으로 사용될 수 있는 기타 권리에 대한 독점적 권리를 갖고 있다. 예를 들어 1999년, IOC는 뮌헨올림픽 공원에 세워진 브랜드 전파 프로젝트로 'Olympic Spirit'을 고안했으며, 사마란치 위원장은 이에 대해 다음과 같이 언급했다.

> "사람들에게 올림픽 경기를 경험할 수 있게 하고 올림픽 대표선수가 되기 위해 필요한 용기와 체력을 발견할 수 있는 기회를 주었다."
>
> (Olympic Spirit 2011)

IOC는 승인된 NOC에게 해당 영토 내에서 활용할 수 있는 스폰서십, 라이선싱 그리고 방송 중계권 등의 세 가지 권리를 부여한다. 첫 번째, NOC가 권리를 직접 이행하는 계약(스폰서십) 형태이다. 하지만 NOC는 IOC가 직접 계약하는 TOP 파트너사의 카테고리와 권리를 침해하지 않는 범위의 후원사를 모집하는 대신 TOP 파트너의 수익금 일부를 분배금으로 IOC에게서 받는다. 두 번째, NOC 영토 내에서 이행 가능한 라이선싱 계약의 형태이다. 이 경우 IOC는 계약에 서명하기 전에 관련 NOC와 협의하고 순수입(세후 및 기타 관련 비용 공제)의 절반을 지급한다. 끝으로 해당 영토에서 올림픽 경기를 중계할 수 있는 방송 중계권을 부여하는 형태이다(예: NBC는 미국에서, SBS는 대한민국에서 독점중계권을 갖는다). 이 경우에는 IOC가 방송 중계권사의 유일한 협상자가 되며, NOC에게는 특별한 권리가 주어지지 않는다.

IOC와 주요 이해관계자 간의 영향과 의존도 관계 분석

이해관계자 이론의 특별한 점은 올림픽 시스템에서 기타 이해관계자들과 IOC의 관계를 분석하는 틀로 사용될 수 있다는 점이다(4장). 앞서 언급한 바와 같이 이해관계자들 간의 상호관계는 그들 사이의 권력관계와 네트워크의 구조에 의해 규정된다. 직접적 영향의 매트릭스 구도(표 4-1 참조)는 OCOG, NOC, 개최국 정부, TOP 파트너, OCOG 스폰서, 방송 중계권자, 선수와 같은 이해관계자들에게 지대한 영향을 미치는 IOC가 이러한 이해관계자들에게 마케팅 권리(올림픽 경기, 올림픽 브랜드 연관된 모든 것) 분배를 관할한다는 사실을 바탕으로 해당 시스템에서 가장 영향력 있는 행위자임을 나타내고 있다. 올림픽대회의 주관자로서 OCOG는 매우 영향력 있는 이해관계자이지만, 정부(지역/지방/국가), 로컬 스폰서 및 기타 이해관계자들(예: 자원봉사자, NF 등)의 지원에 많이 의존하기 때문에 실질적으로는 개최국 정부가 IOC에 큰 영향을 미치는 것으로 나타나고 있다.

TOP 파트너와 방송 중계권사도 IOC에 큰 영향력을 행사한다. IOC

는 올림픽 무브먼트, 특히 스폰서십과 방송권 판매로 창출되는 수십억 달러의 수입에 의존도가 매우 높다. 이러한 수입의 약 90%는 올림픽 무브먼트 내(OCOG, NOC, IF)에서 분배되고, 나머지 10%가 IOC의 행정 운영을 위해 사용된다. 즉, 스폰서와 방송사는 올림픽 브랜드의 세계화를 촉진하고 팬과 관중, 기타 이해관계자들에게 올림픽 브랜드와의 연결, 혹은 브랜드를 경험할 수 있는 기회를 제공해줌으로써 IOC에게 거대한 가치를 제공한다. 결과적으로 이러한 이해관계자들은 올림픽 시스템에서 중요한 위치를 차지하며 IOC에 큰 영향을 미치고 있다. 이러한 영향력 있는 그룹들 내에서의 권력 관계를 묘사하는 여러 예들이 있다. 베이징올림픽에서 수영 시합 시작 시간은 경기가 시작되기 전까지 수년 간 논쟁이 되어왔다. 가장 이상적인 수영 결승 시간은 원래 저녁 시간이었으나, 미국 방송사인 NBC가 미국 내 프라임 시간대에 결승 경기를 '생방송'으로 방영할 수 있도록 아침시간으로 옮겨졌다. NBC는 미국 내 방송 중계권을 확보하려고 막대한 비용(약 7억5천만 달러)을 지출했으며 이러한 비용의 회수하려면 광고 수익은 절대적이었고, 이에 따라 광고 수익 창출을 위한 방송 중계 시간의 변경이 필수적이었기 때문이다(Campbell 2006). 그러나 이러한 방송 중계 시간 변경은 자국의 시청자들에게 부정적인 영향을 초래할 것을 우려하는 유럽과 아시아 방송사들을 괴롭혔다. BBC는 영국 시간으로 새벽 3시에 경기를 시작하는 것은 점심때보다 스포츠에 대한 노출을 감소시키고, 많은 시청자들로 하여금 영국 수영 선수들이 경쟁하는 것을 시청하지 못하게 하며, 순위에도 매우 부정적인 결과를 가져올 것이라고 주장했다(Campbell 2006).

　　BBC는 기타 이해관계자들을 통해 그 결정을 뒤집기 위한 선도적 역할을 맡았다. 유럽 대륙의 주요 방송사를 대표하며 올림픽 경기에 오랜 기간 지원을 해왔던 유럽방송연합EBU은 BBC의 요청에 따라 로비

작업에 개입했고, 또한 영국수영연맹도 국제수영연맹FINA에 로비하여, IOC의 계획을 막을 수 있는 '가능한 조치'를 취했다(Campbell 2006). 마지막으로 세 명의 IOC 위원 중 두 명의 영국인이 IOC에 영향력을 행사하기로 했다. 하지만, 이러한 압력에도 불구하고 IOC는 결정을 번복하지 않았고, 수영 결승은 미국 시간에 맞춰 생방송으로 중계되었다. 이 사례는 IOC가 특정 이해관계자를 만족시키기 위해 다른 이해관계자들에게 발생하는 문제를 어떻게 해결했는지를 잘 보여준다.

IOC 올림픽 마케팅의 구조

올림픽 마케팅은 IOC 마케팅 위원회와 IOC 텔레비전 권리 및 뉴미디어 위원회라 불리는 두 개의 중요한 위원회로 구성된다. 방송 중계건과 마케팅 프로그램 관리는 IOC가 100% 소유한 IOC 텔레비전 및 마케팅 서비스IOC TMS에서 담당하고 있다.

IOC 마케팅 위원회

1983년 후안 사마란치가 설립한 IOC 마케팅 위원회는 원래 '신규 자원 재정 위원회New Sources of Financing Commission'라 불렸으며, 올림픽 무브먼트의 재정적 안정성을 확립하고 새로운 수익 자원을 확보하고자 설립되었다. 1989년 위원회의 의장인 리처드 파운드는 IOC 총회에서, TOP의 창설은 총 수입의 약 50%에 달하는 방송 중계권료를 통한 수입의 비중을 줄이고 IOC의 수입원을 다각화하기 위한 것이라고 발표했다(O'Reilly & Séguin 2009). 1997년 신규 자원 재정 위원회는 올림픽 브랜드의 개발과 관리라는 새로운 요구를 반영하기 위해 IOC 마케팅 위원회로 명칭을 변경했다(IOC 2001).

오늘날 IOC 마케팅 위원회는 또 다른 중요한 역할을 담당하게 되었는데, 이는 바로 '올림픽 가치'를 보호하는 것이다. 이를 위한 공식적인 목표는 자원과 프로그램, 재정적 지원을 제공함으로써 올림픽 무브먼트의 영구적인 운영을 돕는 것이며, 파트너의 모든 프로그램과 행위는 올림픽 이미지와 올림픽 가치를 보호하고 강화하기 위해 고안되어야 한다고 정의했다(IOC 2011c). 또한 올림픽 헌장은 IOC가 올림픽 이상과 파트너십이 조화될 수 있도록 스폰서십 프로그램을 관리해야 한다고 서술하고 있다. 결과적으로 IOC의 목표나 올림픽 정신에 부적절하거나 충돌하는 제품은 허용되지 않는다(IOC 2011d). 이는 올림픽 브랜드를 세우고 가치의 창조와 공동 창조를 하는 데 있어서 이해관계자들의 역할을 분명히 묘사하고 있는 것이다.

마케팅 위원회의 미션은 다음과 같다:

- 스포츠 기관에게 있는 스포츠 감독을 확인하는 한편 IOC와 올림픽 무브먼트에 대한 재정과 수입 자원을 검토 및 연구한다.
- IOC 최고 위원회에 마케팅과 프로그램에 권고한다.
- IOC 마케팅과 관련 프로그램의 이행을 감독하고 IOC 이사회에 관련 사항을 보고한다.
- 올림픽 무브먼트에 대한 마케팅 파트너와의 협력을 통해 잠재적 이익의 극대화한다.

(IOC 2011h)

상업적 파트너들을 통해 성장시켜온 굳건하고 지속적인 관계에도 불구하고, IOC는 여전히 스포츠 기관으로서의 자율성 손실 가능성을 우려하는 듯하다. 이는 IOC로 하여금 '스포츠 기관에 주어진 스포츠의 통제' 역할을 확실히 하는 동시에 수입의 자원을 고려해야 한다고 규정하는 마케팅 위원회의 의무를 명확히 설명한다(IOC 2011h). 상업적 파트너들(스폰서와 방송 중계권자)의 거대한 투자는 IOC나 기타 스포츠 기구들이 파트너들의 상업적 필요를 만족시켜주기 위해 스포츠의 변경(예: 규칙 변경, 이벤트 일정 등)을 시도하려는 유혹을 불러일으킬 수 있다. 이런 이유로 마케팅 위원회의 중요한 역할은 올림픽 무브먼트(NOC, IF, 선수)의 전격적 지원을 통해서 가능할 수 있다.

마케팅 파트너들과의 협력을 통해 가능한 올림픽 무브먼트의 이익 극대화에서 마케팅 위원회의 역할은, 앞의 장에서 제시되고 이 장의 후반부에서 더욱 상세하게 설명될 가치 개념 및 가치의 공동 창조와 일관성을 가진다는 점 역시 주목해야 할 사항이다.

IOC 텔레비전 및 뉴미디어 위원회

텔레비전 및 뉴미디어 위원회는 장래의 중계권 협상에 대한 IOC의 전반적인 전략을 짜고, 그것을 이행하는 역할을 한다(IOC 2011d). 위원회는 올림픽 헌장 제48조에 따라 운영된다. IOC는 다양한 언론매체의 보도 활동과 올림픽대회 시청률의 극대화를 위해 필요한 모든 조치를 취한다. 또한 IOC 헌장 제48조의 부칙 1항에서는 미디어의 범위를 정하고 있다. 올림픽 무브먼트의 목적 중 하나는 올림픽대회의 언론보도가 올림픽 이념의 원칙과 가치를 보급하고 증진시키는 데 그 취지를 두는 것이다. 이것은 올림픽 브랜드를 구축하고 효과를 높이는 데 미디어의 중요한 역할에 대한 또 다른 지표이다.

또한 위원회는 마케팅 정보를 모으고(예: 각각의 주요 시장, 등급, 시청자 통계, 시청 트렌드, 청소년 참여, 유망하고 인기 있는 스포츠 등), 전문가와의 컨설팅(예: 분석가, 마케팅 업체, 연구원)을 진행하며, 판매할 권리와 제공할 권리 패키지를 결정하고 입찰 및 협상 절차를 정한다. 1988서울올림픽 경기 이후, IOC는 방송 중계권(그리고 지금은 뉴미디어)의 협상에 대한 전권을 가졌다. 1988년 이전에는 OCOG가 IOC와 협력하여 매 경기의 방송 중계권을 협상했다. 지금은 올림픽 경기에 대한 장기간의 중계권 계약을 모든 주요 시장에서 체결하는 추세이다. 이는 계약이 개최지가 확정되지 않은 시점까지 포함할 수 있기에, 원하는 시간대에 방송 중계를 하지 못할 수도 있다는 위험도 가지고 있다. 예를 들어 만약 경기가 연속적으로 아시아나 유럽에서 개최된다면 대륙 간의 시간차로 인하여 북미 방송사들에게는 불이익이 될 수 있다.

IOC TMS

1996년에 민간투자자가 설립하고 IOC가 지분의 일부를 소유하고 있던 메리디안 매니지먼트 유한회사Meridian Management SA는, IOC의 마케팅 서비스와 TOP 파트너 사이의 계약 협상과 관리를 담당했다. 그러나 2001년 자크 로게가 위원장으로 당선된 이후 전반적인 IOC 운영 감사 결과에 따라 올림픽 방송과 마케팅 역할을 IOC 내부에서 통합하여 관리하기로 결정했다(Woodward 2003). 이러한 결정은 IOC의 자산을 추가적으로 통제 가능하게 하며, 스폰서십 프로그램에서 추가적인 수입을 얻을 수 있게 허용하도록 고안되었다. 2005년 IOC는 이러한 중앙관제적 역할을 수행하기 위하여 메리디안 매니지먼트 사에서 운영권 전부를 가져왔고 이를 IOC 텔레비전 및 마케팅 서비스IOC TMS로 발전시켰다.

수입 창출 – 수입 분배 모델

올림픽 마케팅은 IOC가 운영하는 다양한 프로그램으로 수입을 창출한다. 라이선싱과 머천다이징 프로그램의 성장에도 불구하고 올림픽 마케팅의 두 가지 주요한 기둥으로 스폰서십(TOP)과 방송 중계권이 주축을 구성하고 있다. 1985년 TOP I이 시작된 이후로 이 두 가지 프로그램은 대략 150억 달러의 수입을 창출했다(IOC 2010e). IOC는 이러한 수입의 93%를 이해관계자들과의 협의를 통해 사전에 결정된 방법으로 OCOG와 IF, NOC, 기타 스포츠 기구(예: 세계반도핑기구, 국제패럴림픽위원회)에 분배한다. IOC가 이러한 큰 수입을 창출할 수 있는 원동력은 이해관계자들(TOP 파트너, 방송사, IF, NOC, OCOG)과의 가치 공동 창조에 달려 있다.

TOP 프로그램

TOP 프로그램The Olympic Partner Programme은 1985년에 만들어졌다. 이것은 당시 대부분의 수입이 방송 중계권에 의존했기 때문에 수입의 다양화를 꾀했던 후안 사마란치의 지시에 따른 것이었다. 위원회는 TOP(The Olympic Programme, 이후에는 The Olympic Partner)라고 부르는 올림픽 심벌에 대한 통합 마케팅 프로그램을 관리할 업무를 추가하게 된다.

　IOC는 당시에 시행되던 올림픽 마케팅 프로그램의 세 가지 주요 결점을 확인했다. 첫 번째는 OCOG와 스폰서가 효율적인 마케팅 활동을 수행하는 것이 거의 불가능했다는 점이다(Pound 1986). 올림픽 헌장에서는 어떠한 스폰서도 NOC의 승인 없이는 NOC의 영토 내에서 OCOG의 상표를 사용할 수 없다고 정하고 있는데, 이는 OCOG의 브랜드를 사용하여 국제 올림픽 마케팅 캠페인을 하고자 하는 스폰서가 각각의 NOC와 별도로 협상해야 하는 것을 의미했다. 이 프로젝트는 글로벌 브랜드의 마케팅을 위해 글로벌 플랫폼을 사용하는 국제적 기업들에게는 아주 불리했다. 결과적으로, 만약 국제적 스폰서십에 대한 접근을 IOC가 단순화해준다면 올림픽 무브먼트에 대해 기여도가 더욱 높아질 것이라는 점을 국제적인 올림픽 스폰서들이 지적했다(O'Reilly & Séguin 2009). IOC/OCOG의 마케팅 프로그램의 두 번째 단점은, 올림픽대회 상표를 사용하려면 많은 수의 회사들이 승인을 받아야 한다는 점이다.

예를 들면, 1976년 몬트리올 경기의 OCOG에게는 600개가 넘는 스폰서들이 있었다. 그렇게 많은 스폰서 수는 엄청난 혼란을 야기했으며, 소통의 플랫폼으로서 경기를 이용할 기회들을 희석시켜버렸다. 이러한 단점은 1984년 LA올림픽대회조직위원회 위원장인 피터 우베르토스 Peter Uberroth에 의해 바뀌었다. 그는 제한된 수의 업체에게 제품의 범주에 대한 배타적 권리를 주었다(O'Reilly & Séguin 2009). 시장의 반응은 압도적이었고, 1979년에 코카콜라와 안호이저 부시Anheuser-Busch가 2천만 달러 이상의 계약을 체결하게 되었다(LAOOC 1985). 이러한 계약은 장기 계약을 유지하여 미래의 중계권사 선정에 대한 불확실성을 해결했고, 그 독점성은 대기업들로 하여금 이를 확보하기 위해 큰 금액을 지불하더라도 이득을 얻을 수 있다는 점을 분명히 보여주게 되었다. 또한 IOC에게도 전 세계적 독점 프로그램이 엄청난 돈을 벌어들일 수 있다는 메시지를 주었다. 세 번째 단점은 IOC가 마케팅 프로그램에서 어떠한 재정적 이득을 받지 못했고, 이에 따라 방송 중계권 수입에만 의존하게 되었으며 IOC가 새로운 수입원을 찾아야 할 필요가 있었다는 점이다.

　　TOP는 단일 계약을 통해 파트너들에게 동계 및 하계올림픽에 대한 독점권, 마케팅 활용권(IOC, OCOG의 브랜드의 사용, 환대 기회 등) 그리고 세계 204개국의 NOC에게 접근(NOC 브랜드 사용을 이용하여 마케팅)할 수 있는 기회를 제공받게 된다. 이는 올림픽 경기 마케팅 프로그램을 활용하고자 하는 다국적 기업들이 개최국과 전 세계에 활용할 수 있는 중요한 혜택이 된다. 이로써 TOP 프로그램은 지역과의 올림픽 연관성을 활성화하기 위한 능력과 연계된 글로벌 플랫폼 형태를 구축한다. 스폰서들은 이러한 독점적 권리에 대한 대가로 큰 액수의 후원금과 함께, 최첨단 기술과 서비스를 IOC와 OCOG, 선수와 관중들에게 제공한다. 스폰서들은 또한 올림픽 브랜드의 증진과 그들의 권리의 활성화를 통해(광고, 상품에 표기, 선수 광고 출현 등) 소비자의 브랜드 경험을 활용할 수 있다. TOP 계약은 원래 4년의 기간을 기준으로 두 번의 경기(동계 및 하계)만을 대상으로 하나, 마케팅 프로그램의 성공으로 여러 차례의 올림픽 경기를 포괄하는 계약을 체결토록 유도하고 있다. 예를 들어 맥도날드와 비자, 코카콜라는 2020년까지 계약을 체결했다.

TOP는 무알콜 음료(코카콜라), 카드 결제시스템(비자), 소매 음식 서비스(맥도날드) 그리고 무선통신 장비(삼성)와 같이 제품의 카테고리 독점권을 제공한다. 파트너 회사들은 올림픽 브랜드(오륜)가 매우 강한 힘을 가지고 있고 자사의 브랜드에게 더 큰 힘을 부여한다는 이유로 이러한 독점권을 중요하게 생각하고 있다. 올림픽 브랜드는 강한 힘을 보유하고 있고, 우정과 우수성, 존경과 커뮤니티와 같은 긍정적인 의미 혹은 가치가 연관되어 있다. 또한, 세계에서 가장 유명하고 질 좋은 품질을 대표하고(세계 경쟁에서의 최고 선수들, 최고의 이벤트 등) 훌륭한 브랜드 파워(올림픽을 시청하는 관중 수는 계속 늘어나고 올림픽 파트너들은 TOP 계약을 갱신하며, 도시들은 경기를 개최하기 위해 유치에 참여함 등)를 갖고 있다. IOC와 OCOG 그리고 많은 NOC들은 브랜드를 개발하고 마케팅 전략을 고안하기 위해 지속적으로 브랜드 연구를 시행하고 있다.

〈표 5-1〉은 TOP I이 시작된 이후로 TOP 프로그램이 어떻게 진화해왔는지를 보여준다(Preuss 2000; IOC 2010e). IOC TMS가 이 프로그램을 2005년 이후부터 관리하고 있다.

TOP 프로그램의 계속된 성공은 전 세계적인 독점권 및 보호라는 두 가지 주요 요소에 기인하고 있다. 세계적 독점권은 TOP 파트너의 주요 권리이다. TOP의 성공은 NOC가 필요로 하는 많은 제품 카테고리 권리를 포기하고 IOC/NOC/OCOG가 독점권을 보호하는 데서 기인한다. TOP VII(2009-2012) 기간 동안 대부분의 NOC들이 큰 이익을 제공받았지만, 수입 분배 시스템의 공정성에는 일부의 우려가 있었다. 많은

〈표 5-1〉 TOP 프로그램의 진화

TOP 프로그램	참여 회사 수	파트너	참가 국가 수	수익 (US 백만 달러)
TOP I 1985-1988 Calgary/Seoul	9	3M, Brother, Coca-Cola, Federal Express, Kodak, Panasonic, Philips, Sports Illustrated/Time, VISA	159	106
TOP II 1989-1992 Albertville/ Barcelona	12	3M, Bausch & Lomb, Brother, Coca-Cola, Federal Express, VISA, Kodak, Mars, Panasonic, Philips, Ricoh, Sports Illustrated/Time,	169	192 (including VIK*)
TOP III 1993-1996 Lillehammer/ Atlanta	10	Bausch & Lomb, Coca-Cola, IBM, John Hancock, Kodak, Panasonic, Sports Illustrated/Time, UPS, VISA, Xerox	197	376 (including 185 in VIK*)
TOP IV 1997-2000 Nagano/ Sydney	11	Coca-Cola, IBM, John Hancock, Kodak, McDonalds, Panasonic, Samsung, Sports Illustrated/Time, UPS, VISA, Xerox	199	579 (including 276 in VIK*)
TOP V 2001-2004 Salt-Lake City /Athens	10	Coca-Cola, John Hancock, Kodak, McDonalds, Panasonic, Samsung, Schlumberger-Sema, Sports Illustrated/Time(for Athens only), VISA, Xerox	202	650 (including 280 in VIK*)
TOP VI 2005-2008 Turin/Beijing	11	Coca-Cola, GE, Kodak, Lenovo, Manulife, McDonalds, Omega, Panasonic, Samsung, Atos, VISA	202	866
TOP VII 2009-2012 Vancouver/ London	11	Coca-Cola, Acer, Atos, Dow, GE, McDonalds, Omega, Panasonic, P&G, Samsung, VISA	204	950
TOP VIII 2013-2016 Sochi / Rio	10	Coca-Cola, Atos, Dow, GE, McDonalds, Omega, Panasonic, P&G, Samsung, VISA	–	–

참고: *VIK = Value-in-Kind, 현물(서비스 포함)

영향력 있는 NOC들은 USOC가 TOP 수입에서 분배받은 12%와 미국 방송 중계권에서 분배받은 20%의 수입 분배는 부적절하다며 불만스러운 소리를 내고 있다(Bose 2010). 많은 NOC들은 TOP I 전에 협상되었던 이 수입 분배 방식은 이후 환경이 많이 변했기 때문에(경제, 정치적 환경 등) 재검토가 필요하다고 생각한다. USOC는 2012년 런던올림픽 이후 2020년부터 새로운 수입 분배 모델을 적용할 수 있는 패키지를 구성하는 데 동의했다.

TOP 프로그램의 주요 이슈는 앰부시 마케팅을 예방, 즉 파트너들의 경쟁자들이 승인되지 않은 올림픽 상표를 사용하는 것에 대하여 올림픽 파트너들의 배타적 권리를 보호하는 것이다. 이는 1984년 LA올림픽 경기에서 처음 부각된 사안으로, 이후 많은 관심의 대상이 되어왔다(Sandler & Shani 1989). 코닥은 OCOG와 우수 육상팀의 스폰서십 계약을 맺은 후지Fuji에게 공격적인 앰부시 마케팅을 당했다. 앰부시 마케팅의 또 다른 문제는 올림픽 스폰서로 간주되어 야기되는 많은 혼란이다(Séguin & O'Reilly 2008). 앰부시 마케팅은 올림픽 분위기에 동조해 만들어진 여러 이미지들이 공식 스폰서의 가치를 저하한다는 것이다. 결과적으로 IOC의 파트너에 대한 최대한의 보호 조치를 마련하기 위해 OCOG와 개최 도시, 개최 NOC와의 올림픽 유치 계약서 및 다른 계약 내용에 추가적인 내용을 삽입했다. IOC는 개최국에게 올림픽 브랜드를 보호하기 위한 특별법을 제정토록 요구하고 있다(Ellis, Scassa & Séguin 2011). IOC는 OCOG에 대한 지원을 제공함과 더불어, 올림픽 브랜드를 세계화하고 지속성을 유지하기 위한 노력으로 NOC에 마케팅/브랜드 관리 교육을 제공하고 있다. 이를 통해 각 NOC 국가/영역 내에서 법적으로 올림픽 상표가 등록(상표법, 저작권법)될 것을 확인하고 있다. 이는 다시 한 번 IOC가 올림픽 브랜드에 가치를 부여하고 보호하기 위해 이해관계자들의 협력(OCOG, 개최국, 개최 NOC, 개최 정부, 스폰서)

에 의존하고 있음을 주지시킨다. IOC가 '완전한' 보호를 제공하는 것은 거의 불가능하지만 스폰서들은 그들의 권리를 보호하기 위한 IOC의 엄중한 노력을 환영하고 있다. 여러 TOP 파트너사들이 2020년까지 체결한 장기계약은 올림픽 스폰서십에 대한 만족도가 높다는 것을 반증한다.

올림픽 방송 중계권

1960년 OCOG가 로마 올림픽 경기의 방송권 판매로 올린 수입은 120만 달러에 달했다. IOC는 1960년부터 1972년까지 방송권 협상의 대상이 아니었기에 그 수입을 거의 분배받지 못했다. 1972년 올림픽 이후에는 협상에 참여할 수 있었지만, 1980년 후안 사마란치가 위원장으로 선출되기 전까지는 거의 제 역할을 하지 못했다. 사마란치의 리더십으로 IOC는 방송권 협상에 중요한 역할을 담당하게 되었으며, 결국 1992년에는 유일한 협상권자가 되었다. 사마란치의 임기 동안 방송 중계권 수입은 1980년 모스크바올림픽의 8천1백만 달러에서, 2008년 베이징올림픽의 17억 달러에 이르기까지 15배 이상 증가했다(IOC 2010e). 사마란치의 임기 말에 IOC는 방송권 수입으로 거의 100억 달러에 달하는 수입을 달성했다. 동계올림픽의 방송권 수입도 1980년 레이크플래시드Lake Placid올림픽의 2천1백만 달러에서, 2010년 밴쿠버올림픽 때는 12억7천9백만 달러로 60배 이상 증가했다.

〈표 5-2〉는 지난 50년간의 방송 중계권료 증가를 단적으로 보여준다. 2010년 IOC의 마케팅 결과 보고서에서 발췌한 내용이며 현재의 환율로 환산하지는 않았다. IOC의 텔레비전 커버리지 전략은 단순하나 효과적이다: 글로벌 방송 시청률의 극대화를 위해 방송되는 국가의 수와 시청자 수 증대, 이는 올림픽 경기 '무상 지상파' 송신을 보장하는 방송사를 선택함으로써 가능할 수 있었으며 이를 통해 최대한 많은 가

〈표 5-2〉 올림픽 방송 중계권료의 성장(출처: IOC 2010a)

(단위: 백만 달러)

연도	동계 도시	방송 중계권료	하계 도시	방송 중계권료
1960	스쿼시티	0.05	로마	1.2
1964	인스브룩크	0.937	도쿄	1.6
1968	그르노블	2.6	멕시코	9.8
1972	사포로	8.5	뮌니치	17.8
1976	인스브룩크	11.6	몬트리올	34.9
1980	레이크 플라시드	20.7	모스크바	88
1984	사라예보	102.7	로스앤젤레스	286.9
1988	캘거리	324.9	서울	402.6
1992	알베르빌	291.9	바르셀로나	636.1
1994	릴레함메르	352.9		
1996			아틀란타	898.3
1998	나가노	513.5		
2000			시드니	1331.6
2002	솔트레이크 시티	738		
2004			아테네	1494
2006	토리노	831		
2008			베이징	1739
2010	밴쿠버	1279.5		
2012			런던	2569

구에게 경기 장면을 전달할 수 있었다. 만약 IOC가 경기를 무상으로 방송하지 않는 민간 케이블 방송사에게 방송권을 판매했다면 더 많은 수입을 창출했을 것이다. 그러나 이는 돈을 내지 않고 모든 가족과 모든 아이들이 경기를 볼 권리를 가진다는 원칙에 벗어나는 것이다(Payne 1998). 이러한 접근 방식은 전 세계 텔레비전 시청자 수를 극대화하는 데 기여했다.

IOC는 올림픽 경기를 시청할 수 있는 국가의 수를 성공적으로 늘렸고(1980년대 이후 거의 두 배로 증가), 각 국가의 텔레비전 총 방송시간도 연장했다. 오늘날 주요 텔레비전 방송사와 스포츠 채널에서 경기 기간 동안 24시간 내내(생방송과 녹화분의 혼합) 올림픽 내용을 방영하는 것은 이상한 일은 아니다. 시청자 규모가 커짐에 따라 이러한 형태의 방송에서 각각 다른 시청자 층에 맞춘 편집을 함으로써 더 즐거운 시청 경험 제공이 가능하게 되었다. 시청자 수를 극대화함으로써 IOC와 방송 파트너들은 스폰서와 광고주에게 대규모 관중(주요 네트워크)이나 목표 관중(특정 채널, 웹사이트)에 도달하기 위한 플랫폼을 제공할 수 있게 되었다. 올림픽 경기의 방송 국가 수와 각 네트워크에서 올림픽 프로그램의 방송시간을 늘리기 위한 IOC의 마케팅 전략은 올림픽 무브먼트에 대한 해당 지분의 배당금을 지급했고, 이는 높은 시청률로 이어졌으며 결과적으로 증가된 시청자들에게 도달하고자 하는 기업들로부터의 광고 수입을 배가했다.

전통적으로 올림픽 방송 중계권자와 TOP 파트너의 권리는 두 개의 분리된 마케팅 권리로 간주되었으나, 사실은 밀접하게 관련되어 있다. 올림픽 기간 동안 텔레비전 광고 금액이 비정상적으로 높지만 올림픽 후원사와 공급사들은 많은 시간의 광고를 집행한다(Séguin & O'Reilly 2008). 스폰서들은 올림픽 기간 중 광고를 해야 스폰서십 투자에 의미가 있고 경쟁자들의 앰부시 마케팅(방송 노출을 못 하게 하는 위해) 투자에 대한 방어 차원에서 광고 구매가 필요하다고 생각하기 때문이다. TOP 파트너들에게 스폰서십 권리와 방송 중계권사 사이의 통합 부족은 계속 문제가 야기될 것이다. 올림픽 파트너들은 전 세계에 있는 각각의 공식 올림픽 방송 중계권자들과 별도의 광고 계약을 협상해야 하지만, TOP 파트너에게 주어진 권리는 원스톱 쇼핑을 포함하지 않을 뿐만 아니라 각 방송 네트워크에서의 최소한의 광고 시간도 보장하지 않기 때문이다. IOC는 파트너들을 지원하기 위해 올림픽 방송 중계권자들과 '90일 기간의 우선적 거부권90-days first right of refusal'을 가지고 협상했는데, 이에 따라 방송 중계권자들은 TOP 파트너들에게 광고 구매 여부를 결정할 수 있는 90일의 기간을 반드시 주어야 한다. 그럼에도 불구하고 파트너들은 종종 IOC의 텔레비전 수입을 극대화하기 위한 전략이 그들의 비용으로 이행된다는 느낌을 받게 되는데, 이는 그들이 텔레비전 광고를 구매할 뿐만 아니라 스폰서십 권리에 대해서도 엄청난 비용을 지불하기 때문이다(Séguin & O'Reilly 2008).

기타 IOC 수입

IOC의 기타 수입원은 방송 중계권이나 TOP 프로그램에 비해 매우 작지만 그 중요성이 점점 더 커지고 있기 때문에 언급할 필요가 있다. 이러한 수입들은 OCOG의 활동 또는 IOC의 고유의 상업적 활동으로 발생하는 수입으로 구분할 수 있다. 예를 들면 OCOG는 제품을 상품화하고 제작하는 제3자인 회사와, 올림픽 마크나 이미지 혹은 테마의 사용권을 부여하는 라이선싱 계약을 통해 소비자를 위한 올림픽 경기 관련 제품과 상품, 기념품을 제작하기 위한 프로그램을 개발한다(IOC 2011d). 또한, 올림픽대회 라이선싱 프로그램은 IOC의 통솔하에 OCOG가 관리한다. 2010년 밴쿠버동계올림픽대회조직위원회가 관리한 라이선싱 프로그램은 5천2백만 달러의 수입을 올렸고, 이는 2006년 토리노동계 올림픽의 두 배가 넘는다(IOC 2011d). 2004년 아테네올림픽에서 6천1백만 달러 수입을 올린 데 비해 베이징올림픽에서는 총 1억6천3백만 달러라는 수입을 냈다. 이는 OCOG의 라이선싱 프로그램의 엄청난 잠재성을 보여주고 있는 것이다. 최근에 IOC와 OCOG는 승인받지 않거나 모조상품과의 전쟁에 노력을 기울이고 있고, 소비자들이 올림픽 정품을 구매할 수 있도록 노력하고 있다(IOC 2011d). 이는 상표권의 입법과 교육, 감시 그리고 법규의 집행을 위한 지방 정부와의 협력 등 전체적인 관리 프로그램을 통해 가능하다.

1990년 이후 IOC는 대회의 직접적인 자산과 더불어 추가적인 수익을 창출했다. 예를 들면 영화와 비디오게임, 멀티미디어 범주에서 전 세계 라이선싱 프로그램을 관리하는 것과 같은 일이다. IOC는 이뿐만이 아니라 1백주년을 기념하는 주화 프로그램을 만들기도 하고, 로잔 본사의 공식 공급사를 지정했으며(예: 2013년 현재 자동차는 아우디, 유니폼은 나이키/2012년까지는 메르세데스 벤츠, 미즈노), 경기의 역사적 이미지를 판매하거나(수입은 올림픽 박물관에 분배), 올림픽 테마 공원(Olympic Spirit)을 조성하고 스포츠 복권 판매도 시도했다. 또한 제작비에도 못 미치는 결과를 가져왔지만 출판물도 판매했다.

IOC의 수입 분배 모델

IOC의 두 가지 주요 수입원인 스폰서십과 방송권은 올림픽 무브먼트 재정에 크게 기여하고 있다. IOC의 수입 분배 모델은 IOC의 통제하에 통합된 주요 이해관계자들(OCOG, NOC, IF)을 포함하고 있기 때문에 올림픽 무브먼트의 성공에 중요한 요소가 되었고, 이는 가치의 창조 및 공동 가치 창조에 기여했다. IOC는 올림픽 경기를 개최하고 스포츠의 전 세계 발전을 증진하기 위해 올림픽 마케팅 수입의 90% 이상을 올림픽 무브먼트를 이루는 조직들에게 분배했다. 올림픽 무브먼트를 관장하는 IOC는 올림픽 마케팅 수입의 10% 이하를 분배받아 운영비용과 행정비용으로 사용한다(IOC 2010e).

OCOG에 대한 IOC 올림픽 마케팅 수입 분배

IOC는 하계 및 동계올림픽의 개최를 지원하기 위해 OCOG에게 마케팅 수입의 일부를 지원해왔고 2010년 밴쿠버올림픽 이후에는 올림픽 방송 서비스(www.obs.es)라는 주최 측 방송사의 운영에도 재정을 지원했다.

4년마다 개최되는 하계 및 동계 OCOG는 TOP 프로그램을 통해 얻어지는 수입과 상품, 서비스를 50%가량 배분받는다. 상품과 서비스는 현물Value In Kind, VIK로 불리며 이는 제품, 서비스, 기술, 전문가, 인력 고용의 형태를 취한다. VIK 분배는 올림픽 경기의 조직 및 개최에서 OCOG에게 큰 혜택이 된다.

NOC에 대한 IOC의 올림픽 마케팅 수입 분배

NOC는 올림픽 선수들과 유망한 선수들을 올림픽 팀 국가대표로 육성하기 위해 IOC의 재정적 지원을 받는다. TOP 프로그램과 올림픽 방송 중계권 계약의 성공은 NOC에게 이익이 된다. 이는 IOC로 하여금 4년마다 열리는 올림픽에 대한 재정 지원을 증가시키기 때문이다. 또한 NOC는 올림픽대회 때, 숙박과 항공 지원을 받음으로써 실질적으로 간접적인 지원을 받는다(IOC 2010d).

IOC는 프로그램에 참여하는 204개의 NOC에게 TOP 프로그램 수입(4년마다)의 약 40%를 분배한다. 또한 올림픽 경기 방송권의 수입을 관리하고 분배할 목적으로 IOC가 만든 하부 조직인 올림픽 솔리다리티에게서도 NOC는 수입을 분배받는다. 올림픽 솔리다리티는 모든 NOC에 대한 지원을 조직하고 특히, 큰 도움이 필요한 NOC에게 지원하여 소속 국가에서 스포츠의 확장을 위해 그들의 구조를 개발할 수 있도록 한다(http://www.olympic.org/olympic-solidarity-commission).

올림픽 솔리다리티

올림픽 솔리다리티는 (1) 글로벌 프로그램, (2) 대륙 프로그램(각 대륙의 특수한 사정을 지원하기 위해 고안) 그리고 (3) 올림픽 경기 보조금 지원의 세 가지 방법으로 NOC를 지원한다. 올림픽 솔리다리티의 글로벌 프로그램은 올림픽 헌장에 따라 그들에게 부여된 사명을 완수하기 위해 NOC에게 필요한 것으로 간주되는 4개 영역을 대상으로 한다. 이러한 4개 영역은 선수와 코치, NOC 관리 그리고 올림픽 가치의 증진이며 현재 다음과 같은 사항을 커버하는 19개의 글로벌 프로그램으로 이루어진다.

- 선수: 장학금(2010밴쿠버올림픽과 2012런던올림픽), 팀 지원 보조금, 대륙별·지역별 및 청소년올림픽 경기를 위한 선수 준비
- 코치: 클리닉, 장학금, 국가 스포츠 조직의 개발 지원
- NOC 관리: 행정 개발, 스포츠 관리자에 대한 국가 트레이닝 코스, 국제지도자 교육과정, NOC 교류, 지역 포럼 개최
- 올림픽 가치의 증진: 스포츠 및 환경, 스포츠 의약품, 스포츠에 있어서의 여성, 문화 및 교육, 국제 올림픽 아카데미, 사회체육 및 NOC 유산legacy 지원

204개의 모든 NOC는, 아프리카와 아메리카, 아시아와 유럽 그리고 오세아니아를 포괄하는 5개의 대륙 연합Continental Association, CA 중 하나에 속해 있으며, 또한 국가올림픽위원회협회ANOC에도 속해 있다. 각 대륙의 올림픽 솔리다리티의 프로그램은 관련 CA의 올림픽 솔리다리티 사무실이 관리하며, 로잔에 있는 올림픽 솔리다리티의 국제 사무실의 협조를 받는다(IOC 2011b). 대륙 프로그램은 ANOC가 IOC에게 권고한 사항을 기초로 만들어졌으며, 이는 NOC의 텔레비전 방송권으로부터 얻은 재원 사용 방법에 대한 내용이다(http://www.acnolympic.org). 이후 CA는 어떤 대륙 프로그램에 재원을 분배하고 이행할지 결정한다.
올림픽 솔리다리티가 NOC를 지원하는 세 번째 방법은 올림픽 보조

금을 지원하는 프로그램으로써, NOC가 NOC 국가대표팀을 동·하계 올림픽 대회에 파견하는 것을 재정적으로 돕는 것이다. 재정적 지원은 경기 전후 혹은 경기 중에 제공되며 OCOG 사이의 회의에 NOC 대표를 파견하는 비용과 경기에 참여하는 선수 및 공식임원들의 여행 경비 지원을 포함한다. 또한 이벤트의 성공에 기여하는 각 NOC의 경기 참가 지원을 위한 보조금이 있다(IOC 2011b).

IF에 대한 IOC의 올림픽 마케팅 분배

IOC는 전 세계 스포츠의 발전을 지원하기 위해, 26개■의 하계올림픽 스포츠 IF와 7개의 동계올림픽 스포츠 IF에 올림픽 마케팅 수입의 일부를 분배한다. IOC의 IF에 대한 재정 지원은 매 경기 크게 증가하고 있다. 2000년 시드니 올림픽 이후 하계 IF에 주어진 금액은 1992년 바르셀로나 경기 이후에 지급된 금액의 5배가 넘는다. 이와 유사하게 2002년 솔트레이크 동계 IF에 분배된 올림픽 마케팅 수입은 1992년 알버트빌 동계올림픽에 분배된 금액의 5배로 증가했다. IOC의 올림픽 무브먼트에 대한 수입 재원 및 수입의 분배는 〈그림 5-1〉을 보면 알 수 있다. TOP 프로그램과 방송권 판매로 얻은 수입은 NOC, OCOG, IF 사이에 분배된다. 이 돈은 선수와 코치, 공식 임원에 대한 지원 프로그램에 사용되며, 전 세계 스포츠의 발전, 올림픽 경기의 조직과 개최를 위한 지원 그리고 올림픽 이상의 전 세계 촉진을 위해 사용된다. 이러한 프로그램과 올림픽 경기로 창출된 이익은 NOC와 OCOG, IF가 그들 스스로 수입을 창출할 수 있도록 돕고 IOC의 파트너와 스폰서의 가치를 높이게 된다. 그러므로 수입의 분배는 IOC와 그들의 이해관계자에 대한 가치를 창조하는 것이다.

■ 2016년 올림픽부터 골프와 럭비를 정식 종목에 추가한다. 2013년 12월 현재는 28개 종목이다.

TOP, 방송사, 라이선스 등

수익
창출

IOC
마케팅

수익
배분

NOC, OCOG, IF

〈그림 5-1〉 IOC의 재원

IOC 마케팅의 전략적 특성

가치 창조/분배 모델로부터 IOC 마케팅의 전략적 특성

IOC 마케팅의 목적은 가치 창조다. 그러나 가치 창조가 마케팅만의 독특한 사항은 아니다. 이는 전략적 · 재정적 · 운영적 관리 측면과 같은 조직 운영의 다른 면도 포함한다. 또한 가치에도 여러 가지 다른 형태가 있으며, 가치 창조의 방식은 목표로 하는 가치의 형태에 따라 달렸다. IOC의 마케팅은 세 가지 주요 목적에 따라 다음의 세 가지 형태의 가치를 창조하기 위해 고안되었다.

- 재정적 가치 – IOC 마케팅의 수입과 분배 측면에 의해 창출되는

수입
- 사회적 가치 – 인류의 복지 증진 및 올림픽 이념 원칙에 기반한 행위를 통한 사회로의 통합
- 환경적 가치 – 올림픽 이념에 연관된 활동으로 인한 환경적 영향을 최소화

IOC의 수입 창출-수입 분배 모델은 재정적 가치 창출을 위해 사용되었지만, 이 모델의 프레임이 IOC의 마케팅 전체를 분석하기 위해는 사용되지 않았다. 왜냐하면 그것은 마케팅 활동을 통해 어떻게 가치가 창출되었는지를 설명하지 않으며, 사회적 혹은 환경적 가치를 고려하지 않기 때문이다. 이러한 형태의 가치 창조의 분석에 더 적합한 모델은 4장에서 설명한 올림픽 마케팅 모델이다.

또한 IOC의 마케팅은 이해관계자 특정 그룹에 대한 다른 형태의 가치 창조를 목표로 한다. 가장 중요한 것은 올림픽 경험 그리고 라이선스를 받은 제품과 기념품 제작을 통해 전달되는 소비자 가치이다. 홀브룩Holbrook과 코프만Corfman(1985)은 경험적 가치를, 사물과 연계한 개인의 경험으로 결정되는 상대적 선호(상대적, 개인적, 상황적)로 규정했다. IOC의 마케팅은 경험적이라고 간주될 수 있는데, 이는 소비자 경험(즉, 기능적, 감정적, 상징적, 사회적)을 통해 만들어지는 주요 가치를 형성하는 데 영향을 미치기 때문이다.

이러한 가치는 마케팅의 결과라기보다 마케팅 활동 그 자체와 연관되어 있다. 이들은 조직의 관리와 협력적 프로그램의 이행에 필요한 마케팅 과정을 이행할 때 생기는 조직적 가치이다(예: TOP, Olympism in Action). 이러한 프로그램은 IOC가 가치의 공동 창조 과정의 도입을 통해 파트너들과 결합하려 노력하며 조화하는 것을 보여준다.

올림픽 마케팅 모델의 또 다른 특징은 상호 결합을 통해 조직적 특색

을 형성한다는 것이다. 비록 전략적이고 조직적인 특색을 가진 모델들이 이론적으로는 여러 가지 결합을 만들어낼 수 있다고 하지만, 이러한 조합 중 제한된 수만이 민츠버그Mintzberg(1978)가 제시한 조직적 특색으로써 유효한 조합으로 간주될 수 있다.

다음의 분석은 이러한 유효한 통합의 일부를 살펴보고, IOC의 마케팅의 차별화된 특색의 상대적 중요성과 그들 사이의 관계를 고려한다.

IOC 마케팅의 4가지 영역

IOC 마케팅의 영역은, 기업 브랜딩; 올림픽 및 청소년올림픽 경기; 파트너십, 텔레비전 및 뉴미디어; 올림픽 정신의 실현 등으로 나뉜다.

기업 브랜딩

흰색 바탕에 파랑과 노랑, 검정, 녹색 그리고 빨강 고리들의 결합으로 구성된 오륜은 세계의 5개 대륙을 표현하며, 모든 국기의 색깔이 적어도 하나 이상 포함되어 있다. 이는 피에르 쿠베르탱이 고안한 IOC의 기업 브랜드Corporate branding ■ 이자 진정으로 국제적인 엠블럼이다. 오륜이라는 심벌, 즉 IOC의 기업 브랜드는 올림픽 경기 뒤편에서 이해관계자를 지원하는 조직과 실질적으로 경기를 운영하는 조직을 대표하기 때문에, 브랜드 포트폴리오 및 NOC, OCOG 그리고 파트너와의 브랜드 연관성에서 중요한 역할을 한다. 결과적으로 IOC의 마케팅 활동은 기업 브랜드의 유대관계 효과를 위해 고안된다.

브랜드는 기억에 연결된 어떠한 것들로 연상과 관련된 것으로 정의된다(Aaker 1991: 109). 아커 모델은 IOC의 브랜드를 7가지 범주로 구

■ IOC를 기업 브랜드라 부르기에는 조금 어폐가 있다. 통합 브랜드(integration brand) 성격이며 일반적 기업의 개념으로 보기 어렵기 때문이다. 하지만 이 책의 번역에서는 일반적인 의미의 번역을 따랐다.

<표 5-3> IOC 기업 브랜드의 성격

특성	IOC 기업 브랜드 특징
전통 (Heritage)	전통은 IOC의 핵심 요인 중 하나이며 그 역사는 1894년으로 거슬러 올라간다. 3천 년 전부터 시작된 고대 올림픽 경기는 이러한 IOC 브랜드 전통에 더 큰 의미를 부여한다.
자산 및 역량 (Asset and Capabilities)	- 올림픽은 세계에서 가장 큰 스포츠 이벤트이며 오륜 및 올림픽 모토와 밀접한 연관을 갖는다. - 전 세계적으로 높은 브랜드 인지도 - NOC와 OCOG 그리고 기타 이해관계자들과 함께 IOC가 보유하는 브랜드를 국제적으로 보호 - 이해관계자들과의 가치 창조와 시스템의 통제를 위한 협력 프로그램을 개발할 능력 - 브랜드는 특별한 경험으로 해석되는 올림픽 이상과 가치에 연결되어 있다. 이러한 이상과 가치는 다른 스포츠와는 차별화된 브랜드를 만든다. - 전 세계의 소비자들은 올림픽 브랜드와 그 핵심 가치에 함께 연계되어 있다(성공의 갈구, 커뮤니티의 축전 및 긍정적인 인류의 가치).
사람 (People)	- IOC 위원장은 브랜드 양도자의 역할을 담당하고 브랜드를 대변 - 직원들과 IOC 위원들은 '브랜드 외교관'으로서 IOC 위원장과 함께 브랜드의 소통에 중요한 역할을 한다. - 선수와 자원봉사자, 대중은 올림픽에 직접 참여하며 그들의 행동을 통해 올림픽 가치를 표현한다.
가치와 우선순위 (Value and Priorities)	- 브랜드는 세 가지 속성에 기반한다: 성공을 위한 노력, 지역사회의 축제, 긍정적 인간 가치(존경, 우수성, 우정) - 브랜드는 올림픽 가치를 증진시키고 올림픽 무브먼트에 연계된 조직을 지원하고 올림픽 경기의 정기적 개최에 초점을 둠으로써 올림픽 가치에 생명을 더한다. - 브랜드는 역사, 이해관계자에 대한 품질과 고려를 표현한다.
지역적 혹은 글로벌 지향 (Local versus global orientation)	올림픽 브랜드는 NOC와 협력하여 세계 각 국가에 적용되고 있다. 이는 TOP 파트너인 다국적 기업에게 커다란 가치를 제공한다.
좋은 조직 영향 창출 (Citizenship-creating good organization vibes)	올림픽 브랜드는 조직의 약속을 이행하고 이해관계자들에게 더 나은 삶을 보장함을 나타낸다.
기업의 성과 규모 (Corporate performance Size)	올림픽 브랜드는 사회적 책임이라는 목적에 부합하는 한편 조직과 파트너의 성공도 현실화한다. IOC와 그 위원장은 국제적으로 높은 명성과 정당성을 지닌다.

분한다: 전통, 자산 및 역량, 사람, 가치와 우선순위, 지역적 혹은 글로벌
지향, 좋은 조직 영향 창출, 기업 역량 규모(표 5-3).

　　IOC의 기업 브랜드는 특별한 가치 제안value proposition을 제공한다.
밴쿠버올림픽대회조직위원회의 브랜드 및 크리에이티브 서비스 부회장
인 알리 가드너Ali Gardner는 올림픽 브랜드에 대해 다음과 같이 언급했다.

　　"올림픽 브랜드는 그 상징 자체로 영감을 준다. 지구상의 모든 사람들은
　　(올림픽) 링을 알고 있으며 그것은 이를 우수성과 연관 짓게 한다."

(IOC 2010e)

　　올림픽 브랜드는 경험적인 브랜드로써 이해관계자들에게 기능적·
감정적·상징적·사회적인 이익을 제공한다. IOC 이벤트와 프로그램으
로부터 인식하게 되는 강력한 브랜드 파워로 이해관계자들에게 신뢰와
믿음을 준다.

　　2007년 IOC가 그의 기업 브랜딩 전략으로 개발한 프로그램인 'Best
of Us(우리의 최선)'는 세계적 캠페인으로서, 전 세계 청소년들에게 우수
성과 우정, 존중이라는 올림픽 가치를 증진하기 위해 시작되었다. 유나
이티드 그룹United Group(Voluntarily United Group of Creating Agencies)
이 고안한 'Best of Us'는, 세계의 젊은이로 하여금 스포츠를 통해 그들
이 최고가 될 수 있음을 보여줌으로써 스포츠를 장려하고 있다―이는
국경과 문화를 넘어서는 간결하고 강력한 캠페인이었다. 또 다른 성공적
인 캠페인은 2000년 시드니올림픽부터 2006년 토리노올림픽까지 전개
된 'Celebrate Humanity(인류를 찬양하라)'가 있다.

　　IOC와 United Group은 텔레비전과 온라인 미디어 그리고 바이럴
마케팅을 통해 'Best of Us'를 경험 및 홍보할 수 있는 다차원 전략을
고안했다. 캠페인은 OCOG와 IOC 미디어 파트너의(텔레비전, 라디오,

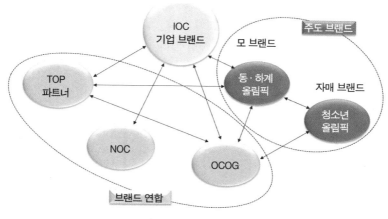

〈그림 5-2〉 IOC 브랜드 시스템

웹사이트 등) 협력으로 2008년 베이징올림픽부터 2010년 밴쿠버올림픽까지 지속되었다.

IOC의 브랜드는 모든 구성원들이 특정 역할을 담당하는 가족 브랜드 시스템의 최고봉이며, 다른 계열의 구성원과의 관계가 잘 구분된다. 계열 조직의 세 가지 주요 구성요소는 IOC 통합 브랜드와 주도 브랜드, 브랜드 연합brand alliance(그림 5-2)이다.

기업 브랜드는 연계된 모든 브랜드에게 신뢰감을 부여한다. 주도 브랜드는 모 브랜드 역할을 수행하는 올림픽 경기이며 최근의 청소년올림픽은 자매 브랜드가 된다. 이 두 가지는 특별한 경험을 제공하고 이해관계자들의 참여를 독려하기 때문에 올림픽 브랜드의 중심을 구성한다. 세 번째 요소인 브랜드 연합은 NOC, OCOG, TOP 파트너, 올림픽 경기 개최 도시 및 기타의 이해관계자로 구성된다. 이 시스템에서 브랜드 보호는 특히 중요하며 현행법과 특별법, NOC, OCOG, 개최국 정부 그리고 IOC의 협력을 통해 이루어질 수 있다.

올림픽과 청소년올림픽

올림픽과 청소년올림픽의 개최는 IOC의 주요 과제이며, 이를 통한 경험이 IOC 마케팅 구성의 주요 요인이 된다. IOC의 마케팅 활동은 올림픽과 청소년올림픽 경기의 또 다른 요인, 즉 이벤트의 글로벌 권리를 개발하는 것으로 이루어지게 된다. 이러한 권리는 파트너십에 대한 내용으로 다음 장에서 설명할 것이다.

　IOC는 올림픽 경험을 통해 이해관계자들에게 기능적·감정적·상징적·사회적 이익을 제공하고자 한다. 결과적으로 마케팅에 적합한 환경과 장소가 제공되어야 구매자가 추구하는 경험을 제공할 수 있다. IOC는 올림픽 경기를 개최하기 위해서 이해관계자들이 올림픽 브랜드가 추구하는 경험을 반드시 전달할 수 있어야 한다는 조건을 명시하고 있으며, OCOG는 이러한 명시된 조건을 현실화해야 한다. 2018년 후보도시 파일 내용에 따르면:

"올림픽 경기는 청소년에게 영감을 불어넣어주는 힘을 갖고 있으며 세계는 이에 대해 보편적인 우수성과 연관성을 요구한다. 우수성은 제품의 품질에 있어서 '옳게 하는 것'(준비, 개최, 서비스 수준, 응답성 등)을 의미한다. 그리고 올림픽 경험에 대한 관련성 역시 '옳게 하는 것'에 맞춰져 있다. 예를 들어 올림픽 경험을 정말 특별하게 만드는 요소를 개발할 때 모든 상황을 치밀하게 고려하는 것이다(스포츠 표현, 시각적 요소, 도시 환경, 메시지 등). 그런 면에서 경기 발전의 모든 단계에서 개혁은 필수적이다: 이는 보다 흥미로운 경기의 경험을 모든 이해관계자와 팬들에게 제공하거나 개발하는 데 있어서 복잡성과 비용을 절감할 수 있는 프로젝트의 준비 및 이행이 가능하도록 해준다."

(IOC 2010d: 12)

〈표 5-4〉 올림픽 경험의 특성

경험의 특징	특징
다양한 감각적 경험의 제공	- 시설, 선수, 경기, 대회 룩(look of the Games), 개최 도시 환경, 개최국 문화 및 소통에 관련된 육체적 감각(감촉, 운동감각 및 시각적)
느낌(Feel)	- 올림픽 브랜드에 연관된 강력한 감정적 경험 창조 - 즐거움, 희망, 소속감 및 자신감. 이는 다양한 계획된 활동을 통해 성취될 수 있다(예: 올림픽 이벤트, 성화 봉송 혹은 스폰서 액티베이션 프로그램). - 브랜드에 대한 호감
생각(Think)	- 올림픽 경험은 특별하다. - 이벤트, 선수, 그리고 연관된 제품과 서비스 품질의 우수성 - 올림픽 경험의 적합성
행위(Act)	- 축하와 올림픽 축제에 참여함으로써 자신을 표현 - 함께 참여(예: 자원봉사, 파트너)
연관(Relate)	- 소셜 네트워크를 통해 올림픽 이상과 연관된 가치를 옹호하는 독특한 경험의 증진

　　OCOG가 제공하는 특별한 올림픽 경험은 슈미트Schmidt(1999)의 전략적 경험 모듈Strategic Experimental Module을 통해 설명할 수 있다(표 5-4).

　　마케팅 전략의 개념은 브랜드화된 이해관계자들의 경험에 기초하고 있다. 이러한 경험은 조직과 이해관계자 사이의 모든 상호관계를 관리하면서 최상의 이벤트와 프로그램을 주최하는 과정을 통해 만들어진다. 올림픽 브랜드는 최상의 브랜드이므로, 이 브랜드와 연계된 경험은 신뢰도를 갖고 있으며 이해관계자들에게 매력적이다. 이러한 매력은 올림픽 경기와 청소년올림픽 경기 브랜드와의 연계를 통해 강화된다.

　　IOC나 OCOG에 의해 이행되는 3단계 프로세스는 스미스Smith와 휠러Wheeler(2002)의 브랜드 경험 모델에 부합한다(그림 5-3). 첫 번째

올림픽 브랜드 핵심	→	브랜드 가치 제안	→	이해관계자 경험
• IOC가 무엇을 이해관계자에게 소통하는가		• IOC 이해관계자들에게 제공되는 브랜드 가치 제안		• 이벤트, 사람들, 서비스(제품)와 연관된 IOC 이해관계자에게 올림픽 브랜드 약속 전달

〈그림 5-3〉 올림픽 브랜드 본질에서 이해관계자 경험에 이르기까지(Smith & Wheeler 2002)

단계는 브랜드의 속성(우수성, 존경, 우정)을 구성하는 요인으로 이해관계자들과의 소통을 포함한다. 이러한 소통은 브랜드의 본질을 가치 제안으로 변화시킨다(3장 참조). 마지막으로 다른 이해관계자들에 대한 약속은 이벤트와 관련된 사람, 제품 그리고 서비스와 그러한 이벤트와의 모든 상호관계를 갖게 함으로써 이러한 이해관계자들에게 전달되어야 한다는 것이다. 이 점은 올림픽 브랜드에 대한 주요 위협으로 "브랜드 약속을 지키는 것에 대한 실패"로 규정하는 연구가 있듯이 매우 중요하다(Séguin 외 2008: 12). 예를 들면 신체능력을 강화하는 약물을 복용하는 선수들의 편파적 판정 및 승부조작 같은 일들은 브랜드의 본질을 공격하는 요인들이며, 이들은 IOC와 그의 이해관계자들이 분명히 관리해야 하는 부분이다. 세권(2008)은 브랜드의 통제/보호를 목적으로 하는 올림픽 브랜드 관리시스템을 제안했다.

올림픽 경험에 대한 IOC의 전략은 브랜드 경험 패러다임에 부합한다. 이 전략은 IOC가 정의하고 올림픽 선수를 중심에 두고 있는 다른 이해관계자들과 IOC 그리고 OCOG가 공동으로 창출해낸 전략이다.

파트너십, 텔레비전 방송 및 뉴미디어

파트너십 프로그램, 올림픽 경기 방송 및 뉴미디어는 올림픽 무브먼트의 발전에 핵심 역할을 했다. 이는 IOC TMS와 OBSOlympic Broadcasting Service가 IOC의 마케팅 및 방송 중계권 위원회, 그리고 뉴미디어 위원회와 협의하여 함께 관리하고 있다. 다음 항은 IOC가 이러한 분야에서 창조하는 가치를 분석한 것이다.

강력한 브랜드 자산

근본적인 IOC의 마케팅 파워는 브랜드 자산의 강력함에 기인한다(2장 참조). 브랜드 관점에서 IOC의 파트너들은 올림픽의 브랜드 가치와 연계됨으로써 혜택을 누리게 된다. 올림픽 스폰서인 GE의 피터 포스Peter Foss 회장은 밴쿠버 올림픽 당시 다음과 같이 언급했다.

> "올림픽은 놀라운 브랜드이며 그러한 높은 이상과 가치를 가진 조직과 연계하는 것은 대단한 일이다."

> (IOC 2010e: 60)

올림픽 스폰서인 오메가Omega의 사장 스테판 우콰트Stephen Urquhart가 다음의 언급을 통해 인정했던 것처럼, 파트너사들은 또한 IOC 브랜드의 공인된 품질과 혁신성에 연계됨으로써 혜택을 누린다.

> "1932년 이래 올림픽은 오메가의 정확성, 우수한 품질, 혁신이라는 메시지를 품격 있고 어울리는 환경에서 전달할 수 있는 특별한 플랫폼을 제공해왔다."

> (IOC, 2010b: 68)

올림픽 브랜드 경험과의 연결

이 브랜딩 전략은 올림픽과 청소년올림픽에서 전달되는 특별한 경험과 결합되어 IOC의 파트너사들에게 지속적인 이해관계자 관계를 창출하고 개발하도록 해준다. 삼성전자 글로벌 스포츠 마케팅 그룹 권계현 상무는 올림픽 브랜드 경험을 다음과 같이 표현했다.

> "우리의 미션은 글로벌 스케일로 올림픽 경험을 공유하는 것이다―사람을 한데로 모으고, 솔리다리티와 페어플레이에 대한 공동의 이해 정신으로 통합하는 올림픽 경험을 공유하는 것이다. 삼성에게는 2010년 밴쿠버 동계올림픽이 'WOW'라고 할 만한 순간이었다―일생에 한 번 있을까 말까 한 이 순간을 우리는 영원히 간직할 것이다."
>
> (IOC 2010e: 76)

성화 봉송 역시 스폰서와 관중들에게는 브랜드를 독특한 방식으로 경험하게 해주는 특별한 기회를 제공한다.

비즈니스 및 환경적 목표를 사회적 목표로 결합

> "올림픽 스폰서십은 다차원적인 마케팅 투자이다. 올림픽 무브먼트와의 파트너십은 의미 있는 다양한 방식으로 기업이 비즈니스 목적을 달성할 수 있도록 돕는 강력한 마케팅 플랫폼을 제공한다."
>
> (IOC 2008: 42)

올림픽 스폰서십은 파트너들에게 브랜드 자산의 강화와 기업 이미지 구축, 고객 관계의 개선, 판매 증가, 종업원의 동기 고취 그리고 지역 사회와의 연결을 가능하게 해준다. TOP 파트너에 따르면:

"올림픽은 우리의 주요 시장에서 전략적으로 활용되며, 우리는 225개의 국가에서 일하고 있다. 우리의 스폰서십은 200여 개 국가올림픽위원회와 제휴를 통해 해당 국가에서 우수성을 구축하고자 노력하고 있으며, 이는 글로벌 시장 확대 기회와 열정을 주고 있다."

(Séguin 2003)

올림픽의 글로벌, 하모니, 평화 그리고 '최고 중의 최고'와 같은 브랜드 속성은 스폰서들이 찾고자 하는 규모, 범위 및 연상 이미지로 스폰서십에 강력하게 기여하고 있다.

올림픽 스폰서의 공언된 목표는, 파트너들이 사회적 책임 프로그램을 구상하고 동시에 상업적/환경적 목표를 추구하였을 때 근본적인 IOC 미션의 사회적 지향을 이용할 수 있음을 보여주고 있다. 이는 세 가지 방침의 결합으로 얻어질 수 있다:

- **시장 지향**Market Orientation: 코카콜라의 마케팅 및 커머셜 리더십 책임자인 조 트리포디스Joe Tripodis는 올림픽 마케팅의 효과를 아래와 같이 언급했다.

"베이징올림픽은 코카콜라가 올림픽에서 추진한 것 중 가장 큰 규모의 마케팅 프로그램을 통해 중국과 전 세계의 수백만 소비자를 만날 수 있는 기회를 제공해주었다. 우리는 2008베이징올림픽의 열정과 흥분을 바탕으로 중국의 소비자와 연결되고 우리의 사업과 브랜드에 대한 선호도를 높이기 위한 기반을 구축할 수 있었다."

(IOC 2008: 46)

- **내부 지향**Internal Orientation: 매뉴라이프Manulife의 아시아 대표 로버트

쿡은Robert A. Cook은 올림픽을 활용한 유소년 지원 사회 프로젝트에 대해 다음과 같이 언급했다.

"매뉴라이프는 유소년 지원 사회 프로젝트를 오랫동안 지원해왔다. 올림픽 프로그램은 가치를 매길 수 없을 만큼 소중한 원동력을 이러한 프로젝트에 더해줬다. 우리는 직원과 고객 그리고 대리점 들이 이 유일무이한 이 행사를 통해, 그리고 올림픽 정신의 본질을 활용하여 참여할 수 있도록 유도했다."

(IOC 2008: 70)

• 네트워크 지향Network Orientation: GE 회장인 피터 포스Peter Foss는 GE의 성장에 있어 올림픽의 기여를 아래와 같이 언급했다.

"우리는 올림픽 무브먼트와 함께 협력한 것을 자랑스러워하며 자크 로게 위원장이 보여준 리더십에 박수를 보낸다. 올림픽 경기와 연계된 우리의 파트너십은 모든 대회 개최국에서 새로운 판매 및 마케팅 기회를 제공해줌으로써 우리의 글로벌 성장 전략과 일치했다."

(IOC 2008: 54)

글로벌 독점적 권리
TOP 파트너들은 정해진 제품이나 서비스 범주 내에서 글로벌 독점적 마케팅 권리를 지닌다. 가장 중요한 것은, 세계에서 가장 잘 알려진 브랜드로 꼽히는 올림픽 브랜드의 특별한 이상과 가치를 TOP 파트너와 연결할 수 있다는 점이다. TOP 계약은 매회 올림픽이 열리는 주기와 같이 4년 주기로 계약된다.
또한 올림픽 공급사 프로그램은 기업으로부터 추가적인 제품과 서비스를 제공받을 수 있게 한다. IOC에는 두 개의 올림픽 공급사가 있다. IOC 직원들에게 올림픽과 기타 이벤트를 위한 옷과 액세서리를 제공하는 나이키, 그리고 스위스와 전 세계(올림픽 개최국을 제외한 국가)에서 회의가 열리는 동안 IOC의 활동을 위해 운송수단을 제공하는 아우디 Audi가 있다(2012년까지는 미즈노, 메르세데스 벤츠가 제공했으며, 벤츠는 특별 프로그램의 일부로써 IOC 올림픽 솔리다리티를 통해 50대의 소형 버스를 개발도상국 NOC에게 제공했다).

마지막 프로그램은 공식 라이선스를 받은 제품과 서비스를 제공할 수 있는 올림픽 라이선스다. IOC TMS의 티모 루메Timo Lumme 국장은 밴쿠버 올림픽과 관련하여 다음과 같이 언급했다.

"머천다이징은 매우 인기가 높다. 모든 이들이 올림픽 정신의 일부를 만지고 싶어하고, 그것을 집으로 가져가기 원한다."

(IOC 2010e: 115)

2010년 밴쿠버올림픽의 머천다이징 프로그램의 성공 요인은 허드슨 베이 컴퍼니Hudson Bay Company, Hbc가 VANOC의 국내 파트너로 참여했기 때문이다. Hbc는 4개의 주요 유통망을 운영하면서, 그중 두 곳(더베이The Bay와 젤러Zeller)에서는 캐나다 내에서 올림픽 상품의 독점적 판매를 제공했다. 고급 패션 상품에 초점을 둔 백화점 공급 라인을 가진 허드슨 베이는 캐나다에서 92개 상점을 운영하고 있고, 이들 중 대부분이 주요 도시의 중심가에 있다. 젤러는 캐나다의 도시와 마을의 279개 지역에 대형 할인점이 있다. Hbc는 VANOC와 캐나다 올림픽 국가대표팀의 의상을 디자인했고, 두 개의 주요 백화점에서 판매하여 올림픽 브랜드를 접할 수 있게 도와주었다. 또한 IOC는 영화와 비디오 게임과 같은 범주에서도 전 세계 라이선스 프로그램을 운영하고 있다.

권리와 자산의 전 세계적 보호

브랜드에 대한 권리의 보호는 브랜드 가치 구축에서 필수적이다. 스폰서와 방송사가 올림픽 브랜드와 자신을 결부시키기 위해 큰 투자를 하는 중요한 이유 중의 하나는 세계적인 브랜드의 가치를 보유하고 있기 때문이다. 그래서 올림픽 브랜드와 올림픽 심벌을 보호하는 것은 매우 중요하다. 자크 로게 위원장은 올림픽 브랜드의 중요성을 다음과 같이 언급했다.

> "우리는 오륜이 그들의 의미와 가치를 지켜주길 원한다."
>
> (IOC 2010e: 140)

IOC와 함께 협력하는 OCOG와 NOC는 올림픽 브랜드의 통일성 유지, 그리고 공식 올림픽 파트너의 독점적 마케팅 권리 보호 및 오륜의 가치를 보호하기 위해, 다양하고 전략적인 브랜드 보호 프로그램을 소개했다. 이러한 선도적 조치에는 정부로 하여금 올림픽 재산의 보호를 위한 입법안을 통과시키는 것도 포함된다. 예를 들면, 2010년 밴쿠버올림픽 전에 캐나다 정부는 앰부시 마케팅으로부터 올림픽 브랜드와 기업 파트너를 보호하기 위해 올림픽 및 패럴림픽 특별법을 통과시켰다.

가치의 공동 창조를 위한 협력 관계

위에서 언급했듯이 기업 브랜드는 총괄 브랜드master brand(최고 서비스의 품질 그리고 삶의 철학에 연결된 인간적 가치)로 IOC가 감독하고 OCOG가 창조하는 주도 브랜드driver brand(올림픽과 청소년 올림픽)로 작용한다. 또한 이해관계자들 사이의 협력에 기반한 가치의 공동 창조는 전 세계 파트너십에 적용된다. 모든 TOP 파트너들은 IOC와 OCOG의 서비스 품질을 개선하기 위해 그들의 서비스와 제품을 제공한다. 자크 로게 위원장은 밴쿠버 올림픽 때 다음과 같이 언급했다.

"우리의 오랜 파트너인 아토스Atos는 올림픽 경기에 대한 정보통신기술
운영의 핵심 두뇌이다. 그들은 결점 없는 시스템을 제공하여 다시 새로운
방식으로 이전보다 더 많은 수백만의 사람에게 정보를 제공했다."

(IOC 2010e: 56)

이는 올림픽 이상과 가치를 공동으로 증진하기 위해 올림픽 무브먼
트와 함께 작업하는 파트너들이 사용하는 액티베이션 프로세스에도 적
용된다. 그러므로 스폰서들은 이해관계자들에게 브랜드를 경험하기 위
한 기회를 제공하는 데 중요한 역할을 하고 있다. 예를 들면, 2010년
밴쿠버 올림픽에서 삼성은 선수와 그들의 가족에게 '집에서 집으로
home-from-home' 서비스를 제공하고 방문객의 올림픽 경험에 대한 가치
를 부여하기 위해 홍보관을 설치했다. 운영 기간 동안 10만 명 이상의
사람들이 홍보관을 방문했고, 올림픽 선수들의 가족 회원에게만 공개
되는 라운지에는 1만 명 이상이 내방했다. 그러므로 삼성은 이러한 시도
를 통해 센터를 방문한 수만 명의 방문객에게 새로운 제품과 기술을
프로모션할 수 있었다. 2010년 밴쿠버 스폰서들이 만든 액티베이션 프
로그램은 밴쿠버만이 아닌 캐나다 전체를 고객으로 삼았고 경기의 흥행
에도 중요한 역할을 했다.

전 세계인 모두가 경기를 시청할 수 있도록 지원하는 방송 정책
올림픽 경기의 텔레비전 방송 중계권과 뉴미디어의 관리는 올림픽 마케
팅의 또 다른 중요한 분야이다. 텔레비전 방송의 보급은 올림픽 경기의
전 세계적 발전에 크게 기여했고, 올림픽 방송 파트너사들은 올림픽
무브먼트의 가장 큰 수입원으로 성장하게 되었다. IOC는 올림픽 경기

에 대한 모든 방송권을 소유하고 있을 뿐만 아니라(텔레비전, 라디오, 핸드폰 및 인터넷 플랫폼), 전 세계에 걸친 미디어 회사들과의 권리 협상을 책임지고 있다.

　방송 중계권 및 뉴미디어 위원회는 미래의 방송 중계권을 협상할 IOC의 일반적 전략을 고안하고 적용하는 업무를 담당하고 있으며 그 전략은 다음과 같이 올림픽 헌장에 기초하여 확고히 정의되었다.

> "IOC는 다양한 언론매체의 보도활동과 올림픽대회 시청률의 극대화를 위해 필요한 모든 조치를 취한다."
>
> (IOC 2011b: 98)

　홍보와 브랜드 구축 프로그램의 실행을 위해 IOC는 미디어 파트너에게 많이 의존하고 있다. 2010년 밴쿠버올림픽을 위해 IOC가 선정한 벨 캐나다 앤터프라이즈Bell Canada Enterprise, BCE는 경기에 대한 독점 중계권 이외에도 추가 권리(통신과 미디어 플랫폼)를 제공했다. 사실 캐나다의 가장 큰 통신사로서 2010년 밴쿠버올림픽에 대한 BCE의 스폰서십은 통신(스폰서십 권리)과 방송 서비스를 포함했다. BCE는 경기의 광범위한 생중계를 위해 네트워크사 10개를 연합체로 구성했다. 이는 또한 VANOC와 스폰서십 계약을 체결하여 네트워크의 권리를 회사의 운영권 내로 완전히(수직적, 수평적으로) 통합시켰다. 이는 여러 브랜드(벨, 벨 모바일, 벨 미디어 등)의 활용과 지역 및 장거리 유무선 통신, 고속 인터넷, 위성 방송과 케이블 방송, 브로드 밴드 같은 정보통신 기술 서비스를 포함했다. 추가적으로 멀티미디어 회사인 벨 미디어는 텔레비전과 라디오, 디지털 미디어에 CTV(캐나다의 선도적 텔레비전 네트워크이자 2010년, 2012년 올림픽 경기의 중계권자), TQS(2010년 동계올림픽의 불어권 방송 중계권자) 그리고 캐나다에서 가장 많이 보는 특별 전문 채널(동계올림픽의 공식 중계권자인 스포츠 채널 TSN과 RDS를 포함)을 포함한다. 또한 벨은 2010밴쿠버동계올림픽과 패럴림픽의 전 세계 통신 네트워크 기반을 구축했다.

방송 중계권 및 뉴미디어 위원회의 또 다른 역할은 급격히 성장하는 뉴미디어의 권리를 활용하는 것이다. 2010밴쿠버올림픽에서는 BCE 가 유무선 통신을 제공하는 첫 번째 올림픽 통신 부분 파트너가 되었다. BCE는 고객들이 그들의 핸드폰을 통해 무편집, 무장애 생방송 경기를 볼 수 있도록 했다. 이는 올림픽 역사상 처음으로 실시간으로 경기를 볼 수 있는, 환경 친화적이며 지속 가능한 네트워크를 제공했다(Bell 2009). IOC TMS 국장인 티모 루메Timo Lumme는 이를 다음과 같이 언급했다.

> "토리노에서 밴쿠버까지 4년이라는 짧은 시간 동안 우리는 디지털 미디어의 급격한 성장을 목격했다. 이제 우리는 텔레비전을 통해 시청한 비슷한 시간을 인터넷과 핸드폰을 통해 보고 있다."
>
> (IOC 2010e: 28)

따라서 IOC의 목적은 최대한 많은 전 세계의 시청자들에게 고품질의 방송을 제공하는 것이며, 이에 따라 수십억 명의 시청자가 올림픽 경기가 전달하는 흥분과 매력을 느끼며, 동시에 올림픽 무브먼트의 미래 발전을 위한 충분한 수입을 창출하는 것이다. 소셜 미디어의 역할도 중요하게 언급할 가치가 있다. IOC는 2010년 밴쿠버올림픽에서 트위터와 유튜브, 플릭커 같은 플랫폼을 성공적으로 사용하여 2억 개 이상의 댓글을 페이스북에 남기는 결과를 가져왔고, 2010밴쿠버올림픽 웹사이트는 2억7천5백만 명의 방문 기록을 남겼다. 이는 2008베이징올림픽의 두 배가 넘는 수치이다. 그 결과 IOC는 2010밴쿠버올림픽을 "첫 번째 소셜 미디어 게임"이라고 선언할 수 있었다(IOC 2010a). 온라인 미디어의 참여자 수 증가는 올림픽 스폰서십에 중요한 영향을 미치는 것이 확실해졌다.

2011년 IOC는 올림픽 경기를 고품질로 전달하기 위해 경기 중계 주최 방송사인 OBS를 설치했다. OBS는 텔레비전 및 라디오 방송 권리를 구매한 모든 방송사에게 올림픽 경기 사진과 영상을 제공하는 역할을 담당한다. 이를 통해 IOC는 경기마다 시스템을 재구축하지 않아도 되고 동일한 중계 품질을 보장하게 됨으로써 텔레비전 시청자들에게는 올림픽의 특별한 경험을 지속적으로 제공하고 개혁할 수 있게 되었다. OBS의 마노로 로메로Manolo Romero 상무는 이에 대해 다음과 같이 언급했다.

> "베이징올림픽부터 올림픽 경기의 방송 기술을 높이려고 다양한 노력을 했다. 밴쿠버올림픽은 중계 방송권자들과 시청자들이 올림픽으로 소통할 수 있는 능력을 향상시켜준 새로운 계기를 제공했다."
>
> (IOC 2010e: 31)

또한 OBS는 휴대전화 피드feed를 포함한 다양한 플랫폼에 대한 방송 서비스를 제공하며, 더욱 강화된 디지털 미디어 서비스를 제공했다.

올림피즘의 실현

올림피즘의 실현Olympism in Action 목적은 올림픽 이상과 가치를 현실화하는 것이다. IOC는 웹사이트에 다음과 같이 게재하고 있다.

> "올림픽 가족인 NOC, IF, 선수, OCOG, TOP 파트너, 방송 중계권사 그리고 UN 기구에 이르기까지, IOC는 모든 이해관계자 간의 협력에 대한 촉

매제로서 활동하는 다양한 프로그램 및 프로젝트를 통해 이를 성공적으로 지키고 있다. 이를 위해 IOC는 올림픽의 정기적 개최를 보장하고 올림픽 무브먼트의 모든 관련 단체들을 지원하며, 적절한 수단을 통해 올림픽 가치의 증진을 강력하게 권장하고 있다."

(IOC 2011e)

    IOC는 스포츠를 통해 더 나은 세상을 만들겠다는 목적을 추구하기 위하여, 올림피즘인 우수성과 존중, 우정의 세 가지 필수적 가치를 구체화하는 협력 프로그램의 소개를 권장하고 지원한다. 이러한 프로그램 중 하나는 올림피즘의 실현으로서, 스포츠를 통한 교육, 스포츠를 통한 개발, 여성과 스포츠, 스포츠를 통한 평화 그리고 스포츠와 환경 분야를 표현한다(표 5-5).

    이러한 활동들은 IOC 분과위원회의 승인하에 실행되며, 이는 IOC TMS와 직접적으로 연관되어 있지는 않다. 이들은 인류와 단체들(어린이, 불이익을 당하는 커뮤니티, 여성 등)에게 긍정적인 영향을 주기 위하여 IOC의 파트너 네트워크 내의 조직(NOC, IF, UN 등)과 협력하는 내부 이해관계자(IOC 위원회, 올림픽 솔리다리티, 올림픽 박물관)가 행하는 사회적 마케팅 프로그램의 일부이다. 사회적 가치는 파트너 단체의 이익이 인류와 어려움에 처한 사람들보다 우선하지 않는다는 전제에서 공동으로 창출된다. 이는 이해관계자 마케팅의 기본 틀에 바탕을 두고 있다.

결론

이 장에서는 IOC가 어떻게 이해관계자들과 마케팅 가치를 공동 창조하는지 분석했다. 이러한 가치의 공동 창조는 IOC의 목적을 알 수 있도록 도와준다. 우리는 IOC와 주요 이해관계자 사이의 관계를 설명했고, 올

〈표 5-5〉 올림피즘의 실현을 위한 6개 영역의 활동

활동 분야	목적	IOC 및 협력기구
사회 체육 장려	특히 개발도상국에 사회체육 참여를 독려해 더 나은 세상 구축과 스포츠를 통한 건강과 사회적 혜택을 제공하여 더 나은 세상 만들기	IOC: IOC 사회체육위원회 협력기구: IF, NOC, 국내 스포츠 조직
스포츠를 통한 개발	사회적 불평등에 대한 구체적 해결책을 제공하는 프로그램을 개발하여 더 나은 세상 만들기	IOC: IOC 사회체육위원회 협력기구: NOC, ONU-Habitat, 정부
여성과 스포츠	여성에게 스포츠에 대한 폭넓은 접근을 제공하고 스포츠 행정에서 리더십 지위를 가지도록 격려하여 더 나은 세상 만들기	IOC: IOC 여성 및 스포츠 위원회, 올림픽 솔리다리티 협력기구: NOC, IF, 대륙 협회
환경	스포츠와 올림픽을 통해 지속 가능한 발전을 증진시켜 더 나은 세상 만들기	IOC: 스포츠 및 환경 위원회, 올림픽 솔리다리티 협력기구: UN 환경 프로그램
스포츠를 통한 교육	스포츠를 통해 청소년들을 교육시키고 우정, 솔리다리티 그리고 페어플레이 정신을 증진시켜 더 나은 세상 만들기	IOC: 문화 및 올림픽 교육 위원회, 올림픽 박물관, 올림픽 솔리다리티 협력기구: UNESCO, 공정경기를 위한 국제 위원회
스포츠를 통한 평화	올림픽 휴전(Olympic Truce)의 선전과 스포츠를 통해 선수, 청소년 그리고 지역사회의 우정을 돈독하게 하여 더 나은 세상 만들기	올림픽 휴전을 위한 국제 재단 협력기구: UN

림픽 무브먼트로 하여금 IOC의 재정적 안정성과 독립성을 보장해주는 수입 창출 및 분배 모델을 알아보았다. IOC는 글로벌 마케팅 프로그램 (TOP 프로그램), 공식 공급사와 올림픽 라이선스 프로그램을 통해 수입 을 창출한다. IOC의 마케팅 수입의 90% 이상은 올림픽 무브먼트에 속한 조직들에게 전 세계 스포츠의 발전을 증진하고 올림픽 경기 개최 를 돕기 위해 올림픽 무브먼트에 속한 조직들에게 분배된다.

우리는 IOC의 마케팅 특성을 분석하기 위해 4장에서 제시한 모델을 이용했다. 그것은 IOC의 4가지 측면의 활동이 결합된 것이다. 각각의 측면은 기업 브랜딩, 올림픽 및 청소년올림픽 개최, 파트너십, 텔레비전 방송과 뉴미디어 그리고 올림픽 정신의 실현 프로그램 등이다. 이 분석은 가치의 공동 창조 절차가 그 중심을 차지하고 있음을 나타낸다. 즉, 가치의 공동 창조는 목적이 요구하는 사회적 가치뿐만 아니라 재정적 · 환경적 가치를 창조할 수 있도록 허용하는 IOC의 주요 경쟁력 중 하나이다.

올림픽 브랜드의 강력함과 특별한 가치는 IOC가 브랜드 경험에 기초한 전략을 활용할 수 있도록 만들었다. 이 전략이 성공적이려면 IOC는 이해관계자들에게 독특한 경험을 즐길 수 있도록 보장하고 그 약속을 반드시 지켜야 한다. 이를 위해 IOC는 사람들이 다양하고 특별한 경험을 즐기고 느낄 수 있는 경험적 마케팅 프로그램을 개발하려고 이해관계자들과 협력한다.

IOC 기업 브랜드는 시스템의 중심에 있고, 연관 브랜드Associated Brand에 신뢰성을 연결해주고 있다. 이는 이해관계자의 참여를 불러일으키고 독특한 경험을 제공하는 주도적 브랜드인 올림픽과 청소년올림픽에 긴밀히 연관되어 있다.

올림픽 마케팅이 독특한 가치를 이해관계자에게 제공해야 함으로써 IOC의 결정은 통합된 절차로 진행되고 있다. 여기에는 가치를 공동 창조하는 절차의 관리, 임무, 활동 및 상호관계를 포함한다. 즉 이해관계자들 사이의 관계를 구축하고 발전시키려면 경험과 활동을 함께 제공하는 역동적이고 상호연관적인 절차를 반드시 고려해야 한다.

핵심 요약

- 재정적 측면에서 IOC의 마케팅은 수입 창출 및 분배 모델에 기초한다.
- IOC는 방송 중계권, 글로벌 TOP 프로그램, 공식 공급사, 라이선스 프로그램(비디오 게임 영역 포함)에 관련된 마케팅 권리를 보유하고 있다.
- 공동 가치의 창조는 올림픽 마케팅 특성의 중심에 있다.
- 올림픽 마케팅 특성은 네 가지 영역의 활동을 통해 이행 된다: 기업 브랜딩; 올림픽 및 청소년올림픽 경기; 방송 중계 및 뉴미디어; 올림픽 정신의 실현.
- IOC의 기업 브랜드의 핵심 가치는 우수성과 존경, 우정에 기초한 독특한 가치 명제를 제공한다.
- 올림픽 및 청소년올림픽은 독특한 경험을 전달하고 이해관계자의 참여를 불러일으키는 주도 브랜드driver brand이다.
- IOC의 파트너십 프로그램은 올림픽 브랜드 파워를 바탕으로 하고 있으며, 이는 경기를 가능한 한 많은 이들이 시청할 수 있는 방송 정책에 의해 지원된다.
- 올림픽 정신의 실현 프로그램은 사회적 가치의 공동 창조를 허용하며, 이해관계자 마케팅의 기본 틀에 포함된다.

올림픽대회조직위원회 마케팅

올림픽대회조직위원회Organising Committee of the Olympic Games, OCOG는 대회를 개최하기 7년 전부터 설립되어 대회 종료 후 2년까지 운영되는 거대한 조직이다. OCOG는 IOC의 감독 아래 관리되며, 해당 올림픽대회를 준비의 모든 과정을 책임지게 된다. 6장에서는 2012런던올림픽조직위원회LOCOG의 브랜딩 전략 및 대회 개최 전 분위기를 고무시키기 위해 수행했던 활동에 대해 분석한다. 그 다음은 2010밴쿠버올림픽의 사례를 통해 밴쿠버올림픽대회조직위원회VANOC의 공동 가치 창출 과정에서 네트워크 중심 관계마케팅과 이해관계자 마케팅을 같이 적용한 사례를 살펴볼 것이다.

서론

IOC는 개최 도시가 선정되자마자 올림픽 준비 주체인 개최국의 NOC와 개최 도시에 권한을 위임한다. 개최국의 NOC는 올림픽대회조직위원회OCOG를 설립하고, 직접적으로 IOC와 연락을 주고받으며 지시사항을 수행하게 된다. OCOG는 IOC, NOC와 IF처럼 올림픽 헌장에 명시된 올림픽 무브먼트의 주요 구성원은 아니지만, 올림픽 관련 인프라 시설의 건설을 책임지는 다양한 정부 기관들(예: The London 2012 Olympic Development Authority, 강원도 동계올림픽 추진본부 등)과 협업하며 올림픽대회의 준비를 책임진다는 점에서 그 역할이 막중하다.

OCOG는 설립되는 순간부터 해산될 때까지, 올림픽 헌장과 개최 도시 계약서(IOC와 개최 도시의 NOC, 그리고 개최 도시 간 서명) 그리고 IOC 이사회의 지침사항에 따라 모든 업무를 진행한다. OCOG는 개최 도시 선정 직후 설립되는 조직이며, 9년 동안 운영된다(개최 전 7년). 2년마다 올림픽이 개최되기 때문에 동시에 여러 개의 OCOG가 활동하게 된다. 현재(2013년 기준)는 2014소치동계올림픽대회조직위원회(드

미트리 체르니셴코Dmitry Chernyshenko 위원장), 2016리우올림픽대회조직 위원회(아더 누즈만Arthur Nuzman 위원장), 2018평창동계올림픽대회조직 위원회(김진선 위원장) 그리고 2020도쿄올림픽대회조직위원회가 활동 중이다.

OCOG는 IOC 총회에서 두 단계의 절차를 통해 결정된 도시에 조직 된다. 잠재적인 후보 도시Candidate City는 먼저 신청 도시Applicant City에 선정되어야 한다. IOC의 이사회는 이러한 신청 도시들을 평가하고 유 치에 참여하게 될 후보 도시를 선정하게 된다. 1차 심사를 통과된 후보 도시들은 각각 올림픽대회유치위원회Olympic Games Bid Committee, OGBC 를 설립해 유치 과정을 관리하고 IOC에 제출할 자료를 준비한다. 이러 한 유치 관련 자료는 IOC 총회에서 개최 도시를 선정할 때 IOC 위원들 의 결정을 뒷받침하는 초석이 된다.

올림픽 유치 단계에서 OGBC는 NOC, 국가 및 지역 정부, 후원사, 유명 인사 그리고 광범위한 다양한 조직들을 조합하며, 이러한 과정에 서 프로젝트의 수립과 수행의 과정으로써 첫 번째 마케팅이 이뤄지게 된다. 효과적인 마케팅 프로그램을 위해서는 올림픽 유치에 필요한 재 운영비가 필요하다. 또한 마케팅은 조직의 구성단계에서도 필수적인 부분으로써 다수의 이해관계자들을 끌어들이고 집결시키는 역할을 한다.

이해관계자들 간의 관계

위에서 언급한 바와 같이, OGBC와 OCOG는 다양한 상황과 다양한 파트너, 다양한 자원을 가지고 세세한 요건을 맞추어야 한다. 게다가 매번의 유치(후보지 선정) 과정과 모든 이벤트들은 각자의 상황들이 조 합되어 발현되는 독특한 경우로써, 성공적인 유치를 하려면 다양한 이해관계자들을 끌어들여 혁신적인 성과를 도출해내야 한다.

유치 과정(선정 절차)

IOC의 역할은 올림픽 헌장에 따라 유치와 선거 과정을 진행해가는 것이다. 1999년 12월, 올림픽 개최지 선정 절차는 2년 이상 진행되는 두 단계에 걸친 과정으로 나누어졌으며, IOC 총회의 결과에 따라 개최 도시를 선정하는 절차로 마무리된다. 특별한 경우를 제외하고는 대회 개최 7년 전(청소년 올림픽-YOG는 5년 전)에 개최 도시가 선정되며, 선거는 후보 도시 이외의 지역에서 치러진다.

1단계: 후보 도시가 되기 위한 절차

동계 또는 하계올림픽을 주최하고자 하는 도시들을 '신청 도시'라고 한다. 후보지가 되기 위한 지원 도시들의 기술적 평가는 정부의 지지도, 국민의 지지도, 사회기반시설, 보안, 장소(위치), 숙박 및 교통시설 등 다양한 기준에 근거한다. 이 단계에서 IOC의 이사회가 후보지로 적합한 도시들을 선정하면, 실사단의 평가와 IOC 위원들의 결정으로 넘어가게 된다.

유치위원회의 주요 이해관계자들은 유치 신청국의 NOC와 정부, 후보 도시, 정부 기관 그리고 후원사이며, 대중의 참여도 또한 중요한 요인이다. 유치위원회는 마케팅 관점에서 올림픽 유치 참여의 지역적·국가적인 가치를 설명해야 하며, 환경적 영향을 최소화하면서 사회적·경제적 이득을 제공할 수 있는 협업 프로젝트를 만들어가야 한다. NOC는 NOC 국가 내 여러 후보지 중에서 적절한 도시를 선정해야 할 것이다. 이것은 2018년 동계올림픽 선정에서 프랑스올림픽위원회가 그레노블Grenoble, 니스Nice, 펠부 에크링Pelvoux-Ecrins을 제치고 앤시Annecy를 최종 선정한 사례, 그리고 한국에서는 평창과 무주 중에서 평창을 선정한 것과 같다. 이러한 상황에서 유치위원회는 후보지로서 적합한 도시를 선정하는 IOC의 이사회를 설득하기 이전에, 신청 도시로서 적합한지를 결정하는 NOC의 기대 수준을 먼저 맞출 수 있어야 한다.

2단계: 유치

후보 도시에 선정되면 IOC에 제출하게 될 유치 서류를 준비하는 두 번째 단계에 들어선다. 유치 서류들은 IOC의 유치 후보 도시 절차 및 질의응답서Candidature Procedure and Questionnaire의 정해진 질문에 대한 후보 도시의 답변으로 구성된다. 이러한 자료는 IF와 NOC의 대표들, IOC 위원들, IOC 선수 위원회, 국제패럴림픽위원회IPC와 그 외의 다른 전문가들로 구성된 평가위원회가 내리는 평가를 거친다. 평가위원회 evaluation commission는 IOC 위원장이 지정하며, IOC 위원들이 주재한다. 또한 자료는 올림픽대회의 IOC 사무국 임원인 상임이사에게 보고된다. 위원회는 모든 IOC 위원에게 후보 도시들의 현지 실사 수행 결과를 보고하며, IOC의 웹사이트에도 이를 개재한다. IOC 집행위원회는 후보 도시들의 최종 명단을 작성하고 IOC 총회에서 개최 도시를 선정하게 된다.

이 단계에서 가장 주요한 이해관계자들은, 평가위원회 위원들과 IOC 총회에서 개최 도시를 선정하는 IOC 위원들이다. 유치 과정에서의 마케팅은 복잡한 관계 속에서 후보 도시 자체의 입지를 정의하고 협업을 위한 이해관계자들의 단합을 도출하며, 자원의 창출과 다른 후보지와의 경쟁적 요소 발굴을 가능하게 하는 매우 중요한 요소이다. 과정의 중립성과 투명성을 확보하기 위해 유치 매뉴얼에 따라 엄격하게 규정을 준수한 마케팅이 이루어져야 하며, 특정한 후보지를 응원하거나 지지할 수 있는 IOC의 TOP 파트너들과 마케팅 후원사들의 활동은 이 과정에서 제외해야 한다.

의문이 남는 개최국 선정 절차

1998년 11월, IOC 위원인 마크 호들러Marc Hodler가 2002년 솔트레이크 Salt Lake City 동계올림픽 주최국 선정과 관련된 뇌물수수와 부패에 연관되었음이 밝혀졌다. 그는 최소 10여 년간 부정부패를 저질러 왔다고 고소당했다. 네 명의 IOC 위원들이 사임했고 여섯 명이 제명당했으며, 열 명이 공식적인 경고를 받게 되었다. 솔트레이크 조직위원회를 위해 뇌물을 전달했던 사람은 더 많은 IOC 위원들이 제명되어야 한다고 밝혔다.

이 사건은 IOC 위원들에게 기구의 현대화가 절실하다는 필요성을 제기했고, 1999년에 몇몇 주요한 제도를 바로 도입할 정도로 급격한 변화를 가져왔다.

- IOC 위원의 후보 도시 방문 절차 폐지를 포함한 선정 절차의 수정
- '상식적인 수준의 상징적인' 선물을 제외한 선물 제공 금지
- 유치위원회 창설(IOC 위원들의 투표를 위한 유치과정 진행)
- 임기를 8년으로 제한하되 재선은 가능
- IOC 위원 수를 115명으로 제한(NOC 대표 15명 포함, IF 대표 15명 포함, 선수위원 15명 포함)
- IOC 위원장의 임기를 8년으로 제한하되 한 차례에 한해 4년 연임 가능

OCOG의 설립

IOC 총회에서 개최 도시 선정이 이루어지는 즉시, 올림픽대회를 위해 IOC와 개최 도시, 개최국 NOC의 법적·상업적·재무적 권리와 의무에 대해 규정짓는 개최 도시 계약서Host City Contract에 서명이 이루어진다.

이 순간 IOC와 OCOG, 개최국 NOC, 개최 도시 간의 권리는 균등해진다. 올림픽 헌장에 따르면 IOC 총회에서 개최 도시가 선정되면 개최국 NOC는 정부와 함께 OCOG를 설립한다. OCOG는 IOC 이사회의 관리 하에 올림픽대회를 준비해야 하는 책임을 진다. 즉 OCOG의 관리는 IOC의 가장 중요한 역할이다. 하지만 개최국으로서는 올림픽대회 준비에 대한 책임을 외부 조직(IOC)에 위임하게 되는 것이다. 반면 IOC는 OCOG의 마케팅 예산에 일부 비율을 지원함으로써 올림픽대회와 동계올림픽대회의 준비를 뒷받침하고 있다.

방송 중계권과 마케팅 활동은 대회를 준비하기 위한 재무적 사안에서 매우 중요하다. IOC는 하계·동계올림픽대회 조직위원에에게 TOP 파트너, 라이선싱, 티켓 수입의 50%, 그리고 방송 중계권 수입의 49%를 배분하여 성공적인 대회 유치를 지원한다. 이는 OCOG의 중요한 운영 수입 중 하나이다(그러나 OCOG는 공유되는 수익의 일부를 방송 중계권사에 의해 발생하는 기술 비용을 지불하는 데 사용해야 한다).

OCOG 마케팅 프로그램

OCOG는 IOC의 협조와 감독을 받으며 올림픽 준비를 위한 로컬 마케팅 프로그램을 운영한다. 올림픽대회 준비를 위한 계약(개최 도시 계약서)은 IOC와 OCOG와 직접적으로 이루어지며, 개최국의 NOC가 공동 서명자가 된다. OCOG는 스폰서십, 라이선싱, 입장권 판매 수익 등의 수익을 창출하게 된다.

OCOG 마케팅 프로그램의 구조

OCOG는 올림픽 TOP 파트너들과 중복되지 않는 카테고리에서, 자국 내의 후원사와 공급사를 모을 수 있는 스폰서 프로그램을 만들 수 있다.

"(자국 내 스폰서 프로그램은) OCOG의 운영, 올림픽대회 계획 수립과 유치, 개최국의 NOC와 올림픽 선수단을 지원한다. 올림픽대회 개최국 내에서 행해지는 후원 활동은 개최국 내에서만 마케팅 권한을 승인받게 된다. 개최국의 NOC와 올림픽 선수단은 마케팅 계획 협약Marketing Plan Agreement, MPA에 따라 OCOG의 후원 프로그램에 참여해야 하며 개최국의 NOC는 그들 자국 내에서 진행되는 OCOG의 후원 프로그램에 집중적 · 협력적으로 참여해야 한다."

(IOC 2011a: 17)

〈표 6-1〉은 최근 OCOG의 후원사 수와 후원 금액을 보여준다.

〈표 6-1〉 역대 OCOG 스폰서십 현황(출처 : IOC Fact File 2013)

(US 백만 달러)

올림픽 경기	후원사 수	후원금	차이
하계올림픽			
1996 애틀랜타	111	426	–
2000 시드니	93	492	+ 66
2004 아테네	38	302	- 190
2008 베이징	51	1,218	+ 916
2012 런던	42	1,150	- 68
동계올림픽			
1998 나가노	26	163	–
2002 솔트레이크	53	494	+ 331
2006 토리노	57	348	- 146
2010 밴쿠버	57	688	+ 340

〈표 6-2〉는 최근의 올림픽 게임 티켓 판매 프로그램에 의한 수입을 보여준다.

〈표 6-2〉 역대 올림픽대회 입장권 판매 현황(출처 : IOC Fact File 2013)

(단위 : 백만 장, US 백만 달러)

올림픽 경기	발행 입장권 수	판매 입장권 수	입장권 판매율	OCOG 수입	차이
하계올림픽					
1984 LA	6.9	5.7	82%	156	–
1988 서울	4.4	3.3	75%	36	- 120
1992 바르셀로나	3.9	3.0	77%	79	+ 43
1996 애틀랜타	11	8.3	75%	425	+ 346
2000 시드니	7.6	6.7	88%	551	+ 126
2004 아테네	5.3	3.8	71%	228	- 323
2008 베이징	6.8	6.5	91.6%	185	- 43
2012 런던	8.5	8.2	97%	988	+ 803
동계올림픽					
1988 캘거리	1.9	1.6	84%	32	–
1992 알베르빌	1.2	0.9	75%	32	0
1994 릴레함메르	1.3	1.2	92%	26	- 6
1998 나가노	1.4	1.3	89%	74	+ 48
2002 솔트레이크	1.6	1.5	95%	183	+ 109
2006 토리노	1.1	0.9	81%	89	- 94
2010 밴쿠버	1.5	1.5	97%	250	+ 161

올림픽대회의 입장권 판매 프로그램 또한 IOC의 관리하에 OCOG가 실행한다.

> "올림픽대회 입장권 판매 프로그램의 일차적인 목적은 가능한 한 많은 사람이 올림픽대회 행사들과 경기를 경험할 수 있게 하는 것이다. 두 번째 목적은 올림픽대회의 준비를 위한 재정적 수단이다."
>
> (IOC 2011a: 30)

올림픽 무브먼트 조직들은 올림픽 엠블럼 사용권을 승인하는 라이선스 계약을 통해 상품 제조사나 후원사에게 올림픽 마크, 이미지, 테마를 이용한 올림픽대회와 관련된 제품, 상품, 기념품을 제작하게 한다. 올림픽대회 라이선스 프로그램은 IOC의 관리하에 OCOG에 의해 운영된다. 라이선스 프로그램은 올림픽과 개최국의 문화를 전달하고 홍보하기 위한 수단이며 전통적으로 올림픽 무브먼트를 대표하는 기념주화와 기념우표 발행을 포함하고 있다. 이는 조직위원회의 또 다른 수익창출 항목 중 중 하나이다.

올림픽 헌장에는 올림픽 시스템 내의 세 주요 이해관계자가 마케팅 프로그램으로 활용할 수 있는 권리에 대해서 구체적으로 명시되고 규정되어 있다. 또한 이해관계자들의 서로 엉키고 꼬일 수도 있는 각자의 활동과 협업, 솔리다리티의 관계에 대한 제한선도 명시되어 있다. 그러므로 각 이해관계자들은 올림픽 헌장에서 규정하고 있는 기준 내에서 그들의 마케팅 프로그램을 전략적으로 규정하고 수행해야 한다. 그 결과 공동 가치의 창조를 위한 이해관계자들 간의 협업 마케팅 모델이 수립되었다.

〈표 6-3〉은 올림픽 게임 라이선싱 프로그램으로 얻은 수입을 나타낸다.

〈표 6-3〉 역대 올림픽대회 라이선스 프로그램 현황(출처 : IOC Fact File 2013)

(단위 : US 백만 달러)

올림픽 경기	라이선시 수	OCOG 수입	차이
하계올림픽			
1988 서울	62	18.8	–
1992 바르셀로나	61	17.2	- 1.6
1996 애틀랜타	125	91	+ 73.8
2000 시드니	100	52	- 39
2004 아테네	23	61.5	+ 9.5
2008 베이징	68	163	+ 101.5
2012 런던	65	119	- 34
동계올림픽			
1994 릴레함메르	36	24	–
1998 나가노	190	14	- 10
2002 솔트레이크	70	25	+ 11
2006 토리노	32	22	- 3

올림픽유치위원회의 전략

유치위원회는 각자 이해관계가 다른 개인과 기관의 행위자들의 집합체이지만 공통의 최종 목적을 공유한다. 그들은 지역, 도시의 개발, 관광산업의 활성화, 지방도시의 활성화, 기술 또는 경쟁력의 홍보 등 다양한 동기를 갖고 있다. 그러나 어떤 유치위원회들은 합리적 기반 없이 결정된 결과이거나, 과거 유치 도시들의 사례 분석이나 중요한 요소에 대한 고민 없이 조직된 것도 있었다.

올림픽대회나 청소년올림픽대회의 유치를 위한 경쟁은 치열하다. 동시에 IOC의 개최지 선정 절차와 요구 조건은 좀 더 세부적으로 강화되고 있다. 이는 2018년 23회 동계올림픽 유치 후보 도시 절차 및 질의 응답서를 통해 확인할 수 있다. 앞에서 언급한 것처럼 NOC가 신청 도시를 지정하면 IOC 이사회에서 후보 도시를 선정하며 IOC 총회에서 개최 도시를 선출한다. 절차에서 보듯이 신청 도시를 선정하는 NOC의 선택, 후보 도시를 선정하는 IOC 이사회의 선택 그리고 개최 도시를 선정하는 IOC 회의의 선택이라는 세 가지 중요한 결정사항이 올림픽 유치 과정에 포함되어 있다. 〈표 6-4〉는 2018년 평창동계올림픽대회 유치 경과를 정리하여 보여준다.

유치위원회는 '관리'와 '관계'의 방향을 조합한 마케팅 접근이 요구되며 의사결정자들의 기대를 고려하고 경쟁력이 있는 제안과 구상을 만들어내야 한다. 또한 주요 이해관계자들을 의사 결정 과정에 참여하게 하는 것은 매우 중요하다.

유치위원회가 다른 후보 도시들에 비해 유리한 경쟁력을 갖추려면, IOC의 요구조건을 충족시키는 유치위원회를 만들 수 있는 이해관계자들을 신속하게 집결시키고, 이해관계자들의 목적과 모든 자원을 빠르게 결집시켜야 한다. 그러므로 유치위원회의 첫 번째 수행활동 중 하나는 네트워크 지향의 관계마케팅과 이해관계자 마케팅을 반복적으로 수행해야 한다.

IOC의 목적:
올림픽에서 관객들에게 독특한 경험을 즐길 수 있는 마케팅 프로그램 제공
올림픽대회의 경험은 마케팅에서 핵심이다. 2018 후보 도시 파일에는 다음과 같이 정의되어 있다.

〈표 6-4〉 2018평창동계올림픽 개최 도시 선정 유치 경과

날짜	절차
2009. 4. 23	KOC, 2018동계올림픽 국내 후보 도시로 '평창' 선정
2009. 5. 14	문화부 유치 승인
2009. 6. 22	재정부 국제행사심사위 유치 승인
2009. 9. 14	유치위 창립총회
2009. 9. 23	유치위 설립 허가
2009. 10. 12	유치위 사무처 발족
2009. 10. 16	IOC, 2018동계올림픽 신청 3개 도시 발표 - 대한민국 평창, 독일 뮌헨, 프랑스 안시
2010. 3. 10	신청 도시 파일 및 보증서 IOC 제출
2010. 6. 22	IOC 집행위원회, 2018동계올림픽 공식 후보 도시 선정
2011. 1. 11	후보 도시 파일 및 보증서 IOC 제출
2011. 2. 14	IOC조사평가단 평창 실사 방문 - 안시(2011. 2. 7-13), 뮌헨(2011. 2. 27-3. 5)
2011. 2. 27 -3. 5	후보 도시 IOC 초청 공식 PT 실시(9회) - ANOC 총회('10. 10월, 아카풀코), OCA 총회('10. 11월, 광저우), EOC 총회('10. 11월, 베오그라드), AIPS 총회('11. 3월, 서울), ONOC 총회('11. 3월, 뉴칼레도니아), 스포츠어코드('11. 4월, 런던), IOC 테크니컬브리핑('11. 5월, 로잔), ANOCA 총회('11. 6월, 로마), IOC 총회('11. 7월, 더반)
2011. 7. 6	2018동계올림픽 개최지 결정(IOC 총회: 남아공 더반) - 평창 63표, 뮌헨 25표, 안시 7표로 "평창" 결정 ※ 역대 동·하계올림픽 사상 최다득표

"올림픽대회의 고객은 스포츠를 통한 경쟁과 같은 유형적인 면과 더불어 문화적 교류나 우호적인 분위기와 같은 무형적인 면이 결합된 특별한 경험을 원한다. 전 세계와 젊은이들에게 영감을 불러일으킬 수 있는 올림픽대회의 힘은 '우수성Excellence'과 '관련성Relevance'을 필요로 한다. 우수성은 제품(대회)의 품질 - '일을 올바르게 수행하는 것Doing things Right'(준비, 발전 과정, 제공 가능 서비스 수준, 책임 등)에 관한 것이며, 타당성은

올림픽을 경험하게 되는 방식 – '올바른 것을 행하는 것Doing the right things'(스포츠 교육, 이벤트 관람, 도시의 분위기, 대외 메시지 등)에 관한 것이다. 이는 진정으로 특별한 올림픽 경험을 위한 모든 요인들을 개발할 수 있는 올림픽의 배경과 깊은 관계가 있다.

이를 달성하기 위해서는 대회의 모든 면에 대한 관리가 필수적이다 (1장 참조). 결과적으로 조직의 관리자와 그들의 파트너에게는 일반적 관점(거시적-환경)의 예측과 분석을 통한 올림픽대회 전체의 관점에서 전략을 세우는 포괄적 접근이 필요하다. 이러한 접근은 조직의 다양한 구조와 혁신적 방안들을 개선한다.

〈표 6-5〉는 성공적인 대회 개최를 위한 주요 이해관계자들과 그들의 특성을 열거하고 있으며 올림픽이 주는 경험 요소를 관리하는 내용도 같이 포함하고 있다. 이러한 원리를 적용한다는 것은 유치위원회 내부 이해관계자들과 그들의 파트너와의 네트워크 그리고 그들의 시장 내에서 마케팅 프로그램을 통한 가치 창조를 뜻한다. 2018년 올림픽 유치 후보 도시 절차 및 질의응답서에 따르면, IOC가 고유의 올림픽 경험에 대한 비전과 철학이라는 두 가지 기본 원리를 다시 강조하기 시작했다는 것을 확인할 수 있다.

〈표 6-5〉 올림픽 경험들의 요소

구성요소	주요 성공 요인	특징	과정
기본요소(필수)	우수성(Excellence)	유형(有形)	360° 혁신과 360° 관리
경험(핵심)	타당성(Relevance)	유형 및 무형	
'감동'요소(확장)	영감(Inspiration)	무형(無形)	

- 올림픽 유치에 참여하는 모든 관계자와 조직은 공통의 비전과 목적, 가치를 공유해야 한다.
- 올림픽대회의 모든 계획들은 반드시 하나의 목적으로 통일되어야 하며, 일치된 관리체계와 모든 참여자들에게 공유하는 태도를 유지하면서 계획되어야 한다: IOC, 국민(개최국) 그리고 조직위원회.

이러한 맥락에서, 모든 성공적인 대회의 경험을 포용하는 '고객 문화 client culture'를 채택하는 것은 중요하다.

> "고객 문화는 유치 계획을 역으로 파악해볼 수 있는 방향의 토대가 된다: 올림픽대회와 해당 기간에 겪을 것으로 예상되는 고객의 경험을 기초로 한 비전Vision에서 시작하며(고객의 필요와 기대에 기반), 그를 위한 계획을 '지금Now'의 시점부터 회귀하여 고려한다. '계획을 세우는 단계의 어느 시점이나 지금'이 될 수 있다."
>
> (IOC 2011a: 12)

IOC는 올림픽대회라는 큰 틀 안에 이해관계자들 각각의 의무와 요구사항들을 포함시키기 위해, 이해관계자들의 자원과 역량 조합의 중요성을 강조했다. 또한 질의응답서에는 "대회의 성공을 위한 가장 중요한 요소는 OCOG 조직의 단독적인 역할에 있지 않으며, 이해관계자 간 네트워크의 넓고 복합적인 참여에 있다"고 명시되어 있다. 결과적으로 조직위원회와 이해관계자들은 성공적인 수준의 올림픽 경험을 창출하기 위한 세 가지 수준을 가지고 있다(표 6-6).

〈표 6-6〉 올림픽 경험을 구성하는 세 가지 수준

수준	내용
브랜드 중심 (핵심)	'올림픽대회 제품'. 즉 스포츠, 도시 분위기 및 행사들, 문화, 축하행사 및 성화 봉송 등의 조합
조직과 관리 (중급 수준)	비전과 목표의 공유, 서비스, IOC와 고객들의 협업을 이끌어내기 위한 조직의 설치 및 운영, 올림픽 전생애주기에 걸친 지속적인 협력
대회의 고객과 서비스 문화 (지엽적 수준)	운동선수, NOC, 개최 도시, IF, 영리기구 파트너, 관중, IOC, 일반 대중, 근로자, 방송사 및 신문사. 올림픽은 대회의 고객들의 각기 다른 경험을 제공 – 각자의 다른 요구와 기대는 조직, 서비스 제공 및 관리, 올림픽 최종 성과물의 유형, 운영, 시설의 결과에 영향을 미침

2012런던올림픽의 마케팅 사례: 경험의 브랜드화

2012런던올림픽의 미션은 "어디에 있는 누구라도 참여할 수 있고 즐길 수 있는 모두를 위한 올림픽대회를 개최하고, 이를 전 세계에서 가장 흥미로운 행사가 되게 하자"였다. 또한 LOCOG는 런던올림픽이 지금까지 개최되었던 올림픽대회 가운데 가장 참여하기 쉽고 함께할 수 있는 대회이면서, 동시에 사람들에게 깊은 감동을 주고 더 많은 자극을 주며, 새로운 것에 도전하게 하고 그들의 능력을 다시 생각해볼 수 있는 기회를 제공하는 행사가 되기를 원했다. LOCOG에게 2012런던올림픽은 그 중심에 스포츠가 있는, 런던과 영국 그리고 전 세계를 위한, 스포츠와 문화를 위한, 자원봉사자들과 비즈니스를 위한 대회였다.

LOCOG는 런던올림픽대회의 콘셉트를 정의하면서, 모든 이해관계자들이 '2012런던'이라는 브랜드를 경험하고 독특한 올림픽 경험을 즐길 수 있는 대회를 구성하는 것을 원했다. LOCOG가 이러한 목표를 달성하려면 강력한 브랜드가 필요했으며, 그 때문에 그들 전략의 중심에 브랜드를 위치시켰다. 조직위원장 세바스티안 코Sebastian Coe는 공식 엠블럼을 발표하는 자리에서 다음과 같이 선언했다.

"이 브랜드는 우리 대회의 심장을 뛰게 할 것이다. (…) 우리 브랜드는 우리가 하는 모든 것에 영향력을 미칠 것이기 때문에 무한한 가능성이 있으며 명확한 목표를 세울 수 있다."

이해관계자들의 집합체 안에서 가치를 창조하는 브랜드 제휴

OCOG의 올림픽 엠블럼은 여타의 심벌과 엠블럼, 마크, 올림픽 정신을 나타내는 상징물들과 마찬가지로 IOC와 함께한 브랜드-제휴의 결과물이다. 아커Aaker(2004: 161)는 브랜드-제휴를 "그들의 브랜드를 통해 최상의 마케팅 결과물을 창조하기 위해, 혹은 효과적인 전략의 수행 혹은 전략적인 브랜드 프로그램의 구축을 위해 둘 이상의 기업이 공동 협약을 맺거나 공동 참여하는 행위"라고 정의했다. LOCOG는 〈브랜드 보호: 비영리 기관이 알아야 할 사항〉(2010c: 7)이라는 자료에서 "올림픽 오륜과 패럴림픽의 아지토스Agitos는 2012런던올림픽을 뒷받침하고 있으며, 그것들은 2012런던올림픽 공식 마크인 엠블럼의 심장이다"라고 설명한다. LOCOG 엠블럼은 개최 도시의 이름과 올림픽 브랜드 그리고 대회 개최 날짜들로 형상화한 이미지이다.

　IOC는 브랜드의 제휴에 대해 강력하게 규제하고 있다. LOCOG 엠블럼뿐만 아니라 응용 엠블럼이 다른 NOC에서 IOC 또는 조직위원회의 승인 없이 사용할 수 없게 규제했다. LOCOG는 IOC의 감독을 받는 패럴림픽대회에서 동일한 방침을 고수했다. LOCOG의 사례는 올림픽대회와 패럴림픽대회에서 같은 로고를 사용한 최초의 사례로, 두 대회는 같은 기조 아래 치러지는 행사로 인식되었고 결과적으로 두 행사 자체가 같은 브랜드 계열이 되었다.

　IOC와 LOCOG의 파트너십은 오륜과 런던시의 힘을 합친 '2012런던London 2012'이라는 브랜드의 개발을 통해 공동의 가치 창조를 이루는 결과를 가져왔다. 브랜드는 각 정해진 상품 범주에 속하며, 그 브랜드의 독점사용권 협약을 맺은 LOCOG의 내부 이해관계자와 그들의 파트너들, 특히 스폰서들의 가치 창조에 기여했다. 또한 '2012런던' 브랜드로 얻어지는 독특한 경험을 즐기고 싶어하는 고객들에게 제공하는 가치의 원천이 되었다.

'2012런던' 브랜드의 정체성

브랜드에 정체성을 부여한다는 것은 마케팅의 전략적 방향과 목적 그리고 의미를 제시한다. 아커는 브랜드의 정체성을 다음과 같이 정의했다.

> "(브랜드의 정체성은) 전략을 만들거나 유지하려는 브랜드 전략가들의 열망의 고유 집합체이다. 이러한 집합체는 브랜드가 나타내고자 하는 바가 무엇인지 그리고 고객에게 조직 구성원들의 약속이 무엇인지를 나타낸다. 브랜드 정체성은 기능적, 감정적 혹은 자기-표현적 혜택들을 포함하는 가치의 명제를 정의함으로써 브랜드와 고객 사이의 관계 구축에 도움을 줄 것이다."
>
> (Aaker 1996: 68)

브랜드 정체성은 브랜드 자산Equity의 중요한 요소이다.

LOCOG는 '2012런던' 브랜드의 정체성을 정의하기 위해 핵심 정체성Core Identity과 확장 정체성Extended Identity이라는 두 단계로 분류한 아커(2004)의 '브랜드 정체성의 2단계 모델'이라는 전통적인 방법을 채택했다. 핵심 정체성은 브랜드의 본질이며 시간이 흘러도 영속되는 집합체를 포함한다. 이는 양면적ambivalent이고 지속적인timeless 정체성을 규정하며, 브랜드의 비전과 가치를 정의한다. 확장 브랜드 정체성은 브랜드의 완전성과 구조(짜임Texture)를 제공하여 핵심 정체성의 흐름이 일관된 방향으로 이루어질 수 있도록 한다. 브랜드 정체성의 핵심 요소는 시대를 초월하는 의미이나, 그 확장 정체성은 이 영원한 기초 이외의 요소를 포함하고 있다.

'2012런던'의 핵심 정체성은 '비전'(모두를 위한 런던올림픽Our Games will be for everyone)과 '페어플레이, 평화, 우정'의 가치와 '올림픽 정신'을 표현하고 있다. 이러한 핵심 정체성 요소는 브랜드를 지속 가능하고 특별하며 가치 있게 만든다. '2012런던'의 확장 브랜드 정체성은 LOCOG의 홈페이지에 기재된 아래의 두 인용구로 정리할 수 있다:

"2012런던 브랜드는 약간은 날카로워 보일 수도 있지만, 활기차고 역동적이며 젊음을 느낄 수 있도록 디자인되었다."

"우리의 엠블럼은 단순하고 직관적이며 강렬하고 에너지가 넘치는 디자인이다. 또한 모두의 참여와 관심을 독려하기 위해 엠블럼의 형태는 영구적이고 무한한 유연성이라는 속성도 포함하고 있다. 이러한 속성은 기업, 남녀노소 그리고 스포츠 조직까지 어느 누구와도 소통할 수 있다."

(LOCOG 2011a)

LOCOG는 "젊음이 느껴지는 사람, 기회에 대한 믿음과 확고한 신념이 있는 사람, 자신감으로 충만한 사람, 주어진 도전과 실패에 대한 두려움이 없는 사람, 그 모든 것을 변화시킬 수 있는 사람"(LOCOG 2011a)으로 비유함으로써 그 브랜드의 확장된 정체성을 정의했다. 이렇게 함으로써, LOCOG는 각 이해관계자들과의 강력한 연대감을 형성시키는 브랜드 고유의 개성을 부여했는데, 그것은 브랜드 정체성의 표현 자체에 연결된 편익들을 제공하기 때문이다.

LOCOG는 브랜드의 정체성이 이해관계자들이 브랜드를 인식하는 방식에 영향을 준다는 점을 강조했다:

"브랜드는 제품, 행사 혹은 아이디어들을 '구매'하도록 설득하는 방법으로, 사람들의 마음속에 연관성Associations 혹은 함의含意, Connotations의 연쇄반응들을 창조하는 수단이다."

(LOCOG 2011a)

비정체적이며 역동적인 올림픽 경험과 함께 변화하는 '엠블럼'

캐퍼러Kapferer(2004)는 브랜드가 현실적이어야 하며 일관된 신호를 제공해야 한다고 강조했다. 이는 엠블럼과 올림픽 경험이 연결되어야 하는 중요한 이유이다. LOCOG는 2012런던올림픽대회의 정신과 에너지를 담아내고 대회의 정체성을 표현하기 위해 브랜드 대행사인 월프 올린스Wolff Olins와 '2012런던' 로고의 제작 계약을 맺었다. 로고의 모양과 구성, 색상과 글씨체는 모든 이해관계자에게 일관된 메시지를 제공하도록 설계되었다. 아래의 네 구절은 이러한 전략을 잘 묘사한다.

"2012라는 숫자가 우리의 브랜드입니다. 이것은 매우 간단하기 때문에 모든 세계 사람들이 이해할 수 있습니다. 또 여기에서는 매우 독창적이며 강렬하고 활발한 에너지를 느낄 수 있습니다. 이를 통해 젊음을 느낄 수 있으며 이는 곧 변화와 혼돈을 두려워하지 않음을 나타냅니다."

(LOCOG 2011b)

"엠블럼은 재미있는 모양과 도형 그리고 밝고 생동감 넘치는 색상을 사용함으로써 특별한 에너지의 느낌을 전달합니다. 브랜드의 색상은 올림픽 심벌의 색상에 전 세계의 미디어, 커뮤니케이션 그리고 패션에서 영감을 얻은 현대적 감각을 더했습니다."

(LOCOG 2011b)

"2012런던올림픽을 위한 특별한 글자체가 만들어졌습니다. 이는 역동성
과 에너지를 전달하기 위해 모든 소통과 주요 메시지의 전달에 사용되었
습니다."

(LOCOG 2011b)

브랜드의 정체성은 브랜드가 가지고 있는 의미와 비전, 가치 차별성
그리고 사명과 목적을 효과적으로 전달시키는 데 기여한다. 따라서 브
랜드 정체성은 대상 그룹의 브랜드 이미지에 가장 영향력이 크다. 그런
의미에서 LOCOG의 이해관계자들에게 '2012런던' 브랜드는 성공의
핵심으로 인식되었다.

브랜드 보호
브랜드 보호는 브랜드 가치의 중요한 척도이다. LOCOG는 IOC, IPC와
함께 '2012런던'과 올림픽 브랜드의 가치를 발전시키기 위한 전략을
수립했다. 브랜드가 모든 LOCOG의 이해관계자들에게 가치를 제공하
기 때문에, 브랜드 보호는 브랜드 자산의 필수적인 요소이다. LOCOG
위원장 세바스티안 코는 다음과 같이 언급했다.

"우리가 2012년 런던올림픽을 흑자로 운영하고 관리하겠다는 약속을 이
행하려면, 엠블럼 사용에 대한 관리와 감독 그리고 2012런던올림픽의 가
치와 희소성을 유지하는 것 또한 중요하다. 우리의 운영예산 20억 파운드
중 상당 부분이 후원 기금을 통해 마련된다. 이러한 스폰서들에게는 독점
권의 기회를 제공해야만 한다. 그렇지 않으면 올림픽대회에 그들의 투자

를 보장할 수 없기 때문이다. 그러므로 우리는 올림픽 조직의 승인을 받지 않은 브랜드의 상업적 남용을 방지해야 한다."

(LOCOG, 2010)

보호 대상 브랜드

2012런던올림픽 및 패럴림픽 무브먼트와 관련된 모든 공식 명칭과 표현, 상업 브랜드, 로고와 이미지는 IOC 헌장과 특별법에 따라 보호받는다. 주요 항목은 아래와 같다.

- 올림픽 엠블럼(오륜)
- 패럴림픽 엠블럼(아지토스)
- 2012런던올림픽 및 패럴림픽 엠블럼
- 2012런던올림픽 마스코트
- '2012런던' 문구
- '올림픽', '올림피아드', '올림피안' 단어(복수형 또는 유사 단어 포함 – 예: 'Olympix')
- '패럴림픽', '패럴림피아드', '패럴림피안' 단어(복수형 또는 유사 단어 포함 – 예: 'Paralympix')
- 올림픽 모토: '*Citius, Altius, Fortius,*'(Faster, Higher, Stronger)
- 패럴림픽 모토('Spirit in Motion')
- 영국 올림픽 국가대표팀 엠블럼(Team GB)
- 영국 패럴림픽 국가대표팀 엠블럼(패럴림픽 Team GB)
- 영국올림픽협회 엠블럼
- 영국패럴림픽협회 엠블럼
- 웹페이지 주소 london2012.com (그리고 다양한 파생상품들)

올림픽 엠블럼의 사용과 보호

올림픽 엠블럼은 다양한 상표법과 저작권법으로 보호받는다. 영국에서는 올림픽 엠블럼을 보다 강력한 보호하기 위해 특별법이 제정했다. 예를 들어 올림픽 심벌 등(의 보호)에 관한 법the Olympic Symbol etc. Protection Act 1995, OSPA은 올림픽과 패럴림픽 심벌, 모토 그리고 단어 및 문구에 관한 보호를 다루고 있다. 2012런던올림픽과 패럴림픽 특별법에는 승인된 공식 후원사와 라이선시가 독점적으로 사용할 수 있는 권한이 마련되어 있다.

올림픽 브랜드의 사용은 엄격히 보호되고 규제된다. LOCOG, 공식 후원사, 공식 방송 중계권사, 공식 라이선시, 허가받은 비영리기구에게만 올림픽 브랜드의 사용을 허용했으며, 앰부시 마케팅을 규제하기 위한 세부 지침들이 만들어져 올림픽 지식재산을 보호할 수 있었다.

올림픽대회의 핵심 요소로서 '2012런던' 브랜드

LOCOG 웹사이트는 '2012런던' 브랜드가 올림픽대회의 핵심이라는 점을 특별히 강조했다. 브랜드를 통해 올림픽이 어떻게 인식하고, 조직위원회의 목적과 어떻게 소통하며, 올림픽을 위한 열정과 흥분을 어떻게 이끌어내는가를 보여준다. 이것이 LOCOG가 그들의 내부 이해관계자들, 파트너들과 시장에 적극적으로 다가가는 브랜드 정체성을 만들어낸 이유이다. '2012런던' 브랜드는 LOCOG의 마케팅 전략의 핵심이며, 고유한 브랜드와 차별적인 가치에 기초하여 LOCOG가 그들의 이해관계자들과 관계를 구축하는 데 기여한다(Ferrand & Torrigiani 2004). 마케팅의 궁극적 목적은 브랜드화된 고객들의 경험 창조이다.

"그것은 특정 고객에게 약속된 비전과 가치를 실현하는 것과 함께 시작되며 살아 있는 브랜드의 전달을 통해 그 약속을 수행한다."

(Smith & Wheeler 2002: 10)

그러나 '2012런던' 브랜드는 올림픽 브랜드 시스템의 일부이므로 IOC와 LOCOG, 이해관계자들이 그들의 브랜드들을 보호하고 관리하는 데, 특히 앰부시 마케팅에 대응하는 데 주력을 다해야 한다. 그리하여 그들의 파트너와 스폰서, 공급사 그리고 라인선시에게 독점적 사용권을 보장할 수 있어야 한다.

2012런던올림픽대회 준비:
영감(靈感) 프로그램(The Inspire programme)

IOC와 올림픽 무브먼트를 구성하는 조직들이 수행하는 활동들은 사회적 마케팅을 지향한다. 안드레아슨Andreasen(1995)에 따르면, 이런 활동들은 개인과 사회의 복지를 향상시키기 위해 특정 집단들의 자발적 활동을 유발하는 것을 목표로 한다. 2012런던올림픽과 패럴림픽의 성공적인 개최는 '영국과 전 세계를 위한 광대한 영감을 주는 대회'라는 약속에 기초하고 있다. 세바스티안 코 위원장은 2012런던올림픽 유치의 목적을 아래와 같이 언급했다.

"유치 활동에 참여했을 때 우리는 IOC 위원들에게 말했다: 런던의 비전은 전 세계의 모든 젊은 사람들과 소통하는 것입니다. 올림픽대회가 주는 영감의 힘으로 그들과 접촉하는 것입니다. 또 하나, 우리는 대외로부터 영국 전 지역이 혜택을 받을 수 있을 것이라고 약속했습니다."

(LOCOG 2010d: 3)

영감 프로그램은 경기장 및 기반시설들의 건립과 지역 공동체와 동호회들의 스포츠 활동 참여를 촉진하고, 지역 서비스와 시설들의 개선 프로젝트들에 대한 투자로 22억 파운드를 기증한, 영국복권위원회 National Lottery와 같은 올림픽대회의 이해관계자들에 의해 공유된 비전을 실현하려는 목적으로 시작했다. 2007년 6월, 영국 정부는 올림픽을 통해 성취하고자 하는 다음과 같은 내용을 포함하는 5개의 상위 유산 legacy 공약을 발표했다: (1) 영국을 스포츠 강국으로 만든다. (2) 지역 봉사활동과 문화 활동, 육체적 활동에 젊은 세대의 참여를 고취한다.

결과적으로, 런던올림픽대회의 사회적 영향을 최대화하기 위해 함께 일하는 주요 이해관계자들 사이에 다음과 같이 표현되는 강력한 통합이 이루어졌다.

> "인간의 공적 · 사적 행동의 결과는, 사람들이 살고, 일하고, 놀고, 다른 이와의 관계를 맺고, 그들의 욕구를 충족하기 위해 조직하고, 사회의 구성원으로서 대처하는 방식을 변화시킨다. 또한 이러한 영향력에는 그들 자신이 속한 사회에 대한 인식을 합리화하고 기준을 제시하는 규범과 가치, 믿음의 변화에 따른 문화적 영향이 포함되어 있다."

(Interorganizational Committee on Guidelines and Principles 1994: 1)

올림픽대회의 사회적 영향력은 런던올림픽 유치시 가장 경쟁력이 큰 장점 중의 하나였다. 싱가포르에서 이루어진 연설에서 세바스티안 코 위원장은 다음과 같이 강조했다:

> "런던의 비전은 전 세계의 젊은이와 소통하는 것이며, 올림픽대회가 주는 영감의 힘을 전달하는 것이다. 그리하여 그들의 스포츠를 선택하도록 영감을 느끼게 하는 것이다."

(*Daily Telegraph* 2011. 7. 24)

LOCOG와 그들의 파트너들은 올림픽대회를 통해 받은 영감을 삶에 대한 비전으로 투영할 수 있도록, 젊은 세대가 참여하는 스포츠와 교육, 문화 프로젝트 활동을 많이 조직했다.

영감(靈感) 프로그램

2012런던올림픽 영감 프로그램은 올림픽대회가 영원한 유산을 남길 수 있도록 LOCOG의 비전과 유치시 약속을 이행하기 위하여 구체화했다. 2012런던올림픽의 일부로써 이 프로그램의 목적은, 영국 전체에 영감을 불러일으켜 올림픽대회를 가능한 한 넓게 확장하는 것이다. 또한 다음 여섯 가지 주요 테마에 초점을 맞추어 영국 전체에 도전정신을 고취하려는 목적도 있다: 스포츠, 문화, 교육, 지속 가능성, 자원봉사 및 비즈니스 기회와 능력.

영감 프로그램은 LOCOG와 영국 정부 그리고 프로젝트 진행 기관이 공동으로 수행한 협업 마케팅 프로그램이다. 이는 4장에서 다루었던 세스Sheth와 파르바티야르Parvatiyar의 모델(2000)에서 관계 발전 단계의 사례로 볼 수 있으며, 유치위원회와 조직위원회가 설립 이후 수행되는 프로젝트에서 파트너 간 협업 관계의 구축과정이다. 이 단계는 프로그램의 과제(도전정신 고취, 변화를 위한 영감to inspire change)와 각 분야의 목적, 그리고 주제와 내용―"영국에서 진행될 올림픽으로 영감을 받은 모든 비상업적 프로젝트와 행사에서 영감을 공식적으로 알린다. 우리는 2012런던올림픽대회에 영감을 받은 혁신적인 프로젝트들을 찾고 있다. 프로젝트는 우수해야 하고 개개인에게 최상이어야 하며, 참여적이어야 한다."―을 정의했다. 또한 영감 프로그램은 프로젝트 진행기관의 혜택을 제공했다(표 6-7).

"브랜드의 가치를 반영하여 가장 쉽게 접근할 수 있도록 구성해 참여를

〈표 6-7〉 영감 프로그램을 위해 선정된 프로젝트 진행 기관의 혜택

혜택	설명
특별함의 상징 (Mark of excellence)	2012런던 영감(Inspire) 마크를 제작, 올림픽 브랜드에 포함시킴으로써 폭넓은 마케팅 도구를 제공한다.
이전에 없었던 새로움 (Like never before)	새로운 관객을 만들고, 새로운 파트너십을 구축하여 영감을 불러일으킨다.
성공 사례의 전시 (Showcase your success)	지역적, 전국적 미디어 활동에 정기적으로 집중한다. 또한 지역 공개행사, 영감 독려 및 새로운 파트너십 구축을 장려한다.
홍보 자료의 독점적 제공 (Exclusive communications materials)	영감 프로젝트를 '2012런던' 브랜드의 중심에 위치할 수 있게 함으로써 올림픽 그래픽과 팸플릿, 편집본을 사용할 수 있게 한다.
관계 구축 기회 제공 (Networking opportunities)	영감 프로젝트의 네트워크를 통해 각자의 프로젝트를 좀 더 성공적으로 만든다. 이 네트워크는 문화와 스포츠, 교육, 지속 가능성의 측면에서 많은 기회와 영감을 불러일으킬 수 있는 다양한 국가와 지역적 수준의 네트워크이다.

이끌어내고 사람들에게 영감을 주며 올림픽의 분위기를 고취시킬 수 있는 프로젝트와 행사를 통해 스포츠, 문화, 교육, 환경, 자원봉사, 비즈니스 기술 각 분야에 업적을 남길 것이다."

(National Archive 2010)

영감 프로그램의 승인을 받은 프로젝트와 행사들은 '2012런던' 브랜드 계열의 일부로써 런던올림픽대회 엠블럼에 기초한 영감 마크(오륜 마크가 없음)를 사용할 수 있다.

영감 프로그램의 관리와 운영 과정은, 2011년부터 비상업적 프로젝트와 행사의 선정으로 시작되었다(표 6-8). 영감 프로그램에서 비영리성은 필수적인 특성이었다. 올림픽의 특정 상품 관련 독점권을 보유하

<표 6-8> 영감 프로그램의 목표와 주요 사례

주요 주제	목적	프로그램 사례
스포츠	- 대중 스포츠, 스포츠 경쟁 및 신체적 활동 참여의 증대 - 올림픽과 패럴림픽에서 영국대표팀의 성적 향상	450개의 스포츠 파트너십 학교에서 '청소년 홍보대사'(Young Ambassadors)을 선발하여 건강한 삶의 태도와 서로 돕는 관계를 더욱 장려하는 활동을 진행했다. '젊은 대사관'은 지지자이며 롤모델처럼 행동했다—올림픽과 패럴림픽의 가치에 대하여 발표했으며, 스포츠 행사의 조직을 위한 파트너십 구축에 그들의 학교가 참여할 수 있도록 독려했다.
문화	- 모든 사람, 특히 젊은이들의 참여를 독려하여 문화적 영감을 불러일으킬 수 있는 올림픽 개최 - 긍정적 경제 효과 및 공동체 의식과 같은 개선점을 제공할 수 있는 다양한 문화행사 개최	'젊은 말'(Young Hackney)을 찾아내어 동부 런던의 해크니(Hackney) 버로우(Borough)의 수천 명의 젊은이들의 축제를 2개월간 진행했다. 올림픽에 의해 영감을 받은 이 축제에서는 무료 행사와 워크숍 또한 지역 예술문화 활동의 맛보기 강연들이 진행되었으며 젊은이들에게 새로운 것을 발견할 수 있도록 독려했다.
교육	- 우수성과 우정과 존중, 패럴림픽의 가치인 용기와 투지, 영감, 평등과 같은 올림픽 가치를 전달 - 프로젝트의 수립과 개발, 수행 과정에 젊은 사람들의 참여 유도 - 젊은이들의 기술 향상과 고용 창출의 기회 제공 - 교육기관과 교육조직 간의 파트너십 구축 - 영국의 학교와 대학에 'Get Set, London 2012's education programme' 교육 프로그램 홍보 및 보완	교육 프로그램인 'The Make Your Mark Challenge'는 중등학교와 대학교를 위한 하루 일정의 국가적인 무료 경쟁 프로그램이었다. '글로벌 기업가 정신 주간' 행사의 일부로 시작되었으며 이 프로그램은 유능하고 숙련되고 적극적인 미래인력을 개발하는 데 기여했다. 2012년까지 많은 젊은이들이(14-19세) 도전에 참여했다. 미래에 그들 중 일부는 2012 올림픽의 유산을 넘겨받은 사람이 될 것이다.
비즈니스	- 올림픽대회와 관련된 계약에서 영국의 비즈니스가 성공할 수 있도록 지원 - 올림픽대회와 연관된 영국 및 지역 내 비즈니스 전시회 유치	'동부 최정상 팀'(The Team East Summit)은 '동부팀'(Team East)이 지역 내 사업체들 간에 보다 많은 연결고리가 형성될 수 있다는 데 집중했다. 이 프로그램은 대회와 관련한 많은 기회에 대해 인식할 수 있도록 각 대표자들을

독려했다.

지속 가능성	- 지속 가능한 대회의 개최를 지원 - 올림픽을 본보기로 삼아 지속 가능한 환경과 공동체 개발	'주최자의 나무(The Trees for the Hosts)' 프로젝트는 런던의 지역 기관과 학교들, 공동체 조직 및 자원봉사자들의 '나무 심기' 행사로 진행되었다. 이는 기후 변화와 건강한 삶, 다양성 확보와 같은 2012런던올림픽의 지속 가능성 정책 테마를 강조했다.
자원봉사	- 스포츠와 문화, 교육, 지속 가능성 관련 자원봉사 활동 독려	'개인의 최선'(Personal Best) 행사는 실업자나 사회적 소외계층들이 올림픽 및 패럴림픽의 자원봉사자가 되어 새로운 기술을 배우고 그들의 조직에 점점 더 관여하는 한편, 취업의 기회를 높일 수 있도록 즐거움과 희망을 갖게 하는 획기적인 프로그램이었다.

(출처: http://www.mylondon2012.com/inspireprogramme)

고 있지만 사회 공헌 활동 프로젝트의 일환으로 영감 프로그램의 파트너사가 되려고 하는 스폰서들을 보호하는 것은 조심스럽게 진행되었다. LOCOG와의 관계 속에서 수행된 영감 프로그램의 홍보 활동들은, "이미 목표 과제로 설정된 2012런던올림픽 유치 미디어 캠페인과, 주요 행사나 대중적인 2012런던올림픽 웹사이트의 블로그 및 기사에 2012 런던올림픽을 게재하고, 하나 이상의 온라인 뉴스들 안에 기사를 제공하는 등, 구체적인 대상 수용자들과 미디어 관련 기관들을 목표로 설정하는 것을 포함하여"(LOGOC 2011d) 런던의 성공적인 올림픽 개최를 약속했다.

전망
성과 평가 단계에서는 프로젝트의 수와 그 형태를 고려하여, 프로젝트 전반에서 다음과 같은 사항의 정보를 수집하여 분석할 것이다: 참여도 (참여자 수와 특성), 구성원(참여자들의 성공적인 결속력과 사회 전 분야, 소외

계층의 참여도), 변화(프로젝트가 얼마나 참여자들을 변화시켰는가, 그들이 프로젝트의 목적을 위해 얼마나 최선을 다했는가), 목표(프로젝트 목적의 달성 정도), 교육(프로젝트를 통하여 참여자들이 무엇을 배웠는가) 그리고 영향력(사회와 참여자들에 미치는 영향력, 프로젝트의 주요 주제에 미치는 영향력).

LOCOG에 따르면, "1천만 명 이상이 영감 프로젝트에 참여했다—영감 프로젝트는 우리가 올림픽대회의 힘을 이용해 영국과 전 세계에 지속 가능한 변화를 불러일으켰다고 증명할 수 있는 행사였다"고 한다. 이러한 성공이 지속될 때 영감 프로젝트는 2012런던올림픽이 남긴 유산legacy 가운데 중요한 역할을 했다. 또한 프로젝트의 성공은 모든 파트너들의 가치의 근원인 네트워크 구축의 결과였다. 형성된 관계는 다른 사회적 프로그램들의 수립과 적용에 활용될 것이다. 이 프로그램은 파르바티야르Parvatiyar와 세스Sheth(2000)가 정의한, 협력과 협업의 활동들을 독려하기 위한 지속적인 과정 및 비용 절감을 통한 성숙한 가치의 숙성 혹은 창조를 위한 고객과의 프로그램으로써, 관계마케팅의 구조와 틀에 부합한다.

2010밴쿠버동계올림픽의 마케팅 사례

IOC에 따르면, 2010밴쿠버동계올림픽의 마케팅 프로그램은 텔레비전 시청률(전 세계 38억 명)과 로컬 스폰서십(7억6천만 달러), 후원사 액티베이션, 입장권 판매수입 그리고 올림픽 매장 방문자 수에서 최고의 성과를 올렸다(IOC 2010f). IOC의 자크 로게 위원장은 올림픽에 대한 캐나다 국민들의 열정과 열망이 그러한 성과를 만들어냈다고 밝혔다.

"밴쿠버는 전에 경험해보지 못했던 규모로 대회를 주관했다. 그리고 우리는 캐나다 국민들에게 우리가 밴쿠버에서 느꼈던 올림픽에 대한 그들의 환대와 따뜻한 마음, 기꺼이 즐겁게 참여하는 모습에 대해 깊이 감사해야한다. 이러한 모습을 통해 2010올림픽이 개최도시인 밴쿠버에서뿐만 아니라 전 지구적인 차이점을 만들어냈다는 것을 의심할 여지가 없다."

(IOC 2010c: 4)

마케팅 프로그램과, 특히 이해관계자들의 참여는 "스포츠와 문화, 지속 가능성에 대한 열정으로 보다 강해지는 캐나다"라는 밴쿠버올림픽대회조직위원회VANOC의 비전과 성공적인 대회 개최라는 목적을 달성하게 한 필수 요소였다(VANOC 2006). VANOC는 밴쿠버가 2010년 동계올림픽의 개최지로 선정된 순간부터 "캐나다의 정신에 입각하여 전 세계에 영감을 불어넣자touch the soul of Canada and inspire the world"라는 기조 아래 세계적 수준의 행사를 원활하게 진행하기 위한 목표를 수립했다. 그 결과 VANOC은 캐나다가 어떻게 전 세계에 환영의 메시지를 전달하고, 캐나다인으로서 베풀 수 있는 최고의 모습을 보여주며, 주어진 기회에 대한 축하의 마음을 함께 전달할 수 있을지 말할 수 있게 되었다(VANOC 2010). 영토의 광대함과 문화의 다양함으로 인해, 2010년 '캐나다' 동계올림픽은 VANOC에게 거대한 도전일 수밖에 없었으나, 이러한 대회 이면에 있었던 지역 통합에 대한 전망이 대회 진행과 관련된 주요 이해관계자들의 참여를 이끌어내며 매우 중요한 요소로 작용했다. VANOC 위원장 존 펄롱John Furlong은 대회가 끝나고 이렇게 말했다.

"만약 2010동계올림픽이 밴쿠버의 혹은 브리티시 콜롬비아British Columbia, BC만의 행사였다면 캐나다 전체에서 지금과 동일한 수준의 협조와 관심을 받지 못했을 것이다. 도리어 올림픽대회로 재정 위기를 겪게 되었을지도 모른다. (…) 작은 사고의 전환이 어떻게 그렇게 큰 행사의 마케팅을 바꿀 수 있었는지에 대한 근본적인 접근은 이번 올림픽이 남긴 하나의 유산이 되었을 것이다. 우리는 마케팅이 단순히 올림픽 로고 사용권을 팔려는 행위가 아닌, 완전한 약속과 완전한 관계에 대한 권리를 판매하는 것임을 증명할 수 있었다."

(Furlong & Mason 2011: 139)

VANOC의 성공은 '2010밴쿠버'라는 브랜드에 '올림픽'이라는 브랜드 파워를 부가하여 발생한 가치로, 이해관계자들의 완전한 참여를 이끌어냄으로써 가능했다. 밴쿠버올림픽 브랜드는 '언제나 전 세계인들을 따뜻하게 맞이하는 캐나다의 친절함을 외적으로 표현한, 희망과 우정의 상징'이 되도록 계획되었다(VANOC 2006). 이러한 이상은 올림픽 브랜드와 이해관계자들 간에 높은 수준의 협업체계를 구축했고, 가치의 공동 창조를 위한 최상의 조건을 제공할 수 있는 기반을 마련했다. 이어지는 내용은 VANOC이 올림픽대회의 성공적인 마케팅에 기여하는 관계를 만들어낼 수 있었던 방법을 보여준다.

VANOC의 마케팅 기능과 브랜드 개발

VANOC는 53개의 사업부문을 가진 거대한 조직이었다. 그 가운데 조직의 마케팅은 마케팅 및 커뮤니케이션 본부Revenue, Marketing and Communications Division, RMC의 소관이다. RMC 본부는 11개 각각의 업무(표 6-9)를 수행할 수 있도록 세분화되어 있으며, 마케팅 계획을 수립하고 수행하는 데 관련된 모든 요소들이 잘 조화될 수 있도록 조직되어 있다.

2010밴쿠버 브랜드의 개발

VANOC는 '올림픽'과 '캐나다'라는 브랜드의 활용을 브랜드 전략의 방향으로 내세웠다.

〈표 6-9〉 VANOC의 RMC 부서 기능(출처: VANOC 2007)

기능	주요 활동
스폰서십 판매 및 서비스	스폰서십 판매 전략의 수립 및 실행과 파트너(TOP과 로컬 스폰서) 서비스 제공
라이선스 및 판매	라이선스 프로그램의 개발 및 라이선시 관리, VANOC의 판매 운영 책임
상업적 권리 관리	VANOC의 상업적 권리의 개발 및 적용, 브랜드 보호 정책과 교육 프로그램 제공
입장권 판매 관리	입장권 프로그램: 판매, 마케팅, 커뮤니케이션 및 유통
커뮤니케이션	커뮤니케이션 전략의 수립과 외부 홍보 관리, 광고업무 계획 및 관리
지역 공동체 관리	모든 캐나다인들의 참여를 독려하는 프로그램 개발
편집 서비스	올림픽대회의 모든 자료 출판
언론사 관리	미디어 및 기자 관리
홈페이지(인터넷) 관리	웹사이트와 관련된 올림픽대회의 모든 자료, 디자인 및 관리(내부 및 외부)
브랜드 개발 서비스	디자인, 연구조사 및 콘셉트 테스트 등을 포함한 브랜드 전략수립 및 관리
성화 봉송	브랜드 자산으로서 성황봉송과 관련된 모든 업무

"이 두 브랜드의 조합은 우리가 수행한 모든 전략의 기반이 되었다. 우리의 목적은 독특한 우리만의 지역, 우리와의 시간에서 하나의 통합적이고 소중한 경험을 쌓게 하는 것 그리고 가능한 한 많은 사람들이 영감을 받고 매료되도록 하는 것이다."

(IOC 2010e: 127)

VANOC는 이를 위해 수많은 조사 활동과 전 국민과 운동선수, 예술가, 캐나다 원주민, 대회 준비와 관련한 핵심 인사와 같은 주요 이해관계자들 대상으로 하는 홍보 활동을 수행했다(IOC 2010e: 127). 그 결과 브랜드 전략은 가치 창조 과정의 초석이 되었다. 2010밴쿠버 브랜드는 아래의 질문들에 대한 본질적인 답변이었다:

- "캐나다에 주어진 기회에 대한 축하" - 캐나다가 가진 모든 것과 국민들의 강점을 공유할 수 있는 기회(우리는 누구인가?)
- "미래를 준비할 수 있는 기회에 대한 축하" - 더 큰 꿈을 꾸는, 더 멀리 도달할 수 있는, 그리고 영구적인 유산을 만들 수 있는 미래를 준비(우리가 원하는 것은 무엇인가?)

(VANOC 2006)

밴쿠버올림픽대회의 엠블럼은 생방송을 통해 캐나다 전 지역에 공개되었다(VANOC 2010). 엠블럼은 캐나다의 이눅슈크Inukshuk 석상의 현대적 해석을 통해 탄생했으며, 이누이트Inuit어로 친구의 뜻을 가진 일라노크Ilanaaq란 이름이 붙여졌다(VANOC 2010).

VANOC는 밴쿠버와 캐나다 그리고 모든 캐나다 국민들의 개성을 부여한 독특한 정체성을 띠는 브랜드를 만들었다고 확신했다. 목표와 비전을 통해 중요한 파트너들의 관심을 이끌기 위한 올림픽 브랜드를 갖는 것, 그리고 '2010밴쿠버'라는 브랜드가 적절히 보호받을 수 있어야 한다는 것은 VANOC에게 필수적인 요소였다. 그 결과 VANOC는 캐나다 정부에게 올림픽과 '2010밴쿠버' 브랜드의 앰부시 마케팅 및 브랜드의 부적절한 사용에 대응하기 위한 특별한 법적 보호 제도 마련을 요청했다. 이러한 노력의 결과로 2007년 스폰서들에게 '보다 투명한' 시장에서의 VANOC의 브랜드와 프로그램을 제공하기 위해, VANOC에 의한

추가적인 보호 장치를 갖춘 '올림픽 특별법Olympic Marks Act, OPMA'이 마련
되었다.

　　2010밴쿠버올림픽은 캐나다 국민들 스스로에게 완벽했으며, 전 세
계인들을 환대하면서 더불어 많은 메달도 따내어 성공의 기쁨을 맛보게
해주었다. 최대한 많은 메달을 획득하자는 열망을 불러일으킨 '시상대
를 차지하자Own the Podium, OTP' 프로그램은 VANOC와 캐나다올림픽위
원회, 연방 정부, 주정부, 가맹경기단체 그리고 후원사들 간의 협업에
의한 독특한 프로그램이었다. OTP의 목적은 총 메달 획득 수에서 1등
을 차지하는 것이며, 말 그대로 시상대를 차지하는 것이었다. 캐나다가
이미 두 차례 올림픽을 개최했으며(1976년 하계 및 1988년 동계) 총 메달
수에서 우승을 차지한 경험이 있었기에, VANOC는 OTP를 강력한 의
지로 추진할 수 있었다. 같은 이유로 운동선수와 올림픽대회 수준을
넘어서서 국가의 단합을 이끌어내는 것이 필수적인 요소였다. VANOC
는 총 1억1천만 달러의 기금을 모집했으며, 절반은 기업 후원사들로부
터 거둬들였다.

2010밴쿠버올림픽 스폰서십과 파트너십

VANOC의 주요한 마케팅 목적 중 하나는 올림픽대회와 대외 조직들
간의 브랜드 제휴 대상 발굴과 계약이었으며, 이는 RMC 본부의 가장
큰 역할과 책임이었다. 결과는 매우 성공적이었으며, 자국 내 후원사들
에게 6억8천8백만 달러(USD)의 후원금을 모집했다. 이는 전체 예산의
43%를 차지하는 규모였다.

　　VANOC는 현금과 현물, 서비스를 조합한 3단계 스폰서십 프로그램
을 개발했다.

- 1등급 - 6개국 파트너들에게 모든 VANOC의 엠블럼과 명칭, 캐

나다 올림픽 국가대표팀의 엠블럼과 명칭 그리고 '시상대를 차지하라Own the Podium' 프로그램의 상표와 명칭에 대한 지식재산권 (IP) 사용권

- 2등급 – 10개의 공식 후원사들에게 VANOC의 엠블럼과 명칭, 캐나다 올림픽 국가대표팀의 엠블럼과 명칭 사용권
- 3등급 – 38개 공식공급사와 3개 언론홍보사에게 VANOC의 엠블럼과 올림픽 국가대표팀의 엠블럼 사용권

RMC 본부는 또한 3등급 획득을 위한 최소한의 기준에 미달하는 기업들(보통 중소기업 규모)을 위해 '올림픽대회의 친구들Friends of the Games'이라는 또 다른 등급을 신설했다. 이들은 올림픽대회 후원이나 '캐나다의 보다 좋은 상품'을 제공하기 위해 상품이나 서비스 혹은 현금을 기부했다.

VANOC는 비영리 기구, 정부 등의 5개 그룹으로 구성된 파트너십을 구축했다. 정부 기관의 파트너들은 올림픽대회를 위한 자금지원뿐만 아니라 '시상대를 차지하라' 행사와 예술, 문화 행사도 지원했다. 주정부와의 파트너십에서는 올림픽대회를 진정한 '캐나다의 대회'로 만들기 위하여 준주準州, Territories와 캐나다 원주민들을 우선적으로 고려했다. 그러나 정부기관 파트너들과 기업 파트너들과의 서비스는 크게 달랐다. VANOC의 정부기관 파트너 관리는 업무의 집중도를 높이고 그들의 요구에 적극 대응하기 위해, 서비스 본부가 아닌 경영 관리 본부에서 수행했다. 비영리기구 파트너들은 5개 그룹의 이해관계자 그룹으로 나뉘었다.

- 중앙정부기관 파트너(예: 캐나다 정부)
- 스포츠 기관 파트너(예: 캐나다올림픽위원회, 캐나다패럴림픽위원회)

- 캐나다 원주민(예: 스쿼미시Squamish)
- 개최 도시(예: 리치몬드시)
- 지원 도시 및 주(예: 온타리오, 퀘벡)

스폰서십 판매 및 서비스 부서는 상업 기구의 스폰서십 관점에서 두 가지 중요한 기능을 한다. 첫째, 그들은 '2010밴쿠버' 브랜드의 공동의 가치를 창출할 수 있도록 VANOC의 지식재산권들에 대한 사용권에 대한 권리를 공식 후원사에 제공하고 활용할 수 있도록 판매했다. 또한 조직들을 온전하게 '올림픽 네트워크'에 편입시킴으로써, 그들이 '2010밴쿠버' 브랜드를 후원하고, 진정으로 축하하는 마음으로 모든 행사들을 열렬히 지원할 수 있게 하여 가치의 공동창조를 달성했다. VANOC가 주관한 올림픽 성화 봉송은, 올림픽 행사에 동참하고 싶어하는 자발적인 캐나다인들의 적극적 동참을 통해 광범위한 네트워크 규모의 행사로 진행될 수 있었다.

또한, 마케팅 프로그램에서 매우 중요한 의미를 가지는 성화 봉송 행사는 RMC 본부가 대회 개최 6년 전부터 기획했다. 캐나다로얄은행 RBC, 코카콜라와 같이 프로그램의 전면에서 적극적인 후원활동을 한 주요 후원사 외에도 행사의 성공을 위해 시간과 노력, 열정을 쏟아 부은 숨은 조직들, 비영리 기구들이 무수했다. 성화 봉송 행사는 캐나다 1,036개 도시 전역에 걸쳐 45,000Km 이상의 거리를 106일 동안에 12,000명의 봉송 주자들이 참여한 대규모 행사가 되었다(Zacharias 2010). 이러한 성과는 지역 기관과 보안 관련 요원, 자원봉사자들, 지역 스포츠클럽들, 각종 지역 모임 그리고 모든 정부기관들을 포함한 네트워크 전체의 행위자들의 활발한 참여 덕분이었다. 이러한 주체들의 활동에 따라 브랜드의 가치가 향상되고, 성화 봉송을 성공적인 올림픽대회를 위한 중요한 요소로 만들 수 있었다. 후원사들에게 성화 봉송은 내부적으로는 직원과 그들의 가족들, 외부적으로는 그들의 중요한 고객들에게 올림픽 경험을 공유할 수 있는 기회를 제공했다.

'2010밴쿠버' 브랜드와 후원사 브랜드 모두의 성공을 위해서는 상생의 가치 창조와 상호 소통이 필수적이었다. 예를 들어 캐나다 동부지역에 기반을 둔 홈하드웨어 부문 스폰서인 로나RONA가 세운 전략은, 소외된 계층을 흡수하고 해안에서 해안으로의 확장을 통해 브랜드 가치를 형성하는 것이었다. 로나는 올림픽 기념품 매장에 소외 계층을 고용하고, 로나 직원 급여 수준의 인건비를 지급하면서, 밴쿠버의 정반대 지역에서 밴쿠버까지 이동할 수 있게 했으며, 이들이 밴쿠버에서 자원봉사자로서 활동할 수 있는 프로그램을 만들었다(IOC 2010e). 지속 가능성은 밴쿠버 브랜드의 한 축이었으며 모든 파트너, 특히 TOP 파트너들에게 중요한 항목이었다. 예를 들어 코카콜라는 재활용 용기와 컵, 뚜껑, 직원 유니폼 등을 사용하고 온실가스 배출량이 낮은 냉장고를 설치하는 활동으로 2010밴쿠버동계올림픽을 첫 번째 탄소중립carbon-neutral 올림픽대회로 만들기 위해 노력했다(IOC 2010e).

스폰서십 판매 및 서비스 부서의 두 번째 주요 업무는, 올림픽 스폰서십 활동을 수행하는 파트너들에게 책임감 있게 서비스를 제공하는 것이었다. VANOC는 정부 기관 파트너들이 두 번째 업무를 위한 전략에서 매우 중요한 요소임을 알게 되었다: 그래서 상시 서비스 대응조직 full-time servicing representative을 구성하여 대응했다. 이 서비스에는 환영/응대 프로그램, 투자금 회수 보장, 커뮤니케이션 시설, 숙박시설, 입장권, 인허가 및 교통 그리고 목표한 프로그램의 착수, 진행의 지원 등이 포함되었다. 이렇게 VANOC의 네트워크 지향에 근거한 마케팅은 파트너들의 요구를 만족시키는 데에 집중되었다.

스폰서십 판매 및 서비스 부서는 성숙한 이해관계의 파트너십 구축과 주도적이고 헌신적이며 전문가다운 고객 응대 서비스를 추구했다

(VANOC 2006). 그러나 2010밴쿠버 마케팅 프로그램의 성공은 캐나다 올림픽대회만의 독자성과 모두를 포괄하는 포용성이라는 RMC 본부의 모든 기능들에 의한 결과였다(표 6-12 참조).

> "VANOC는 대단한 조직이었다. 그들은 그들의 일을 매우 훌륭하게 수행해냈다. 스폰서십 부서는 단순한 서비스만 제공하는 데 그치지 않고 우리의 전략을 파악해갔으며, 해결책 제시하려고 노력했다. 솔직하게 이러한 조직을 이전에 본 적이 없으며 우리의 성공은 그들이 우리가 달성하고자 하는 바를 충분히 이해하는 능력이 있었기 때문이었다고 믿는다."

> "캐나다의 역사상 매우 중요한 순간에 우리가 수행한 역할은 마케팅 가치 이상이었다. 그것은 국가의 건립과 유사한 가치였으며, 그것이 바로 다른 행사들에서는 절대 따라할 수 없는 올림픽만의 거대한 혜택이다."
>
> (Séguin & O'Reilly 2011)

결론

이 장에서는 OCOG의 이해관계자들과의 가치 창조를 위한 마케팅에 대해 설명했다. OCOG들은 독자적인 올림픽 경험을 모든 이해관계자들에게 제공하는 공동의 마케팅 프로그램을 수립하고 수행하는 조직이다. 후안 안토니오 사마란치 위원장이 올림픽대회 때마다 서두에서 말하던 바와 같이, IOC의 목적은 "이전에 없던 최고의 올림픽"을 치르는 것이다. LOCOG와 VANOC의 마케팅 전략은 이 분야에서 최고의 모범 사례다.

IOC와 OCOG의 경험은 다른 이해관계자 간의 협력이 성공을 보장하는 핵심 요소임을 증명했다. LOCOG와 VANOC의 사례에서 OCOG

가 사용한 네트워크 중심의 관계-마케팅과 이해관계자 마케팅 방법을 사용했다는 내용을 도출할 수 있다. 두 경우 모두 IOC가 다양한 이해관계자들에게 그들의 의무를 보장하고 요구사항들을 통합시키는 대회의 기본 틀을 구성하는 동안에, 그들의 자원과 경쟁력을 통합하는 것의 중요성을 인식했다. 이는 결과적으로 한 OCOG에서 다른 OCOG로 정보의 교환을 가능하게 했으며 이를 통해 새로운 올림픽대회를 준비함에 있어 관련된 고유의 위험요소를 줄일 수 있는 올림픽대회 지식기반-관리 프로그램knowledge-management programme, OGKM이 만들어질 수 있었다. 이 시스템은 IOC와 OCOG 사이의 대회 주기 동안 지속적인 정보의 교환을 가능케 했다.

끊임없이 변화하고 발전하는 시스템에서 IOC는 안정적인 조직이다. 대조적으로, 각 OCOG는 그들의 이해관계자, 자원, 운영 환경 측면에서 특별한 경우라고 할 수 있다. 예를 들어 IOC와 IPC, 영국올림픽협회BOA, 영국패럴림픽협회BPA, 런던시, 정부, 스폰서, 비영리 단체와 일을 해야 하는 LOCOG의 경우와 같이 OCOG는 매우 다양한 이해관계자들의 네트워크 속에서 일을 하게 된다. 행위자-네트워크 이론과 번역 이론은 혁신적인 공동 마케팅 접근 방법의 설계와 적용에 관한 의사결정을 분석하는 적절한 틀을 제공한다.

OCOG는 서로 영향력과 의존도의 관계에 영향을 받는 구성원들 간의 상호관계로 이루어진 거대한 조직이다. 이러한 상황에서, 마케팅의 주요 목적 중 하나는 관련된 모든 당사자과 함께하는 것이다. 예를 들어, 영감靈感 프로그램은 파트너 기관이자 프로그램 참여자로서의 LOCOG와 정부 그리고 IOC와 스폰서의 기대에 좀 더 많은 주의를 기울임으로써 이러한 다양한 조직들을 결집시켰다. 이해관계자들이 관계-마케팅 접근방식을 수용할 수 있도록 하고, 그들의 관심을 충족시키기 위한 도구로써 이를 변화시키고 다듬어갈 수 있도록 해야 한다. 동시에 이해관계자들에게 대중의 관심을 이끌어내는 네트워크 안의 행위자로서의 역할을 부여해야 한다. 이러한 '변형' 혹은 '번역'은 혁신적인 마케팅 형태를 구현하기 위해 꼭 필요한 부분이다.

핵심 요약

- OCOG는 올림픽대회를 조직, 구성하는 역할을 하며 열광적인 대회가 종료한 이후에는 해산하는 일시적인 거대한 조직meta-organisations이다.
- 마케팅은 개최지 선정 단계부터 대회가 개최되는 동안에 매우 중요한 역할을 한다.
- 공동의 가치 창조를 위한 협업 마케팅collaborative marketing 접근 방식에서, 주요 이해관계자들을 포함할 수 있는 능력은 개최지 선정과 준비 단계에서 핵심 요소이다.
- 일반적으로 이해관계자들이 협업 마케팅을 조직한 경험이 없이 없기 때문에 혁신적인 접근을 함께 만들어가게 된다.
- 올림픽 브랜드의 경험을 제공하는 것(체험)은 IOC와 OCOG 관심사의 핵심이다.
- 마케팅은 사회적·환경적·경제적 목표를 결합시킴으로써 지속 가능한 발전에 기여한다.

국가올림픽위원회
마케팅

7장에서는 국가올림픽위원회National Olympic Committee, NOC의 마케팅 전략을 분석할 것이다. NOC는 그들의 이해관계자 네트워크 안에서의 가치 공동 창조를 목적으로 한다. 첫 항에서는 관련 이해관계자와 NOC 사이에 주어진 마케팅 권리 관계를 서술할 것이다. 두 번째 항에서는 마케팅 플랜의 구축, 브랜드 전략의 개발 및 사회적 목적을 가진 프로그램의 개발에 대한 사례를 제시할 것이다. 마지막 항에서는 대한체육회, 독일올림픽위원회, 미국올림픽위원회의 마케팅 전략을 소개하겠다.

서론

올림픽 헌장에 따르면 국가올림픽위원회는 IOC 및 국제경기연맹IF과 함께 올림픽 무브먼트의 세 가지 구성 요소 중 하나이다. IOC가 승인한 204개의 NOC는 소속 대륙에 따라 전미스포츠기구Pan-American Sports Organisation, PASO, 아시아올림픽평의회Olympic Council of Asia, OCA, 유럽올림픽위원회European Olympic Committees, EOC, 오세아니아국가올림픽위원회Oceania National Olympic Committees, ONOC 그리고 아프리카국가올림픽위원회연합Association of National Olympic Committees of Africa, ANOCA에 속한다.

올림픽 헌장에 따라 NOC는 각 해당 국가(영토) 내에서 올림픽 무브먼트를 발전시키고 증진시키며, 보호할 의무가 있으며 이들 과제의 목적은 '올림픽 무브먼트의 기본 원칙'을 발전시키고 적용하는 것이다.

1. 올림픽 이념은 인간의 신체, 의지, 정신을 전체적 균형과 조화 속에서 고취하는 생활 철학이다. 스포츠에 문화와 교육을 접목시킨 올림픽 이

넘은 노력의 즐거움, 모범적 사례를 통한 교육적 가치, 사회적 책임성, 보편적 기본 윤리 원칙에 대한 존중의 정신에 입각한 생활양식의 개척을 추구한다.

2. 올림픽 이념의 목표는 인간의 존엄성 보존을 추구하는 평화로운 사회 건설을 도모하기 위해 스포츠를 통해 조화로운 인류 발전에 기여하는 것이다.

(IOC 헌장)

이 두 원칙은 올림픽 무브먼트의 다른 조직과 마찬가지로 NOC가 사회적 목적을 갖고 있음을 명백하게 보여준다. 그들은 이러한 목적을 이루기 위해 사회적 마케팅 접근법societal marketing approach을 적용하고 있다. 이는 사회의 이익을 위한 행위를 자발적으로 수용·거부·수정·폐기하는 청중에게 개인이나 단체 혹은 전체로써 영향을 미치기 위해 마케팅 원칙과 기술을 사용하는 것(Kotler, Ned & Lee 2002: 5)을 의미한다. 따라서 NOC의 마케팅 활동은 안드레아슨Andreasen(1995)이 《마케팅 사회적 변화: 건강, 사회적 발전과 환경을 증진하기 위한 행동의 변화 *Marketing Social Change: Changing behaviour to promote health, social development, and the environment*》에서 설명한 바와 같이 사회적 변화를 이끌어내기 위해 고안되었다.

NOC는 TOP 파트너들과 중복되지 않는 카테고리 내에서 스폰서와 공급사 그리고 라이선시들과 해당 국가 내 마케팅 활동을 할 수 있다. 또한 올림픽 팀을 위한 마케팅 프로그램을 고안하여 올림픽 아카데미와 올림픽의 날, 교육 프로그램과 같은 사회적 목적을 가진 프로젝트를 운영해야 한다. 이러한 활동은 올림픽 무브먼트를 발전시키고 국가대표 선수들이 올림픽에 출전할 수 있게 한다.

또한 각 나라의 어떤 도시가 올림픽 유치 경쟁에 참여할지를 결정하는 것도 NOC이다. 마케팅은 신청 도시를 추천하는 단계부터 후보 도시의 준비 그리고 선정된 도시가 올림픽 경기를 준비하는 단계까지 매우 중요한 요소이다.

　이 장은 NOC가 사회적 목적을 달성하기 위해 사용하는 마케팅 전략을 설명한다. NOC의 광범위한 다양성으로 인해, 모든 NOC의 마케팅 전략을 전체적으로 검토하는 것은 불가능하다. 그러므로 여기에서는 주요 사례를 바탕으로 다른 성격과 환경에서 운영된 NOC 올림픽 마케팅을 소개하고자 한다.

올림픽 시스템에서 NOC의 관계 및 마케팅 권리

NOC는 광범위하고 다양한 커뮤니티를 형성하고 있다. 카메로이스 Chamerois(2006)는 106개 NOC의 대표적인 특성에 따라 상대적으로 중요한 활동을 분석하고 있다(그림 7-1). 스포츠 행정 분야는 유일하게 106개의 모든 NOC가 관여하는 활동이며 자연스레 표에서 가장 높게 나타난다. 그 다음은 올림픽 경기를 위한 대표 선수단의 준비(선수단, 코치, 임원 등)이다. 마케팅과 홍보는 기준 하단부에 나타나는데, 이는 많은 NOC가 이런 활동을 우선순위로 고려하지 않고 있기 때문이다. 하지만, 카메오리스가 제시한 표는 모든 NOC가 IOC에게 올림픽 솔리다리티와 TOP 프로그램을 통해 재정 지원을 받는데도, 각각의 NOC들이 마케팅 활동의 관점에서 성격이 천양지차이며, 마케팅을 지향하는 태도에도 커다란 다양성이 존재함을 드러내지는 않는다.

　NOC의 마케팅을 비교하기 위해서는 마케팅 프로그램을 통해 창출되는 NOC의 수입과 NOC가 마케팅에 투입하는 각 수입원(예: 인사, 재무, 기술 등)의 비중을 고려해야 한다. 예를 들어 USOC 수입의 38%가 스폰서십 구좌에서 나오는 반면, 카자흐스탄 NOC의 경우 IOC의 지원

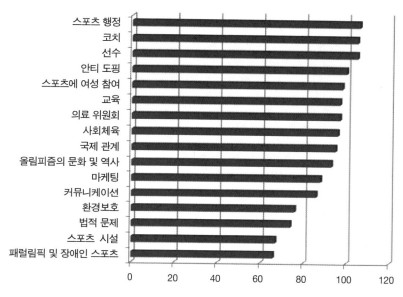

〈그림 7-1〉 NOC 활동의 주요 범주(Chamerois 2006)

에 그 의존도가 매우 높다(그림 7-2).

　카메로이스의 데이터는 마케팅이 NOC 수입의 20% 이상을 제공할 때 중요한 기여를 하는 것으로 간주한다. 이는 〈그림 7-3〉에서 벨기에 올림픽위원회Belgian Olympic Committee, COIB의 수입 재원을 통해 확인할 수 있다.

　또 다른 측면은 마케팅에 투입하는 인사와 재무, 물품 그리고 기술 자원의 비중을 살펴보는 것이다. 예를 들면 USOC는 마케팅에 조직 예산의 9%를 사용하고 있고 32명의 마케팅 담당직원을 채용하고 있다. 반면 일부 소규모의 NOC들은 유급 직원이 없으며 마케팅 활동은 자원봉사자가 담당한다. 마케팅 활동에는 과실을 맺기 위한 꾸준한 시간과 우호적인 환경이 필요하다. 예를 들어 별도의 마케팅 매니저를 채용하

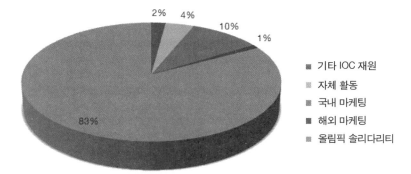

〈그림 7-2〉 2005-2008까지 4년간의 카자흐스탄 NOC 수입

- 기타 IOC 재원
- 자체 활동
- 국내 마케팅
- 해외 마케팅
- 올림픽 솔리다리티

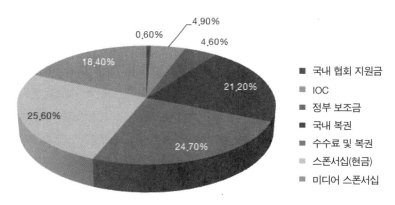

〈그림 7-3〉 2010년 COIB의 수입의 재원

- 국내 협회 지원금
- IOC
- 정부 보조금
- 국내 복권
- 수수료 및 복권
- 스폰서십(현금)
- 미디어 스폰서십

고 스폰서 활동을 전개하기 위한 2명의 정직원을 채용한 크로아티아올림픽위원회Croatian Olympic Committee, COC는 스폰서십 중 70%를 공기업과 계약을 체결했다. 그 결과 COC 수입의 10%는 마케팅 활동으로 창출되고 나머지 90% 중 크로아티아 정부가 88% 그리고 올림픽 솔리다리티가 2%를 지원한다. 이는 COC가 처음으로 마케팅을 시작했다는 점과 크로아티아의 경제 상황이 스폰서를 끌어들일 만큼 유리하지 않은 것을

고려하면 놀랄 만한 성취였다.

올림픽 시스템의 중요한 이해관계자로서 NOC는 다양한 행위자들과 마케팅 관계를 맺고 있다. IOC는 NOC의 운영 활동에 기본 틀을 규정하기 때문에 가장 큰 영향력을 행사한다. 개최국 NOC를 제외한 NOC들은 OCOG와는 관계가 없다. 1988년(캘거리올림픽) IOC는 개최국 NOC와 OCOG의 마케팅 권리 충돌을 피하기 위해 양자간의 공동 마케팅 프로그램Joint Marketing Programme, JMP을 개발하여 OCOG가 올림픽 관련 지식재산권을 독점할 수 있도록 조치했다. JMP는 올림픽이 개최 6년 전부터 효력이 있으며 NOC는 올림픽이 해당 국가에서 개최되지 않았을 때 창출할 수 있었던 기회비용을 OCOG에게서 받게 된다. 개최국 도시와 개최국 NOC는 사전 합의를 통해 재정 조건들을 규정하고 있다. 이 합의는 검토와 승인을 위해 IOC 마케팅 부서에 제출된다. 우리나라 또한 2018평창동계올림픽대회의 유치로 KOC의 마케팅 권리가 2013년부터 2020년까지 8년간 2018평창동계올림픽대회조직위원회 POCOG로 이관되었으며 POCOG의 마케팅 수입 중 일부가 KOC로 매년 배분된다.

NOC의 마케팅 프로그램은 해당 국가나 영토 내에서만 적용되는 권리에 기반하고 있으며 다음의 두 가지 영역에서 마케팅 활동을 수행하게 된다.

1. 올림픽 무브먼트와 연관성이 없는 마케팅 활동: NOC는 올림픽 헌장에 언급된 올림픽 무브먼트에 의해 명시적으로 보유한 엠블럼과 별도로 고유의 지식재산(예: 마스코트, 픽토그램, 슬로건 등)을 만들 수 있다. NOC가 자체 지식재산권을 만들어내고 상업적으로 개발할 자유가 충분하다고 해도 올림픽 무브먼트의 회원국으로서 올림픽 헌장을 준수해야 하기 때문에 절대적으로 자유롭지는 않다.

이러한 규칙은 다음의 조건에 부합할 경우에만 가능하다.

- NOC는 자국 내에서만 엠블럼을 개발하고 사용할 수 있다.
- 다른 국가에서 이러한 엠블럼을 사용하기 위해서는 해당 국가 NOC로부터 승인을 받아야 한다.
- NOC는 올림픽 가치와 올림픽 헌장에 부합하지 않는 제품이나 서비스에 엠블럼이나 브랜드를 연계시킬 수 없다.
- NOC는 IOC가 스폰서십이나 브랜딩 사업에 대한 정보를 요구하는 경우 계약서의 사본을 제공하여야 한다.

2. 올림픽 헌장에 명시된 지식재산의 사용 행위: NOC는 올림픽 헌장에 명시된 지식재산을 사용할 경우, 관련된 규정을 준수해야 한다. 예를 들어 아래의 조건에 해당할 때는 올림픽 엠블럼(오륜)과 올림픽 기, 주제곡을 사용할 수 있다.

- 비영리 활동을 위해 사용할 경우
- 올림픽 무브먼트의 개발을 위해 사용할 경우
- 올림픽 무브먼트의 존엄성을 손상하지 않는 범위 내에서 사용할 경우
- IOC 이사회로부터 사전 승인을 받은 경우

각 NOC는 아래의 경우에 한하여 올림픽 엠블럼을 만들고 이용할 수 있다.

- IOC이사회로부터 사전 승인을 받은 경우
- 엠블럼의 상표 등록을 마친 경우
- 해당 국가 영토 내에서만 엠블럼 사용이 이루어질 경우
- 다른 국가에서 엠블럼을 사용하고자 하는 경우 해당 국가의 NOC로부터 승인을 받은 경우
- 올림픽 가치와 올림픽 헌장에 부합하지 않는 제품에 엠블럼의 사용을 승인하지 않을 경우

미국은 매우 중요한 올림픽 마케팅 시장이다. 1980년대 IOC는 미국 법에 따라 USOC와 특별 계약을 체결했다. 이 계약은 미국 방송 중계권 수입의 12.75% 글로벌 마케팅 수입의 20%를 2020년까지 USOC에게 양도하도록 하는 내용이다. 이는 다른 모든 NOC 수입의 총액과 거의 동일한 금액이다. 그러나 2009년 미국 스폰서와 방송 중계권으로 올림픽 수입의 큰 부분을 제공하기로 한 이 협상에 대해서 의문이 제기되었다. 그해에 USOC는 올림픽 경기에 드는 비용을 수입에 대한 비율로 부담하기로 결정했고, 이는 203개의 다른 NOC에게도 IOC에서 비슷한 지위를 가져오게 되었다.

NOC 마케팅 프로그램

앞서 언급했듯이 NOC는 고유의 마케팅 프로그램을 고안할 수 있다. 통상 NOC는 IOC의 TOP 파트너들과 중복되지 않는 제품군에서 스폰서 프로그램을 이행한다. NOC의 마케팅 프로그램은 NOC의 활동과 올림픽 국가대표팀에 연계된 개발 활동의 수행과 증진에 제한되어 있다. 주요 프로그램(NOC의 영토 내에 제한)은 아래와 같다:

- 로컬 스폰서 프로그램
- 로컬 공급사 프로그램
- 로컬 라이선스 프로그램
- NOC 국가에서 올림픽 무브먼트의 발전을 목적으로 하는 사회적 프로그램

실질적으로 마케팅은 NOC의 전략적 활동과 밀접하게 연계되어 있으며 이를 통해 재정 수입에 기여한다. 예를 들면, 프랑스올림픽위원회

CNOSF는 의료 위원회와 4개의 위원단인 톱-레벨top-level 스포츠, 스포츠와 지역, 스포츠와 사회 그리고 스포츠와 국제적 활동의 다양성에 대한 2012년도 잠정 예산(29,349,047유로)에 동의했다. CNOSF는 가장 중요한 활동 영역인 톱-레벨 스포츠를 포함한 다른 분야의 활동에서 그와 연계된 마케팅으로 27%에 달하는 수입을 창출했다.

위에서 언급했듯이, NOC의 마케팅 활동에는 올림픽 헌장에 설명된 엠블럼과 올림픽 무브먼트와 연계되지 않은 NOC 고유의 엠블럼 사용이 포함된다. 다음 항에서는 NOC가 가치 창출을 위해 이해관계자들을 연계했던 사례 중 모범 사례를 소개하겠다. 먼저 가치를 창출하기 위해 브랜드 시스템 내에서 관계를 창조한 대한체육회KOC의 브랜드 전략을 설명할 것이다. 그 다음 독일올림픽위원회의 마케팅 자회사Deutscher Olympischer Sportbund, DOSB가 사용한 시스템의 구조와 미국올림픽위원회를 살펴보겠다.

브랜드 시스템 내에서의 공동 가치 창조: 대한체육회

대한체육회Korean Olympic Committee, KOC는 1946년에 창설되었으며, 1947년 IOC의 승인을 받았다. KOC의 활동은 전국체육대회와 아시안게임, 유니버시아드와 여러 올림픽 무브먼트 이벤트 및 기타 프로그램의 참여(올림픽의 날 달리기, KOC 올림픽 아카데미 및 올림픽 솔리다리티 프로그램), 학교 스포츠 프로그램(학교 스포츠 발전 세미나), 스포츠 외교 활동(한국-일본 청소년 스포츠 교류, 한국-중국-일본 주니어 스포츠 교류, 한국-중국 청소년 스포츠 교류 프로그램) 그리고 선수 지원 프로그램 등을 포함한다. 또한 KOC는 스포츠를 통한 환경보호에도 관여함으로써 환경 분야에서 IOC의 선도적 역할을 지원한다. KOC는 교육과 문화를 스포츠에 융합시킬 뿐만 아니라 스포츠를 대중에게 전파함으로써 올림픽 무브먼트의 가치를 드높이고 있다(KOC 2011).

KOC의 브랜드 전략

KOC는 대한민국의 스포츠 총괄 기관에 맞는 정체성과 입지를 확립하고 이해관계자들과의 관계를 돈독히 하기 위해 조직 브랜드 전략을 고안했다. 이 전략은 "To the world, Be the best(세상에서 최고가 되자)"라는 조직의 슬로건을 뒷받침하는 스타일과 색을 주제로 고안된 KOC의 엠블럼(그림 7-4)을 포함한다. KOC의 조직 브랜딩 전략은 전략적 비전, 조직의 문화 및 기업 이미지를 올림픽 가치와 연결하기 위한 것이다.

To the World
Be the Best

〈그림 7-4〉 KOC 슬로건

대한민국은 1984년 LA올림픽대회 이후 7번 중 6번을 10위 이상의 성적을 기록했고, 지난 2010밴쿠버동계올림픽대회 최종 메달 집계에서 7위, 그리고 2012런던하계올림픽대회에서는 5위를 달성하면서 최고 수준의 스포츠 경쟁력을 입증했다. 또한 양궁의 경우, 어떤 국가들보다 많은 금메달을 획득한 것을 포함하여 하계올림픽대회에서 총 215개의 메달을 획득했다. 동계올림픽에서는 쇼트트랙 스케이팅에서 대부분의 메달을 따면서 총 45개의 메달을 획득했다.

KOC는 대한민국 국가대표팀의 브랜드인 팀 코리아Team Korea에 대한 특정한 브랜딩 전략을 개발했다. 한국 대표팀 브랜드의 개발 구조는 세 가지 측면에 기반을 둔다: 브랜드 비전, 브랜드 사명, 브랜드 속성(표 7-1). 이 전략은 커뮤니케이션 콘셉트인 "가슴이 뛰고 한국이 뛴다"와 브랜드의 비전인 "함께 승리하자"를 시각화하는 특별한 로고를 포함한다. 한국의 스포츠맨십을 상징하기 위해 고안한 엠블럼은 한국의 첫 번째 영문자인 'K'를 한자와 결합하여 '人-인간' 그리고 '大-큰 한국'처

〈표 7-1〉 팀 코리아 브랜드 구조

구분	성격
브랜드 비전 (Brand essence)	Win Together 팀 브랜드가 궁극적으로 이루고자 하는 목표 선수뿐만 아니라 국민과 세계가 함께 나누고 즐기며 만들어가는 승리 경계를 넘어 모두가 함께 이루는 승리
브랜드 사명 (Brand Promise)	Activating Korean Sport Spirit 팀 브랜드가 수행해야 할 역할과 사명 대한민국 스포츠의 철학과 정신을 대표하는 브랜드로서 전 세계에 대한민국 스포츠의 우수성을 알리고 모든 국민이 하나될 수 있는 구체화된 구심적 역할을 수행
브랜드 속성 (Brand Personality)	승부를 넘어선 감동적인 투혼(Impressed) 국민이 하나되고 세계인이 함께하는 조화와 협력(Harmonious) 모두가 함께 즐기는 함성과 환희(Cheerful) 승리를 향한 열정과 투혼(Passionate)

럼 보이도록 형상화했고, 이는 스포츠 정신, 한국 스포츠의 휴머니즘, 자부심, 대표성 그리고 자신감을 구체화한다. 태극을 형상화한 파란색과 빨간색 줄은 한국의 국가적 정체성인 조화를 나타내며 다이내믹하고 굵은 서체는 동양의 힘과 기술을 나타낸다.

〈그림 7-5〉 팀 코리아 엠블럼

KOC는 스포츠를 통한 국민 행복 실현과 국가 브랜드 강화를 사명으로 정하고 국민들에게 사랑받는 글로벌 스포츠 리더로 도약하겠다는 의지를 표명하는 전망을 세웠다. 또한, 목적과 전망 달성을 위해 전문성과 열정, 공정성 그리고 고객 중심 가치에 기반을 둔 행정을 구현하기 위해 노력하고 있다. KOC는 대중의 스포츠 활동 참여를 유도해 삶의 질을 향상시키고 가맹경기단체 지원한다. 또한 선수들을 훈련시킴으로써 국제 스포츠 경쟁력을 고양하고, 이를 통한 세계 올림픽 무브먼트의 발전과 조화를 이루고 있다.

KOC: 브랜딩을 통한 협력적 관계의 발전

KOC는 다양한 종목별 국제대회 혹은 종합경기대회를 성공적으로 개최했다. 이를 통해 세계 스포츠 및 올림픽 무브먼트의 발전에 중요한 역할을 담당하게 되었고, 현재 다양한 국제종합대회에 대한민국 선수단 파견 지원을 하고 있다. 또한, 국내에서 개최 예정인 2014인천하계아시아경기 대회, 2015광주하계유니버시아드, 2018평창동계올림픽대회의 성공적 개최를 위해 해당 대회조직위원회와 함께 준비한다(표 7-2).

KOC와 팀 코리아의 브랜드는 전체 올림픽 시스템의 일부이며(그림 7-6), 이러한 시스템에는 2014하계아시아경기대회와 2018평창동계올림픽대회 그리고 각 이벤트의 감독 주체인 OCA 및 IOC의 브랜드가 포함된다.

스포츠를 통한 국가 브랜드 확립 전략

"NOC는 임무 수행을 위해 정부 기관과 협력할 수 있으며, 이들 정부 기관과 조화로운 관계를 유지해야 하나, 올림픽 헌장에 어긋나는 어떠한 활동과도 관련되어서는 안 된다."

(올림픽 헌장 제27조 5항)

<표 7-2> KOC의 각 대회별 일정

제목	내용
2014인천아시아경기대회	
기간	2014. 9. 19-10. 4(16일간)
장소	인천광역시 일원
참가 규모	45개국(선수 및 임원 13,000여 명, 방송보도 7,000여 명, 운영요원 30,000여 명)
주최	아시아올림픽평의회(Olympic Council of Asia, OCA)
주관	2014인천아시아경기대회조직위원회(IAGOC)
경기 종목	36개 종목(올림픽 28개 종목, 비올림픽 종목 8개)
2015광주하계유니버시아드	
기간	2015. 7. 3-7. 14(12일간)
장소	광주월드컵경기장 등 광주 · 전남 일원
참가 규모	170개국 2만여 명(선수단 및 운영진 포함)
주최	국제대학스포츠연맹(FISU)
주관	대한대학스포츠위원회(KUSB), 2015광주하계유니버시아드대회 조직위원회(GUOC)
경기 종목	21개 종목(정식 종목 13개, 선택 종목 8개)
2018평창동계올림픽대회	
기간	2018. 2. 9-2. 25(17일간)
장소	평창, 강릉, 정선 - 설상경기: 평창(알펜시아, 용평, 보광), 정선(중봉) - 빙상경기: 강릉(스피드, 피겨, 쇼트트랙스피드스케이팅, 아이스하키, 컬링)
참가 규모	80여 개국, 2만6천여 명 - IOC 회원국 80여개국 선수와 임원 6천여 명 - IOC 패밀리, 각국 NOC, 국제스포츠관계자, 보도진 등 2만여 명
주최	IOC
주관	2018평창동계올림픽대회조직위원회
경기 종목	7경기 15종목 약 100개 세부종목

정부와 NOC는 이해관계가 밀접하다. 이와 같이 올림픽 헌장에 의거, 정부와 NOC의 협력적 관계를 통한 브랜드 구축은 모든 기관에 가치의 공동 창출을 가져온다.

〈그림 7-6〉 KOC와 팀 코리아, 올림픽 브랜드 간의 상호관계

스포츠가 대한민국 국가 브랜드에 미친 영향

스포츠는 대한민국 국가 브랜드 구축에 있어 핵심 요소이다. 메가 스포츠 이벤트의 참여와 개최, 한국 전통 스포츠 '태권도' 등, 스포츠는 대한민국의 이미지를 구축하는 데 중요한 역할을 해왔다. 2002년 대한무역투자진흥공사KOTRA가 조사한 대한민국 국가 이미지 관련 연구에 따르면, 외국인들이 한국의 이미지를 연상할 때 33%가 분단국가, 29%가 월드컵, 25%가 고도성장 그리고 13%가 올림픽을 떠올린다고 한다.

이는 메가 스포츠 이벤트의 개최가 대한민국 브랜드 구축에 핵심적 역할임을 입증한다. 1988년 서울올림픽 이후 한국의 이미지는 '전쟁 폐허'에서 '산업 발전'으로 전환되었으며, 2002년 한·일월드컵은 대한민국의 브랜드 이미지를 개선하고 진화하게 했다. 중국과 일본 사이에 있는 한국은 전 세계에 방송된 월드컵을 통해 진취적인 국민과 세계

정상급 기술을 가진 '다이나믹 코리아'라는 이미지를 구축하게 되었고, 기존에 통용되던 '고요한 아침의 나라'라는 이미지를 대체하게 되었다 (Kim 2004).

메가 스포츠 이벤트 참여시, 좋은 성과를 거둔 것도 국가 브랜드 구축에 중요한 요소가 된다. 예를 들어 2010밴쿠버동계올림픽대회에서 한국은 종합 메달 순위 5위를 달성했는데, 이에 따른 경제적 효과로 1조2천1백억 원의 광고효과('방송시간×메달 수×분당 광고비용'을 통해 산출)를 가져왔다는 연구결과가 있다(SERI 2010b). 이처럼 국제 스포츠대회에서 거둔 우수한 성적은 국가 브랜드 이미지 강화에 기여한다.

전통 스포츠 태권도는 대한민국 이미지의 중요한 브랜드 구성 요소이다(SERI 2010a). 1972년, 정부는 정책적으로 전 세계에 코치와 시범단을 파견하여 태권도의 전파를 위해 노력했다. 그 결과 태권도는 가장 잘 알려진 대한민국의 문화 중 하나가 되었고, 이미지 구축에 핵심적 역할을 담당한다.

코리아 브랜드 구축에 올림픽 활용 방안

국가 브랜드 이미지는 해당 국가의 국내외 발전에 중요한 요소이다. 정부는 대한민국의 브랜드 이미지가 실제의 국가적 위상에 부합하지 않음을 지각하고, 정부는 2009년 국가브랜드위원회를 구성했다. 국가브랜드위원회는 한국의 국가 이미지를 구축·증진하고, 한국의 문화와 제품과 국민들에 대한 오해를 바로잡아 이미지를 개선하며, 정부 주도의 전략과 정책을 통해 해외에 있는 한국 사업체와 국민들의 자긍심 고취와 긍정적 이미지 확립을 위해 설립되었다.

국가브랜드위원회의 세 가지 주요 기능은 (1) 한국 정부의 국가 브랜드 관련 사안의 통합 관제탑의 역할, (2) 국가 브랜딩 정책과 관련 프로젝트의 효율적 수행, 그리고 (3) 국가 브랜딩 활동을 촉진하기 위한 국민의 참여 유도와 공공-민간 파트너십의 강화 및 확장이다.

이를 위해 국가브랜드위원회는 다음과 같은 전략을 수립했다. (1) 국민과 기업, 정부 간의 협력을 통한 국가 브랜딩 역량의 최대화, (2) 브랜드 지표의 개발과 종합 계획 설정을 통해 장기적 국가 브랜드 관리 전략 수립, (3) 각 분야별 상황 및 목표에 따라 차별화·개별화된 정책 추구, 그리고 (4) 협력을 통한 국가 브랜드 활동의 촉진이 주요 4대 전략이다. 전략의 수행을 위해 10가지의 액션 플랜 또한 수립되었는데, 그 중 한 가지가 한국 전통 스포츠인 '태권도 홍보'와 관련된 것이다(Kim 2011).

정부의 국가 브랜딩에 대한 관심과 스포츠의 활용 계획은 대한체육회가 국가브랜드위원회와 공조할 수 있는 기회를 제공하고 있다. KOC

〈그림 7-7〉 국가브랜드와 올림픽 무브먼트의 협력 전략

는 국가 브랜드 가치 창조에 도움을 줄 수 있는 기회를 얻었고, 국가브랜드위원회는 대한민국 이미지 구축에 스포츠를 적극 포함시킬 수 있게 되었다. 스포츠를 통한 국가 브랜딩이 효율적으로 이루어지기 위해 KOC는 팀 코리아(대한민국 국가대표팀), 2018평창동계올림픽대회조직위원회POCOG, 2014인천아시아경기대회조직위원회IAGOC, 태권도진흥재단 및 국가브랜드위원회 간의 협력에 기반을 둔 통합적 마케팅 프로그램이 필요하며, 정부의 협력을 요한다. 이해당사자 간의 자원과 브랜딩노력을 통합함으로써 KOC는 관계마케팅을 바탕으로 한 네트워크 구축을 통해 좀 더 효율적으로 브랜드를 강화할 수 있을 것이다.

통합적 마케팅을 위한 관련 기관 간의 시스템(혹은 협력관계) 관리는 중요하다. 전체적인 국가 브랜딩에서는 국가브랜드위원회가 총괄하나, 다음의 이유로 스포츠 기관 간의 관계에서는 KOC가 주도적인 역할을 하는 것이 효율적이다. (1) 팀 코리아는 KOC의 자산이다. (2) 올림픽 운동의 주요 주체인 국제경기연맹IF과 연계된 국내가맹경기단체(예: 대한태권도협회, 대한빙상연맹 등)은 KOC와 밀접한 관계에 있다. (3) IOC/OCA에 따르면 올림픽과 아시안게임의 조직은 개최 도시의 NOC와 개최 도시가 함께 주최한다. 따라서 한국에서의 스포츠를 통한 국가 브랜드 조정 협의는 KOC를 중심으로 이루어지는 것이 바람직하다.

가치 창조를 위한 이해관계자 마케팅 프로그램의 구조화: 독일올림픽위원회 모델

독일 NOC인 DOSBDeutscher Olympischer Sportbund가 적용한 마케팅 모델은 이해관계자 구조 내에서 가치를 창조한 훌륭한 사례이다. DOSB는 마케팅 회사 DSMDeutsche Sport-Marketing GmbH을 만들어내고, 두 조직의 마케팅을 관리하기 위해 독일 스포츠 협력기관Stiftung Deutsche Sporthilfe, DSH/German Foundation for Sports Aid과 협력을 강화했다. DOSB는 DSM의

지분 48.7%를 소유하고 DSH는 51.3%의 지분을 소유함으로써 특수 관계를 맺고 있다. 2008년도 DOSB의 마케팅 수입은 1천5백만 유로이며, 이는 2004년도 대비 78.8% 증가한 금액이다. 이러한 수입은 두 조직에게 분배되었다. DSM은 아래와 같이 마케팅 활동을 5개 분야로 나눴다.

올림피아 프로그램

올림피아 프로그램은 독일의 올림픽 마케팅 권리와 DSH가 보유한 마케팅 권리 두 가지 모두를 활용한다. 마케팅 권리는 기업의 홍보를 목적으로 독일올림픽위원회의 '독일올림픽파트너Olympia Partners Deutschland'로 참여하며, 올림픽 이념의 증진을 위한 올림픽 대표선수의 참여와 그 외의 다른 촉진 플랫폼을 활용한다.

파트너십에는 6단계가 있다: 올림픽 파트너(4개 사), 올림픽 팀 파트너(3개 사), 공급사(4개 사), 미디어 파트너(1개 사), 협력 파트너(9개 사), 라이선스 파트너(7개 사). 파트너십 권리는 아래의 내용을 포함한다:

- 독점적 서비스 지원(예: 통신, 티켓, 여행, 인센티브 및 시장조사 등)
- DOSB에 주관하는 이벤트(예: 독일하우스Deutsches Haus)
- DSH(생활체육 지원 – 예: 스포츠댄스) 그리고 DSM(예: 파트너 미팅, 워크숍 등)
- 올림픽 대표선수 파트너십(예: 채용, 에이전시 소개 등)
- 자문 활동 등

스포르트힐페(Sporthilfe)

스포르트힐페Sporthilfe(스포츠 지원)는 크게 세 개의 마케팅 프로그램을 운영한다(표 7-3).

〈표 7-3〉 독일 스포츠 협력기관의 마케팅 하위 프로그램

프로그램	특성
개인 기부 프로그램	300여 명의 기부자가 연간 고정금액을 선수들을 위해 지원함. 이에 대한 대가로 기부금에 상당하는 서비스와 이벤트 참여 기회 제공
파트너 지원 프로그램	올림픽 스포츠 도서관, 루프트한자 항공사(Lufthansa)와 메르세데스 벤츠는 세 가지 주요 원칙에 근거하여 최고 수준 스포츠와 청소년 팀과 같은 활동 영역을 지원함. 퍼포먼스, 페어플레이, 팀 정신(Team spirit)
자선활동 및 이벤트	광범위한 활동 개최(예: 능력 기부, 물품 기부 등) 그리고 정기적 이벤트 구성(예: 스포츠 댄스, 골든 피라미드 스포츠, 주니어 트로피 등)

사회체육

스포츠는 사람들의 건강에 긍정적인 영향을 미칠 뿐 아니라 사회적으로도 이익을 창출한다. 이러한 영향이 바로 DOSB가 운영하는 캠페인의 핵심이다(즉, 사회 스포츠, 스포츠 스타, 젊은 선수들의 교육, 유망 선수 지원). 기업들은 이러한 캠페인을 사회공헌활동 프로그램과 연계할 수 있다.

장애인과 스포츠

이 활동은 독일의 패럴림픽 팀과 독일 패럴림픽 경기, 스포츠 연합, 패럴림픽 파트너 프로그램과 관련된다.

이벤트와 서비스

대부분의 NOC들은 스포츠와 문화, 교육을 장려하기 위해 올림픽의 날을 지정하고 있다. 다른 주요 NOC들과 마찬가지로 DOSB는 베이징올림픽에서 독일 파빌리온, 올림픽 팀에 대한 웰컴 홈, '젊은이의 챔피언', 스포르트힐페 마스터스 국제 골프 토너먼트, 올림픽 팀 유니폼 공개

행사 그리고 파트너들과의 연례 회의를 포함한 여러 이벤트를 개최했다. 또한 DMS은 파트너들에게 선수들과의 독점적 파트너십, 선수들의 고용 기회, 스폰서 개발 및 통신 개념, 시장 조사, 미디어와 다른 자문 서비스 협상 권리와 같은 서비스를 제공하고 있다.

각 활동의 경로는 이해관계자들과의 협력에 기반을 둔다. DSM의 마케팅은 횡으로는 활동 영역, 종으로는 이해관계자들과 수행하는 프로그램을 보여주는 매트릭스 구조를 가지고 있다(그림 7-8).

DSM의 마케팅은 세 개의 기둥에 기반하고 있다: 올림픽 경기, 브랜드 인지도, 브랜드 가치. 이를 통해 프로젝트를 개발하고 5개 활동의 모든 영역을 가로질러 다양한 서비스를 제공한다. 이 전략은 파트너들이 공동소유의 회사를 설립함으로써 자신의 권리를 관리하는 마케팅 접근법과 상업적·사회적 기반의 마케팅 프로그램에서 조직들이 이해관계자 관계에 기반을 둔 경쟁력 있는 이익 창출을 허용하는 접근법을 반영한다.

〈그림 7-8〉 DSM의 마케팅 프로그램의 구조

USOC 마케팅 사례

미국올림픽위원회 마케팅 부서의 주요 현황은 다음과 같다.

- USOC에서 일하는 정규 직원 수: 32명
- 전체 예산 중 마케팅 부서의 예산 비율: 9%
- 전체 USOC 수입 중 스폰서십 수입의 비율: 38%
- 전체 예산 중 마케팅에 사용되는 예산 비율(판매에 대한): 56%

미국올림픽위원회USOC는 미국 내의 모든 올림픽 활동을 관할하는 유일한 단체이다. USOC는 올림픽과 패럴림픽, 팬 아메리칸, 패러 팬 아메리칸 대회에서 미국 팀에 대한 훈련과 제반 비용을 지원한다. 1976년 미국 의회는 의결을 통해 올림픽 무브먼트를 국가적으로 지원하기 위한 약속을 강화했다. 입안자인 테드 스테판Ted Stephens 의원의 이름을 딴 이 법안은 USOC에게 미국에서 열리는 올림픽과 패럴림픽, 팬 아메리칸, 패러 팬 아메리칸 게임 모두를 관장하고 영토 내에서의 모든 상표권을 상업화할 수 있는 독점적인 권리를 주었다.

USOC의 마케팅 전략은 세 가지 목적이 있다.

1. 현재 팬들에게는 참여율 더 높이고 다음 세대에게는 흥미를 증진할 수 있는 올림픽 브랜드 인지도 제고
2. 상대적으로 우수한 스포츠 브랜드로서의 위치를 차지할 수 있도록 자국의 브랜드 이미지 구축
3. USOC와 NGB를 돕는 마케팅 프로그램 개발 및 스폰서십 효과를 측정할 수 있는 방법을 모색하여 USOC의 브랜드 가치 증대

USOC는 이를 성취하기 위해 (1) 신규 사업 개발과 파트너십 마케팅

부서, (2) 마케팅 파트너 서비스 부서를 조직했다. 첫 번째로, 신규 사업 개발과 파트너십 마케팅 부서는 14명의 정규 직원이 운영하며 27개의 스폰서와 25개 이상의 라이선시를 관리한다. 사업개발부 임원 2명은 신규 후원사 영업과 신규 사업 개발을 전담하고 있다. 현재의 스폰서들은 마케팅 파트너 서비스 부서에서 관리하며, 3그룹으로 구분 된다: 소비자용 제품군 및 소매 브랜드, 사업 및 기술 스폰서, 라이선싱. 이는 특정 산업 규제와 구조에 대한 전문성을 통해 담당 부서가 산업 전문가가 될 수 있게 한다. 사업개발 부서의 업무영역은, 모든 이해관계자를 대상으로 지속적인 판매 구조와 상표 및 상표권을 만들어내어 전체 조직에 걸친 기회를 창출하고 범주를 개발하고 있다.

USOC의 라이선싱 부서는 미국 영토 내에서 모든 USOC의 브랜드 상표권과 의장권을 관할하는 역할을 담당한다. 그들은 올림픽 헌장의 준수를 위해 IOC와 협력하고 올림픽 경기를 할 때 특히 USOC의 브랜드가 문제없이 수행될 수 있도록 확인한다. 그리고 이러한 지원을 필요로 하는 작은 NGB들에게 실제 디자인 작업을 제공하는 것을 포함하는 지도와 지원을 제공한다. 또한 라이선싱 부서는 USOC가 개최국에서의 특권을 가지고 미국 영역 내에서 그들의 상품을 판매할 수 있도록 허용하는 공동 마케팅 협약을 구성하기 위해, 대회조직위원회와 협력할 수 있도록 지원한다. 이 영역은 미국에서 성장 중인 분야로서, USOC는 스포츠 라이선싱 사업에 참여할 수 있도록 해주는 다채널 브랜드와 라이선싱 구조를 핵심적인 성장 동력으로 보고 지난 수년간 집중적으로 개발해왔다. 미국 주요 소매점의 일부(예: 월마트)가 해외 진출을 해서 USOC는 공동의 이익을 위해 캐나다와 멕시코의 NOC들과도 좋은 경험을 공유하게 되었다. 신규 사업 개발과 파트너십 마케팅 부서는 스폰서의 계약 기단 동안의 만족도와 후원금 액수 그리고 재계약 여부에 따라 업무 평가를 받는다.

두 번째는 마케팅 파트너 서비스 부서이다. 마케팅 서비스 부서는 USOC의 마케팅 지원과 이행을 요하는 모든 기타 부서를 지원하며, 총 18명의 직원이 근무하고 있다. 이 부서의 특별 기능으로는 USOC의 디지털화 노력, 미팅, 이벤트 서비스를 포함한 브랜드 관리/마케팅 프로그램, 미디어 서비스를 포함하고 있다. 또한 USOC는 그들의 국내 연맹―국내 조직 단체 혹은 NGB, 올림픽 스포츠, 팬 아메리칸 스포츠 그리고 미국에 기반을 둔 스포츠(USA 라크로스)를 아우르는 46개 국내 조직 기구를 이 세 개의 부서가 지원한다―에 대한 사업 서비스 지원 기능을 제공한다. NGB와 직접 일하면서 그들의 주요 이벤트와 서비스를 공동 주최하고 중점적으로 NGB의 상업적 프로그램을 지원하며, USOC 스폰서와 기타 사업개발 기회를 연계하여 제공한다. 또 국가대표팀의 올림픽 참가 자격을 검증하는 올림픽 선발전을 관장한다. NGB는 지역의 특별한 스포츠 전문가를 보유하고 있으며, 조직의 지속 가능성을 개선하고, 활동 영역에서 더 큰 성공을 만들어내기 위한 전 과정에서 필요한 수입을 늘릴 수 있는 NGB의 상업적 역량을 증가시키는 데 목적을 두고 있다.

　　미국에서 USOC의 지위는 비영리 법인으로 기타 스포츠 부문에 비하여 꽤 보수적인 직원 단계를 유지하고 있다. 예를 들면 스폰서에 대한 USOC의 비율은 3대 1(담당자별로 관리하는 스폰서 수)이며 NFL의 경우는 2대 1이다. USOC는 자체 벤치마킹으로 그들의 NGB를 통하거나 직접 지원하는 선수들에게 USOC 수입의 82%를 되돌려준다. 같은 스폰서 단체들과 비교하여 프로 스포츠와 경쟁하는 탓으로 경쟁력에서 불이익이 있기 때문에, USOC의 마케팅 예산은 다른 부문들에 비해 다소 작다.

미국 올림픽 시장의 특성

매우 활동적이고 고도로 성숙한 스포츠 시장으로 인해 미국의 올림픽 마케팅 영역은 다른 NOC들과 약간 다르다. 대부분의 미국인들은 자신을 스포츠팬이라고 부른다. 대부분의 주요 방송국들은 미국인의 삶 속에 깊이 자리 잡고 있으며 이익을 내는 스포츠 미디어를 소유하고 있다. 사실 미국은 "모든 스포츠를 항상"이라는 구호를 제창한 첫 번째 국가였다. '미국 스포츠팬들의 구미에 맞는' 성공적인 스토리를 가진 스포츠 프로그램은 세계에서 가장 유명한 텔레비전 네트워크(ESPN)가 되었다. 미국에는 여러 프로 리그(NFL, MLB, NHL, MLS, NASCAR)가 있으며, 이들은 단일 스포츠 기구의 성장을 이끌었다. 미국의 경제 성장세 감소가 확실함에도 불구하고 여전히 많은 글로벌 회사가 스포츠에 투자할 수 있는 크고 윤택한 시장을 가지고 있다. 최근 USOC는 새로운 아이디어와 학습의 이점을 위해 올림픽 무브먼트 외부 스포츠 프로 리그와 방송사에서 인력을 채용하고 있다. 이는 올림픽 무브먼트에 새로운 관계를 형성하고 있다(예: P&G). 또한 세계 수준의 스포츠 마케팅 조직으로의 발전을 하려고 풍부한 올림픽 경험을 가진 새로운 외부 인재들을 흡수하고 있다. 이러한 외부 역량은 USOC의 올림픽 스폰서들과 프로 리그 스폰서들로부터 도입되고 있으며, 미래에도 텔레비전 스포츠 방송에서 미국의 지배는 계속될 것으로 보인다. 이와 별개로 디지털 공간은 빠르게 확장되고 있으며, 미디어 회사와 스폰서 그리고 소비자에게서 거액의 후원금을 받고 있다.

모든 주요 텔레비전 방송사들은 디지털 자산에 투자하고 있으며, 디지털 미디어 거인들은(예: 구글, 야후, 페이스북, 트위터) 광고주의 관심을 끌기 위한 가장 호소력 있는 방법으로 스포츠 콘텐츠 개발 전략에 투자하고 있다. 또한 '스타 선수'와 관련하여 SNS 등 소셜 네트워크를 통해 팬들이 직접 그들과 소통하는 새로운 콘텐츠가 대두되고 있다.

이러한 혁신적인 소셜 네트워크 현상으로 수백만의 팬들은 좋아하는 선수의 경기 결과를 실시간으로 확인할 수 있다. 그리고 페이스북의 경우 회원 6억 명 중 절반이 미국인인 것처럼, 미국인들은 높은 사회적 참여 경향을 나타낸다. 스포츠 기업들은 방송 수입 계약을 제공하는 시청자들을 유지하면서도 새롭게 나타나는 현상들을 자본화하기 위해 발 빠르게 움직여야 할 것이다.

자산 및 마케팅 권리

USOC는 성장을 위하여 마케팅 자산 개발에 노력하고 있다. 이 자산은 USOC의 마케팅 목적으로 편입되어야 하는 것은 물론이고, 스폰서, 광고비와 함께 그들을 지원하는 파트너가 제공하는 스폰서십 기회로서도 가치를 평가받아야 한다. USOC의 가장 큰 프로그램은 "~로 가는 길 Road to"로 하계올림픽 6개월 전 및 동계올림픽 4개월 전에 시작되며, 팀 USA 선수들이 올림픽 경기를 위해 경쟁하는 과정을 보여준다. 선수들은 프로 선수들에 비해 인지도가 낮기 때문에, USOC는 이 프로그램을 통해 선수들의 이야기를 알리고, 그들이 꿈을 좇을 수 있도록 이벤트를 열고 미디어에 홍보를 하며, 모금과 판촉행사로 그들에게 투자한다. 또한 미국인들이 경기를 통해 올림픽 무브먼트에 참여하도록 유도하는 것도 중요 목표 중 하나이다. 이 프로그램은 스폰서들을 위해 더 많은 자산을 개발하고 USOC의 자산에 대해 더 많은 스폰서 활동 기회를 연결시킴에 따라 그 인기나 규모가 성장하고 있다. 두 번째 프로그램은 미국의 가장 국가적인 기간인 7월 4일 독립기념일을 통해 미국인들을 하나로 묶을 수 있는 직접적인 기회를 개발하려는 의도에서 소비자들에게 모금을 하는 프로그램이다.

브랜딩 전략

USOC의 브랜딩 전략은 마케팅 전략과 직접 연관되어 있다. 브랜드의 파워는 모든 USOC의 활동을 평가하는 가치 척도와 기준이 된다. USOC의 초점은 브랜드 이미지를 강화하고 가치를 증가하기 위한 브랜드의 이익 창출과 참여 증대에 맞추어져 있다. USOC 브랜드의 성공을 위한 핵심 사항은 다음과 같다.

- 브랜드 이익을 성장시키고자 하는 USOC의 목적은 젊은 팬들에 초점을 두어, 방송 시청보다는 팬들의 직접 참여할 수 있는 기회를 늘리는 것이다. USOC의 전략은 선수와 팬의 참여 동기를 미국 소비자들에게 깊이 연결시킴으로써 우정의 가치를 전파하고 발전시키는 것이다. USOC의 경우 브랜드는 잘 알려져 있지만, 참여도는 경기 기간 중에만 높다는 한계가 있다. 그러나 USOC의 연구 결과에 따르면 선수들에 대한 호소력은 경기의 범위를 넘어선다는 것을 확인할 수 있다. 미국인들은 경기를 관람하는 것과 경기 고유의 특정한 관심 사항에 흥미를 보인다. NBC 스포츠 네트워크는 미국의 선수와 스포츠의 인지도를 높이기 위한 USOC의 여정의 중요한 파트너이다. 또한 USOC가 새로운 미디어에서 브랜드를 이끌어가기 위해 자체적으로 운영할 수 있는 플랫폼을 개발하는 것도 중요하다. USOC가 이를 이행하는 일부 방식들에는 올림픽 트라이얼, 올림픽 팀 선발경기, 새로운 디지털 미디어 자산 그리고 올림픽을 주제로 한 텔레비전 프로그램이 있다. 경기가 진행되는 동안 올림픽 선수들을 선전하기 위한 노력은 중요한 마케팅 활동이 된다.
- USOC의 두 번째 사명은 브랜드 리더십을 보전하는 것이다. USOC는 마케팅 및 여론 형성 활동에서 선수들을 최고의 자산

가치로 선정하고 진행한다. 미국인들은 성취 목적만 비교했을 때 올림픽 선수들이 프로 선수들보다 더 고귀하다고 인지한다. 즉 미국 내에서 미국인으로서의 민족적 자긍심을 일깨우기 위한 올림픽 대표팀의 능력은 프로그램의 중요한 원동력이 된다. 독립 기념일 축하와 같은 자국민을 주제로 한 이벤트에서 USOC와의 연결을 강조하는 것은 기타 스포츠가 할 수 없는 올림픽 브랜드 이미지를 고취하는 데 도움이 된다. USOC의 판매 노력은 미국 올림픽 선수들의 독특한 프로필과 미국에서의 올림픽 경기에 기반을 둔 넓고 다양한 팬을 포함하고 있으며, 프로 스포츠와는 다른 특성에 초점을 맞추고 있다. 예를 들어 올림픽 팬 기반의 절반 이상이 여성이며, 이는 여성 소비자를 대상으로 하는 스폰서들에게는 더 경쟁력이 있다.

- 브랜드 가치를 구축하는 것이 USOC 마케팅 전략의 세 번째 주안점이다. 이는 스폰서들이 독특한 균형을 맞출 수 있도록, 연중 운영되는 자산을 있는 스폰서와 국내 조직에게 이익이 되는 플랫폼에 투자할 필요가 있음을 의미한다. 미국 국가대표팀에 대한 연중 라이선싱 사업을 구축하는 것 또한 새로운 수입원이 되며, 이는 USOC와 스폰서 모두에게 이득을 주기에 우선순위로 꼽힌다. 또한 시장에서 계속 진화하는 프로 스포츠에 대해 올림픽이 지속적인 경쟁력을 갖추기 위해서 중요하다.

USOC 마케팅 전략/마케팅 초점

미국 전역 3억 명의 미국인이 바로 USOC 마케팅의 타깃 관중이다. 어떠한 스포츠도 남녀노소 할 것 없이 모든 미국인에게 올림픽만큼 강력한 흡인력이 없기 때문에, 모든 이가 중요한 고객이다. USOC는 모든 미국인이 올림픽을 알고 있지만 그중 절반 정도(1억3천만 명)가 NBC를 통해 경기를 관람하고 있다고 추정하고 있다. USOC의 자체 시장조사에 따르면 그중 대략 4천만 명의 미국인이 가장 열성적인 관중으로 올림픽 선수들을 적극적으로 따르며, 텔레비전 중계의 시청을 넘어서서 올림픽 스포츠에 직접 참여하고 있다. 이러한 열성적인 팬들은 많은 미국인의 의견과 행동에 영향을 미칠 수 있기 때문에, 스폰서를 포함한 USOC의 이해관계자들에게는 매우 중요한 대상이다. 그들은 올림픽 스포츠 및 가치에 대한 이야기와 USOC 브랜드, USOC 스폰서의 제품과 서비스 그리고 선수들의 변호인이 된다. USOC의 연구 결과, 그들은 디지털 공간에서 매우 활동적이며, 이는 USOC 스폰서의 관심 대상이 된다는 점을 시사한다. 이러한 팬들과 그들의 영향은 USOC 가치 제안의 큰 부분을 차지하고 있다. USOC는 그들을 팬젤리스트fangelist(서포터, 광팬)라고 부른다. USOC의 가치를 전파하는 올림픽 무브먼트의 팬들이 바로 그들이다.

USOC는 그들의 다른 스폰서들과 차별화되는 성격에서 이익을 얻는다. 대부분의 스폰서들은 포트폴리오 내에서 여러 재산을 가지며, 그것이 올림픽 마케팅의 사례 효과를 가장 최고로 끌어올릴 수 있는 차별점이 된다. 여성과 청소년에 대한 강한 호소력은 대부분의 프로 스포츠 및 대학 스포츠와의 분명한 차이점이다. 사명에 바탕을 둔 올림픽의 가치는 USOC의 사명을 기업 목적에 보완적인 것으로 보는 관중들에게 호소력을 갖게 한다. 올림픽의 글로벌 범위는 NFL과 NHL, NBA, MLB와 같이 미국 외의 마케팅 활동 기회가 거의 없거나 전무한 지역 리그에 비해 큰 이점이 된다. 국가대표 선수들은 어린이들에게 롤 모델이 되기 때문에 기업들은 젊은 고객을 타깃으로 삼기 위해 선수들을 활용한다. 그리고 마지막으로 USOC의 비영리 지위는 기업으로부터의 투자를 필요로 한다.

이해관계자 관계 네트워크 중심

USOC는 다양한 스폰서십 등급을 구분하여 많은 기업들이 함께 사업을 할 수 있고 마케팅 독점 권리를 보장받을 수 있게 한다. 스폰서는 3등급 중 한 등급의 카테고리로 스폰서십에 참여할 수 있으며, 각 단계는 그 권리와 독점성에서 차이가 있다. USOC 스폰서십의 가장 높은 단계는 IOC가 관리하는 TOP 프로그램이다. 가치가 가장 높은 권리를 가진 TOP 파트너들은 경기 개최국에서 올림픽 자산을 이용할 수 있는 권리와 글로벌 권리를 동시에 얻게 된다. 이러한 스폰서들이 올림픽 무브먼트의 독점적인 '파트너들'이 되며, 이들 파트너들만이 기업 상표와 연계하여 오륜을 사용할 수 있다. USOC 스폰서십의 두 번째 단계는 로컬 파트너로서, NOC와 OCOG 그리고 NGB에서 독립적인 미국 영토 내의 권리를 갖고 있는 기업들이다. USOC는 미국 내 무브먼트에 대하여 그들의 계약을 보증하고 있다. 로컬 스폰서들은 이 단계에 위치하나, 그들이 무브먼트에 대한 더 폭넓은 범위의 계약을 제시하지 않는 한 파트너의 지위를 얻지 못할 수도 있다. 그들은 팀 USA와 USOC 엠블럼을 활용할 수 있다. 마지막으로 USOC는 팀 USA 상표에만 제한된 스폰서 단계를 설정해두었다. 올림픽 무브먼트의 진입 단계에 있는 작은 회사들에게 오륜 사용은 허용되지 않으며, 이 세 번째 단계 수준에서 USOC의 NGB가 제공하는 가치와 제휴할 수 있다.

USOC는 그들의 스포츠의 노출을 증가시키고 가치를 증대시키기 원하는 NGB들과 협력하고 있다. USOC는 46개의 국내 가맹경기단체를 포함하고 있으며, 이들은 각기 특성이 다르다. 그들은 역사와 선호층, 자산 소유권 면에서 상이하며, 미국 관중에 대한 기본적 호소력을 가지고 있다. NGB에서 가장 큰 차이 중의 하나는 바로 미국 인구의 스포츠 참여 단계이다. 테니스, 볼링, 스키, 수영 혹은 육상 종목은 참여자 사이에서 중대한 호소력이 있으며 회원권 수입도 매력적으로 인식된다. 체조와 같은 다른 스포츠는 큰 참여자 기반은 없으나 관람 차원에서는 큰 호소력이 있다. 비록 매력도와 참여율이 낮지만 전 세계적으로 인기 있는 스포츠 종목을 활성화하는 것이 USOC의 과제이다.

내부적 초점

USOC가 마케팅 전략에 집중한 최근 2년 동안 USOC에 대한 기업 인지도가 성장했다. 또한 국제 사회에서 더 많은 주목을 받았으며 국내 연맹들과의 관계도 더 강화했다. USOC의 개선에서 중요한 사실은, 그들의 지도자인 스캇 블랙먼Scott Blackmun과 래리 프롭스트Larry Probst의 활동이 조직에 스며든 서비스에 대한 태도와 문화를 이끌었다는 점이다. USOC가 서비스에 대한 자신들의 약속을 지킴에 따라 USOC는 무브먼트 내에서, 그리고 그들 구성원 내에서 가교를 설치하게 되었다. USOC는 마케팅과 판매 프로그램에서 NGB와 활발하게 협력한다. USOC는 작고 어려운 NGB의 사업에 전환점을 가져올 수 있도록 돕는 서비스 기능을 개발하고 있다. USOC는 그들의 협력을 필요로 하는 지구상의 동료들이 보내는 신호에 반응하면서 국제적인 이벤트에 활발히 참여하고 있다. 이 분야에서의 성공에 대한 가장 좋은 척도는 보도에서 드러나는 어조이다. 2010년 전에는 절반 이상의 기사가 부정적이거나 중립적인 논조였지만, 오늘날 그 비율은 한 자리 숫자로 떨어졌다. USOC의 협력에 대한 가장 큰 개선점은 공동의 이익 추구, 최선의 사례 교환, 마지막으로 스폰서 계약의 협조를 통한 개방된 협상 협약을 IOC와 함께 체결한 것이다. 특정 협약 분야 중 하나가 바로 더 강력한 안티 앰부시 정책의 개발이다. 밴쿠버올림픽대회 중 두 개 회사(맥도날드와 AT&T)는 그들 업종의 경쟁자들에게 타깃이 된 바 있다. USOC는 IOC와 함께 교육 자료 배포, 언론 보도, 보호 정책 홍보를 통해 앰부시 마케팅을 방지하려는 노력을 펼치고 있다.

미국 올림픽 무브먼트의 미래 전망

올림픽 무브먼트의 국제 구조는 협력에 기반하며, 협력은 기타 대부분의 스포츠에 비해 더 비공식적이라는 특성이 있다. 미국에 기반을 둔 대부분의 스포츠 조직들은 공식적 조합을 구성하는 선수들이나 팀 소유권 사이에서 의사결정 절차나 총체적 협약을 관리하는 법적 기구를 두고 있다. 그 협약의 관리는 집단적 결의에 기반한다. 올림픽 무브먼트 내에서 협력에 대한 필요는 긴급한 사항이며, 최고의 협력은 강한 관계 형성 기술이 있기에 가능하다. 계약은 양 당사자에 대해 윈-윈win-win 구조를 가져야 하기 때문에 협상에 따라 더 오래 걸릴 수 있다. 그리고 구속력 있는 협약은 계약 기간 동안만 지속될 수 있다. 일방적인 당사자는 마지막에 벗어날 수 있다. 관계 형성 기술에 대한 프리미엄은 더 많은 능력을 요구한다. 문화적 뉘앙스에 대한 이해, 다언어 능력, 동의의 구축 그리고 장기간 접근이 올림픽 무브먼트 내에 있는 높은 가치의 능력이 되는 것이다. USOC는 IOC와 NOC에 있는 그들의 동료들과 함께 이러한 강한 관계를 구축하는 단계에 있다. USOC의 지도자들인 래리 프롭스트와 스캇 블랙먼이 좋은 예이다. USOC에 합류한 이후, 두 사람은 모든 국제 이벤트에 참석하면서 관계 형성에 공헌했다. USOC는 다양한 신규 수익을 창출하는 반면에 새로운 부정행위(앰부시 마케팅)와 싸우고 있다. USOC는 올림픽 스포츠와 마케팅 전문성을 공유하기 위해 NOC에 접근하고 있으며, 이 모든 것은 더 강한 글로벌 무브먼트를 구축하고자 한다.

결론

204개의 NOC는 올림픽 시스템에서 중요한 이해관계자들이다. 모든 NOC의 권리가 동일하지만 이러한 권리를 마케팅 목적으로 개발하는 방식은 각 NOC의 성격과 운영 환경에 따라 매우 다르다. NOC들은 올림픽 이념의 가치와 비전의 연장선상에서 스포츠와 신체 활동을 통한 인류의 삶 개선을 위해 사회적 기반 마케팅을 활용하고 있다. NOC 마케팅 프로그램의 자원은 그들 스스로를 위해 창출된다기보다는, 그들의 목적을 달성하기 위해 그 조직에게 허용되는 프로그램을 이행하는 수단이 된다.

앞서 기술한 사례들은 NOC가 그들의 이해관계자들과 함께 가치 창출을 해온 방법을 보여준다. 사실 NOC들은 시스템에 대한 이해관계자들의 중요성을 오래전부터 인식하고 있었으며 이해관계자의 이익을 고려한 전략을 고안하고 이행했다. 예를 들어 KOC의 브랜드 전략은 팀 코리아에 기반하고 2018평창동계올림픽대회, 2014인천하계아시아경기대회, 태권도진흥재단 그리고 정부에 의해 형성된 브랜드 시스템까지 확장되었다. 이러한 행위들은 이후 국가브랜드위원회에서 설정한 국가 브랜드 전략으로 통합될 수 있었다. 독일에서는 DSM이 마케팅을 확립했고, 이는 스포츠 시스템, 기업, 지역 정부 및 민간 사회의 이해관계자들의 이익으로 통합되었다. USOC의 4단계 마케팅은 미국에서 올림픽의 가치를 제안하는 것이 여러 측면의 전략을 요구하고 있고, 팬 층의 기반과 시장 기회를 이해하고 규정하는 것이 중요하다는 것을 보여준다.

핵심 요약

- 규정될 수 있는 권리라 하더라도 NOC의 마케팅 프로그램 사이에는 큰 차이점이 있다. 이러한 차이점들은 NOC의 성격과 그들이 운영하는 프로그램의 내용에 기인한다.
- NOC는 그들의 이해관계자의 중요성을 인식했고 그들의 마케팅 프로그램을 고안하고 이행할 때에 이해관계자들의 이익을 고려하게 되었다.
- 마케팅으로 창출된 자원은 NOC로 하여금 사회적 목적을 달성하도록 해주었다.
- NOC는 이해관계자들과 가치의 공동 창조를 촉진할 수 있는 마케팅 접근법을 선호한다.

올림픽
스폰서 마케팅

8장에서는 올림픽 스폰서들의 사회적·영리적·환경적 가치 창조를 위한 마케팅 전략에 대해 서술할 것이다. 여기서는 다음 7가지 차원에서 올림픽 스폰서 활동을 구성한다: 스폰서와 스폰시Sponsee 사이의 관계, 추구하는 목적, 가치 창조 방법, 브랜드 관리와 보호, 이해관계자 참여, 활성화 방법 그리고 경험. TOP 파트너인 비자, 2012런던하계올림픽 공식 스폰서인 캐드버리Cadbury 그리고 2010밴쿠버올림픽대회의 은행 부문 공식 후원사 캐나다로얄은행RBC의 성화 봉송 마케팅 활동 사례들을 이 모델에 적용하여 설명할 것이다.

서론

IOC 위원장 자크 로게Jacques Rogge는 다음과 같이 올림픽 스폰서의 중요성을 언급한 바 있다.

> "스폰서의 기술, 전문가, 인력, 서비스, 제품, 통신 그리고 재정 지원이 이루어지지 않는다면, 올림픽대회는 개최될 수 없고 앞으로도 그러할 것이다. 또한 이러한 스폰서의 지원 없이는 선수들이 서로 경쟁할 수 없으며 세계 최고의 스포츠 경기에서 우수한 성적을 기록할 수도 없다."
>
> (IOC 2011f)

IOC는 "올림픽은 전 세계 200여 개 이상의 국가, 수십억 명의 인류와 소통할 수 있는 세계에서 가장 영향력 있는 글로벌 마케팅 플랫폼 중 하나이다"(IOC 2011f)라고 천명하고 있다. TOPThe Olympic Partner 프로그램은 올림픽 스폰서십에서 가장 높은 단계의 프로그램이며, 전 세계 하계와 동계, 청소년 올림픽대회의 마케팅을 해당 카테고리 내에서 독점할 권리가 있다. 2013년 현재 IOC는 TOP 파트너 10개사를 보유하고 있다.

스폰서십은 OCOG와 NOC에게도 매우 중요한 자원이며, OCOG는 이러한 자원을 이용하여 올림픽대회를 준비한다. 예를 들어 2012런던하계올림픽대회에는 7개의 공식 파트너, 6개의 공식 스폰서, 12개의 공식 공급사가 있었다. 또한 NOC는 NOC의 자체 스폰서들을 통해 올림픽 국가대표팀을 운영하고, 자국의 스포츠 프로그램을 발전시킨다. IOC는 OCOG와 NOC 스폰서들의 제품군이 IOC의 TOP 파트너들의 제품 범주와 중복되지 않도록 주의를 기울인다. 또한 마케팅 권한을 OCOG와 NOC의 영토 내로 제한하고 OCOG의 스폰서십 계약은 해당 올림픽대회 기간으로만 한정한다.

IOC의 상업 활동 시작 전인 1981년에는 IOC 예산의 95%가 방송 중계권 수익이었다. 이후 IOC와 OCOG, NOC의 예산 가운데 스폰서십 비중이 점차 증가하여 현재는 스폰서십 수익이 매우 중요한 위치를 차지한다. 스폰서십 수익은 IOC 예산의 40%, OCOG 예산의 30%, 미국올림픽위원회USOC 예산의 40%를 차지한다. 물론 이를 위해 '어떠한 종류의 가치' 교환의 일환으로 서비스와 제품의 제공이 수반되어야 한다.

스폰서십은 처음에는 스폰서와 후원받는 기관(스폰시Sponsee) 간의 단순한 거래로 간주되었다. 미나간Meenaghan(1991: 36)은 스폰서십을 "어떠한 활동과 관련하여 발생할 수 있는 상업적인 잠재력에 접근하는 대가로 현금 또는 현물을 투자하는 것"으로 정의했다. 이는 조직이 기업의 이미지와 사회적 책임, 브랜드 노출, 마케팅 등의 분야에서 목표한 범위를 달성할 수 있도록 하며, 긍정적 이미지 구축과 친근한 관계 형성, 태도의 변화에 영향을 미친다(Meenaghan 2005). 전반적인 마케팅 과정처럼, 스폰서 활동 또한 이해관계자 사이에서 가치를 창출하는 관계의 관점으로 보아야 한다. 조직 내부 네트워크의 접근법을 이용하여 글로벌 후원을 계획할 때, 기업은 후원하는 행사/조직(또는 자원)뿐만 아니라 해당 네트워크(다른 행위자들 간의 활동 연계와 자원의 결합)—후원하고자 하는 기관의 '네트워크 본질network identity'—을 이해해야 한다(Olkonen 2001b: 309). 이러한 접근법은 후원받는 기관의 성격에 따라 다른 권리를 갖게 되는 다수의 스폰서들이 포함된 시스템 안에서 스폰서 활동을 분석하고 관리하기에 적합한 틀이다. 3장에서 언급한 바와 같이, 스폰서십은 스폰서와 스폰시 간에 내재된 가치를 스폰서에 전달함으로써 공생의 관계를 형성하는 브랜드 제휴의 일종으로 볼 수 있다. 즉 스폰서십은 가치를 창출할 수 있는 관계를 만들어낸다고 할 수 있다.

이 장의 목적은 이해관계자 집단(무리) 안에서 가치를 창출하기 위한 올림픽 스폰서들의 마케팅 전략에 대해 설명하는 것이다. 먼저 관련된 이해관계자에 대한 설명과 올림픽 시스템의 후원 구조에서의 그들의 관계, 그리고 각각의 범주에 따른 스폰서 마케팅 특성과 권한을 설명하고자 한다. 또한 이 모델이 적용 가능한 다른 조직 구성을 소개하기 위해 TOP 프로그램, OCOG와 NOC 스폰서를 이용하여 '올림픽 스폰서링 Olympic Sponsoring'을 분석했다.

올림픽 마케팅 이해관계자와 그들의 권리

올림픽 스폰서십에서는 IOC와 OCOG, NOC, TOP 파트너 그리고 국가별 로컬 스폰서들의 관계가 고려된다. 〈그림 8-1〉은 이러한 이해관계자들 간의 관계를 설명하고 있다. 2장에서는 다양한 올림픽 특성에 대해 검토하고 올림픽 시스템에서 어떻게 마케팅 권리가 관리되는지 설명했고, 다른 장에서는 이러한 마케팅 권리가 IOC와 OCOG, NOC의 권한으로 관리되는 방법에 대해 좀 더 상세히 다뤘다. 이번 장에서는 스폰서들 관점에서 이해관계자 네트워크의 관계에 대해 설명할 것이다.

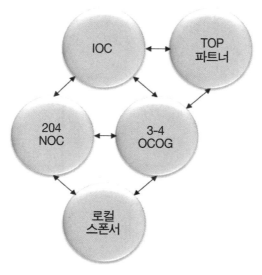

〈그림 8-1〉 스폰서십 프로그램의 주요 이해관계자들

TOP 파트너

올림픽은 세계에서 가장 큰 스포츠 이벤트이다. 이는 맥도날드가 TOP
파트너로 참여한 이유기도 하다. 맥도날드의 글로벌 제휴 부서 수장인
존 르위키[John Lewicki]는 올림픽 파트너십에 대해 아래와 같이 언급했다.

> "우리는 글로벌 리더로서의 위치에 부응하기 위해 국제적 행사를 후원
> 한다. 올림픽 파트너십으로 우리 조직 전체가 큰 자부심을 느낀다."
>
> (McDonald's 2011)

TOP는 전 세계에서 가장 성공적인 스포츠 마케팅 프로그램일 뿐만
아니라 가장 우수하고 정교한 프로그램 중 하나이다. TOP는 1985년
올림픽 무브먼트에 참여하고 있던 글로벌 스폰서들의 스폰서십 절차를

단순화하고 전 세계 독점권 확보 요구를 충족시키기 위해 만들어졌다. 이것을 달성하기 위한 IOC의 주요 과제는, 167개 NOC에게 수요 많은 여러 제품 카테고리의 권리와 이미 성공적인 마케팅 프로그램을 수립한 소수의 NOC들에게서 기존 프로세스를 포기하도록 설득하는 것이었다. 길고 복잡한 협상 끝에(특히 USOC), 159개의 NOC(92%)가 프로그램 참여에 동의했다. IOC는 동의를 바탕으로 44개 제품 카테고리의 TOP 파트너들을 구성했으며, 그중 상당수가 현재까지 유지되고 있다. 1985년 TOP I을 발족했으며, 9개 다국적 기업 협약을 맺어 9천6백만 달러의 기금을 조성했다(O'Reilly & Séguin 2009). TOP 프로그램은 빠르게 올림픽대회 예산 중 가장 큰 규모의 재원이 되었으며, 밴쿠버와 런던올림픽에서 진행된 TOP VII(2009-2012)에서는 11개의 다국적 기업을 통해 약 10억 달러의 예산을 확보했다.

TOP 프로그램은 올림픽 마케팅 권리와 IOC, 204개 NOC 그리고 네 개의 OCOG의 특정 제품 카테고리를 보유한다. TOP 파트너들은 이를 통해 전 세계에 '독점권'을 획득하는 대신, 최신 기술과 서비스를 올림픽 관련 기관(OCOG, NOC 등)과 운동선수, 관객들에게 제공한다. 기본적으로 IOC 파트너십의 가장 중요한 목적은 올림픽대회의 효율적인 준비와 참여 선수의 증가, 현지 관중과 전 세계 시청률 증가에 있다.

TOP 파트너들은 전 세계 독점 마케팅 기회 외에 아래의 권리가 있다:

- 모든 올림픽 이미지의 사용과 자사의 제품을 올림픽 공식지정 제품으로 표시할 수 있는 권리
- 올림픽대회에서 환대 프로그램 제공
- 올림픽 방송 광고의 특혜를 포함한 직접 광고와 홍보 기회
- 현장 할인/프랜차이즈와 제품 판매/쇼 케이싱 기회
- 앰부시 마케팅으로부터 보호

- 올림픽 스폰서십 자체를 알리는 프로그램 등을 통한 파트너사
  홍보

그러나 올림픽 스폰서들은 다른 스포츠 대회 스폰서십과 다르게 기업 로고를 올림픽 경기장 내에서 직접 노출하지는 못한다.

"올림픽 장소의 일부로 간주되는 경기장과 경기 장소, 기타 경기구역의 내부와 상공에는 어떠한 광고나 홍보도 허용되지 않는다. 상업적 설치물이나 광고표지판을 경기장과 경기 장소 또는 기타 경기 구역 내에 설치할 수 없다."

(올림픽 헌장 50조)

반면에 설비(계측 장비, 결과 디스플레이 패널 등) 제조사와 참가자(선수, 임원 등)의 의류 및 장비 제조사는 엄격한 기준 안에서 노출이 가능하다.

"어떠한 형태의 홍보나 선전, 광고도 선수나 기타 참가자들의 신체나 스포츠웨어 및 용품, 또는 보다 일반적으로, 올림픽대회 참가자나 선수가 사용하거나 착용하는 장비나 의복 및 기타 용품에 표시할 수 없다. 단, '광고를 목적으로' 하지 아니하는 물품이나 장비 제조업체의 표시는 예외로 한다."

(올림픽 헌장 부칙 50조)

TOP 파트너들은 그들의 권리를 위해 현금과 현물(서비스 포함)을 제공한다. 사실, 모든 TOP 파트너사는 올림픽대회 준비를 위한 직접적인 지원, 스폰서 서비스 또는 전문 기술을 제공할 수 있는 다국적 기업이다. 스폰서십은 올림픽 마케팅의 전체 예산 중 40% 이상을 차지하며, 이 때문에 잠재적인 스폰서는 강력한 협상에서 우위에 있다. 일반적으

로 스폰서십 계약은 장기간에 걸쳐 기업과 IOC가 공동의 가치를 창출하는 파트너십 관계이다. 따라서 TOP 프로그램은 장기간의 계약 기간과 높은 재계약율의 특징이 있다. 1928년부터 올림픽 파트너 관계를 유지하고 있는 코카콜라는 94년간 단 한 번도 중단하지 않은 지속적인 협력 관계로 유명하며, 최근 12년 장기 파트너십 계약(2009-2020)을 맺어 이러한 관계를 더욱 공고히 했다. 여러 다른 스폰서들(GE, 비자, 다우, 아토스, 오메가, P&G) 역시 이와 유사한 수준의 장기계약을 추진하고 있다.

로컬 스폰서 - OCOG와 NOC

IOC의 감독하에 OCOG와 NOC는 각자 로컬 스폰서 프로그램national sponsoring programmes을 운영한다. OCOG가 운영하는 프로그램은 '올림픽대회 국내 스폰서십Olympic Games Domestic Sponsorship' 프로그램이다. 2013년 현재는, 2014소치와 2016리우, 2018평창 그리고 2020도쿄 같이 4개의 OCOG가 운영되고 있다. OCOG의 로컬 스폰서들은 TOP 파트너들의 제품군과 경쟁하지 않는 제품군에서 자국(개최국) 내의 권리를 갖게 된다. IOC에서 일부 제품 카테고리를 제한하고 자국 내 권리만을 부여하기 때문에, 협상에서 잠재적 예비 스폰서들이 어려운 위치에 놓이는 것이 일반적이다. 그러나 올림픽 자체의 매력과 올림픽 브랜드의 힘으로 이러한 문제는 극복할 수 있다. 최근 자국 내 스폰서십은 TOP 프로그램 수익을 웃돌고 있다. 예를 들어 베이징올림픽대회조직위원회는 약 12억 달러의 스폰서십 계약을 체결한 반면, TOP VI(2005-2008) 기간에 IOC는 8억6천6백만 달러의 수익을 올렸다(IOC 2011g). 2016리우올림픽대회조직위원회에서 2건의 계약(각 3억2천만 달러 규모)만으로 적게 잡아도 이미 7억 달러의 예상 수입에 근접했다(Panja 2011). 현재 리우올림픽대회조직위원회는 더 많은 가치를 창출하기 위해 스폰서의 수를 제한하고 12억 달러로 후원금 한도를 설정하려고 한다. 이러한 움직임은 올림픽이 지나치게 상업화되어 어수선하다고 비평하던 스폰서들에게도 긍정적 반응을 이끌어내고 있다(Séguin & O'Reilly 2008).

7장에서 언급한 바와 같이, NOC에 따라 스폰서십 규모에는 큰 차이가 존재한다. USOC와 같은 일부 NOC들은 매우 성공적이고 수익성이 좋은 스폰서 프로그램을 보유하기도 하지만 스폰서를 하나도 찾지 못하는 NOC도 있다. NOC의 스폰서는 자국 내에서 TOP 파트너들과 경쟁하지 않는 제품 카테고리에서만 올림픽 마케팅 권리를 가질 수 있다. 스폰서십은 올림픽 무브먼트와 올림픽 팀의 발전을 지원하는 활동을 위해 필요하다. 힘의 균형은 스폰서 회사들에게 치우쳐 있으며, 대부분의 NOC는 저자세로 협상에 임하게 된다.

유치위원회도 스폰서를 둘 수 있다. 성공적인 유치 활동의 경우 미래 파트너십의 중요한 토대로 이어진다. 성공적인 유치 이후 NOC는 공동 마케팅 프로그램 협약서Joint Marketing Programme Agreement, JMPA를 근거로 주최국 내의 모든 마케팅 활동 권리를 OCOG에 양도하게 된다. 이는 개최 국가에서 올림픽 스폰서십 프로그램으로 상호 경쟁하게 되는 상황을 예방하며, 스폰서들에게도 훨씬 높은 가치를 부여하는 장점이 있다. 주최국의 올림픽대표팀 역시 OCOG 스폰서십 프로그램에 통합되어 포함된다는 점이 흥미롭다.

스폰서십의 가치를 저하시키는 앰부시 마케팅

올림픽 브랜드의 가치는 IOC와 OCOG, 여러 NOC들의 매력적인 스폰서십 프로그램의 개발을 가능하게 해왔다. 이러한 기관들은 스폰서들에게 독점권을 제공함으로써 수십억 달러 규모의 재정 자원(또는 동등한 규모의 가치)을 조성한다. 그러나 이 책의 서문에서 리처드 파운드Richard Pound가 언급한 바와 같이, 스폰서는 제공하는 현금 이상의 가치로 올림픽 무브먼트에 기여한다(IOC 1989). 스폰서들의 프로그램은 수십억 달러 규모에 해당하는 올림픽 브랜드의 광고 가치를 제공하며, 이를 통해 브랜드의 가치를 창출한다. 결과적으로 IOC는 올림픽 브랜드의 거대한 가치는 상당히 많은 기관들의 노력과 그들 스스로의 협력(합법적 또는 불법적)으로 이루어진다. 결과적으로 혼란 상황Clutter을 방지하고 앰부시 마케팅으로부터 스폰서들을 보호하면서, IOC는 많은 경쟁사 브랜드들의 공격을 방어한다.

올림픽 앰부시 마케팅은 IOC의 공식 스폰서가 아니면서 올림픽의 이상과 가깝게 홍보 활동을 하여 올림픽 공식 스폰서 활동에 '앰부싱Ambushing(매복)'—공식 스폰서가 아니면서, 공식 행사장 주변 등에서 갑작스레 홍보 활동을 진행하여 유사한 효과를 얻는 마케팅 방법—하는 기관의 마케팅 활동을 가리킨다. 이러한 방법은 "올림픽 브랜드의 홍보 효과와 가치를 떨어뜨리는 혼란스러운 시장에서 발생하는 부정적 활동"을 야기한다(Séguin & O'Reilly 2008). 혼란스러운 상황과 앰부시 마케팅이 올림픽 브랜드의 스폰서십 가치에 가장 중요한 위험 요소가 됨에 따라, IOC는 마케팅의 역할이 단순한 재정 확보를 넘어서 오륜이 세계에서 가장 강력한 브랜드로 거듭날 수 있게 했다(IOC 1989: 7).

스폰서의 마케팅

위에서 언급한 바와 같이 올림픽 스폰서의 목적은 이해관계자 공동의 가치를 창출하는 것이다. 이 장의 첫 번째 항에서는 올림픽 시스템의 스폰서에 대해 설명할 것이다. 다음 항에서는 올림픽 스폰서의 다양한 조직 구성 사례를 제시하고, 스폰서 활동을 지배하는 전략적·운영적 측면의 원리들에 대하여 살펴보고자 한다.

왜 올림픽 스폰서십인가?

올림픽 스폰서가 되기 위해서는 거액의 투자(현금 또는 현물)—1억 달러, 어떤 경우 그 이상의 규모—가 필요하다. 이는 스폰서십 권리를 획득하기 위한 결정이 매우 전략적일 필요가 있으며, 잠재적인 스폰서와 스폰시(예: IOC, OCOG 또는 NOC)의 전반적인 평가 과정을 따라야 한다. 페어플레이, 최고의 성적, 우정 그리고 최고의 노력이라는 올림픽 이상은 스폰서들이 추구하는 다양한 브랜드 속성(스포츠와 관계되어 있거나 그렇지 않은)의 의미를 제공한다. 올림픽은 다른 스포츠에 적용되지 않는 독특한 형태의 플랫폼이다. TOP 파트너들에게 올림픽 자산은 국제적이면서 동시에 매우 국지적이라는 점이 매력적이다. 예를 들어, 대부분의 활동들이 개별 국가 수준에서 완결된다는 점에서 그리고 파트너들에게 204개의 NOC가 서로 연계되어 있다는 점은 어마어마한 기회가 된다. 맥도날드의 글로벌 제휴 파트 책임자인 존 르위키John Lewicki는 다음과 같이 언급했다.

> "우리의 주요 사업 대상 국가에서 각 NOC와의 관계는 매우 중요하다. 나는 그들이 우리 사업과 우리 스폰서십에서 어떤 것이 중요하고 중요하지 않은지 이해한다고 믿고 있다. USOC와의 관계는 우리가 미국을 기반으로 한 회사이며, 미국에 수많은 점포가 있다는 점에서 매우 중요하다."
> (McDonald's 2011)

즉, 올림픽은 글로벌 규모의 대회지만 동시에 각 개별 국가 수준에서 활성화될 수 있으며, 통합 효과가 있을 수도 있다. 이는 올림픽 브랜드(4장 참조)와 연관된 풍부한 이미지들이 전 세계 각 부문의 다양한 소비자들의 삶에 적절하고 이해할 수 있는 진정한 올림픽 가치를 제공하기 때문이다. 이는 스폰서들에게 깊은 감성적 수준과 다양한 배경하에서 그들의 고객(언어, 문화 또는 성별과 무관하게)과 특별하게 연결될 수 있는 기회를 제공한다. 특히 '자국의' 선수들의 노력과 연결된다는 점이 올림픽만의 특별한 점이다.

올림픽은 OCOG의 스폰서들에게도 여러 가지 면에서 매력적이다. 2010밴쿠버올림픽 이후, 이 책의 저자 중 한 명은 VANOC의 6개 주요 로컬 스폰서들과 진행한 인터뷰를 통해 올림픽대회가 스폰서에게 주는 매력적인 요소를 밝혔다: (1) 올림픽 브랜드와 연관된 가치, (2) 스포츠 행사 중에서도 올림픽 브랜드를 통해 가장 강력하고 큰 규모의 지원이 가능하다는 믿음, (3) 브랜드의 광범위성(인구 통계, 도시 및 지방, 모든 문화 및 언어), (4) 타깃 고객에 대한 강한 전달력, (5) 가장 큰 마케팅 플랫폼을 가능하게 하는 높은 텔레비전 시청률, (6) 고객들의 구매력, (7) 독점성, (8) VANOC의 지속 가능성/올림픽 유산. 또한 2010밴쿠버올림픽은 스폰서들에게 캐나다인들과 깊이 공감할 수 있는 기회를 제공하여 다른 스포츠에서는 느낄 수 없는 특별한 가치를 제공했다.

> "우리는 캐나다 역사상 매우 중요한 역할을 했으며 국가를 세우는 수준에 상응하는, 단순한 마케팅 이상의 가치를 제공했다. 올림픽은 다른 스포츠에서는 따라 할 수 없을 만큼의 거대한 혜택을 주었다."
>
> (VANOC 2010)

2004아테네올림픽에 대한 연구(Apostolopoulou & Papadimitriou 2004)에서 언급한 바와 같이, 올림픽 참여 동기는 앞으로 개최될 올림픽대회에서도 스폰서들이 계약을 체결하도록 유도한다. 각 스폰서들이 직원들에게 부가적 혜택을 주는 동기 부여 프로그램을 진행하고 다양한 우호적 가치를 제공할 수 있는 B2B 마케팅의 기회를 제공하는 것 또한 올림픽 스폰서십의 중요한 혜택으로 밝혀졌다. 올림픽 브랜드와 관련한 다양한 감정은 특별하며, 파트너들의 브랜드 확대 전략에 다수의 선택권을 제공한다. 실제로 2010밴쿠버올림픽의 로컬 스폰서는 각자의 가치에 따라 유연하게 목표 활동을 전개하는 스폰서십 권리를 활용했다. 그리하여 올림픽은 올림픽 심벌(오륜, 캐나다 국기 등)과 감정적인 부분(자부심, 애국심 등)을 기반으로 고객들과 소통할 수 있는 다양한 기회를 제공했다.

NOC의 스폰서들에게 올림픽 스폰서십은 올림픽 브랜드의 가치와 수익 창출을 연결시키는 것을 의미한다. 상품으로 판매하기 위한 제품을 준비하고, 제품 판매율을 높일 수 있는 판매 프로모션 진행은 올림픽 스폰서십의 중요한 혜택이다. 텔레비전 시청자의 규모와 범위(남성과 여성, 어른과 아이) 또한 특정 국가에서는 중요하다. 위에서 언급한 바와 같이, 국가 또는 지역에 중요한 기회들을 제공하고, 감정적(자부심, 애국심 등)으로 고객과 소통하는 것은 올림픽 스폰서십과 연관된 중요한 혜택이다.

로컬 스폰서는 종종 스폰서십 유형을 결정할 때에 의사결정 전략에 직면하게 된다. 예를 들어 레버리징leveraging(신용차입) 혹은 활성화를 위해 장기적으로 투자하면서 브랜드의 이익을 정량화해야 하는지, 아니면 판매 이익과 같이 정량화하기 쉬운 단기적인 목표를 설정해야 하는지 결정해야 한다. 여기에 정답이나 오답은 없으며, 대부분의 결정은 스폰서십 담당자에게 달려 있다. 실무직원급은 최종 결과(예: 판매 수익)의 성과를 높이는 데 좀 더 관심을 두며, 관리자급은 브랜드 구축과 같은 장기적인 목표에 더 관심이 많다. 그럼에도 불구하고 많은 NOC는 올림픽 브랜드의 레버리징 기회를 통해 국가적으로 잠재적인 자원을 이끌어 낸다.

여기에서 올림픽 브랜드와 관련한 가치가 모든 스폰서십 프로그램(TOP, OCOG 또는 NOC)에 꼭 필요한 요소인지 의문이 들 수 있다. 일부 스폰서에게 이러한 가치는 실질적으로 소비자중심주의Consumerism을 넘어선다: 브랜드가 상업적으로 이용되지만, 브랜드를 둘러싼 구조는 상업적인 만큼이나 사회적이라는 특성이 있다. 2000시드니올림픽대회 조직위원회의 마케팅 책임자는 올림픽 마케팅을 아래와 같이 정의했다.

"스포츠 마케팅과 스포츠 이벤트는 상업적 브랜드와 정신적 브랜드의 만남이다."

(Séguin 2003: 223)

올림픽 시스템의 스폰서

IOC와 OCOG 그리고 NOC 사이에는 다양하고 광범위한 스폰서들이 존재한다. 하지만 TOP 파트너들과 OCOG의 스폰서들은 상대적으로 범주화하기 쉽다.

모든 TOP 파트너사는 올림픽대회를 준비하는 데 필요한 자원과 기술을 직접적으로 지원할 수 있는 세계 최고의 다국적 전문 기업이다. 더욱이 TOP 파트너들은 IOC와 OCOG들을 지원하는 동시에 개최국의 NOC와 올림픽 국가대표팀도 지원한다. 2012런던올림픽에는 11개의 TOP 파트너가 있었다(표 8-1).

현재 4개의 OCOG들이 활동하고 있다: 2012런던(LOCOG), 2014소치(SOCOG), 2016리우(ROCOG), 2018평창(POCOG) 그리고 2020도쿄(TOCOG).■ 가장 최근에 대회를 치른 LOCOG는 세 개의 카테고리로 구분된 42개의 파트너사를 보유했다: 2012런던올림픽 공식 파트너, 2012런던올림픽 공식 서포터 그리고 2012런던올림픽 공식 공급사 (표 8-2).

■ 도쿄는 2013년 9월 IOC 총회에서 2020하계올림픽 개최지로 선정되었다.

TOP 파트너	제품 카테고리
코카콜라(The Coca-Cola Company)	무알콜 음료
에이서(Acer)	컴퓨터 장비
아토스(Atos)	정보기술
다우 케미컬(Dow Chemical)	화학물
GE(General Electronic)	백색가전, 의료기기, 발전기 등
맥도날드(McDonald's)	소매식품 서비스
오메가(Omega)	계측장비
파나소닉(Panasonic)	AV 시스템
P&G(Procter & Gamble)	개인 생활용품
삼성(Samsung)	무선통신장비
비자(Visa)	지불 서비스

〈표 8-2〉 LOCOG 스폰서

London 2012 Official Olympic Partners	London 2012 Official Olympic Supporters	London 2012 Official Olympic Providers and Suppliers
7개사	7개사	28개사
Adidas(스포츠 용품)	Adecco(인력)	Aggreko(임시 에너지 생성 서비스)
BMW(자동차)	Arcelor Mittal(철강)	Airwave(개인 이동 무선 서비스)
BP(석유와 가스)	Cadbury(제과)	Atkins(엔지니어링 설계 서비스)
British Airways(항공 승객 서비스)	Cisco(네트워크 장비)	The Boston Consulting Group(전략 컨설팅 및 전략 사업 분석)
BT(통신 서비스)	Deloitte(회계 서비스)	CBS Outdoor(야외 광고 공간)
EDF(에너지)	Thomas Cook(호스피탈리티 서비스)	Crystal CG(디지털 이미징 서비스)
Lloyds TSB(금융 및 보험 서비스)	UPS(물류 및 운송 서비스)	Eurostar(철도 여객 서비스)
		Freshfields Bruckhaus Deringer LLP(법률 서비스)
		G4S(보안 서비스)

GlaxoSmith Kline(실험실 서비스)

Gymnova(체조 장비)

Heathrow Airport(공항 관리 서비스)

Heineken UK(맥주)

Holiday Inn(호텔 및 리조트 숙박 서 비스)

John Lewis(백화점)

McCann Worldgroup(광고 서비스)

Mondo(스포츠 바닥재 및 장비)

Nature Valley(시리얼 바)

Next(의류 및 가정용품)

Nielsen(시장 조사 서비스)

Populous(건축 설계 서비스)

Rapiscan Systems(보안 검색 및 검 사 장비)

Rio Tinto(광업 서비스)

Technogym(피트니스 장비)

Thames Water(수자원 서비스)

Ticketmaster(티켓 서비스)

Trebor(고무)

Westfield(쇼핑센터)

NOC 스폰서 프로그램에서 스폰서사들의 특성을 분석하고 파악하는 종합적인 연구는 아직 없었다. 하지만 NOC 스폰서를 2개의 큰 카테고리로 분류할 수 있다: NOC만 후원하는 기업과 올림픽 시스템 내 다른 여러 개의 기관과 파트너십을 맺는 기업.

프랑스올림픽위원회Comité National Olympique et Sportif Français, CNOSF는 이런 면에서 좋은 예가 된다. CNOSF는 파트너, 공식 공급사 및 공식 서비스 제공사로 구분되는 13개의 스폰서를 보유하고 있다(표 8-3). 이 중 4개 기업(아디다스, EDF, BMW, 유로스타Eurostar)은 LOCOG의 스폰서이기도 했다. 이러한 기업들은 그들의 브랜드 정체성을 발전시키면서 시장에서 경쟁력을 확보하기 위해 올림픽 이해관계자들의 네트워크

〈표 8-3〉 CNOSF 스폰서

1등급 국내 파트너	2등급 공식 공급사	3등급 공식 서비스 제공사
9개 그룹	3개 그룹	1개사
Adidas, EDF, Française des Jeux, Orange, Tarkett, Group BPCE, BMW, Somfy, Allianz	Brossard, Eurostar, Eventeam	Dppi Images de sport

내에서 파트너십을 발전시켜왔다. 예를 들어, BMW 프랑스 지사장은 CNOSF와 파트너십 계약을 체결하면서 다음과 같이 언급했다.

> "우리는 진정한 가치 교환의 일환으로 이 계약을 체결하게 되어 매우 자랑스럽고 행복하다. 타인과 환경을 존중하면서 최고의 성과를 모색하는 BMW의 효율적 역동성 전략Efficient Dynamics strategy이 목적이다."
>
> (BMW 2011a)

CNOSF와의 계약은 올림픽대회에서 BMW의 역할을 확대하고, 미국 및 중국 올림픽위원회와 파트너십 계약을 맺게 되는 시초가 되었다. BMW와 같은 기업은 타 파트너사와의 협업을 통해 기업의 브랜딩 측면에서 가치를 창출했다. 이러한 가치 공동 창조는 올림픽 정신과 연결된 가치 및 특성과 혜택의 강화와 전달을 근거로 하여 이루어진다.

관계마케팅에 기초한 스폰서 활동

스폰서 활동Sponsoring은 마케팅처럼 이해관계자 집합체에서의 가치의 공동 창조 혹은 가치의 교환에 기초하며, 그들 간의 관계 혹은 거래에 기원하는 활동이다. 〈그림 8-2〉는 스폰서 활동의 네 가지 유형에 대하여 설명한다. 대부분의 올림픽 스폰서 활동은 이해관계자들의 네트워크 내 가치 창조를 위한 협업에 기초한 가치 집합체 범주에 부합한다.

페랑Ferrand과 토리지아니Torrigiani, 캄프스Camps(2008)는 스폰서 전략을 수립하고 이행할 때 고려해야 할 사항을 여섯 가지로 구분했다.

1. 스폰서와 스폰시의 목적 수렴
2. 스폰시 브랜드와 스폰서가 원하는 브랜드의 정체성의 부합성
3. 스폰서와 올림픽대회에 결과적으로 수반되는 고객 호감도 간의 조합에 대한 수용 가능성
4. 목표 고객층 사이에서의 스폰서 브랜드 활성화

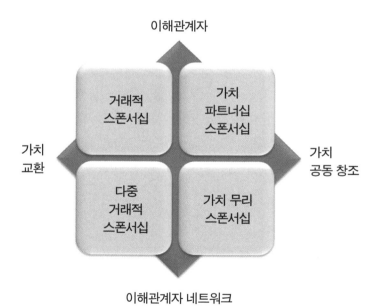

〈그림 8-2〉 가치 창조 방법, 이해관계자의 수, 이해관계자 간 관계에 기초한 스폰서 활동의 분류체계

5. 재원의 지원과 통합

6. 브랜드 경험

목적의 수렴(Convergence)

첫 번째 사항은 스폰서 활동을 통해 조직의 전략과 마케팅 목적을 성취하는 조직의 능력이다. 스폰서 활동은 상업적·사회적·환경적 목적을 내포할 수 있다. 그러나 지속 가능한 성장과 사회공헌 활동의 중요성이 커지면서 올림픽 스폰서들은 종종 영리적 목적과 환경적 목적을 연계한 사회적 목적의 활동을 하게 된다.

예를 들어, LOCOG의 스폰서 BMW는 상업적 성과를 높이기 위해 지속 가능한 성장 모토를 채택했다:

> "우리는 2012런던올림픽과 패럴림픽의 공식 자동차 파트너로 선정된 것에 자부심을 느낀다. 그리고 이를 가능하게 한 우리의 '효율적 역동성 프로그램'이 있다는 것을 감사히 생각한다. 올림픽대회를 위하여, CO_2 배출량을 좀 더 줄이기 위해, 최소의 에너지와 최고의 성능을 조합 (…) 우리의 뛰어난 기술 뒤에는 조그만 변화라도 커다란 성능 차이를 가져올 수 있다는 믿음이 있었고 이는 모든 운동선수가 잘 아는 바와 같다. 앞으로 수개월간 우리가 어떻게 세계를 선도하는 기술 전문성을 통해 그들을 적극적으로 지원하는지 보여주고자, 우리는 올림픽과 함께할 것이다. 우리는 이를 'BMW London 2012 Performance Programme'이라고 정했다. 이를 잘 지켜봐 달라. 놀라운 여정이 될 것이다."

> (BMW 2011b)

스폰시 브랜드와 스폰서가 원하는 브랜드의 정체성의 부합성

3장에서 설명한 바와 같이 스폰서 활동은 브랜드 간 제휴brand alliance에 의해 구성된다. 이러한 문맥에서 스폰서와 스폰시 사이의 부합성Fit은 그들의 '감정' 혹은 '논리'의 조화를 평가하기 위해 목표한 관점을 기준으로 평가된다(Cornwell, Weeks & Roy 2005; Speed & Thompson 2000). 일반적으로 이러한 목적의 융합, 수렴convergence은 스폰서의 환경적 배경 그리고 선의善意의 수용 정도로 평가한다. 일반적으로 수렴은 질적인 면에서 두 독립체 사이의 공통적 특성과 전이메커니즘transfer mechanism에 기초하여 분석한다. 이러한 특징들은 자산의 특성(예: 올림픽대회, 오륜 마크), 연관된 결과 혹은 이득(예: 성과, 엔터테인먼트) 그리고 가치(예: 우정, 우수성, 존중)가 될 수 있다.

스폰서와 올림픽 브랜드 간의 상호작용은 '한정된 올림픽 브랜드', '특정 브랜드의 특징', 그리고 '공유하는 특징'이라는 특성에 따라 달라진다. 스폰서-브랜드의 액티베이션 과정과 연계하여 기존의 연관성을 강화하거나 새로운 스폰서 브랜드와의 제휴를 탄생하게 한다. 이러한 상호관계는 세 가지 단계를 거쳐 발생한다(그림 8-3).

1. 스폰시로부터 스폰서로의 특성 전이
2. 스폰시와 스폰서가 공유하는 특성의 강화
3. 스폰서로부터 스폰시로의 특성 전이

코카콜라사는 올림픽대회를 후원하는 주목적을 다음과 같이 밝히고 있다.

"올림픽 이념의 가치를 공유하고 더 평화롭고 행복한 세상을 위한 비전을 가지며, 개인의 능력을 발견하도록 장려하고 경쟁의 정신을 권장하며, 우수한 성과와 공정성을 추구하기 때문이다."

(Coca-Cola 2011)

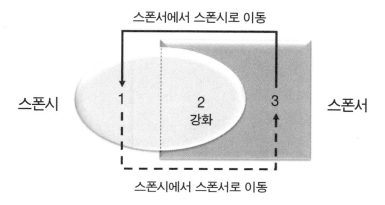

〈그림 8-3〉 강화(reinforcement)와 전이(transfer) 제휴 메커니즘

스폰서의 액티베이션

스폰서십의 액티베이션Activation은 스폰서십이 투자한 자원만큼 중요하게 운영되고 관리된다는 점에서 모든 스포츠 스폰서십 성공의 열쇠가된다. 코카콜라 스폰서십의 전략은 브랜드를 좀 더 능동적이고 활동적으로 만드는 데 있다. 올림픽 경기장 주변 현수막으로 브랜드를 전시하는 것은 수동적인 경우이다. 소비자들이 그것을 만지게 할 수 있을 때(예: 스포츠 팀의 사진이 인쇄된 음료수 캔, 모자, T셔츠 등)가 활동적인 경우라고 할 수 있다. 고객들이 제품을 구매하기 전, 데모 버전의 제품을 시연해보게 하는 것도 같은 경우이다. 각 브랜드는 스폰서들에게 가장 유리한방법으로 활성화한다. 스폰서 브랜드의 활성화는 특히 TOP 파트너들과 OCOG 스폰서들에게 중요하며, 이는 그들의 브랜드를 경기장 내에서는 노출하지 못하기 때문이다.

올림픽 경험과 브랜드의 연계

올림픽 경험은 IOC와 OCOG 그리고 그들의 이해관계자들에게 매우 중요하다. 스폰서들은 그들의 브랜드와 연계된 긍정적이고 독특한 경험을 만들어내고 싶어하기 때문에 이런 점은 매우 민감하다.

> "매 올림픽 경기마다 주최국 조직위원회와 NOC, IOC와의 파트너십을 통해 독특하고 기억에 남을 올림픽 경험을 만드는 데 최선을 다해왔다. 우리는 전 세계인을 대상으로 한 혁신적인 프로그램을 통해 고객들의 실제 올림픽 참여 가능 여부를 떠나, 그들의 올림픽 경험을 적극적으로 넓혀 왔다. 우리의 제품이 올림픽에서 운동선수들과 코치, 스태프와 자원봉사자들, 미디어 관계자와 관중들에게 상쾌함을 제공하는 동시에, 우리의 수많은 전 세계적 홍보 활동과 지역 프로그램들은 모든 이들에게 잊을 수 없는 추억을 제공할 수 있도록 힘쓰고 있다. 그 예로 올림픽 성화 봉송 후원 행사를 통해 평소 실제 올림픽을 즐길 기회가 없는 많은 나라의 사람들 수백만 명에게 세계에서 가장 영향력이 큰 심벌 중 하나인 올림픽 성화 봉송 경험을 할 수 있게 했고, 올림픽대회의 전통 행사를 참관하거나 참여할 수 있도록 하였다."
>
> (Coca-Cola 2011)

이러한 경험 마케팅 전략 유형으로 스폰서들은 마케팅 액티베이션을 통해 활성화 과정에서 그들의 브랜드와 목표 이해관계자들의 올림픽 경험을 연계할 수 있다.

올림픽 스폰서십 모델

올림픽 마케팅 모델(그림 8-4)의 모든 단계들의 관계는 이미 4장에서 설명했다. 이 모델의 중심에는 스폰서와 세 주요 올림픽 이해관계자들

〈그림 8-4〉 올림픽 스폰서의 관계에 기반한 구조

사이에서 스폰서십 프로그램이 국내적인지 또는 국제적인지에 따라 조합의 형태가 다른 부합성(수렴Convergence)이 있다.

이해관계자들은 서로 다른 이해관계자 간 시스템 안에서 가치의 공동 창조를 위한 협력 과정을 수립하는 절차를 진행한다(즉, 시장, 네트워크, 조직 내부). 한 사례로 맥도날드 챔피언 키즈(McDonald's Champions of Play for the Olympic Games)는 전 세계의 어린이들이 런던에서 특별한 경험을 공유할 수 있게 하면서 사회적 가치를 증대시켰다. 이 프로그램은 어린이들의 육체적 활동과 균형 잡힌 식사를 장려하기 위해 진행되었으며, 영리적(예: 맥도날드는 영국에서 다양한 자사의 인기 제품들을 제공했다) 혹은 친환경적(예: 맥도날드는 영국에 있는 농장에서 재료를 조달했으며, 이는 환경에 주는 영향력을 최소화하고 지역 생산제품을 사용한다는 것을 보여주기 위함이었다) 브랜드 전략은 그 자체 목적이 올림픽 브랜드와 연관된 사항의 가치 발전에 있기 때문에 중요하다. 두 가지 전략의 조합은 (1) 올림픽 브랜드의 경험과 스폰서의 강력한 브랜드 그리고 (2) 올림픽 경험을 이용한 스폰서 브랜드의 홍보활동으로 나뉜다. 이 두 가지 전략은 올림픽 경험과 스폰서 활성화 과정의 독특함 및 강력함과 직접적으로 연결되어 있다. 이러한 전략을 추진하기 위하여 파트너들의 헌신과 자원(재정, 사람, 기술 및 현물)의 결합이 필요하다.

이러한 모델의 핵심 사항은 다양한 조직 구성이다. 다음 예를 통해 IOC TOP 파트너, OCOG 스폰서, NOC 스폰서의 세 가지 구성 사례를 살펴볼 것이다.

TOP 프로그램 파트너 비자

비자Visa는 현금이나 수표를 대신하여 전자 지불 서비스를 제공하는 다국적 카드회사이며, 200개 이상 국가의 정부와 은행, 기업, 고객들과 거래하고 있는 가장 큰 전자 금융 지불 시스템 네트워크 회사이기도 하다. 비자의 전자 지불 시스템 기술과 제품은 15,500개 금융기관과 그들의 카드 소유자들이 사용하고 있다.

비자 스폰서십 전략

비자는 브랜드 가치와 이미지를 제고하기 위해 FIFAFédération Internationale de Football Association, IOC, NFL과 같은 세계적 수준의 스포츠 기관과 꾸준하게 독점적 파트너십을 구축해왔다.

"비자 파트너의 참여로 이루어지는 올림픽 및 패럴림픽 그리고 FIFA 월드컵은 세계에서 가장 많은 인기와 사랑을 받는 스포츠 이벤트이다. 비자의 전략적 스폰서십은 전 세계는 물론 각 나라의 행사에서 모든 관람객에게 전달되며, 이는 우리의 비즈니스에 혜택을 준다. 또한 우리의 고객들이 비즈니스-구축 마케팅Business-Building Marketing 프로그램을 통하여 이 행사들을 즐기며, 참여할 수 있게 해준다. 이러한 스폰서십은 우리의 이해 관계자들을 증가시키며 전 세계에 비자와 그 상품들을 친숙하게 한다. 동시에 올림픽 개최국의 지불 시스템 관련 인프라를 선진화하고 발전시킨다. 또한 우리가 있는 곳의 신흥 시장의 경제 활성화를 도와준다."

(Visa 2011a)

비자는 1986년부터 TOP 파트너가 되었으며, 2012런던하계올림픽 (영국), 2014소치동계올림픽(러시아), 2016리우하계올림픽(브라질), 2018평창동계올림픽(대한민국) 그리고 2020도쿄하계올림픽(일본)까지 지불 결제 서비스 부문의 독점적 파트너이며, 올림픽 경기에서 현금 이외에 사용할 수 있는 유일한 신용카드이다. 비자는 또한 최초로 개최된 2010싱가포르청소년올림픽의 파트너이기도 하였다.

비자사의 회장인 조셉 손더스Joseph Saunders는 올림픽 효과를 아래와 같이 언급했다.

"올림픽을 통해 정치적, 지역 경계를 초월한 전 세계에 측정할 수 없는 규모의 브랜드 노출이 가능하다. 이는 다양한 범위의 수많은 시청자들에게 서비스를 제공하는 동시에 살아 있는 재미를 전달할 수 있게 한다. 올림픽대회는 전 세계에서 가장 우수한 스포츠 및 문화 행사이며, 우리는 2020년까지 스폰서십에 참여할 수 있다는 것을 기쁘게 생각한다."

(Visa 2011b)

세계에서 가장 유명한 금융 서비스 브랜드인 비자는 그들의 규모, 그들의 생각, 그들의 가치에 부합하는 파트너십을 찾고 있었으며, TOP 프로그램이 바로 그 해답이 되었다.

브랜드 간의 강한 결속력

비자는 스포츠가 사람들과 지역사회 및 국가들을 결속할 수 있는 힘이 있고 인류의 삶을 풍족하게 하며 경제발전의 기회를 만든다고 믿는다.

> "브랜드와 신뢰가 큰 의미를 가지는 오늘날의 전 세계에서, 올림픽은 세계 적으로 통용되는 수용성, 신뢰도, 다양함 및 리더십과 같은 비자만의 가치 를 투영한다. 올림픽 스폰서 활동은 비자와 우리의 고객에게 즐거운 비즈 니스를 제공해준다."
>
> (Visa 2011c)

그러므로 비자의 스폰서십은 스포츠와 레저 활동에 집중될 뿐만 아 니라, 기업의 우수함과 혁신, 다양성, 성과의 가치를 반영하는 다양한 이벤트에도 활용된다.

올림픽 스폰서 활동은 비자의 브랜딩 전략의 일환이다. 이는 기업의 브랜드 가치를 강화하고, 비자의 '삶의 세계 공용 통화The Universal Currency of Life'라는 비전을 실현 가능하게 하는, '더 좋은 생활을 위한 더 좋은 돈Better Money for Better Living'의 브랜드 개념을 정당화하는 방법이다. 비 자는 올림픽 가치와 정신을 단순히 전달하는 것이 전부가 아니라는 것 을 강조했다: 파트너십은 브랜드의 리더십을 반영하며, 그들의 제품과 서비스에 대한 선호도를 증가시킨다. 활동 그 자체를 우수함과 혁신 그리고 성과의 가치에 자연스럽게 부합시킴으로써 비자의 전 세계 시장 점유율을 높이는 것을 목표로 하고 있다.

비자의 올림픽 파트너십은 시장의 브랜드 리더로서 그들의 입지를 강화하고 신규 시장을 넓히며, 기존 시장에서 그들의 제품과 서비스에 대한 선호도를 향상시킨다. 이러한 목적 달성을 위해, 'Better Money' 콘셉트를 정당화할 수 있는 사용자 친밀도와 신뢰, 편의성, 안전성 그리고 안정적 지불 결제 시스템 같은 유형적 혜택을 제공한다. 또한 브랜드에 대한 긍정적이고 감정적인 경험 역시 수반한다.

> "당신의 비자카드는 선택할 수 있는 권리, 잊지 못할 풍부한 경험, 언제나 편안하게 평화로운 마음을, 당신이 어디에 가든지 안전하게 제공해줄 것이다."

(Visa 2011a)

올림픽 무브먼트와 파트너십의 확장

비자는 이러한 목적 달성과 '삶에 영향을 줄 수 있는' 수단이 되기 위해, 올림픽 시스템에서 다양한 조직들을 대상으로 네트워크 중심의 관계마케팅을 최초로 적용했다. 올림픽 무브먼트와 NOC들 및 대표팀에 대한 비자의 스폰서 활동은, 대회에 대한 직접적인 재정 지원과 NOC과 연계한 수천 명의 올림픽 국가대표 선수를 후원하면서 대회의 지속적인 성공을 보장하는 데 도움을 주어왔다.

더불어 비자는 '글로벌 팀 비자Global Team Visa' 프로그램을 통해 올림픽 팀과 선수 개개인이 올림픽의 꿈을 달성할 수 있도록 재정 지원과 인생 설계, 마케팅 방법을 제공하면서 지원했다. 또한, '팀 비자Team Visa'는 올림픽 및 패럴림픽대회 참가를 희망하는 선수들이 선배 선수들에게서 많은 영감과 교훈을 받는 멘토링 프로그램도 후원했다.

강력한 시장 지향의 관계마케팅

이렇게 넓게 확장된 올림픽 파트너십은 비자의 강력한 시장 지향의 관계마케팅에 필요한 신뢰성과 타당성을 제공했다. 2011년 비자 유럽 지부에서 진행한 "황금 기회: 2012런던올림픽 및 패럴림픽대회의 지출과 경제 영향A Golden Opportunity: London 2012 Olympic and Paralympic Games ex-penditure and economic impact"이란 제목으로 발표된 보고서에 따르면, 런던올림픽대회 기간인 7주 동안 소비 지출 순증가율은 영국 내 4100만 유로와 해외 7억9백만 유로를 합하여, 7억5천만 유로에 달할 것으로 예측했다. 비자의 유럽 지역 파트너십 마케팅 수장 콜린 그라넬Colin Grannell은 이러한 면의 중요성을 강조했다.

> "비자는 2012런던올림픽 기간 동안 소비자들의 지출에 밀접한 관계가 있다: 영국에서 4유로(£)의 지출이 발생할 때마다 그중 1유로 이상은 비자카드로 지불되고 있다. 또한 현재 4억3천만 개의 비자카드가 사용되고 있는 유럽에서 8유로의 지출 중 1유로 이상이 비자카드로 지불되고 있다. 2011년 3월 집계한 연간 사용 금액을 보면, 비자카드로 1조6천억 유로의 물품 구매와 현금 인출이 이루어졌다. 이 중 70% 이상은 비자의 직불카드로 사용되었다. 이러한 전자 지불 시스템의 전문지식과 올림픽 스폰서로서 25년간의 역사는 우리에게 훌륭한 분석 능력과 우수한 통찰력이 있음을 의미하고, 주요 스포츠 활동을 통해 지출이 크게 증가하게 됨을 보여준다."
>
> (Visa Europe 2011a)

이러한 데이터는 비자에게 올림픽의 경제효과 측면에서 중요하다는 것을 증명해준다. 비자가 올림픽의 독점적 지불 카드, 공식 결제 네트워크, 직불 및 선불카드 권리를 가지고 있기 때문에, 올림픽 입장권, 공식 올림픽 제품 혹은 경기장 내 식음료는 비자카드(또는 현금)로만 결제할 수 있다.

올림픽대회마다 비자는 모든 올림픽 경기장 내 결제 시스템 인프라와 네트워크를 관리한다. 비자는 2010밴쿠버동계올림픽대회에서 모든 경기장과 국제방송센터International Broadcast Center, IBC, 프레스센터, 선수촌 그리고 250여 개의 올림픽 매장에 800개 이상의 POS 설비를 설치했다. 또한 비자는 올림픽 관련 행사 참가자와 여행객 들의 편의를 위하여 현금 자동 입출금기ATM를 설치했으며, 비자카드 사용이 가능한 모바일 ATM 설비도 제공했다.

"Building Business, Uniting the World"
비자의 "Building Business, Uniting the World(세계를 결합하여 비즈니스를 건설하라)" 슬로건은 기업의 관계마케팅 노력이 상업적 목적, 네트워크와 직접적으로 연결되어 있음을 보여준다. 전 세계 비자 회원들은 카드 보유자와 상인 그리고 행사와 관련한 임직원들을 목표로 한 그들의 제품과 서비스 마케팅, 커뮤니케이션 및 홍보 캠페인에 올림픽 스폰서 활동을 사용할 수 있다. 금융기관과 상인들은 비자의 올림픽대회 마케팅 플랫폼을 통해 카드 사용자들과 단순한 상업적 거래관계 이상으로 직접 연결될 수 있는 다양한 혜택을 받는다. 2008베이징하계올림픽대회를 통해 전 세계 573개의 금융기관과 491개의 상업적 파트너가 직접 비자 올림픽대회 홍보 프로그램Visa Olympic Games promotional pro-grammes에 참여했다.

또한 비자는 올림픽 개최국과 연계된 관광지-마케팅Destination-mar-keting 프로그램을 적용한 첫 번째 기업으로 2010밴쿠버동계올림픽대회에서 밴쿠버 관광청, 휘슬러 관광청과 파트너가 되어 밴쿠버 시를 국내 및 해외 관광지로 홍보했다. 런던하계올림픽대회에서도 유사한 사례가 있었다. 모바일 지불 시스템에서 독점권이 있는 비자는 삼성과 다른 TOP 파트너들과의 협업을 강화하여, 영국과 전 세계에서 모바일 기기의 비접촉 지불 시스템 개발했다. 2012런던하계올림픽대회에서 삼성은 최대 20유로(€)까지 결제가 가능한, 빠르고 실용적이며 안전한 비자의 비접촉 지불 시스템을 사용할 수 있는 특별한 모바일 전화기를 개발했으며 이 핸드폰은 올림픽 기간 중에만 판매되었다.

비자와 삼성은 2012년 올림픽 이후에도 전략적 제휴를 지속할 예정이다. 이 두 기업은 비자의 비접촉 기술을 전 세계 모바일기기 사용자에게 전파하기 위해 금융기관과 판매자, 모바일 기기 사용자들과 함께 준비하고 있다.

비자의 대표이사 피터 에이클리프Peter Aycliffe는 올림픽 전략적 제휴에 대해서 아래와 같이 언급했다.

"삼성과 마찬가지로 비자는 은행과 소매업자, 모바일 기기 운영자 그리고 소비자들의 시장에 지속 가능한 유산을 남기기 위해 올림픽과 패럴림픽 파트너십을 통한 레버리징leveraging 비전을 공유한다. 우리는 올림픽 파트너십의 새로운 장을 열고자 할 뿐만 아니라, 2012년 올림픽과 그 이후에도 지속될 모바일 기기와 비접촉 결제 기술을 연결하고자 한다. 우리는 삼성과 함께한 이 작업의 성공을 위해 금융기관들, 모바일 기기 사용자들과 함께 일할 수 있길 고대하고 있다."

(Visa Europe 2011b)

올림픽 파트너 비자 활동의 전략적 구조
올림픽 무브먼트 파트너 활동의 장점에 대하여 언론에서 강조되었던 비자의 소개 자료에는 다음과 같은 내용이 나온다.

- 과거 13개의 하계올림픽과 동계올림픽의 올림픽 스폰서십을 통해 열성적인 전 세계의 팬을 기반으로 비자의 브랜드를 전파하는 글로벌 플랫폼을 구성했다.
- 스폰서십 플랫폼은 상거래, 높은 수준의 브랜드 목적 달성 지원, 특정 상품 홍보 기여, 성장 기반 조성 그리고 올림픽 주최국의 선진 결제

시스템 인프라 구축에 기여한다.
- 비자의 올림픽 파트너십은 그들의 상품과 서비스의 선호도 상승과 이해관계자들의 가치를 확장하는 데 기여한다.
- 스폰서십은 제품의 사용량, 비자의 글로벌 이미지 향상, 브랜드 인지도의 강화에 기여한다.
- 스폰서십은 전 세계를 기반으로 한 마케팅과 광고기회를 제공한다.
- 비자의 독특한 마케팅 프로그램은 인지도를 향상시키고 개인 고객과 기업들에게 좀 더 가치 있는 혜택benefit을 제공한다.

(Visa 2011d)

이것은 파트너들의 네트워크와 협업하는 관계마케팅 프로그램을 기반으로 스폰서 활동을 전개한 결과이다. 올림픽 정신(우수, 혁신, 다양성, 성과)을 공유하는 브랜드들과 가치가 맞았으며, 전 세계의 경제적·사회 환경적 영향력과도 잘 부합되었다. 비자는 목표하는 브랜드와의 경험을 제공하고 이익을 창출하기 위해, 그들의 고객과 그들 파트너들의 네트워크를 목표로 다양한 액티베이션을 진행했다. 이러한 활동은 회사가 카드 소유자와 상인, 지불 시스템을 보유한 기관 그리고 비자의 회원들에게 더 나은 가치와 이익을 창출하도록 도움을 주었다. 비자의 스폰서 활동은 위와 같이 기업의 조직적 구성이 상업적 파트너들을 끌어 모으면서 네트워크 지향에 가까운 활동으로 진행되었음을 보여준다.

2012런던올림픽대회조직위원회 스폰서의 스폰서십 전략: 캐드버리

2008년 10월, 캐드버리Cadbury 사는 2012런던하계올림픽대회의 두 번째 등급인 공식 서포터official supporter가 되었다. 캐드버리는 과자류와 아이스크림 제조업자로 '2012런던' 브랜드를 제품에 사용할 수 있는 권리와 함께 영국 올림픽과 패럴림픽 국가대표팀의 마케팅 권리를 얻게 되었다. 올림픽대회 기간 중 캐드버리는 올림픽 경기장과 올림픽 공원에서 판매되는 모든 과자류와 아이스크림을 공급했다. 2012런던하계올림픽대회조직위원회LOCOG와의 계약 금액은 4천5백만 유로에 6백5십만 유로의 마케팅 비용을 더한 금액으로 추정된다. 마케팅 비용에는 캐드버리가 "동그라미 대 줄무늬Spots vs Stripes의 텔레비전 광고, 디지털 미디어 활동■, 행사, 지역사회 프로그램, PR 및 옥외광고 등이 있다.

캐드버리의 토드 스티쳐Todd Stitzer 본부장은 계약에 서명할 때 아래와 같이 언급했다.

> "200년에 가까운 기간 동안 캐드버리는 영국인의 삶의 일부였기 때문에, 2012런던올림픽과 패럴림픽의 스폰서가 되는 것이 매우 자랑스럽다. 창업주 존 캐드버리John Cadbury가 1824년 버밍햄 초콜릿 가게를 열었을 때부터 우리는 성과를 주도하면서 가치를 이끄는 기업이 되고자 최선을 다해왔다. 영감靈感, 긍정, 공동체─이 철학은 올림픽대회의 오래된 정신 중 하나이다."
>
> (Cadbury 2011a)

이러한 스폰서 활동은 기업의 성과와 사회적 책임을 동반한다. 그리하여 캐드버리는 런던올림픽 스폰서 활동을 통해 위에서 언급한 가치들과 연결될 수 있었다. 더욱이 캐드버리는 영국에서 개최되는 2012런던하계올림픽대회를 후원하는 것은 영국 기업의 상징적인 권리라고 생각했다.

캐드버리는 주요 스포츠 행사와 지역 발전 지원, 2000년 시드니하계올림픽, 2002년 맨체스터 영연방경기대회Commonwealth Games 그리고

■ 디지털 미디어 활동은 온라인 게임, 페이스북 광고, VoD 그리고 검색 엔진 광고 등이다.

2006년 멜버른 연방경기대회 등 많은 스폰서 활동 경험이 있다.

2010년 2월 2일, 캐드버리는 연간 매출이 492억 달러 규모로, 세계에서 두 번째로 큰 식품업체인 크래프트 푸드Kraft Foods에 인수되었다. 이 기업의 제품을 나타내는 주요 단어와 같이, 기업의 중심에는 '맛있는' 콘셉트가 자리하고 있다.

> "'맛있게Delicious'는 우리 기업의 목적이다. (…) 이는 우리가 하는 모든 활동에 적용되는 마음가짐과 정신 그리고 우리의 방법이다. 또한 우리가 이 보고서의 제목을 '보다 맛있는 세상을 창조하자Creating a more delicious world'라고 한 이유이다. 우리는 글로벌 식품회사로서 우리가 만드는 제품과 제조법을 통해 사람들이 배고픔과 가난에서 벗어나고, 건강한 생활방식을 추구하도록 도울 수 있다. (…) 우리의 글로벌 우선순위는 음식의 안전성과 건강, 건강한 삶 그리고 지속 가능성이며, 그 다음이 우리의 목적과 전략 그리고 활동이다."
>
> (Kraft Foods 2010)

캐드버리의 스폰서 활동은 "맛이 우리의 차별성"이라는 크래프트 푸드의 슬로건 구현을 위한 글로벌 전략과, 건강한 삶을 장려한다는 공언된 목적에 필수적인 요소가 되었다.

2012런던하계올림픽 및 패럴림픽대회 과자류 공식 공급사 캐드버리

2008년 가을 캐드버리는 2012런던하계올림픽대회의 과자류 및 아이스크림 공식 공급사가 되었다. 런던올림픽 마크를 제품에 사용할 수 있었으며, 팀 GBGreat Britain와 패럴림픽 팀 GB의 마케팅 권리를 영국 내에서 갖게 되었다. 캐드버리는 대회 기간 중 올림픽 공원과 다른 올림픽 경기장 그리고 패럴림픽 경기장에서 판매되는 모든 과자류와 아이스크림의 독점 판매권을 갖게 되었다. 2009년 봄, 캐드버리의 '트리덴트 Trident'라는 껌 브랜드가 2012런던하계올림픽대회의 3등급 공식 공급사로 추가로 참여했다. 캐드버리는 본사가 있는 버밍햄Birmingham과 웨스트 미드랜드West Midlands 외에도 캐드버리의 사무실과 공장이 있는 모든 지역에서 올림픽 경험을 공유하기 위해 LOCOG, 영국 정부와 함께 많은 노력을 기울였다. 캐드버리는 올림픽대회와 패럴림픽대회가 세상에 영감을 불러일으키고 인류가 새로운 지평선을 볼 수 있도록 도와주며, 새로운 가능성을 발견하도록 돕는다는 것에 기초한 사회적 마케팅을 적용했다.

> "캐드버리의 가치는 영감과 긍정, 공동체라는 올림픽의 정신과 연결되어 있으며, 우리는 올림픽에 재미와 열정, 흥분의 감정을 맛으로 제공한다."
>
> (Cadbury 2011a)

또한 캐드버리는 그들의 비즈니스와 동료들을 대상으로 200여 년간 근간으로 삼아온, 패럴림픽의 용기, 투지, 영감과 평등, 권리와 같은 가치를 강력하게 주장해왔으며, 패럴림픽 운동선수들의 후원을 위한 노력에 집중했다(Cadbury 2011b).

캐드버리는 크래프트 푸드Kraft Food의 건강한 삶을 위하면서 동시에 맛있는 제품을 생산한다는 정책과 연계하여, '얼굴에 미소와 즐거움, 기쁨을 제공하는' 것을 신조로 내세우며 자사의 제품을 판매했다. 캐드버리의 목표는 그들의 제품이 균형 잡힌 식단과 활동적이며 건강한 생활 방식의 하나로 즐길 수 있다는 것을 지속적으로 홍보하면서, 2012 올림픽대회에 재미와 기쁨, 웃음을 제공하는 것이었다. 한편 캐드버리는 그들의 제품이 어린이들을 위한 상품이 아니라는 것을 강조했다. 2012런던하계올림픽대회에서 캐드버리의 비전은 다음과 같다.

"영국 음식의 다양함과 우수함을 홍보하여 올림픽의 범위에 대한 영향력을 넓히자. 연속적인 영감, 긍정적이고 지속 가능한 변화, 따뜻한 응대와 포용 그리고 건강한 삶을 위한 시민의 인식 전환에 기여하자."

(LOCOG 2009)

캐드버리 'Spots vs Stripes' 액티베이션 프로그램

캐드버리의 다양한 액티베이션 전략 중 가장 근간은 '스폿 vs 스트라이프Spots vs Stripes(동그라미 대 줄무늬)' 프로그램이다. 이는 모든 연령대의 수백만 시민을 대상으로 진행했으며, 인생이라는 길에서 올림픽대회의 정신을 재발견하고 게임에 다시 뛰어들 수 있는 용기를 주는 테마를 부여했다. '스폿 vs 스트라이프'는 시민들이 두 팀 중 원하는 팀을 골라, 다양하고 색다른 게임에 참여하여 자유롭게 경쟁하는 프로그램이었다. 참여하는 사람들은 그들만의 '캐드버리 퍼포먼스'라는 영상을 만들고, 페이스북으로 팬이 되거나 트위터 혹은 유튜브의 팔로우가 되어 그들이 좋아하는 영상을 추천함으로써 '스폿 vs 스트라이프 투어Spots vs Stripes on tour' 행사에 참여했다. 각자의 성공 점수는 참여자의 팀 득점이 되었으며, 경쟁 방식으로 참여자들에게 2012런던하계올림픽 입장권을 제공했다.

2011년 '스폿 vs 스트라이프'는 지역을 순회했으며, 5대 도시에서의 대규모 행사와 각 지역에서의 다양한 행사를 진행했다. 또한 '스폿 vs 스트라이프'를 통해 대중들이 커뮤니티에 속할 수 있도록 지원하는 2000명 이상의 직원과 자원봉사자들인 '대회 요원Games Crew'을 고용함으로써, 지역사회에 투자하고 레저 시간을 늘리 데 기여하면서 캐드버리의 전통을 유지하려고 노력했다.

자원봉사자들을 조직하는 데에 많은 경험을 가진 캐드버리는 참여가 어렵고 소외된 계층을 포함한 전역에 스폿 vs 스트라이프를 전파하기 위하여 스폿 vs 스트라이프 게임 홍보대사들의 네트워크를 만들었다. 사람들 간의 소통, 삶의 영향 그리고 좀 더 강력한 커뮤니티의 구성은 촉매제로서 게임을 이용한 목표이다. 캐드버리와 영국 자원봉사 단체 British charity Groundwork는 참여를 장려하고 창조적인 행사를 조직하기 위해 각 지역의 자원봉사 기관, 커뮤니티 그룹, 자선단체, 청소년 스태프 클럽 그리고 지역의회와 함께 작업을 진행했다. 캐드버리 2012런던 프로그램의 일부로서 홍보대사들은 다양한 종류의 자원봉사 참여를 장려하고 분위기를 고취하는 역할을 하였다.

한편 캐드버리의 소매상들은 '스폿 vs 스트라이프'을 통해 그들의 지역 공동체와의 관계를 좀 더 강화했다. 캐드버리는 소매상들이 지역 사회의 심장이며, 언제나 그 지역의 생생한 뉴스를 접하고 지역과 소통하여 그들의 훌륭한 위치를 굳건히 한다는 전제에 기초하여 지역에 잘 안착하고 고객의 충성도를 높일 수 있도록 격려했다.

또한 캐드버리는 2012런던올림픽대회 제작자(또는 참여자) 프로그램의 공식 후원사 역할을 다함으로써 영국의 자원봉사 활동이 훌륭한 대회 유산을 남길 수 있도록 지원했다. 또한 LOCOG의 직원 채용과 행사 참여(Games Makers) 팀들을 훈련시키는 데 참여했다.

캐드버리 올림픽 스폰서 활동의 전략적 구조

캐드버리의 스폰서 활동은 영국에서 개최되었던 스포츠 행사 중 가장 큰 행사와 영국 브랜드를 연관 지으려는 목표와 더불어, 자사 브랜드와 올림픽과 동계올림픽 브랜드 가치들 간의 통합 효과에 기초했다. 영국 전 국민이 올림픽 정신을 느낌으로써 얻을 수 있는 브랜드와의 감정적 연결 고리를 생성하는 것이 목적이었다.

이는 캐드버리 스폰서십의 형태가 네트워크 지향성임을 보여준다(예: 정부, 지역 당국, 브랜드 배급 기관 및 그들의 영업점). 내부 지향(예: 캐드버리 직원이 자원봉사에 참여토록 격려) 그리고 건강한 생활 방식을 장려하고 기아 대책을 위한 구호물품 지원 등을 통한 고객들과의 관계 발전을 목표로 한 시장 지향은 이러한 네트워크 지향성을 시사한다. 2012런던 하계올림픽대회 및 패럴림픽대회와 관련하여 캐드버리는 직원들이 2012런던과 그 이상에 대하여 헌신하도록 장려했다.

2010밴쿠버올림픽대회조직위원회의 스폰서십 전략: RBC와 성화 봉송

캐나다로얄은행Royal Bank of Canada, RBC은 세계적으로 유수한 은행이며, 캐나다에서는 가장 큰 은행이다. 전 세계 7만4천여 명 이상의 임직원과 15억 명 이상의 고객을 확보하고 있다(RBC 2011b). RBC는 캐나다의 아마추어 스포츠와 올림픽 무브먼트를 오랜 기간 지원해왔으며, 캐나다올림픽위원회와의 파트너십을 가장 오랫동안 유지했다(RBC 2011a). RBC는 1947년 캐나다 아마추어 아이스하키 팀인 RCAF Flyers가 스위스의 생 모리츠St. Moritz에서 개최된 동계올림픽에 캐나다의 대표로 참여할 수 있도록 후원 활동을 한 것이 기원이었다(RBC 2011a). RBC는 그이후 1976년 몬트리올하계올림픽대회, 캐나다올림픽아카데미, 1988년 캘거리동계올림픽대회를 후원하면서 올림픽 무브먼트에 적극 동참해왔다. RBC는 올림픽대회를 준비하는 캐나다 대표팀 선수들의 노고를 응원하고, 2010밴쿠버 기념주화를 발행하는 'RBC 올림피안 프로그램'을 진행하는 등, 다양한 올림픽 프로그램들을 만들어왔다. RBC의 2010밴쿠버동계올림픽 스폰서십 성공은 최고 브랜드 책임자인 짐 리틀Jim Little의 언급으로 재확인할 수 있다.

> "성화 봉송과 밴쿠버올림픽에서 RBC의 전적인 참여를 통한 성과는 모든 면에서 우리가 얻으려고 희망했던 것을 능가했다."
>
> (Willis 2010)

왜 올림픽 스폰서십인가?

RBC의 2010밴쿠버동계올림픽 스폰서 참여 결정은 캐나다 안에서 장기간 이루어졌던 올림픽 무브먼트와 아마추어 스포츠 지원에 대한 연장선상의 활동이었다. 2002년 밴쿠버가 동계올림픽 개최지로 선정된 이후, RBC는 밴쿠버올림픽유치위원회의 스폰서가 되면서 자연스레 올림픽대회의 스폰서가 되었다. RBC는 2005년 1억1천만 달러(CAD)의 후원금으로 VANOC와 프리미어 로컬 파트너Premier National Partner 계약을 체결했음을 공표했다(Willis 2010). 올림픽 스폰서로서 2012런던하계올림픽대회까지(JMPA에 의거) 캐나다 올림픽 국가대표팀, 그리고 다양한 액티베이션 프로그램에 참여하여 그들의 파트너십을 내외부적으로 통합하고 그 결과로 자사의 브랜드를 강화하고자 한 세 가지 프로그램은 다음과 같다.

- 캐나다 올림픽 학교 프로그램Canadian Olympic Schools Programme: 2~12학년 학생들의 학교 수업 과정에 기초해 올림픽의 가치를 탐구하도록 장려하고, 건강하고 활동적인 생활 방식을 장려하여 '좀 더 똑똑하게, 훨씬 낫게, 더욱 강하게Smarter, Better, Stronger'란 정신을 청소년들에게 독려하는 프로그램으로, 캐나다 전역의 1만 개 이상의 학급에서 활용되었다.
- 시상대를 차지하자Own the Podium, OTP: 2005년 모든 동계 스포츠 기관과 주요 기금 지원 파트너(VANOC, 캐나다 정부, 캐나다올림픽위원회, 캐나다패럴림픽위원회 및 스폰서들)들이 참여한 국가적 후원 행사였으며, 2010밴쿠버동계올림픽대회에서 캐나다가 가장 많은 메달을 획득할 수 있도록 장려하는 프로그램이었다.
- 올림픽 성화 봉송Olympic Torch Relay, OTR: 캐나다에서 열리는 2010밴쿠버올림픽대회에서 VANOC의 핵심적인 마케팅 비전을 제시

하며 106일간 진행되었다. 성화는 25,000Km 이상의 거리를 이동했으며 1만2천 명 이상의 성화 봉송 주자가 참여했다. RBC는 TOP 파트너인 코카콜라와 함께 성화 봉송에 참여한 주요 파트너였다.

스폰서십 목적 및 올림픽 성화 봉송

RBC가 동계올림픽 스폰서 활동에 참여하는 세 가지 주요 요인은 다음과 같다. (1) 상업적 목적 – 충성도와 관심도, 매출과 같은 상업적 측면 강화; (2) 인적 자원 관리 목적 – 직원들의 참여와 자부심 향상; (3) 브랜드 강화 목적 – 친숙하고 열정적 이미지의 브랜드 가치를 키우면서, 성과와 우수성에 관련된 브랜드 가치를 제고(Cushnan 2010).

이 세 가지 주요 목적 달성을 위해 RBC의 모든 마케팅 프로그램의 중심에서 성화 봉송을 포함한 2010밴쿠버동계올림픽 관련 행사에 참여했다. 그러나 성화 봉송이 RBC가 2005년 VANOC와 계약한 올림픽 스폰서십 기금 1억1천만 달러(CAD)에 포함되지 않은 별도의 추가 후원금으로 집행되었다는 점이 중요하다. 성화 봉송을 후원하려는 결정이 이루어진 것은 재정적 위기가 극심했던 2008년, 올림픽 마케팅과 캠페인이 수립되던 시기였다.

RBC 최고 브랜드 책임자인 짐 리틀은 "많은 은행의 경영진들이 자기 자리에 웅크리고 앉아 숨죽이고 있을 시기에, 이러한 스폰서십 후원을 결정하는 것은 부담이 많이 되었다. 은행들은 다방면으로 지출과 예산을 줄이고 있었다"(Willis 2010)라고 언급했을 정도로 상황이 좋지 않았다. 이러한 어려움에도 불구하고 RBC의 임원진은 성화 봉송 참여가 회사에 기여할 수 있다는 전국적인 올림픽 지렛대 효과를 인식했다.

"캐나다처럼 거대한 규모의 국가에서 올림픽으로 인한 지렛대 효과를 기대하고 모든 면에서 타당한 가치를 찾는다는 것은 당연히 도전적인 과제였다. 사실 올림픽 개최 도시는 밴쿠버의 서쪽 해안지역과 동쪽 해안지역으로 나뉘어 있어 우리의 마케팅 활동 차원에서 포괄적인 타당성을 찾기가 매우 어려웠다. 하지만 성화 봉송이 해답을 제시했다."

(Cushnan 2010)

성화 봉송 액티베이션 프로그램

RBC는 올림픽 성화 봉송을 좀 더 지역사회에 '친근하고 공감을 준 존재'로 다가갈 수 있는 기회로 삼았다. 이 목표하던 바가 실현되는 것을 직접으로 느낄 수 있을 정도로 핵심 사회 가치에 접근했으며, 올림픽 무브먼트의 주요 자산 중 매우 중요한 요소로 자리 잡을 수 있었다.

밴쿠버올림픽의 성화 봉송은 3개월(106일) 이상 지속되었으며, 성화는 캐나다 방방곡곡 1000여 개의 도시와 지역을 방문하는 45,000Km 이상의 거리로, 1만2천 명 이상의 캐나다인이 봉송주자로 참여했다(RBC 2008b).

성화 봉송 행사에서 이루어진 다양한 RBC의 활동은:

- 일반 모금활동 지원과 성화 봉송 행사의 전반적 개발에 참여했다.
- 성화 봉송 주자 선발 콘테스트 개최: RBC는 캐나다인들이 일상 속에서 캐나다를 더 살기 좋은 곳으로 만들기 위해 스스로 행동하겠다는 약속을 공유했으며 '더 나은 캐나다 창조create a better Canada'라는 온라인 프로그램을 통해 성화 봉송 주자를 모집했다.
- RBC는 캐나다 올림픽 학교 프로그램과 올림픽 성화 봉송 주자 선발 콘테스트를 결합했다. 캐나다 전역의 학생과 선생님이 그룹을 형성하여 더 나은 캐나다를 만들기 위한 약속에 참여하면 성화 봉송에 추가적인 참여 기회를 부여했다. 이 약속은 공동체와 지

속 가능성, 건강의 세 가지 테마로 구성되었다.

- 원주민들 역시 RBC의 다양한 프로그램에 참여했다.
- RBC의 임직원과 고객 그리고 몇몇 VIP들 또한 성화 봉송 행사에 초청되었다.

성화 봉송에서 탄소 발생량을 줄이기 위한 여러 조치들과, 5백3십만 달러(CAD) 이상의 기금을 지역단체에 기부하는 행사를 또 다른 성화 봉송 프로그램 경로에 있는 180개 도시와 지방에서 RBC에 의해 진행했다(RBC 2010). 앞에서 언급한 성화 봉송 주자 선발대회는 RBC의 성화 봉송 관련 활동 중 가장 큰 규모였으며 모든 캐나다인, 직원, 고객, 학생, 교사 그리고 다른 VIP(과거 올림피안들, 저명인사 등)들 중에서 주자를 선발했다. RBC의 성화 봉송 주자는 선정된 캐나다인 2300명과 16개 학교에서 선정한 각 학교별 학생과 교사 20명, 임직원 800명 그리고 전국에서 모인 고객 800명 이상이 올림픽 무브먼트의 정신을 고취하기 위한 활동에 참여했으며, 이는 올림픽대회의 공동체 수준의 사회적 가치 중심에 RBC가 있을 수 있게 했다. 성화 봉송 프로그램은 광고(텔레비전 광고, 신문, 잡지 등), 특정 혹은 불특정 다수를 대상으로 한 직접적 메일 캠페인, "Look and feel"이란 올림픽 테마로 꾸며진 1200개 이상의 지점과 사무실, 인터넷과 소셜 미디어 등 모든 홍보수단들을 통해 RBC에 의해 전적인 지원을 받았다. 성화 봉송은 〈그림 8-4〉와 같이 방대한 이해관계자들의 네트워크라는 믿기 어려운 플랫폼을 RBC에게 제공했다. 여기에는 캐나다 정부, 주정부들, 성화 봉송 행사가 개최되는 1천 개 이상의 자치단체들의 대표, 다른 로컬 스폰서들과 공급사, 수천 개의 학교, 전국의 미디어 파트너, VANOC과 캐나다올림픽위원회의 주요 관계자들을 포함되어 있다. 더욱이 이 모든 이해관계자들은 〈그림 8-5〉와 같이 함께 적극적으로 성화 봉송을 홍보했다.

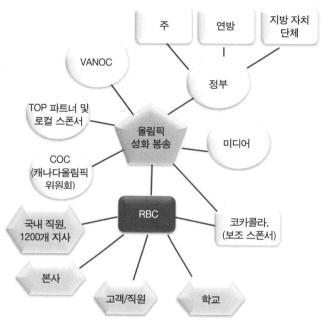

〈그림 8-5〉2010벤쿠버 성화 봉송에 참여한 이해관계자들

성화 봉송 스폰서십 성과

RBC의 성화 봉송 스폰서십이 거둔 성과 중 하나는 캐나다 내 다른 은행들과 차이점을 두었다는 점뿐만 아니라, 맥도날드나 비자와 같은 주요 스폰서들과 어깨를 나란히 할 수 있는 차별화된 기회가 되었다는 점이다. 이는 올림픽대회가 시작되기도 전에 이미 성화 봉송이 중심적인 위치를 차지하도록 만들었으며, 올림픽대회가 시작되었을 때 인지도 면에서 경쟁할 만한 다른 주요 회사가 없을 정도로 RBC를 인식하게 만들었다. 성화 봉송 스폰서십은 다른 TOP 파트너나 로컬 스폰서들이 파트너십을 통한 지렛대 효과를 창출하기 전부터 이미 프리미어 로컬

스폰서로서 RBC가 있게 해주었다. RBC는 올림픽대회가 시작하기 이전에 이미 승리했다(Willis 2010).

RBC의 차별화는 매우 중요하지만, 무엇보다 주요한 성과는 앞서 언급한 바와 같이 그들의 능력을 올림픽 가치의 사회적 핵심에 활용한 것과, 그들 자신이 '캐나다의 대회Canada's Games'라는 과제의 달성을 위해 직접 소통한 것이다. 성화 봉송은 스폰서들과 타 조직들에게 2010밴쿠버를 위한 전략적 브랜드 비전 달성의 한 요소로 비추어졌다. 2010밴쿠버동계올림픽은 '캐나다의 대회'로 알려졌지만, 캐나다와 같이 큰 나라의 조직위원회로서는 올림픽대회를 모든 캐나다인, 각 개인을 행사의 일원으로 느끼게 하는 데 큰 장벽을 느낄 수밖에 없었던 것이 사실이다. 그러나 캐나다 전역에서 진행된 성화 봉송은 전 지역 모두에서 조금씩이라도 올림픽대회가 진행되고 있다는 것을 전달했다. VANOC의 존 퍼롱John Furlong 위원장은 이를 다음과 같이 언급했다.

"성화 봉송은 100일 이상 사람들에게 밝은 빛을 비춰줄 것이며, 우리의 국가적 정체성을 보여줄 것이다. (…) 모든 캐나다인들에게 올림픽 성화 봉송의 감동을 전달할 것이며, 올림픽을 통해 모두를 연결해줄 것이다."

(RBC 2008a)

성화 봉송을 통한 RBC의 주요 목적 중 하나는 캐나다 전 지역에 있는 그들의 임직원과 고객들에게 다가가는 것이었다. 성화 봉송 프로그램과 자클린 라이언Jacqueline Ryan이 언급한 RBC의 목적은 매우 잘 부합한다.

"성화 봉송이 1천여 개의 지역에 전달되었다는 사실; 우리가 사업을 진행하고 있는 1천여 개 지역, 그 지역에 우리가 은행지점을 보유하고 있다는 것; 그 지점들에 우리 직원들이 일하고 있다는 것, 그들은 올림픽 성화가 그들의 지역에서 고객, 고객에서 그들 구성원, 다시 고객으로 이어지는 점과 그들의 기쁨과 슬픔의 순간을 같이한다는 점, 그리고 그들이 그들 지역에 성화 봉송 행사를 주최할 수 있다는 점에서 큰 자부심을 가질 수 있었다."

(Cushnan 2010)

실제로 캐나다의 전 지역에 있는 5만5천여 명의 임직원과 1천2백여 개 지점은 그들의 커뮤니티를 통해 올림피즘을 전파하는 데 일조했다.

RBC는 성화 봉송 행사를 통해 그들 스스로 동화되어 순수한 올림픽의 사회적 가치와 연계하며, 참여 기업들이 모든 지역에서 고객과 접촉하는 기분 좋은 느낌을 가질 수 있게 하였다(Willis 2010). RBC는 진정성과 사려 깊은 마케팅 활동을 통해 일상적인 비즈니스가 이뤄지고 있는 각 지역에서 고객들과 임직원들의 소통을 가능하게 해주었다. 그것은 RBC가 자신의 이해관계자들을 진실하고 사려 깊은 방식으로 대하는 것을 목표로 삼도록 이끌었다. RBC의 직원들은 그들의 지역에서 크기와 상관없이 성화 봉송 행사가 진행되는 데에 자부심을 느꼈으며, 지역주민들은 대부분 수천 킬로미터 떨어진 곳에서 행사가 진행되었는데도 자신들이 모두 직접 행사에 참여하고 있다고 느끼게 되었다.

"올림픽대회 개최에 대한 기쁨과 흥분에 동참하고 (…) 모든 캐나다인을 2010밴쿠버의 의미로 연결할 수 있었다."

(RBC 2008a)

RBC는 별도의 마케팅 활동에 참여할 형편이 안 되는 지역사회에게 일생에 한 번뿐인 기회를 제공했다(RBC 2010). 결과적으로 이 스폰서십은 VANOC와 RBC 모두의 브랜드 가치 창조를 가능하게 한, 수준 높은 파트너십이라 할 수 있다. VANOC는 밴쿠버올림픽을 '캐나다'의 대회로 만든다는 목적을 달성할 수 있었으며, RBC는 비즈니스의 기초를 구성하는 각 지역과 주민들에게 그들의 노력을 알렸다. 결과적으로 성화 봉송은 거대한 올림픽 무브먼트에서 핵심 사회 가치의 지렛대 효과를 이끌어냈다.

RBC의 올림픽 스폰서 활동의 전략적 구성

RBC의 스폰서 활동은 그들의 브랜드와 올림픽대회 브랜드를 연계했으며, 특히 그중에서도 가장 중심이 되는 심벌인 올림픽 성화와 연계된 브랜드 이벤트를 통해 이 모든 것을 성화 봉송의 가치로 융합했다. 이는 RBC가 그들의 1200개 지점과 7만5천여 명의 임직원으로 하여금 수백만의 캐나다인들과 소통할 수 있게 하는 동시에 올림픽대회의 정신을 경험하게 함으로써, 브랜드에 대한 전례 없는 감성적 결합을 이끌어낼 수 있었다.

    RBC의 스폰서 구성은 〈그림 8-5〉와 같이 명확한 네트워크 지향Network Orientation(정부, 고객, 학교, 스폰서들), 내부 지향Internal Orientation(본사뿐만 아니라 1200개 지점과 사무실이 참여) 그리고 성화의 이동에 따라 평생 간직할 경험을 제공함으로써 고객과의 관계를 발전시키고자 하는 시장 지향Market Orientation 성격을 띠고 있다. 또한 RBC는 다수의 프로그램(예 - 로열티 보상 프로그램, 인센티브 프로그램 등) 운영을 통해 충성도와 관심도와 수익 측면에 영향을 미침으로써 사업의 목적에 기여할 수 있었다.

RBC의 올림픽 스폰서십은 어떻게 성공했는가?

성화 봉송 행사를 시작할 때만 해도 닐슨리서치사의 브랜드 인지도 조사에서 RBC는 올림픽 스폰서들 중에 4위를 기록했다. 하지만 성화 봉송이 끝날 때쯤에는 맥도날드를 제치고 1위의 자리를 차지했다(Willis 2010). 더욱 놀라운 것은 올림픽대회 기간 중이나 이후에도 1위 자리를 유지할 수 있을 것이라고 확신할 수 있다는 사실이었다(RBC 2010). 유사한 방법으로 RBC가 자신의 브랜드 자산 평가 시스템을 통해 정기적인 분석을 진행한 결과, 그들이 그들의 경쟁자들을 제치고 캐나다 금융기관 최초로 1위의 자리를 차지했다는 것을 알게 되었다(RBC 2010). 2010밴쿠버동계올림픽 기간 중 로컬 스폰서 RBC가 진행한 올림픽 마케팅 프로그램은 RBC와 VANOC 그리고 모든 이해관계자들에게 틀림없이 성공적인 행사였다.

결론

이 장에서는 올림픽 시스템에서 스폰서의 중요성에 대해 논했다. 스폰서들은 마케팅 권리를 소유하고 있는 주최자와 계약을 체결함으로써 올림픽 네트워크를 조직화한다. 스폰서 형태는 현재 권한의 배분 양상에 따라 IOC에 의해 운영되고 있는 TOP 파트너와 OCOG 및 NOC의 로컬 스폰서로 나뉜다. TOP 프로그램은 IOC가 운영하고 관리하는 최고 등급의 글로벌 시스템이며, TOP 파트너에게는 그들 제품 범주에 대한 독점권이 보장된다. 로컬 스폰서는 그 외의 남겨진 범주에서 선정된다. 앰부시 마케팅으로부터 권리를 보호받는 것은 올림픽 스폰서의 주요 관심사이다.

맥도날드의 글로벌 제휴 책임자인 존 르위키는 다음과 같이 앰부시 마케팅에 대한 IOC의 더 많은 대책을 촉구한 바 있다.

"IOC는 우리 같은 스폰서들이 원하는 바를 다른 올림픽 이해관계자들에게 교육할 필요가 있다. 우리는 우리의 권리가 모든 올림픽 국가에서 보호되기를 바라지만, 우리가 올림픽 파트너십에 대하여 기대하는 만큼 NOC 가 충분한 교육을 받았다고 확신할 수 없다."

(McDonald's 2011)

올림픽 스폰서는 6가지 측면으로 나눌 수 있다. 첫 번째 단계는 스폰 시와 스폰서 관계이다. 이러한 협력 관계는 브랜드의 가치와 기여도 그리고 기여에 대한 혜택으로 연결된 관계이다. BMW와 같은 일부 스폰 서들이 모든 주요 시장에 참여하기 위해 올림픽 시스템 내의 여러 조직 들을 후원하기로 결정한 것을 예로 들 수 있다.

두 번째 단계는 사회적 · 영리적 · 환경적 목적이 조합된 스폰서십과 관련되어 있다. 사회적 목적은 사회적 책임을 그들의 상업적 발전의 기초로 활용하는 스폰서들에게 매우 중요하다.

세 번째 단계는 이해관계자들의 가치가 공동 창조되는 형태이다. 승인된 기관과 스폰서들이 계획하고 수행하는 여러 프로그램을 통해 이해관계자들에게 가치를 창조하는 전략을 예로 들 수 있다. 이를 위해 스폰시와 스폰서들은 그들의 재정과 인원, 기술 그리고 물질 재원의 연합체를 구성해야 한다. 스폰서는 가치 교환에 근거한 업무적 마케팅 프로그램의 일부를 구성할 수 있다.

"올림픽 무브먼트를 성장시킬 수 있는 기회를 만들어낼 수 있는, 올림픽 이해관계자들과 의미 있는 소통을 할 수 있는 기회에 대해 감사한다."

(McDonald's 2011)

네 번째 단계는 프로그램 운영을 하며 목표한 이해관계자들을 포함 시키는 수준이다. 예를 들어 2012런던올림픽에서 맥도날드는 그들의 고객(시장 지향적), 그들의 파트너와 공급사(네트워크 지향적) 그리고 그들의 임직원(내부 지향적)을 목표로 한 프로그램을 운영했다.

나머지 두 단계는 스폰서의 활동을 추진하는 것과 목표한 이해관계자들에게 특별한 경험을 전달하는 과정이다. 액티베이션은 스폰서의 목적을 달성하고, 그들의 시장과 네트워크 그리고 내부조직에서 스폰서로서의 가치를 획득하는 데 필수적인 요소이다. 액티베이션을 통해 잊지 못할 경험을 제공하면서 브랜드의 가치를 표현하고 홍보하기 위한 사람과의 관계를 만들고 발전시키는 전반적인 과정을 포함하고 있다.

핵심 요약

- 스폰서는 올림픽 무브먼트의 발전을 위해 필수적인 파트너이다. 스폰서 십은 IOC 예산의 40%, OCOG의 30%, USOC의 예산의 40%를 차지한 다.
- 올림픽 시스템의 여러 스폰서들은 글로벌 권리International rights와 국내 권리National rights 두 개의 범주 중 하나에 속한다.
- 올림픽 스폰서는 이해관계자 네트워크 내에서의 가치 공동 창조를 목표 로 한다.
- 올림픽 스폰서는 사회적 목적을 취하면서 상업적 목표 또는/그리고 환 경적 발전을 달성하는 것이다.
- 올림픽 스폰서는 여섯 가지 단계로 모델화할 수 있다: 조합, 스폰서십의 목적, 가치 창조 수단, 이해관계자 지정, 활동 전개 그리고 다른 이해관 계자들로의 경험 전파.
- 각 스폰서들은 이 여섯 단계의 계획과 수행단계를 다양한 방법으로 결합 하여 운영한다.

9장

결론과 전망

이 책《올림픽 마케팅》은 올림픽 관련 업무 실무자와 기업 관계자, 스포츠 매니지먼트를 공부하는 학생 등 다양한 이해관계자들에게 올림픽 시스템 내의 마케팅 전략과 분석을 제공해주었다.

- 가치Value는 이해관계자들의 이익과 그들의 관계에 대하여 반복적으로 고려하는 상호 과정을 통해 공동 창조된다.
- 올림픽 시스템에서 이해관계자들이 사용하는 마케팅 전략은, IOC규정에 따른 자산Properties 분배 및 권리(Rights)에 기초한다. 이러한 자산과 권리는 IOC를 통해 전 세계에서 보호받고 있다.
- 가치는 이해관계자들의 사회적 · 재정적 · 환경적 목적과 부합하여 창출되며, 이해관계자 조직, 파트너와의 네트워크 또는 해당 국가를 포함한다.
- 올림픽 마케팅의 브랜드 시스템은 모 브랜드인 IOC 브랜드(오륜)를 중심으로, 올림픽대회 및 청소년올림픽대회와 같은 주도 브랜드driver brand 그리고 제휴 브랜드(NOC, OCOG, 스폰서, 방송사)들로 구성되어 있다.

- 올림픽 마케팅은 경험적experiential이므로, 모든 이해관계자들에게 특별한 경험을 제공하는 것이 매우 중요한 요소이다.
- 올림픽 경험은 이해관계자들이 기업 브랜드와 주도 브랜드를 경험하게 하고, 관련 브랜드들에게 '경험의 브랜드화Brand this experience'를 이끈다.

IOC와 OCOG, NOC 그리고 기타 올림픽 이해관계자들은 각기 다른 방법으로 마케팅에 접근하지만, 결국은 올림픽 마케팅이 지향하는 조직구조와 일치하게 된다. 우리는 앞 장에서 제시한 예들에서 이러한 다양한 방법들에 대해 명확하게 설명했으며, 각각의 이해관계자 그룹이 사용한 마케팅 전략이 어떻게 진화하고 있는지를 보여주었다. 이번 장에서는 이러한 예를 통해 올림픽 마케팅의 분류체계를 제시하고 시스템의 변화를 전망해보고자 한다.

올림픽 마케팅의 분류 체계

올림픽 시스템에서 마케팅 프로그램의 분석은 다양한 접근법을 가진 다양한 이해관계자들에 의해 다양한 접근방식으로 수행된다. 그러나 페렐Ferrel(2010)은 올림픽 시스템을 두 가지 마케팅 지향성Marketing Orientations으로 정리했다. 먼저 소비자와 경쟁자 그리고 기타 범주의 이해관계자들에게 간접적인 영향을 미치는 시장 지향성, 다음은 임직원과 자원봉사자, 공급사, 규제기관, 지역 커뮤니티 및 사회조직(행위자 간 우선순위는 없음)이 포함된 다수 행위자들의 이익을 고려하는 이해관계자 지향성이다.

마케팅 프로그램은 후원사가 어떤 가치를 창출하느냐에 따라 구분되기도 한다. 가치는 NOC 스폰서가 대회기간 동안 그들의 대표팀을 지원하는 계약을 맺는 것과 같은 단순교환 방식을 통해 발생할 수 있다. 또한 파트너들이 협업을 통해 공동 창출할 수도 있다. 이러한 예로 맥도날드의 '올림픽 챔피언Champions of Play for the Olympic Games' 프로그램을 들 수 있다. 맥도날드는 이 프로그램을 IOC와 OCOG 그리고 선수들의 협력으로 매 대회마다 구성했다. 6세에서 10세 사이의 어린이들에게 건강한 음식을 제공하고, 더 많은 운동을 권장하려는 목적으로 해당자 200명을 행운의 승리자로 선발하여 올림픽대회를 참관할 수 있게 했다.

이 두 가지 요소의 결합을 통해 올림픽 시스템에서 다양한 이해관계자들에 의해 채택되는 마케팅 개념의 유형체계를 살펴보자(그림 9-1).

전통적인 마케팅은 미국마케팅협회American Marketing Association에서 1985년 공표한 정의와 같다: 마케팅은 개인과 조직의 목적을 충족시켜주는 교환을 가져오기 위해 아이디어와 제품 및 서비스에 대한 발상과 가격 결정, 판매 촉진 그리고 유통을 계획하고 실행하는 과정이다(AMA 1985). 올림픽 국가대표팀을 후원하기 위해 NOC와 계약하는 스폰서는 이 범주에 속한다고 할 수 있다.

사회적 마케팅Social Marketing은 목표 관객들이 개인이나 조직 혹은 전체 사회의 이익을 위해 자발적으로 수용, 거부, 수정 혹은 포기하도록 하기 위해 사용되는 마케팅의 원리와 기술로 정의할 수 있다(Kotler, Roberto & Lee 2002: 5). 예를 들어 LOCOG의 '런던 파이팅 50+ 사회적 마케팅 캠페인Go London 50-plus social marketing campaign'은 50세 이상의, 신체 활동에 소극적인 런던 시민들에게 초점을 맞추어 제작되었다. 캠페인의 목적은 자율적이고 독립적인 신체활동이 가능한 사람들을 대상으로 신체활동을 적극적으로 장려하겠다는 것이었다.

네트워크 지향 마케팅network-oriented marketing은 "협력 · 협동 활동 및 프로그램에 참여하는 과정과, 최종 소비자인 고객의 비용 절감을 통한 상호간의 경제적 가치를 창조하는 과정이다"(Sheth & Parvatiyar

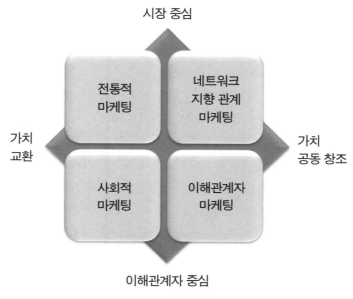

시장 중심

전통적
마케팅

네트워크
지향 관계
마케팅

가치
교환

가치
공동 창조

사회적
마케팅

이해관계자
마케팅

이해관계자 중심

〈그림 9-1〉 마케팅 구조 유형체계

2000: 9). 2012런던올림픽에서 비자와 삼성이 비접촉식–지불 시스템
이 가능한 핸드폰을 개발하고 홍보한 사례가 이러한 범주에 부합한다.

이해관계자 마케팅stakeholder marketing은 모든 이해관계자들의 이익
을 극대화하기 위한 마케팅 활동 전개와 관련한 설계와 수행, 평가를
포함한다: 모든 이해관계자라 함은 고객, 직원, 주주, 파트너, 공급사,
일반 대중, 관련된 비영리기관 및 비영리 활동의 노력을 통해 혜택을
받는 모든 이들이다.

올림픽 마케팅 모델과 마케팅 구상 분류체계를 조합하는 것은 올림
픽 시스템 마케팅의 복잡성을 밝혀준다(그림 9-2). 올림픽 마케팅은 올
림픽 시스템에서 항시 발생하는 역동성과 마케팅을 실행하는 곳에서
벌어지는 예측 불가한 환경을 포함하는 다면성을 가지고 있다.

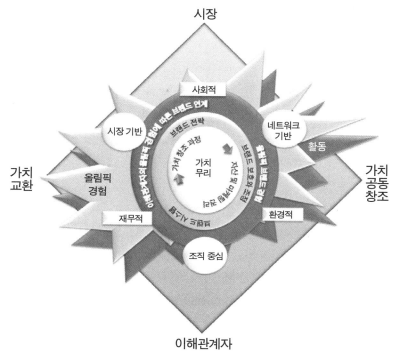

시장

사회적

네트워크
기반

시장 기반

브랜드 전략

가치 창조 과정

가치
무리

가치
교환

올림픽
경험

재무적

활동

가치
공동
창조

환경적

조직 중심

이해관계자

〈그림 9-2〉 올림픽 시스템 마케팅 모델

올림픽 마케팅의 실현 가능한 혁신

올림픽 마케팅 관리 시스템으로의 변화

앞 장에서 올림픽 시스템 내 조직들은 그들의 목적과 가용 자원, 그들이 처한 환경을 지속적으로 개선하기 위한 수단으로써 마케팅을 추진하고 있음을 보여주었다. 그들의 환경에서 적용Adaptation은 조직 활동의 균형을 포함하고 있으며, 조직의 활동이 환경에 미치는 영향과 환경이 조직에 미치는 영향 모두를 고려한 균형 유지 활동을 의미한다. 이런 균형을 맞추는 데는 두 가지 방법을 사용할 수 있다.

첫 번째는 조직의 기존 시스템에 새로운 요소를 추가하는 것이다. 이는 새로운 미디어의 발전에 따라, IOC가 그들의 권리에 대한 관리 시스템과 커뮤니케이션 시스템을 수정한 사례이며, 구조적인 수정 없이 새로운 요소를 마케팅 시스템에 적용하여 동화시키는 방법이다.

이해관계자들의 네트워크 내 가치 교환의 과정이 가치 공동 창조 과정으로 바뀌는 데 필수적인 요소는 '적용'이다. 이를 통해 올림픽 마케팅은 깊이를 더할 수 있으며 실행 과정 중 잠재적 변경요소에 수정을 가할 수 있다. OCOG는 수많은 이해관계자들의 이익을 고려하여 프로젝트를 설계하고 이를 실행하는 과정을 통해, 이해관계자들이 유사한 프로그램에서 미처 경험하지 못한 새로운 경험을 만들어내야 한다. 조직은 그들의 목적과 환경에 필요한 사항들을 충족하게 할 수 있는 과정을 프로젝트에 포함해야 한다. 행위자-네트워크이론Actor-network theory)과 번역이론translation theory은 조직과 그 이해관계자들이 요구하는 사항들을 분석하고 관리하는 데 필요한 유용한 틀을 제공한다.

미래의 올림픽 마케팅은 어떻게 발전할 것인가?

적용Adaptation 개념은 수긍Assimilation과 협상Accommodation 과정에 기초하는 올림픽 마케팅의 구성과 올림픽 이해관계자들이 수행하는 마케팅 활동 모두에 활용할 수 있다. 올림픽 마케팅의 변화에는 많은 요인이 영향을 미친다.

이해관계자의 특징과 관계

IOC의 수입은 정부의 지원에 따라 강력한 힘을 가지는 OCOG의 활동에 크게 의존하고 있다. IOC 내 평가위원회의 보고서에 따르면 현재 올림픽과 패럴림픽 조직위원회의 운영 예산은 다음과 같다; 런던의 경우 24억6천만 달러(USD), 소치의 경우 15억1천7백만 달러, 리우는 28억2천만 달러, 평창은 15억3천만 달러로 집계된다. 이런 예산에는 반드시 사회 기초시설 비용, 경기장 건설 혹은 리모델 비용, 숙박 관련 기초기설, 에너지 및 교통 인프라 등의 비용이 포함되어야 한다. 이러한 사항들의 잠정적 비용은 런던의 경우 158억 달러(USD), 소치는 89억 달러, 리우는 111억 달러 그리고 평창은 63억 달러이다.

브릭스BRICS 국가들(브라질, 러시아, 인도, 중국 그리고 남아프리카)은 비록 개발도상국가이지만 급격한 성장과 많은 인구로 말미암아 국제적으로 큰 힘이 있다. 그들은 이미 경제 규모 면에서 차례로 세계 9위, 6위, 4위, 2위, 25위이다. IMF는 브릭스 국가들은 2015년 세계 인구의 40%를 차지하면서 세계 경제성장의 61%를 담당하게 될 것으로 예측한다. 브릭스의 활발한 경제활동은 파트너사들이 다양한 마케팅 권리를 활성활 수 있는 데 중요한 근거가 된다.

일부의 대륙올림픽연합회는 그들 자신의 브랜드와 행사를 발전시킬 수 있는 매우 강력한 별도의 마케팅 전략을 세우고 있다. 예를 들어 아시아올림픽평의회Olympic Council of Asia, OCA는 경제적 우위와 거대한 인구를 기반으로 스포츠 분야에서 높은 위상을 차지하고 있다. OCA는 하계와 동계 아시안게임을 보유, 조직하고 있으며, 아시아 실내 스포츠 대회, 아시아 비치 대회, 아시아 격투기 대회, 아시아 청소년 대회와 같은 대회들을 연계하여 만들어냈다. 이러한 대회들과 더불어 OCA는 비올림픽 스포츠(크리켓), 지역 스포츠나 e-스포츠 또는 익스트림 스포츠와 같은 비전통적 스포츠들을 연계시킴으로써 젊은 세대들의 관심을 이끌어내려고 노력하고 있다. 이를 통해 대륙 연맹의 힘을 증가시켜 올림픽 이념과 스폰서 활동의 범위에서 벌어지는 대립 상황을 주도해 나가려고 한다.

대부분의 IF들에게 올림픽 플랫폼은 상당한 가치들을 제공한다. 하지만 올림픽 플랫폼은 IF의 관할하에 있는 미디어 주목도가 높은 다른 스포츠와 잠재적인 마찰 요인이 있는 것이 사실이다(예: FIFA, FIBA, IAAF). 이런 스포츠 연맹들은 방송 중계권 판매와 마케팅 권리를 통해 IOC와는 독립적인 거대 예산을 마련할 수 있다. 하지만 올림픽대회에 그들 자체 대회의 가치를 잠식당하고 싶지 않기 때문에, 결과적으로는 조심스럽게 IOC와의 협력관계를 유지하고 있다. 예를 들어, NOC는 FIFA와 IOC에 의해 마련된 자격요건을 충족했을 때만 올림픽 축구 경기에 참가할 수 있다. ▪

　　IOC는 '최고의 선수'들의 올림픽대회 참여가 보장되길 바란다. 하지만 이를 위해 선수조합과 프로 스포츠 리그(예: NHL, NBA)들과의 지속적인 협의가 필요하기 때문에 IF와 IOC 간의 마찰이 지속적으로 발생할 여지가 있다. 북미하키리그 NHL 선수들의 2014년 소치동계올림픽대회 참여는 이러한 마찰 과정을 잘 드러낸다. 1998년 나가노동계올림픽 이후 프로 하키 선수들은 매번 올림픽대회에 참여해왔다. 하지만 2010년 밴쿠버동계올림픽 이후 그들의 지속적인 대회 참여는 IOC와 국제아이스하키연맹IIHF, NHL 그리고 북미프로아이스하키리그선수연맹NHLPA 간의 민감한 협상에 의해 결정되고 있다. 협상의 주요 내용에는 NHL 정규 리그에 미치는 부정적 영향에 대해, 팀 소유주에 대한 재정적 보상 관련 내용이 포함되어 있으며, NHL의 통제가 어려운 올림픽대회에 대한 간섭과 IOC의 권리 소유자에 대한 강력한 규제 및 하키 비인기 지역에서의 대회 개최 등이 있다.

　　NHL 정규 시즌 일정 조정은 중대한 사안이다. 플레이오프 2주 전, 시즌을 종료해야 하는 문제점에 대해 팀 소유주 대다수는 이의를 제기

▪ 2012런던올림픽 남자 축구 경기에서, 1985년 1월 1일 이후 출생한 선수들만이 예선전과 결승전에 참여할 수 있었다. 그러나 결승전에서는 각 NOC에서 이 기준을 충족하지 않는 선수 3명을 선발하여 경기에 참여하게 했다.

한다. 또한 일부 팀에서는 올림픽 국가대표팀으로 최대 10명의 선수가 차출되지만, 어떤 팀에서는 단 한 명도 차출되지 않는 상황처럼 불공평한 경쟁을 조장하는 상황도 중요한 안건이다. 아이스하키처럼 잦은 부상에도 불구하고 지속적인 경기 참여가 필요한 스포츠 종목에서는 플레이오프가 시작되기 전, 2주의 휴식 기간이 선수와 그들 팀의 경기 성과에 큰 장점으로 작용한다. 스타 선수의 경우, 올림픽 참여로 부상 위험과 무리한 체력 소모로 인해 수백만 달러 연봉을 지급하는 소속팀에게 부정적인 영향을 줄 수도 있다. 그런 배경에서 IOC가 팀 소유주들에게 선수들의 올림픽 참여에 따른 재정적 손실에 대한 대가를 지급하지 않겠다고 선언한 것은 중대한 사안이다.

NHL이 올림픽대회에 대한 어떠한 조정 권한도 없다는 점 또한 마케팅 관점에서 흥미롭다. 올림픽대회 기간 동안 NHL은 좀 더 많은 선수들에 대한 접근 권한을 가지고 NHL.com이나 NHL 네트워크와 같은 미디어 플랫폼에 콘텐츠를 제공하고 싶어한다. 또한 하키의 정규 시즌이 다시 시작될 때 NHL은 올림픽 방송의 하이라이트 장면 제공에 대한 권한을 행사하기를 원하지만, IOC의 강력한 규정에 따르면 이는 보유자들의 권리를 침해하는 주요 요인이기 때문에 허락되지 않는다. NHL에게는 경기의 개최 장소 역시 또 다른 중요 사안이다. NHL은 북미지역의 리그전이기 때문이다. 선수들을 올림픽에 참가시킬 때 한국이나 일본이 아닌 미국이나 캐나다에서 열리는 대회에 참가시키는 경우, 미디어 노출이나 대중적 관심 측면에서 더 많은 혜택을 받을 수 있다. 2011-2012시즌이 끝난 뒤 2014년 소치동계올림픽에 참가하는 NHL의 선수들은 이러한 사안들과 상관없이 NHL과 NHL 선수연맹 간의 협상에 따른 영향을 받게 될 것이다. 선수들이 올림픽에 참여하고 싶어한다는 열정을 명확하게 표현한 것은 NHL을 올림픽대회 참여로 이끄는 중요한 협상 카드가 될 것이다.

NHL의 사례는 IOC 마케팅과 그들의 이해관계자들이 맞닥뜨리게 되는 주요 도전 중 하나를 명확하게 보여준다. 최고의 선수들이 경기장에서 경쟁하도록 하는 것이 IOC 브랜드 자산의 핵심 요소이므로 이것은 매우 중요하다(3장 참조). 또한 최고의 선수들이 올림픽에 참여하지 않는다면 올림픽 이해관계자들의 공동 가치 창조 능력 또한 저하될 것이다.

마케팅 권리의 관리

IOC와 OCOG 간 중심적 관계에서 마찰이 발생할 수 있다. 샤플레Chappelet와 퀴블러-매보트Kübler-Mabbott(2008)에 따르면, OCOG의 활동은 조정위원회 위원장 혹은 IOC 위원들의 잦은 방문 등으로 많은 관심과 관리를 받게 된다. 수년 전, OCOG는 올림픽 프랜차이즈의 가맹점 정도로 간주되었지만, 지금의 OCOG는 IOC의 성공을 보장하기 위해 함께 일하고 자원을 투자하는 파트너로 대접받고 있다. 반면 OCOG와 대회를 지원하는 정부, 지역 정부는 공동의 재정적 위험을 부담하는 데도 마케팅 권한이 매우 제한적인 데에 대해 크게 당황하고 있다.

다양한 이해관계자들 간에 마케팅 권리의 소유권과 배분은 올림픽 시스템의 안정성과 예산의 지속적 성장을 보장하는 주요 성공 요인이다. 하지만 IOC의 가장 중요한 권리인 방송 중계권, 뉴미디어 및 글로벌 마케팅 권리 등과 관련한 수익창출-배분Revenue Generation-Revenue Distribution 모델은 IOC를 중심으로 관리되고 있다. OCOG와 NOC는 자국 내 제한된 상품(서비스 포함) 범주 내에서만 권리를 갖는다. 모든 이해관계자들이 올림픽에 대한 각자의 권리를 부여받고 올림픽으로 발생하는 자원들을 공정하게 배분받을 때, 개별적으로 협상할 때보다 더 많은 자원이 발생할 수 있어야만 이러한 시스템이 가능하다. 그러나 그렇지 않은 것이 일반적이다. 예를 들어 NOC와 IF는 USOC로부터 방송 중계권의 20%, TOP 프로그램 예산의 12.75%를 받는 것에 불만

이 있었다. IOC는 2020년 이후 이 비율의 감축 협상을 위해 수년간 노력하고 있다. 이러한 논쟁은 일부 IOC 위원들에게 큰 감정적 반발을 불러일으켰으며, 시카고의 2016년 올림픽대회 유치활동에도 부정적 영향을 미쳤다(*USA Today* 2008).

중국 경제의 성장은 BOCOG가 베이징올림픽을 위하여 12억2천만 달러(USD)의 스폰서십을 모집할 수 있게 했다. 또한 SOCOG도 2014 소치동계올림픽을 위해 10억 달러의 스폰서십을 모집하고 있다. IOC가 TOP 프로그램을 통해 가장 수익성이 높은 상품 카테고리를 확보하고 있다고 하지만, 2016리우올림픽의 로컬 스폰서 프로그램은 단 2건의 계약만으로 이미 6억4천8백만 달러의 후원계약을 맺었으며, 최종적으로 12억 달러의 스폰서 확보를 목표로 하고 있다. VANOC 마케팅 부사장이었던 안드레아 쇼Andrea Shaw는 IOC와 OCOG와의 관계에 개선할 여지가 있다고 말했다.

> "비난하는 것은 아니지만, 때로 IOC가 TOP 프로그램 계약을 진행할 때 다른 나라에 대한 배려가 없으며, 제품 범주에 기준이 명확하지 않다."
> (Shaw 2011)

이러한 상황은 전 세계 마케팅 권한의 중앙 집중화에 대한 반대와 제품 카테고리 배정에 관한 마찰을 발생시킨다.

국제경기연맹IF와 국내 가맹경기단체NF 그리고 올림픽 선수들은 올림픽대회 권리에서 어떠한 수익도 얻지 못한다. 이러한 상황은 올림픽대회가 개최되지 않는 나라들에서 앰부시 마케팅의 기회를 열어주게 된다. 주최국은 불법 영리활동으로 다양한 권리들에 피해를 주는 행위를 금지하는 법을 통과시킨다(예: London Olympics Act 2006). 맥도날드 글로벌 제휴 부문 사장인 존 르위키는 운동선수들의 마케팅 권리에 대해 다음과 같이 우려를 표명했다.

> "IOC는 그들의 스폰서들을 더 잘 보호하려면, 운동선수들을 이용한 앰부
> 시 행위를 차단할 방법을 강구해야 한다."
>
> (Lewicki 2011)

이는 동계올림픽 기간 중 유명한 하계올림픽 선수를 광고에 기용하는 방법처럼, 올림픽 파트너가 아닌 기업이 운동선수들을 이용하여 공식 후원사들과 경쟁하는 상황을 금지하는 규정에 대해 언급한 것이다. 이에 대한 한 가지 해결책은 로컬 마케팅 권리의 중앙 집중화이다. 하지만 이것은 이론적으로는 가능해 보이지만 실제 적용은 어렵다. 예를 들어, 캐나다올림픽위원회는 이러한 방법을 시도했으나 대부분의 자국 내 협회(예: 캐나다하키협회, 캐나다빙상연맹, 캐나다컬링연맹 등)들을 설득하는 데 실패했다. 올림픽대회만큼 아이스하키의 인기가 높은 캐나다 같은 곳이라면, 캐나다하키협회가 권리의 중앙 집중화를 통해 이득을 얻을 수 없기 때문이다.

각국의 장애인 스포츠 경기 가맹단체와 대회의 권리를 가지고 있는 국제패럴림픽위원회IPC와의 관계는 더 나빠질 수 있는 상황이다. IPC는 국제 입장권 판매 권리와 방송 중계권을 OCOG에 판매한 것과 같이 모든 국가를 대상으로 각 국가별 스폰서 및 라이선스 권한을 판매한다. IPC와 국가패럴림픽위원회NPC와 개최국 패럴림픽위원회는 앰부시 마케팅 등으로부터 TOP 파트너들의 제품군에 해당하는 상품들을 전 세계적 범위에서 보호해야 한다. 그러나 TOP 파트너가 독자적으로 개최국 외에서 홍보 활동을 진행하고자 할 때에는 IPC와 NPC의 사전 승인을 얻어야만 한다. 마케팅 권리에 대한 IPC의 규정은 IOC의 규정과는 다르다. 예를 들어, 패럴림픽 스폰서는 경기장 내 광고활동(예: 광고 보드 설치,

번호bibs 등)이 가능하며, 텔레비전 중계 중에도 광고 노출이 가능하다.

또한 올림픽 심벌의 상업적 사용은 문제를 야기할 수 있다. 수년간에 걸친 IOC의 노력으로 올림픽 심벌은 1981년 9월 26일 나이로비에서 국제조약에 서명을 통해 세계지식재산권기구World Intellectual Property Organization의 보호를 받고 있다. 이 서명에 따라 회원국들은 IOC의 승인 없이 올림픽 심벌을 상표로 등록하는 것이 금지되어 있으며 등록의 목적과 상관없이 이러한 제안을 거절 혹은 무효화하도록 요구받고 있다. 또한 동일한 조건으로 심벌의 상업적 목적의 사용을 금지하고 있다. 46개국이 서명한 이 조약은 그중 30개국의 비준을 받았다. 그러나 이 국가들 중 세계에서 가장 경제적 영향력이 큰 미국과 같은 나라는 포함되지 않았다(미국은 USOC의 심벌에 대한 권리를 등록했다). 일부 NOC들은 그들의 로고를 상업적 목적으로 사용하고 싶어하지만 실행하지 못하고 있다. 또한 중국올림픽위원회와 같은 다른 NOC들은 상업 목적 엠블럼을 별도로 개발한다(예: Team GB, Team Korea).

USOC는 가장 강력한 올림픽위원회이다. 앞에서 언급한 바와 같이 1980년대에 미국 내 방송 중계권의 20%, 전 세계 스폰서십 마케팅 예산의 12.75%를 받기로 IOC와 협약을 맺은 바 있다. 이는 다른 모든 NOC들의 예산을 합친 것과 같은 규모이다. 이러한 특혜는 TOP 파트너들과 미국 텔레비전 네트워크가 거의 모든 올림픽 예산을 차지하고 있으며, USOC가 IOC와 그들의 스폰서 및 그들의 방송사가 올림픽 마크를 미국 내에서 사용하는 것을 금지할 수 있는 법적 힘이 있기에 가능했다. IOC와 다른 NOC들은 올림픽 예산의 공정한 분배를 원한 반면, USOC는 전체 올림픽 예산의 가장 중요한 원천이 바로 미국임을 강조했다. 원칙적으로 USOC는 올림픽대회 준비 비용에서 이러한 분배 조건을 재고려하는 것에 동의했으며, 2020년 이후 새로운 협약을 재고려하기로 했다. 이러한 협의 과정은 마찰의 근원이 되었으며 전체 올림픽 시스템에 의해 공정하게 평가되어 해법을 찾아가는 것이 중요하다.

스폰서들의 권리(TOP와 OCOG)를 보호하는 것은 IOC와 그들의 파트너들에게 중요한 이슈로 남아 있다(Séguin et al. 2008). 앰부시 마케팅의 금지에 대해서는 중요한 무기로써 마케팅 법률이 그 중요성을 더해갔으며, 최근에 이 주제에 대한 많은 학구적인 연구가 진행되고 있다(Ellis, Scassa & Séguin 2011). 앰부시 마케팅에 대응하려고 규제를 이용하는 데 가장 중요한 사항은, 개최국/도시에서 보수적이고 "아직" 무지한 지역사회의 참여와 지원이다. 올림픽 준비 기간 중에 마련되는 큰 규모의 공공 예산(관급, 지역적 혹은 국가적), 반앰부시 마케팅 법의 주관성에 대해 OCOG가 어떻게 그것들을 해석하고 적용하는지를 보는 것은 흥미로운 일이 될 것이다. 규제에 대한 반발의 위험성은 대중들의 발언 자유를 침해하는 것으로 간주될 수 있다는 것이다(Scassa 2011). 2010밴쿠버올림픽에서 VANOC는 규제를 강화하는 것과, 지역사회 비즈니스가 올림픽대회를 통해 혜택을 받으며 대회 준비에 기여토록 하는 것에 관한 균형점을 찾은 것처럼 보였다. 최종 분석에서 앰부시 마케팅과의 전쟁(법적 제재 포함)은 브랜드 관리 전략의 일부라고 했다: 그러므로 브랜드의 보호를 존중하는 각자의 스폰서십 이해관계자들의 책임 있는 행동이 동반되어야 한다(Preuss, Gemeinder & Séguin 2008; Séguin & O'Reilly 2008).

뉴미디어의 탄생은 올림픽 권리의 조정과 관리를 어렵게 만든다. 미디어의 힘은 점점 중앙집권적 성격에서 운동선수들의 웹사이트, 개인 블로그, 마이크로-블로그, 비디오 공유 사이트(예: 유튜브) 그리고 소셜 네트워크(예: 페이스북, 트위터)와 같이 점점 분권화되고 있다. 이는 올림픽 심벌에 대한 권리를 조정하고, 소유권에 대한 중대한 논의를 진행하는 IOC의 위치를 약화시킬 수 있을 것이다.

마케팅과 가치 창조

우리는 다양한 사례 연구를 통해 지금의 마케팅이 가치 교환에서 가치의 공동-창조 모델로 변환해가는 상황을 제시했다. 조직은 네트워크 안에서 운영되며 그들의 내부, 네트워크 그리고 시장 차원의 환경에서 가치를 창조하기 위해 관계를 발전시켜나간다. 실질적인 관계와 네트워크 그리고 상호작용은 태생적으로 비즈니스의 핵심이었다(Gummesson 2006).

또한 IOC와 NOC 또는 OCOG의 마케팅 권리를 보유한 기관들은 사회적 책임 프로그램, 정부 기관 및 지역 단체들과 협업을 발전시키고자 하는 스폰서들에게 매력적인 사회적 동기를 부여한다. 이를 통해 조직들이 이해관계자 마케팅 접근 방식을 채택하도록 유도하여 진정한 가치의 수렴Convergence이 가능하게 한다. 그러나 이러한 발전과정에서, 사회적 목적과 영리적 목적 사이의 교차점을 찾기 위해 서로 다른 이해관계자들 간의 이익들을 선별하는 과정에서 마찰이 발생할 수 있다.

올림픽 경험과 자산

아테네와 토리노 올림픽 이후, IOC는 올림픽대회의 미래에 대해 고민하기 시작했다. 최근까지 IOC가 텔레비전으로 전해주는 광경을 시청하는 거대한 잠재적 시청자는 가장 대표적인 IOC의 자부심(베이징올림픽 당시 47억 명)이었으며, 이를 통한 중계권 수익은 IOC 전체 수익의 절반 이상을 차지했다. 현재 IOC는 올림픽 브랜드를 홍보하는 동안 더욱 흥미진진한 경험을 하도록 하기 위한 새로운 목적을 세웠다. 그것은 스포츠 행사와 더불어 다음과 같은 올림픽의 네 가지 기본 요소에 초점을 두어왔다: 성화 봉송, 기념행사(개회식, 폐회식, 메달 수여식), 개최국 내에서의 문화프로그램과 대형 전광판, 콘서트 홀 그리고 특별 행사장에서의 장외 행사(축구의 길거리 응원과 같은 '라이브 사이트Live Sites').

IOC는 이 과정의 일부로써, 유럽올림픽연합회의 유럽청소년올림픽European Youth Olympic Festivals, EYOF■을 모델로 한 청소년올림픽을 만들어 행사를 다양화했다. 청소년올림픽의 비전을 "전 세계 청소년들을 스포츠 활동에 적극 참여토록 권장하며, 우수성과 우정과 존경의 올림픽 가치의 확산으로 수립하는 것이다"라고 말했다. 청소년올림픽에는 14세에서 17세 사이의 선수들이 참여할 수 있으며, 이는 스포츠와 교육과 문화의 교류 장이다. 청소년올림픽은 올림픽 가치를 젊은 청소년들에게 널리 퍼뜨리며, 올림픽 시스템 내 이해관계자들의 사회적 마케팅 활동의 구조적 틀을 제공한다.

브랜드와 브랜드 시스템 그리고 올림픽 경험

올림픽 마케팅은 두 개의 주요 브랜드(하계 및 동계올림픽대회 그리고 청소년올림픽대회)와 OCOG, NOC 및 스폰서들의 협력 브랜드라는 상호계약에 의해 강력한 가치를 지니는 공동 브랜드에 기초한다. IOC TMS의 티모 루메Timo Lumme 국장은 올림픽 자산이 가진 가치 성장의 중요성을 다음과 같이 강조했다.

> "개인적인 관점에서 IOC와 IOC TMS가 할 수 있는 것은 올림픽 브랜드 강화를 통하여, 올림픽 무브먼트를 위한 리더십을 지속적으로 보여주는 것이다."
>
> (Lumme 2011)

올림픽 브랜드의 강점은 시스템의 안정성을 보장하는 것이다. 이는 정신력과 의지, 신체적 능력의 균형을 조합하고 장려하는 삶의 철학으로서 올림피즘을 표현한다. 이는 노력에 대한 보람과, 모범적 사례의

■ 자크 로게(Jacques Rogge)는 IOC 위원장 이전에 유럽올림픽위원회 위원장이었다.

교육적 가치와, 범국가적 기본 윤리 원칙을 존중하는 삶의 방식을 창조하기 위해 스포츠와 문화를 연결시킨다. 이는 결국 올림픽 브랜드의 영향권이 올림픽대회 자체를 월등히 넘어서며, IOC의 비즈니스에 대한 정확한 범주를 점점 규정하기 어렵게 한다. 이러한 환경 속에서 올림픽 브랜드의 타당성을 유지하는 것은 매우 중요한 요소이다.

올림픽 마케팅에서 올림픽 이해관계자 마케팅까지

우리는 이 책에서 올림픽 시스템 내 조직들이 수행하는 마케팅 전략들을 분석하는 내용을 다뤘기 때문에, 책의 제목을《올림픽 마케팅*Olympic marketing*》이라 정했다. 분석을 통해 이해관계자들이 가지고 있는 마케팅 개념의 다양성을 제시했고, 올림픽 비즈니스가 여러 이해관계자들 간의 가치를 공동 창조하는 상호관계와 밀접하다는 것을 보여주었다.

올림픽 시스템 내에서 차별적인 조직의 기능은 공동 가치 창조를 위한 관계 형성과 관리이다. 이는 올림픽 마케팅이 점점 이해관계자 마케팅 패러다임의 경향을 나타내기 때문이다. 올림픽 마케팅의 관리적인 면에서 우선 중요한 점은, 가치 창조 과정 중에 어떤 한 조직에만 편중하거나 어떤 한 조직을 제외하지 않으면서 모든 이해관계자들을 위해 가능한 한 최대한의 가치를 창조해야 한다는 것이다. 이를 통해 올림픽 마케팅을 강화하고 응집력을 확보할 수 있다. 이는 "한 개씩, 한 개씩 연필 열 개를 잡기는 쉬우나, 열 개의 연필을 한 번에 잡기는 어렵다It is easy to snap 10 pencils one by one, but impossible to snap all 10 together" 는 인용문으로 간단하게 정리할 수 있다.

참고자료

올림픽 관련 국내 법령

올림픽대회를 성공적으로 준비하고 개최하는 데 가장 기본적으로 기반이 되어야 하는 올림픽 관련 지식재산권은 국내에서 아래와 같이 보호받고 있다.

1) 상표법 제7조(상표등록을 받을 수 없는 상표)

> 1.3 국제적십자, 국제올림픽위원회 또는 저명한 국제기관의 명칭, 약칭, 표장과 동일하거나 이와 유사한 상표. 다만, 국제적십자, 국제올림픽위원회 또는 저명한 국제기관이 자기의 명칭, 약칭 또는 표장을 상표등록 출원한 때에는 그러하지 아니하다. 〈개정 2010. 1. 27.〉

상표법 제7조 1항에 따르면 올림픽은 국제올림픽위원회 이외에는 올림픽을 활용한 상표를 등록 받을 수 없다. 하지만, 이 규정은 2010년 1월 법이 개정되면서 예외 사항을 삽입하여 IOC가 '올림픽' 상표를 출원(2010년 7월)할 수 있게 된 것이다. 즉, 이전까지는 아무도 등록을 할 수 없는 상표였다. 이로 인해 IOC는 2011년 2월에서야 국내에서 'OLYMPIC', 'OLYMPIAN', 오륜마크를 각 총 45류 상표 출원을 신청하였고 등록(2012년 4월)까지 완료되어 현재 상표로서 보호되고 있다.

이로써 대한민국의 국가올림픽위원회인 대한체육회Korean Olympic Committee, KOC에서도 2011년 신규 엠블럼을 개발할 때에도 명칭의 국문 및 영문 올림픽을 제외한 나머지만을 상표 출원할 수 있었다.

2) 국민체육진흥법 제21조(올림픽 휘장 사업)

1. 올림픽을 상징하는 오륜五輪과 오륜을 포함하고 있는 모든 표지·도안·표어 또는 이와 비슷한 것을 영리를 목적으로 사용하려는 자는 대한체육회(구 대한올림픽위원회)의 승인을 받아야 한다.

동법에 따르면, 올림픽을 상징하는 오륜과 오륜을 포함하고 있는 모든 표지, 도안, 표어 또는 이와 비슷한 것을 영리를 목적으로 사용하려면 KOC의 승인을 얻도록 하고 있다.

3) 부정경쟁방지 및 영업비밀보호에 관한 법률 제3조(국기·국장 등의 사용 금지)

1. 파리협약 당사국, 세계무역기구 회원국 또는 〈상표법 조약〉 체약국의 국기·국장 그 밖의 휘장이나 국제기구의 표지와 동일하거나 유사한 것은 상표로 사용할 수 없다.

동법에 의하면, 파리협약 당사국, 세계무역기구 회원국 또는 〈상표법 조약〉 체약국의 국기·국장 그 밖의 휘장이나 국제기구의 표지와 동일하거나 유사한 것은 상표로 사용할 수 없다.

4-1) 2018평창동계올림픽대회 및 장애인동계올림픽대회 지원 등에 관한 특별법 24조 및 25조(이하 특별법)

제24조(유사 몇칭의 사용 금지): 조직위원회가 아닌 자는 "2018평창동계올림픽대회 및 장애인동계올림픽대회조직위원회" 또는 이와 비슷한 명칭

을 사용하여서는 아니된다.

제25조(대회 휘장 등의 사용): 조직위원회가 지정한 휘장, 마스코트 등 대통령령으로 정하는 대회 관련 상징물 등을 사용하고자 하는 자는 사전에 조직위원회의 승인을 받아야 한다. 다만, 대통령령으로 정하는 바에 따라 사용하는 경우에는 그러하지 아니하다.

4-2) 2018 평창 동계올림픽대회 및 장애인동계올림픽대회 지원 등에 관한 특별법 시행령 10조

동법은 2018년에 개최되는 제23회 동계올림픽대회 및 제13회 장애인 동계올림픽대회의 성공적인 개최와 국민체육을 진흥하고 올림픽 유산을 공고히 하여 국가 발전에 이바지하고자 2013년 3월 23일 개정되었다. 특별법에 나온 올림픽 지식재산권 보호의 내용은 다음과 같다.

① 법 제25조 본문에서 "조직위원회가 지정한 휘장·마스코트 등 대통령령으로 정하는 대회 관련 상징물 등"이란 다음 각 호의 어느 하나에 해당하는 상징물 등을 말한다.

1. 조직위원회가 지정한 대회 관련 휘장, 마스코트, 메달 및 상장, 슬로건, 주제가, 픽토그램, 대회기, 기념주화, 기념우표, 공식간행물, 포스터 및 유니폼 디자인, 시각적 상징물
2. 제1호의 상징물을 포함하고 있는 모든 표지·도안·표어·음악
3. 제1호의 상징물과 유사한 것

② 법 제25조 단서에서 "대통령령으로 정하는 바에 따라 사용하는 경우"란 다음 각 호의 어느 하나에 해당하는 경우를 말한다.

1. 「상표법」 및 「디자인보호법」에 따라 등록된 권리자가 사용하는 경우
2. 국제올림픽위원회 또는 국제장애인올림픽위원회로부터 승인을 받아

사용하는 경우

3. 보도 또는 교육 목적으로 사용하는 경우

　[대통령령 제24054호(2012. 8. 22) 부칙 제2조의 규정에 의하여 이

　조는 2019년 3월 31일까지 유효함]

5) 올림픽 헌장(IOC Olympic Charter)

제7조 올림픽대회와 올림픽 자산에 대한 권리

1. 올림픽 무브먼트 리더로서 IOC는 올림픽 무브먼트의 가치를 증진하며 올림픽 대회를 개최하고 확신하려는 노력에 실질적 지원을 제공하며 IF, NOC, 선수들의 올림픽대회 참가 지원을 담당한다. IOC는 올림픽 대화 본 헌장에서 설명되는 올림픽 재산과 관련된 모든 권리를 소유하며, 그러한 권리는 수익을 창출할 잠재력을 가지고 있다. 올림픽 관련 주체들이 이러한 모든 권리와 올림픽 재산을 보호하고, IOC의 승인에 따라 이를 사용하는 것은 올림픽 무브먼트와 올림픽 수익의 혜택을 입는 그 구성원들을 가장 위하는 일이다.

2. 올림픽대회는 IOC의 독점적 자산property으로, IOC는 올림픽대회의 조직, 활용, 방송, 기록, 상영representation, 복제, 입수access, 배포dissemination 등과 관련된 현존하는 또는 개발 중인 모든 형태와 양식의 제반 권리를 비롯하여, 올림픽 대회와 관련된 제반 자료 및 권리를 소유한다.

3. IOC는 올림픽대회와 관련된 모든 자료의 입수 및 이용 조건을 결정하며 올림픽대회의 경기 및 스포츠 행사에 관한 접근 조건을 결정한다.

부칙 7-14

1. 법적 보호

1.1 IOC는 올림픽대회와 올림픽 자산에 대한 법적 보호를 위해 국가적 국제적인 차원에서 적당한 모든 조치를 강구할 수 있다.

1.2 각 NOC는 본 헌장 부칙 -14 및 그 부칙의 자국 내 준수에 대하여 IOC에 책임을 진다. 각 NOC는 본 헌장 7-14 및 그 부칙에 위배되는 올림픽 자산의 사용을 금지하는 조치를 취해야한다. 또한 NOC는 IOC의 권익 보호를 위하여 IOC의 올림픽 자산 보호에 힘써야한다.

1.3 비록 국내법이나 상표등록에 관한 법 등 기타 법률에서 올림픽 상징과 올림픽 자산에 관하여 NOC를 법적으로 보호한다고 하더라도, 해당 NOC는 올림픽 헌장과 IOC의 지침을 준수하며 해당 권리를 행사해야 한다.

1.4 NOC는 올림픽 자산의 법적 보호와 이와 관련한 제3자와의 분쟁의 해결을 위해 필요한 경우에는 언제든지 IOC의 지원을 요청할 수 있다.

1.5 IOC는 올림픽 재산의 법적 보호를 획득하고 그와 관련하여 제3자들과 있을지도 모르는 이견 해결을 위해 언제든지 NOC의 지원을 요청할 수 있다.

올림픽 헌장은 올림픽 자산에 관한 모든 권리는 IOC가 소유하고 있으며 상업적 목적으로 사용하는 것은 IOC, OCOG, 그리고 NOC의 승인된 영토 내에서 각 제한된 권리로 사용될 수 있도록 한정하고 있다. IOC가 포괄하고 있는 지식재산권은 아래의 도표 〈올림픽 관련 지식재산권〉과 같다.

올림픽 관련 지식재산권(출처: 올림픽 헌장)

IOC 지식재산	'올림픽' 및 파생된 명칭, 올림픽 로고(오륜), 모토, 올림픽 성화, 올림픽 깃발, 올림픽 축가, 올림픽 아이덴티티, 슬로건, 올림픽 엠블럼, 과거 올림픽 마크 등
패럴림픽(장애인 올림픽) 지식재산	'장애인올림픽' 및 파생된 'Paralympian', 'Paralympiad' 및 "장애인올림픽대회" 등의 명칭, 장애인올림픽 심벌, 모토, 과거 대회 마크, 장애인올림픽 축가, 장애인올림픽 명칭/구호, 장애인올림픽 깃발, 장애인올림픽 엠블럼
파생된 지식재산	올림픽대회(텍스트 마크 및 관련 용어), 개최 도시 + 연도(텍스트 마크), 올림픽 심벌, 올림픽 축가, 올림픽 깃발, 올림픽 성화, 올림픽 표어 등
대회 관련 지식재산	후보 도시 엠블럼, 올림픽 엠블럼, 추가행사 엠블럼, 올림픽 마스코트, 대회 주제 및 슬로건, 대회식별물, 조직위원회 깃발, 픽토그램, 포스터 디자인, 'Look of the game' 보조 그래픽, 음악 작업, 'Look of the game' 부속물, 기념주화와 우표, 멀티미디어 작업, 의료 관련 데이터, 공식 간행물, 직원 · 자원봉사자 유니폼 디자인, 토치 디자인, 기념 메달과 배지 관련 금형, 인증서, 기타 그래픽 작품, 데이터베이스 및 통계 자료

올림픽 마케팅 수입 및 지출

(단위 : US 백만 달러)

구분		TOP III 1993-1996 (릴레함메르/ 아틀란타)	TOP IV 1997-2000 (나가노/시드니)	TOP V 2001-2004 (솔트레이크시 티/아테네)	TOP VI 2005-2008 (토리노/베이징)	TOP VII 2009-2012 (밴쿠버/런던)
수입	방송	1,251	1,845	2,232	2,570	3,850
	TOP (기업 수)	279 (10)	579 (11)	663 (11)	866 (12)	950 (11)
	OCOG 스폰서십	534	655	796	1,555	1,838
	하계 (기업 수)	426 (111)	492 (93)	302 (38)	1,218 (51)	1,150 (42)
	동계 (기업 수)	108	163 (26)	494 (53)	348 (57)	688 (57)
	티켓	451	625	411	274	1,238
	하계	26	74	183	89	250
	동계	425	551	228	185	988
	라이선스	115	66	87	185	170
	하계	91	52	61.5	163	119
	동계	24	14	25	23	51
	합계	2,630	3,770	4,189	5,450	8,046
지출	NOC 합계	138	212	320	373	819
	NOC 방송	81	119	210	234	663
	NOC TOP	57	93	110	139	156
	IF 합계	107	239	346	421	728
	IF 하계	87	190	254	295	519
	IF 동계	20	49	92	126	209
	OCOG 합계	775	1,105	1,176	1,257	1,127
	OCOG 하계	546	797	733	851	713
	OCOG 동계	229	308	443	406	414
	NOC/IFs/ OCOG 합계	1,610	2,214	2,347	3,399	2,674

※ TOP 수익 배분: NOC(40) / OCOG(50) / IOC(10)

구분	TOP I	TOP II	TOP III	TOP IV	TOP V	TOP VI	TOP VII	TOP VIII	비고
무선통신장비						삼성			2016
비알콜음료				코카콜라					2020
신용카드				비자					2020
AV시스템			파나소닉(Matushita)						2016
소매식품						맥도날드			2020
발전기, 가전제품 등							GE		2020
계시장비					스와치(오메가)				2020
생명보험				존 핸콘		메뉴라이프			
정보기술				IBM	슐럼버거 세마	아토스(오리진)			2024
사진, 이미지				코닥					
컴퓨터장비						레노버	에이서		
개인소매제품						존슨 앤 존슨	P&G		2020
화학							다우		2020
복사기, 팩스				제록스					
출판/간행물		스포츠 일러스트레이티드/타임		타임					
특급우편		페더럴 익스프레스		UPS					
Optical, Dental			바우쉬 앤 롬브						
Food		리코							
Data Processing		마스							
Typewriter		브라더							
Audio, TV		필립스							
테이프		3M							

참고문헌

Aaker, D.A. (1991). *Managing Brand Equity: Capitalizing on the Value of a Brand Name*. New York: Free Press.

Aaker, D.A. (1996). *Building Strong Brands*. New York: Free Press.

Aaker, D.A. (2004). *Brand Portfolio Strategy, Creating and Sustaining Brand Equity Long Term*. New York: Free Press.

Alderson, W. (1957). *Marketing Behaviour and Executive Action*. Homewood, IL: Richard D. Irwin.

AMA. (1985). *The American Marketing Association Definition of Marketing*. Available at: http://www.marketingpower.com/Pages/default.aspx (retrieved 5 May 2002).

Amis, J., Slack, T. and Berrett, T. (1999). *Sport Sponsorship as Distinctive Competence*. European Journal of Marketing, 33(3/4): 250–272.

Andersson, P., Aspenberg, K. and Kjellberg, H. (2008). The Configuration of Actors in Market Practice. *Marketing Theory*, 8(1): 67–80.

Andreasen, A.R. (1994). Social Marketing: Definition and Domain. *Journal of Marketing and Public Policy*, 13(1): 108–14.

Andreasen, A.R. (1995). *Marketing Social Change: Changing behaviour to promote health, social development, and the environment*. Washington, DC: Jossey-Bass.

Andreasen, A.R. (1995). *Marketing Social Change: Changing behaviour to promote health, social development, and the environment*. San Francisco: Jossey-Bass Publishers.

Apostolopoulou, A. and Papadimitriou, D. (2004). Welcome Home: Motivations and Objectives of the 2004 Grand National Olympic Sponsors. *Sport Marketing Quarterly*, 13: 180–192.

Bagozzi, R.P. (1975). *Marketing as Exchange. Journal of Marketing*, 39: 32–39.

Ballantyne, D. (1997). *Internal Networks for Internal Marketing. Journal of Marketing Management*, 13(5): 343–366.

Barnes, J.G. (2003). Establishing Meaningful Customer Relationships. *Managing Service Quality*, 13(3): 178–186.

Barney, J., Wright, M. and Ketchen, D. (2001). Resource-Based Theories of Competitive

Advantage: A Ten-Year Retrospective on the Resource-Based View. *Journal of Management*, 27(6): 643–650.

Barney, R. (1992). *The Great Symbol. Olympic Review*, 301: 627–631.

Bee, C.C. and Kahle, L.R. (2006). Relationship Marketing in Sports: A Functional Approach. *Sport Marketing Quarterly*, 15: 102–110.

Bell (2009). *Bell Signs Unprecedented Media and Mobile Content Agreement with Canada's Olympic Broadcast Media Consortium.* Available at: http://hotcellularphone.com/bellmobility/bell-signs-unprecedented-media-mobile-content-agreement-canadasolympic-broadcast-media-consortium/ (retrieved 26 October 2011).

Berry, L.L. (1983). Relationship marketing. In Berry, L.L., Shostack, G.L. and Upah, G.D.(Eds), *Emerging Perspectives on Services Marketing.* Proceedings of Services Marketing Conference. Chicago: American Marketing Association, 25–28.

Berry, L.L. and Parasuraman, A. (1991). *Marketing Services: Competing through quality.* New York: Free Press.

Bhattacharya, C.B. (2008). Introduction to the Special Section on Stakeholder Marketing. *Journal of Public Policy & Marketing*, 29(1): 13–15.

Bhattacharya, C.B. (2010). Introduction to the Special Section on Stakeholders Marketing. *Journal of Public Policy & Marketing*, 29(1): 1–3.

Bhattacharya, C.B. and Bolton, R.N. (2000). Relationship marketing in mass markets. In Sheth, J.N. and Parvatiyar, A. (Eds), *Handbook of Relationship Marketing.* Thousand Oaks, CA: Sage, 327–354.

Bhattacharya, C.B. and Korschun, D. (2008). Stakeholder Marketing: Beyond the Four Ps and the Customer. *Journal of Public Policy & Marketing*, 27(1): 113–116.

Bickoff, J. (2011). *Protecting the Olympic Words in the New gTLDs.* Letter from James Bickoff to Kurt Pritz dated 1 July 2011. Available at: http://www.icann.org/en/correspondence/bikoff-to-pritz-01jul11-en.pdf (retrieved 23 July 2011).

Blackett, T. and Boad, B. (1999). *Co-Branding: The Science of Alliance.* London: Macmillan.

Blackshaw, I. (2009). Protecting Major Sporting Events with Particular Reference to the 2012 Olympic Games. *Entertainment and Sports Law Journal,* January. Available at: http://www2.warwick.ac.uk/fac/soc/law/elj/eslj/issues/volume7/number2/blackshaw/blackshaw.pdf.

BMW. (2011a). *Communiqué de Presse* 16/12/2010. Available at: https://www.press.bmwgroup.com/pressclub/p/fr/pressDetail.html?outputChannelId=24&id=T0093013FR&left_menu_item=node__2200 (retrieved 27 October 2011).

BMW. (2011b). *BMW at the London 2012 Olympic and Paralympic Games.* Available at: www

.bmw.co.uk/london2012/ (retrieved 26 October 2011).

Bose, M. (2010). USOC–IOC Revenue-Sharing Deal Scuppered. *Inside the Games*. Available at: http://www.insidethegames.biz/component/content/article/1-latestnews/9527-exclusive -usoc-ioc-revenue-sharing-deal-scuppred (retrieved 26 October 2011).

Brodie, R. (2009). From Goods to Services: An Integrative Perspective. Marketing Theory,9(1): 107–111.

Brodie, R., Whittome, J. and Brush, G. (2009). Investigating the Service Brand: A Customer Value Perspective. *Journal of Business Research*, 62: 345–355.

Bühler, A. and Nufer, G. (2009). *Relationship Marketing in Sports*. Oxford: Butterworth-Heinemann.

Buttle, F. (1994). SERVQUAL: Review, Critique, Research Agenda. *European Journal of Marketing*, 30(1): 8–32.

Cadbury. (2011a). *Cadbury: Official treat provider to the 2012 Olympic and Paralympic Games*. Available at http://www.cadbury.co.uk/home/london2012/Pages/london2012.aspx (retrieved 26 October 2011).

Cadbury. (2011b). *More about Cadbury and London 2012*. Available at: http://www.cadbury.co. uk/home/london2012/Pages/moreaboutcadburyand2012.aspx (retrieved 26 October 2011).

Cadbury. (2011c). *London 2012 Latest News*. Available at : http://www.cadbury.co.uk/london2012/Pages/2012news.aspx (retrieved 2 February 2012).

Cadbury. (2011d). *Spots v Stripes Community for Retailers*. Available at: http://www.spotsvstripes. com/community/retailers.aspx (retrieved 2 February 2012).

Callon, M. (1986). Éléments pour une Sociologie de la Traduction: la Domestication des Coquilles St-Jacques and des Marins Pêcheurs dans la Baie de St. Brieuc. *L'Année Sociologique, numéro spécial La sociologie des Sciences and des Techniques*, 36: 169–208.

Callon, M. and Latour, B. (1981). Unscrewing the big leviathan: how actors macrostructure reality and how sociologists help them to do so. In Knorr Cetina, K.D. and Cicourel, A.V. (Eds), *Advances in Social Theory and Methodology: Towards an integration of micro- and macro-sociologies*. Boston: Routledge and Kegan Paul, 277–303.

Callon, M., Lascoumes, P. and Barthe, Y. (2001). *Agir dans un Monde Incertain: Essai sur la démocratie technique*. Paris: Seuil.

Campbell, D. (2006, 6 July). BBC at War over 'Mad' Olympic Start Time. *The Guardian*. Available at: http://www.guardian.co.uk/uk/2006/jul/16/bbc.media (retrieved 11 October 2011).

Carrington, P.J., Scott, J. and Wasserman, S. (2005). *Models and Methods in Social Network*

Analysis. Cambridge: Cambridge University Press.

Chamerois, N. (2006). *Vers une Typologie des Comités Nationaux Olympiques*. MEMOS Project. Lausanne: IDHEAP – Université Claude Bernard Lyon 1.

Chandler, J.D. and Vargo, S.L. (2011). Contextualization and Value-in-Context: How Context Frames Exchange. *Journal of Marketing Theory*, 11(1): 35–49.

Chappelet, J.L. (1991). *Le Système olympique*. Grenoble: PUG.

Chappelet, J.L. (1994). Olympism, Nature and Culture. *Centenial Olympic Congress: Texts and Abstracts*. Lausanne: IOC, 39–40.

Chappelet, J.L. and Kübler, B. (2007). The governance of the International Olympic Committee. In Parent, M. and Slack, T. (Eds), *International Perspectives on the Management of Sport*. London: Elsevier, 207–228.

Chappelet, J.L. and Kubler, B. (2008). *The International Olympic Committee and the Olympic System: The governance of world sport*. London: Routledge.

Chappelet, J.L. and Kubler-Mabbott, B. (2008). *The International Olympic Committee and the Olympic System: The governance of world sport*. London: Routledge.

Chappuis, M. (2010). La protection des propriétés olympiques. In de Werra, J. (Ed.), *Sport et Propriété Intellectuelle*. Geneva: Schulthess, 1–12.

de Chernatony, L. (2001). A Model for Strategically Building Brands. *Brand Management*, 9(1): 32–44.

Christopher, M., Payne, A. and Ballantyne, D. (1991). *Relationship Marketing: Bringing quality, customer service and marketing together*. Oxford: Butterworth-Heinemann.

Christopher, M., Payne, A. and Ballantyne, D. (2002). *Relationship Marketing: Creating stakeholder value*. Oxford: Elsevier Butterworth-Heinemann.

Clarkson, M.B.E. (1995). A Stakeholder Framework for Analysing and Evaluating Corporate Social Performance. *Academy of Management Review*, 20(1): 92–117.

Coca-Cola. (2011). *Making a Difference*. Available at: http://www.thecoca-colacompany.com/heritage/olympicgames_difference.html (retrieved 26 October 2011).

Coote, L. (1994). Implementation of relationship marketing in an accounting practice. In Sheth, J.N. and Parvatiyar, A. (Eds), *Relationship Marketing: Theory, methods and applications,1994 research conference proceedings*. Atlanta: Emory University.

Cornwell, B., Weeks, C.S. and Roy, D.P. (2005). Sponsorship-Linked Marketing: Opening the Black Box. *Journal of Advertising*, 34(2): 21–42.

Cushnan, D. (2010). *Vancouver 2010: An Olympic investment*. Available at: http://www.sports-promedia.com/notes_and_insights/vancouver_2010_an_olympic_investment/(retrieved 25 October 2010).

Desai, K.K. and Keller, K.L. (2002). The Effects of Ingredient Branding Strategies on Host Brand Extendibility. *Journal of Marketing*, 66(1): 73–94.

Détrie J.P. et al. (1997). *Strategor: Politique générale de l'entreprise*. Paris: Dunod.

Donaldson, T. and Dunfee, T.W. (1999). *Ties that Bind: A Social Contracts Approach to Business Ethics*. Cambridge, MA: Harvard University Business School Press.

Donaldson, T. and Preston, L.E. (1995). The Stakeholder Theory of the Corporation: Concepts, Evidence and Implications. *Academy of Management Review*, 20(1): 65–91.

Dopfer, K., Foster, J. and Potts, J. (2004). Micro–Meso–Macro. *Journal of Evolutionary Economics*, 14: 263–79.

Dow (2011). *Our Company*. Available at: http://www.dow.com/about/ (retrieved 26 October 2011).

Downing, T. (1996). A historical perspective. *Olympic Message: The Olympic Movement and the Mass Media*, 1: 26–30.

Ellis, D., Scassa, T. and Séguin, B. (2011). Framing Ambush Marketing as a Legal Issue:An Olympic Perspective. *Sport Management Review*, 14(3): 297–308.

Ferrand, A. and Camps i Povill, A. (2009). *Le marketing Olympique. Revue juridique et économique du sport*, 92: 7–44.

Ferrand, A. and Camps i Povill, A. (2009). *Le Olympic Marketing. Revue Juridique and Economique du Sport*, 92: 7–44.

Ferrand, A. and McCarthy, S. (2008). *Marketing the Sports Organisation: Building networks and relationships*. Abingdon: Routledge.

Ferrand, A. and McCarthy, S. (2009). *Marketing Sports Organisations: Managing networks and relationships*. London: Routledge.

Ferrand, A. and Pages, M. (1999). Image Management in Sport Organizations: The Creation of Value. *European Journal of Marketing*, 33(3/4): 387–401.

Ferrand, A. and Torrigiani, L. (2004). *Marketing of Olympic Sport Organisations*. Champaign, IL: Human Kinetics.

Ferrand, A., Torrigiani, L. and Camps i Povill, A. (2008). *Routledge Handbook of Sports Sponsorship: Successful strategies*. Abingdon, UK: Routledge.

Ferrell, O.C., Gonzalez-Padron, T.L., Hult, G.T.M. and Maignan, I. (2010). From Market Orientation to Stakeholder Orientation. *Journal of Public Policy & Marketing*, 29(1): 93–96.

Firat, A.F. and Venkatesh, A. (1993). Postmodernity: The Age of Marketing. *International Journal of Research in Marketing*, 10(3): 227–49.

Firat, A.F. and Venkatesh A. (1995). Liberatory Postmodernism and the Reenchantment of

Consumption. *Journal of Consumer Research*, 22: 239–265.

Frederick, W.C., Davis, K. and Post, J.E. (1988). *Business and Society: Corporate strategy, public policy, ethics*. New York: McGraw Hill.

Freeman, L.C. (1977). Set of Measures of Centrality Based on Betweenness. *Sociometry*, 40(1): 35–41.

Freeman, R.E. (1984). *Strategic Management: A stakeholder approach*. Boston: Pitman.

Freeman, R.E. and Reed, D.L. (1983). Stockholders and Stakeholders: A New Perspective on Corporate Governance. *California Management Review*, 25(3): 88–106

Friedman, A.L. and Miles, S. (2006). *Stakeholders: Theory and practice*. Oxford: Oxford University Press.

Frow, P. and Payne, A. (2008). *A stakeholder perspective of value: Extending the value proposition concept in the context of stakeholders and service-dominant logic*. Forum on Markets and Marketing: Extending Service-Dominant Logic, University of New South Wales, Sydney, December 4–6.

Furlong, J. and Mason, G. (2011). *Patriots Hearts: Inside the Olympics that changed a country*. Vancouver: Douglas & McIntyre.

Gale, B.T. (1994). *Managing Customer Value*. New York: Free Press.

Godet, M. (2001). *Creating Futures: Scenario planning as a strategic management tool*. Paris: Economica.

Grönroos, C. (1994). Quo Vadis, Marketing? Towards a Relationship Marketing Paradigm. *Journal of Marketing Management*, 10: 347–360.

Grönroos, C. (2000). *Service Management and Marketing*. Chichester, UK: Willey.

Grönroos, C. and Gummerson, E. (1985). *Service Marketing: Nordic School Perspectives*. Stockholm: Stockholm University, School of Business, Research Report.

Gummesson, E. (1997). Relationship Marketing as a Paradigm Shift: Some Conclusions from the 30R Approach. *Management Decision*, 35(4): 267–272.

Gummesson, E. (1999). *Total Relationship Marketing*. Oxford: Butterworth-Heinemann.

Gummesson, E. (2006). *Total Relationship Marketing*, 2nd edition. Oxford: Butterworth-Heinemann.

Gundlach, G.T. (2006). Whither 'marketing'? Commentary on the American Marketing Association's new definition of marketing. In Sheth, J.N. and Sisodia, R.K. (Eds), *Does Marketing Need Reform? Fresh perspectives on the future*. Armonk, NY: M.E. Sharpe, 105–108.

Gundlach, G.T. and Wilkie, W.L. (2010). Stakeholder Marketing: Why "Stakeholder" Was Omitted from the American Marketing Association's Official 2007 Definition of

Marketing and Why the Future Is Bright for Stakeholder Marketing. *Journal of Public Policy & Marketing*, 29(1): 89–92.

Håkansson, H. and Snehota, I. (1995). *Developing Relationships in Business Networks*. London: Routledge.

Hobsbawm, E. and Ranger, T. (Eds.). (1983). *The Invention of Tradition*. Cambridge: Cambridge University Press.

Holbrook, M.B. (1996). Customer Value: A Framework for Analysis and Research. *Advances in Consumer Research*, 23(1): 138–142.

Holbrook, M.B. (1999). Introduction to consumer value. In Holbrook, M.B. (Ed.), *Consumer Value: A framework for analysis and research*. London: Routledge, 2–12.

Holbrook, M. and Corfman, K. (1985). Quality and value in the consumption experience: Phaedrus rides again. In. Jacoby, J. and Olson, J. (Eds), *Perceived Quality*. Lexington, MA: Lexington Books, 31–51.

Holbrook, M.B. and Hirschman, E.C. (1982). The Experiential Aspects of Consumption: Consumer Fantasies, Feelings and Fun. *Journal of Consumer Research*, 9: 132–140.

Howard, J.A. and Sheth, J.N. (1969). *The Theory of Buyer Behaviour*. New York: John Wiley and Sons.

ICANN. (2011). *Approved Board Resolutions*. Singapore, 20 June. Available at: http://www.icann. org/en/minutes/resolutions-20jun11-en.htm (retrieved 23 July 2011).

Interorganizational Committee on Guidelines and Principles. (1994). *Guidelines and Principles for Social Impact Assessment*. NOAA Technical Memorandum, NMFS-F/SPO-16. Washington, DC.

IOC. (1989). IOC Commission Report. *Olympic Review*, 441–446.

IOC. (1997). *Olympic Market Research: Analysis Report*. Lausanne: International Olympic Committee internal publication.

IOC. (2001). [No Title]. *Marketing Matters*, 18, 1–12.

IOC. (2002). *2002 Marketing Fact File*. Lausanne: IOC.

IOC. (2005). *BOOST Building On Olympic Strength to Transition to a State-of-the-art*. Lausanne: IOC internal document.

IOC. (2006). *2006 Marketing Fact File*. Lausanne: IOC.

IOC. (2007a). *Interim Report 2005–2006: Catalyst for Collaboration*. Lausanne: IOC.

IOC. (2007b). The Olympic Symbols. Available at: www.olympic.org/Documents/Reports/EN/ en_report_1303.pdf (retrieved 23 July 2011).

IOC. (2008). *Enquête CIO tous pays*. Lausanne: CIO.

IOC. (2008). *Marketing Report, Beijing 2008*. Lausanne: IOC.

IOC. (2009). *Opening Ceremony of the Games of the Olympiad*. International Olympic Committee. Lausanne: CIO.

IOC. (2009a). *The 360-Degree Games Management Approach*. XIII Olympic Congress. Copenhagen 2009. Lausanne: IOC, 713–715.

IOC. (2009b). *Technical Manual on Games Management*. Lausanne: International Olympic Committee.

IOC (2010a). *Olympic Marketing Fact File*. IOC: Lausanne.

IOC. (2010b). *The Olympic Charter*. In force as from 11 February 2010. Lausanne: International Olympic Committee.

IOC. (2010c). *IOC Social Media, Blogging and Internet Guidelines for Participants and Other Accredited Persons at the London 2012 Olympic Games*. Available at: http://www.olympic. org/Documents/Games_London_2012/IOC_Social_Media_Blogging_and_Internet _Guidelines-London.pdf (retrieved 23 July 2011).

IOC. (2010d). *2018 Candidature Acceptance Procedure*. Lausanne: IOC.

IOC. (2010e). *Marketing Report*, Vancouver 2010. Lausanne: IOC.

IOC. (2010f). *Factsheet: Vancouver facts and figures*. Available at: http://www.olympic.org/Docu-ments/Games_Vancouver_2010/Factsheet_Vancouver_legacy_February_2011_eng. pdf (retrieved 13 September 2011).

IOC. (2010g). *Candidature Questionnaire and Procedure*. XXIII Olympic Winter Games. Lausanne: IOC.

IOC. (2011a). *Marketing Fact File*. Lausanne: IOC.

IOC. (2011b). *Olympic Charter*. In force as from 8 July 2011. Lausanne IOC.

IOC. (2011c). *Olympic Directory*. Lausanne: IOC Communication Department.

IOC. (2011d). *The Marketing Commission*. Available at: http://www.olympic.org/marketing-commission (retrieved 26 October 2011).

IOC. (2011e). *Olympic Solidarity*. Available at: http://www.olympic.org/olympic-solidarity- com-mission (retrieved 26 October 2011).

IOC. (2011f). *Sponsorship*. Available at: http://www.olympic.org/sponsorship (retrieved 26 October 2011).

IOC. (2011g). *Marketing Facts and Files 2010*. Available at: http://www.olympic.org/Documents/ fact_file_2010.pdf (retrieved 26 October 2011).

IOC. (2011h). *The TV Rights and New Media Commission*. Available at: http://www.olympic.org/ tv- rights- new-media-commission (retrieved 26 October 2011).

IOC. (2011i). *Commercial Partnership*. Available at: http://www.olympic.org/commercial-sponsorships (retrieved 27 October 2011).

Jones, R. (2005). Finding Sources of Brand Value: Developing a Stakeholder Model of Brand Equity. *Journal of Brand Management*, 13(1): 10–32.

Judson, K.M., Aurand, T.W. and Karlovsky, R.W. (2007). Applying Relationship Marketing Principles in the University Setting: An Adaptation of the Exchange Relationship Typology. *Marketing Management Journal*, 17(1): 184–197.

Kapferer, J.N. (2004). *The New Strategic Brand Management: Creating and sustaining brand equity long term*. London: Kogan Page.

Keller, K.L. (2003) *Strategic Brand Management*, 2nd edition. Upper Saddle River, NJ: Prentice-Hall.

Kim, J.J. (2011). *Branding Korea through Collaborative Strategies with the Olympic Movement*. MEMOS Project. Lausanne: Université de Poitiers.

Kim, R. (2004). A Study on the Role of Nation Brand in the International Trade: the Stand Point of Korea. Unpublished Master's thesis, Ewha Womans University, Seoul.

KOC. (date). *Mission*. Available at : http://www.sports.or.kr/eng/ksckoc.eng (retrieved 2 February 2012).

KOC. (2011). *KOC Overview*. Available at: http://www.koc.org/ (retrieved 27 October 2011).

Koreabrand.net. (date). *Title*. Available at: http://www.koreabrand.net/en/util/util_about_pcnb.do (retreived 2 February 2012).

Kotler, P. (1992). It Is Time for Total Marketing. *Business Week Advance Executive Brief*, 2:1–7.

Kotler, P. and Armstrong, G. (2001). *Principles of Marketing*, 9th edition. Upper Saddle River: Prentice Hall.

Kotler, P. and Levy, S.J. (1969). Broadening the Concept of Marketing. *Journal of Marketing*, 33:10–15.

Kotler, P., Ned, R. and Lee, N. (2002). *Social Marketing: Improving the quality of life*, 2nd edition. Thousand Oaks, CA: Sage.

Kotler, P., Roberto, N. and Lee, N. (2002). *Social Marketing: Improving the quality of life*, 2nd edition. Thousand Oaks, CA: Sage.

Kotler, P., Armstrong, G. and Cunningham, P.H. (2005). *Principles of Marketing*, 6th edition. Toronto: Pearson Education Canada.

Kraft Foods. (2010). *Annual Report*. Available at: http://www.annualreports.com/Company/1050 (retrieved 26 October 2011).

Lachowetz, T,. McDonald, M., Sutton, W. and Clark. J. (2001). The National Basketball Association: Application of Customer Lifetime Value. *Sport Marketing Quarterly*, 10 (2): 181–184.

Lachowetz, T., McDonald, M., Sutton, W. and Hedrick, D.G. (2003). Corporate Sales Activities and the Retention of Sponsors in the National Basketball Association (NBA). *Sport Marketing Quarterly*, 12 (1): 18–26.

Lacotte, U. and Stupp, H. (2010). *Letter of the IOC to ICANN 'Special Trademark Issues Review Team Recommendations'*, dated 26 January 2010. Available at: http://docs.google.com/viewer?a=v&q=cache:UB__upu1jjsJ: www.icann.org/en/correspondence/lacotte-to-beckstrom-16mar10-en.pdf+international+olympic+committee+Special+Trademark+Issues+Review+Team+Recommandations&hl=fr&gl=ch&pid=bl&srcid=ADGEEShbt MnXIQFyjtNhIPviYRSB139ye6QGsclobwZhwRXYGmzjXmWY9juNY58O-y0Wf 46AovUWgCaOj1HY6MEv9kQMceqlmGXoqUEsWJ72uauiPGVfjlb1CI4k3WB6p kwS4UzzxtmZ&sig=AHIEtbQC2J8W3NfFJqur1lAEupBt898IMw (retrieved 23 July 2011).

Landry, F. and Yerlès, M. (1996). *The International Olympic Committee: One Hundred Years. The Idea – The President – The Achievements, vol. 3*. Lausanne: IOC.

LAOOC. (1984). *Official Report of the Organizing Committee of the Games of Los Angeles 1984, vol. 1*. Los Angeles: LAOOC.

Lapio, R. Jr., and Speter, K.M. (2000). NASCAR: A Lesson in Integrated and Relationship Marketing. *Sport Marketing Quarterly*, 9(2): 85–95.

Latour, B. (1987). *Science in Action: How to follow scientists and engineers through society*. Milton Keynes: Open University Press.

Latour, B. (2006). *Changer de Société: Refaire de la sociologie*. Paris: La Découverte.

Latour, B. and Woolgar, S. (1979). *Laboratory Life: The social construction of scientific facts. Beverly Hills*, CA: Sage Publications.

Law, J. (2007). *Actor-Network Theory and Material Semiotics*. Available at: http://www.hetero geneities.net/publications/Law-ANTandMaterialSemiotics.pdf (retrieved 25 April 2007).

Leone, R., Rao, V., Keller, K., Man Luo, A., McAlister, L. and Srivastava, R. (2006). Linking Brand Equity to Customer Brand Equity. *Journal of Service Research*, 9(2):125–138.

Leuthesser, L., Kohli, C. and Suri, R. (2003). 2+2=5? A Framework for Using Co-branding to Leverage a Brand. *Journal of Brand Management*, 11(1): 35–47.

Lewicki, J. (2011). Interviewed by O'Conor, M., 8 April.

Little, E. and Marandi, E. (2003). Relationship Marketing Management. London: Thomson.

LOCOG. (2009) *London 2012, Food Vision for the London 2012 Olympic Games and Paralympic Games December 2009*. Available at: http://www.london2012.com/documents/locog-publications/food-vision.pdf (retrieved October 2011).

LOCOG. (2010a). *The London 2012's UK Brand Protection*. London: LOCOG.

LOCOG. (2010b). *London 2012's UK Statutory Marketing Rights: Brand protection*. London: LOCOG.

LOCOG. (2010c). *Brand Protection, Non-commercial Organisations: What you need to know*. London: LOCOG.

LOCOG. (2011a). *What Is a Brand?* Available at: http://getset.london2012.com/en/thegames/about-london-2012/the-london-2012-brand/what-is-a-brand (retrieved 27 October 2011).

LOCOG. (2011b). *The London 2012 Brand*. Available at: http://getset.london2012.com/en/the-games/about-london-2012/the-london-2012-brand (retrieved 27 October 2011).

LOCOG. (2011c). *Using the Brand*. Available at: http://www.london2012.com/about-us/our-brand/using-the-brand.php (retrieved 27 October 2011).

LOCOG. (date). *Inspire Programme*. Available at: http://www.london2012.com/inspirepro gramme (retrieved 2 February 2012).

Lumme, T. (2011) Interviewed by O'Conor, M., 22 March.

Lusch, R.F. and Webster, F.E. (2011). A Stakeholder-Unifying, Cocreation Philosophy for Marketing. *Journal of Macromarketing*, 31(2): 129–134.

MacAloon, J. (2011). *The Flame Relay and the Olympic Movement*. London: Routledge.

McDonagh, P. and Prothero, A. (1996). Making a drama out of a crisis: the final curtain for the marketing concept. In Brown, S., Bell, J. and Carson, D. (Eds) *Marketing Apocalypse: Eschatology, escapology and the illusion of the end*. London: Routledge, 44–65.

McDonald, H. and Stavros, C. (2007). A Defection Analysis of Lapsed Season Ticket Holders: A Consumer and Organizational Study. *Sport Marketing Quarterly*, 16: 218–229.

McDonald's. (2011). *Values in Practice*. Available at: http://www.aboutmcdonalds.com/mcd/csr/about/community/sponsorships.html (retrieved 16 October 2011).

McMahon, E.A. (1996). The evolution of Olympic commercial partnerships. *Olympic Message: Sources of financing sports*, 3: 14–18.

Madhavaram, S. and Hunt, S.D. (2008). The Service-Dominant Logic and a Hierarchy of Operant Resources: Developing Masterful Operant Resources and Implications for Marketing Strategy. *Journal of the Academic Marketing Science*, 36(1): 67–82.

Martinet, A.C. (1984). *Management Strategic: Organisation and politique*. Paris: McGraw Hill.

Martyn, S. (1996). Making dough: The Helms Bakery Company vs. the United States Olympic Committee on the issue of commercializing Olympic symbols, 1932 to 1953. In Bouchier, N. (Ed.) *Proceedings of the 24th Annual Conference of the North American Society for Sport History*, 52–53.

Meenaghan, T. (1991). Understanding Sponsorship Effects. *Psychology and Marketing*, 18(2): 95–

122.

Meenaghan, T. (2001). Understanding Sponsorship Effects. *Psychology and Marketing*, 18(2): 95–122.

Meenaghan, T. (2005). Evaluating sponsorship effects. In Amis, J. and Cornwell, T.B. (Eds), *Global Sport Sponsorship*. New York: Berg, 243–264.

Meenaghan, T. and Shipley, D. (1999). Media Effect in Commercial Sponsorship. *European Journal of Marketing*, 33(3/4): 328–347.

Mercier, S. (2010). Une Analyse Historique du Concept de Parties Prenantes: Quelles Leçons pour l'Avenir? *Management & Avenir*, 33: 140–154.

Merz, M., He, Y. and Vargo, SL. (2009). The Evolving Brand Logic: A Service-Dominant Logic Perspective. *Journal of the Academy of Marketing Science*, 37(3): 328–44.

Mintzberg, H. (1978). Patterns in Strategy Formation. *Management Science*, 24(9): 934–948.

Mitchell, R.K., Agle, B.R. and Wood, D.J. (1997). Toward a Theory of Stakeholder Identification and Salience: Defining the Principle of Who and What Really Counts. *Academy of Management Review*, 22(4): 853–886.

Möller, K. and Halinen, A. (2000). Relationship Marketing Theory: Its Roots and Direction. *Journal of Marketing Management*, 16: 29–54.

Monroe, K.B. (1990). *Pricing: Making profitable decisions*, 2nd edition. London: McGraw-Hill.

Moore, G. (1999). Tinged Shareholder Theory: Or What's So Special about Stakeholders? *Business Ethics: A European Review*, 8(2): 117–127.

Morgan, R.M. and Hunt, S.D. (1994). The Commitment-Trust Theory of Relationship Marketing. *Journal of Marketing*, 58: 20–38.

Motion, J., Leitch, S. and Brodie, R.J. (2003). Equity in Corporate Co-branding: The Case of Adidas and the All Blacks. *European Journal of Marketing* 37(7/8): 1080–1094.

Muller, N. (1986). *Pierre de Coubertin: Textes choisis. Tome II: Olympisme*. Zurich: Weidmann.

Mullin, B.J., Hardy, S. and Sutton, W.A. (2007). *Sport Marketing*, 3rd edition. Champaign, IL: Human Kinetics.

M'zungu, D.M., Merrilees, B. and Miller, D. (2010). Brand Management to Protect Brand Equity: A Conceptual Model. *Journal of Brand Management*, 17(8): 605–617

National Archive. (date). *Inspire Programme*. Available at: http://webarchive.nationalarchives.gov.uk/20100512152935/london2012.com/about-us/our-brand/inspire-programme.php (retrieved 2 February 2012).

Normann, R. and Ramirez, R. (1993a). From Value Chain to Value Constellation:Designing Interactive Strategy. *Harvard Business Review*, 71: 65–77.

Normann, R. and Ramirez, R. (1993b). Designing Interactive Strategy: From Value Chain to

Value Constellation. *Harvard Business Review*, 71(4): 65–77.

Normann, R.A. and Ramirez, R. (1998). *Designing Interactive Strategy: From Value Chain to Value Constellation*. Hoboken: John Wiley & Sons.

Nufer, G. and Bühler, A. (2010). How Effective Is the Sponsorship of Global Sports Events? A Comparison of the FIFA World Cups in 2006 and 1998. *International Journal of Sports Marketing & Sponsorship*, 4: 303–319.

O'Brien, D. and Gardiner, S. (2006). Creating Sustainable Mega-event Impact: Networking and Relationship Development through Pre-event Training. *Sport Management Review*, 9: 25–47.

O'Reilly, N. and Séguin, B. (2009). *Sport Marketing: A Canadian perspective*. Toronto: Thomson Nelson.

Olkkonen, R. (2001a). Case Study: The Network Approach to International Sport Sponsorship Arrangement. *Journal of Business & Industrial Marketing*, 16(4): 309–330.

Olkkonen, R. (2001b) Case Study: The Network Approach to International Sport Sponsorship in the Sport Industry. *Sport Marketing Quarterly*, 6(2): 9–16.

Olympic Spirit. (2011). *Mission*. Available at: http://www.olympicspirit.org/mission.php (retrieved 23 October 2011).

Palmer, A. (1994). Relationship Marketing: Back to Basics? *Journal of Marketing Management*, 10: 571–579.

Panja, T. (2011). Rio 2016 Olympics Secures $700 Million in Local Sponsorships. *Bloomberg News*. Available at: http://www.bloomberg.com/news/2011–04–06/rio-2016-olympics -secures-700-million-in-local-sponsorship-contracts.html (retrieved 15 September 2011).

Park, C.W., Youl Jun, S. and Shocker, A.D. (1996). Composite Branding Alliances: an Investigation of Extension and Feedback Effects. *Journal of Marketing Research*, 33: 453 –466.

Parmar, B.J., Freeman, R.E., Harisson, J.S., Wicks, A.C., Purnell, L. and De Colle, S.(2010). Stakeholder Theory: The State of the Art. *Academy of Management Annals*, 4(1): 403– 445.

Payne, A. and Holt, S. (2001). Diagnosing Customer Value: Integrating the Value Process and Relationship Marketing. *British Journal of Management*, 12(2): 159–182.

Payne, M. (1998). IOC marketing policy: marketing programmes and the broadcaster. *In Television and the Olympic Games: The New Era*. Lausanne: International Olympic Committee.

Payne, M. (2005). Reinventing the Rings. *Business Strategy Review*, 16(1): 14–21.

Payne, M. (2006). *Olympic Turnaround: How the Olympic Games stepped back from the brink of ex-*

tinction to become the world's best known brand. Westport, CT: Praeger.

Peelen, E. (2005). *Customer Relationship Management.* Harlow, UK: Financial Times/Prentice Hall.

Peppers, D. and Rogers, M. (2004) *Managing Customer Relationships: A strategic framework.* Hoboken, NJ: John Wiley and Sons.

Ponsonby, S. and Boyle, E. (2004). The 'Value of Marketing' and 'the Marketing of Value' in Contemporary Times: A Literature Review and Research Agenda. *Journal of Marketing Management, Journal of the Academy of Marketing,* 20(3–4): 343–361.

Pound, R. (1986). The International Olympic Marketing Programme. *Olympic Review,* 220: 84–86.

Prahalad, C.K. and Ramaswamy, V. (2004). *The Future of Competition: Co-creating unique value with customers.* Boston: Harvard Business School Press.

Preuss, H. (2000). *Economics of the Olympic Games: Hosting the Games 1972–2000.* Sydney: Walla Walla.

Preuss, H., Gemeinder, K. and Séguin, B. (2008). Ambush Marketing in China: Empirical Evidence and Theoretical Explanations. *Asian Business and Management,* 7(2): 243–263.

Rao, A. (2010). Brand alliances. In Loken, B., Ahluwalia, R. and Houston, ? (Eds), *Brands and Brand Management: Contemporary research perspectives.* New York: Psychology Press, 43–61.

Rao, A.R. and Ruekert, R.W. (1994). Brand Alliances as Signals of Product Quality. *Sloan Management Review,* 36: 87–97.

RBC. (2008a). *Coca-Cola Canada and RBC Join VANOC in Sharing the 2010 Olympic Torch Relay with Communities Canada-wide.* Available at: http://www.rbc.com/newsroom/20080128 vanoc. html (retrieved 16 October 2011).

RBC. (2008b). *RBC Invites Canadians to be a 2010 Olympic Torchbearer by Pledging to Create a Better Canada.* Available at: http://www.rbc.com/newsroom/2008/1121-torch.html (retrieved 16 October 2011).

RBC. (2010). *Legacy of Vancouver 2010 Olympic Torch Relay Includes a Helping Hand from the RBC Foundation across Canada.* Available at: http://www.rbc.com/newsroom/otr/0210-torch. html (retrieved 16 October 2011).

RBC. (2011a). *60 Years of Support.* Available at: http://www.rbc.com/sponsorship/olympics/60-years-of-support.html (retrieved 16 October 2011).

RBC. (2011b). *Corporate Profile.* Available at: http://www.rbc.com/aboutus/index.html (retrieved 16 October 2011).

Richelieu, A. (2004). Building the brand equity of professional sports teams? In Pitts, B. (Ed.), *Sharing Best Practices in Sports Marketing*. Morgantown, WV: Fitness Information Technology Publishers, 3-21.

Robinson, L. and Camy, J. (2008). *Managing Olympic Sport Organizations*. Champaign, IL: Human Kinetics.

Sacassa, T. (2011). Ambush Marketing and the Right of Association: Clamping Down on References to That Big Event with All the Athletes in a Couple of Years. *Journal of Sport Management*, 25(4): 354-370.

Sandler, D.M., and Shani, D. (1989). Olympic Sponsorship vs. 'Ambush' Marketing: Who Gets the Gold? *Journal of Advertising Research*, 29(4): 9-14.

Schantz, O. (1995). La présidence d'Avery Brundage (1952-1972). In Gafner, R. And Müller, N. (Eds.), *1894-1994 : Un siècle du Comité International Olympique, Volume II: Lennartz, K., Schantz, O. La présidence de S. Edström et la présidence de A. Brundage*. Lausanne: IOC, 72-200.

Schmitt, B.H. (1999). *Experiential Marketing: How to get customers to sense, feel, think, act, and relate to your company and brands*. New York: Free Press.

Séguin, B. (2003). Représentations d'acteurs sociaux sur les relations entre le marketing et les Jeux olympiques. Unpublished doctoral dissertation, Université Marc Bloch (Strasbourg II), Strasbourg, France.

Séguin, B. and O'Reilly, N. (2008). The Olympic Brand, Ambush Marketing and Clutter. *International Journal of Sport Management and Marketing*, 4(1/2): 62-84.

Séguin, B. and O'Reilly, N. (2011). *Olympic Sponsorship and Ambush Marketing*. Report presented to the Canadian Olympic Committee: Ottawa.

Séguin, B., Richelieu, A. and O'Reilly, N. (2008). Leveraging the Olympic Brand through the Reconciliation of Corporate Consumers' Brand Perceptions. *International Journal of Sport Management and Marketing*, 3(1/2): 3-22.

Séguin, B., Teed, K. and O'Reilly, N. (2005). National Sport Organizations and Sponsorship: An Identification of Best Practices. *International Journal of Sport Management and Marketing*, 1(2): 69-92.

SERI. (2010a). *Information 745*. Seoul: SERI.

SERI. (2010b). *Economic Impact of Hosting the Olympic Games, 2000 & 2004*. Seoul: SERI.

Sg, M. (1998). An uncomfortable circle of knowledge: an examination of the Nairobi Treaty on the Protection of the Olympic Symbol. In Barney, ?, Robert, ? et al. (Eds.), *Proceedings of the Fourth International Symposium on Olympic Research*. University of Western Ontario, 87-98.

Shank, M.D. (2005). *Sports Marketing: A strategic perspective*, 3rd edition. Upper Saddle River, NJ: Prentice Hall.

Shaw, A. (2011) Interviewed by O'Conor, M., 8 March.

Sheth, J. and Uslay, C. (2007). Implication of the Revised Definition of Marketing: from Exchange to Value Creation. *Journal of Public Policy and Marketing*, 26(2): 302–307.

Sheth, J.N. and Parvatiyar, A. (2000). *The Handbook of Relationship Marketing*. Thousand Oaks, CA: Sage Publications.

Simonin, B.L. and Ruth, J.A. (1998). Is a Company Known by the Company it Keeps? Assessing the Spillover Effects of Brand Alliances on Consumer Brand Attitudes. *Journal of Marketing Research*, 35: 30–42.

Simons, C. and Warren, I. (2006). David v. Goliath: The Gay Games, the Olympics, and the Ownership of Language. *Entertainment and Sports Law Journal*. Available at: http://www2.warwick.ac.uk/fac/soc/law/elj/eslj/issues/volume4/number1/symons_warren/symons_warren.pdf.

Slater, J. (1998). Changing partners: The relationship between the mass media and the Olympic Games. *International Centre for Olympic Studies: Fourth International Symposium for Olympic Research*, London, ON, 49–68.

Smith, C. and Williams, E. (2010). Responsible Consumers and Stakeholdermarketing: Building a Virtuous Circle of Social Responsibility. *Universia Business Review*, segundotrimestre, 1–11.

Smith, C., Palazzo, G. and Bhattacharya, C.B. (2010). Marketing's Consequences: Stakeholder Marketing and Supply Chain Corporate Social Responsibility Issues. *Business Ethics Quarterly*, 20(4): 617–641.

Smith, S. and Wheeler, J. (2002). *Managing the Customer Experience: Turning customers into advocates*. Harlow: Pearson Education.

Speed, R. and Thompson, P. (2000). Determinants of Sport Sponsorship Response. *Journal of the Academy of Marketing Science*, 28: 226–238.

Srinivasan, V., Park, C.S. and Chang, D. R. (2005). An Approach to the Measurement, Analysis, and Prediction of Brand Equity and Its Sources. *Management Science*, 51(3): 1433–1448.

Stauble, V.B. (1994). The significance of sports marketing and the case of the Olympic Games. In Graham, P.J. (Ed.), *Sport Business: Operational and theoretical aspects*. Dubuque, IA: WCM Brown & Benchmark, 14–21.

Storbacka, K., Nenonen, S. and Korkman, O. (2009). Markets as Configurations: A Research Agenda for Co-created Markets. Working Paper, Breukelen (Netherlands):Nyenrode

Business Universiteit.

Stupp, H. (2006). *General Overview of the Intellectual Property Rights of the International Olympic Committee.* World Federation of Sporting Good Industry International Yearbook 2006.Lausanne: WFSGI, 29–33.

Timmers, M. (2008). *A Century of Olympic Posters.* London: V&A Publishing.

Tower, J., Jago, L. and Deery, M. (2006). Relationship Marketing and Partnerships in Not-for-Profit Sport in Australia. *Sport Marketing Quarterly*, 15, 167–180.

Trumpp, E. (1998). Les enjeux des Jeux: L'impact des Jeux Olympiques de 1932 sur la ville de Los Angeles. In Loudcher, J.-F. and Vivier, C. (Eds.), *Le sport dans la ville.* Paris, France : L'Harmattan, 29–38.

TTOC. (2011). *About Us.* Available at: http://www.ttoc.org/index.php?option=com_content& view=article&id=163&Itemid=55 (retrieved 27 October 2011).

TTOC. (date). *Shape the Community.* Available at : http://www.ttoc.org/index.php?option=com _content &view=category&layout=blog&id=116&Itemid=314(retrieved 2 February 2012).

Unilever. (2011a). *Introduction to Unilever.* Available at: http://www.unilever.com/aboutus/in-troductiontounilever/ (retrieved 26 October 2011).

Unilever. (2011b). *Our Company.* Available at: http://www.unilever.be/fr/notre_entreprise/spon soring/COIBetCPB/default.aspx (retrieved 26 October 2011).

Unilever. (2011c). *Sustainable Living.* Available at: http://www.sustainable-living.unilever.com/ (retrieved 26 October 2011).

Unilever. (2011d). *Vitality News.* Available at: http://www.unilever.nl/Images/UNILE.NL.8003 _Vitality_lees_EN_tcm164–135506.pdf (retrieved 26 October 2011).

USA Today. (2008, June 3). *Dispute over Olympic revenue sharing may impact Chicagobid.* Available at : http://www.usatoday.com/sports/olympics/2008-06-03-chicagoshare_N. htm (retrieved on 14 October 2011).

VANOC. (2006). *Sponsorship Sales and Servicing.* Presentation at Sponsor Workshop.

VANOC. (2007). *Business Plan and Games Budget: May 2007.* Vancouver: Vancouver Organizing Committee for the 2010 Olympic and Paralympic Games.

VANOC. (2010). Ilanaaq: Vancouver 2010 Olympic Winter Games emblem. *Marketwire.* Available at: http://www.marketwire.com/press-release/introducing-ilanaaq-vancouver -2010-olympic-winter-games-emblem-celebrates-canada-539152.htm (retrieved 6 October 2011).

Vargo, S.L. and Lusch, R.F. (2004). Evolving to a New Dominant Logic for Marketing. *Journal of Marketing*, 68(1): 1–17.

Vargo, S.L. and Lusch, R.F. (2008). Service-Dominant Logic: Continuing the Evolution. *Journal of the Academy of Marketing*, 36(1): 1–10.

Visa. (2011a). *Brand and Sponsorship*. Available at: http://corporate.visa.com/about-visa/brand-and-sponsorships/sponsorships.shtml (retrieved 26 October 2011).

Visa. (2011b). *Olympic Games Media Kit*. Available at: http://corporate.visa.com/mediacentre/media-kits/olympic.shtml (retrieved 26 October 2011).

Visa. (2011c). *Visa Corporate*. Available at: http://corporate.visa.com/about-visa/brandand-spon sorships-index.shtml (retrieved 26 October 2011).

Visa. (2011d). *Fact Sheet: Visa and the Olympic Games*. Available at: http://corporate.visa.com/ _media/olympic-games-media-kit/visa-and-the-olympic-games.pdf (retrieved 26 October 2011)

Visa Europe. (2011a). A Golden Opportunity: London 2012 Olympic and Paralympic Games ex-penditure and economic impact. Available at: www.visaeurope.com/ (retrieved 26 October 2011).

Visa Europe. (2011b). *News*. Available at: http://www.visaeurope.com/en/newsroom/news/arti cles/2011/samsung_and_visa_enable_mobile.aspx (retrieved 26 October 2011).

Voss, E.K. and Gammoh, B.S. (2004). Building Brands through Brand Alliances: Does a Second Ally Help? *Marketing Letters*, 15(2–3): 147–159.

Wasserman, S. and Faust, K. (1994). *Social Network Analysis: Methods and Applications*. Cambridge, MA: Cambridge University Press.

Wei, Y. (1997). *The Olympic Image: The First 100 Years*. Edmonton: Quon Editions.

Wenn, S. (1994). An Olympic squabble: The distribution of Olympic television revenue,1960–1966. *Olympik*a, 3: 27–47.

Wenn, S. (1995). Growing pains: The Olympic movement and television, 1966–1972. *Olympika*, 4: 1–22.

Wilkie, W.L. (2006). The World of Marketing Thought: Where are we heading? In Sheth,J.N. and Sisodia, R.K. (Eds), *Does Marketing Need Reform? Fresh perspectives on the future*. Armonk, NY: M.E. Sharpe, 239–247.

Wilkie, W. and Moore, E.S. (2006). Examining Marketing Scholarship and the Service Dominant Logic. In Lusch, R.F. and Vargo,S.L. (Eds), *The Service-Dominant Logic of Marketing*. Armonk, NY: M.E. Sharpe, 266–278.

Willis, A. (2010). How the Torch Lit the Way for RBC. *Globe and Mail*. Available at: http://www.theglobeandmail.com/globe-investor/investment-ideas/streetwise/howthe-torch-lit-the-way-for-rbc/article1460954/ (retrieved 16 October 2011).

Woodruff, R.B. (1997). Customer Value: The Next Source for Competitive Advantage. *Journal of the Academy of Marketing Science*, 25(2): 139–153.

Woodward, S. (2003). IOC Does a 180, Buys Meridian Agency in Move to Take Marketing In-House. *Street & Smith's Sport Business Journal*. Available at: http://www.sportsbu sinessdaily.com/Journal/Issues/2003/05/20030526/This-Weeks-Issue/IOCDoes-A-1 80-Buys-Meridian-Agency-In-Move-To-Take-Marketing-In-House.aspxhl=IOC%20 does%20a%20180%2C%20buys%20Meridian%20agency%20in%20move%20to %20take%20marketing%20in-house.&sc=0 (retrieved 25 October 2011).

Zacharias, Y. (2010). Longest Olympic Torch Relay Ends in Vancouver. *Vancouver Sun*. Available at: http://www.vancouversun.com/sports/2010wintergames/torch-run/Longest+Olympic +torch+relay+ends+Vancouver/2557924/story.html (retrieved 14 September 2011).

Zeithaml, V.A. (1988). Consumer Perceptions of Price, Quality, and Value: A Means–End Model and Synthesis of Evidence. *Journal of Marketing*, 52(3): 2–22.

인터넷 출처

2014 Incheon Asian Games Organizing Committee: http://incheon2014ag.org/main/publish/ view.jsp?menuID=002002001001

Association of National Olympic Committees: www.aNOClympic.org

Association of Tennis Professionals (ATP): www.atptennis.com

BMW: www.bmw.co.uk

Brand Olympics: Patriotism, positivity and praise from Vancouver 2010: http://www.interbrand. com/en/knowledge/blog/post/2010-03-02/Brand-Olympics-patriotismpositivity-and-praise-from-Vancouver-2010.aspx

Brand Olympics: The Best Marketing campaigns of the 2010 Vancouver Winter Games:http:// sparksheet.com/brand-olympics-the-best-marketing-campaigns-of-the-2010-vancouv er-winter-games

Cadbury Spots v Stripes programme: http://www.spotsvstripes.com/default.aspx; http://www. spotsvstripes.com/events.aspx

Cadbury UK: www.cadbury.co.uk

COIB: www.olympic.be

Court of Arbitration for Sport (CAS): www.tas-cas.org

Deutscher Olympischer Sportbund: www.dosb.de

Innsbruck Youth Olympic Games 2012 Organising Committee: www.innsbruck2012.com

International Association of Athletics Federations (IAAF): www.iaaf.org

International Olympic Committee (IOC): www.olympic.org

The IOC and the Olympic Movement: www.olympic.org

IOC Marketing Media Guide: http://www.olympic.org/Documents/Reports/EN/IOCMEDIA
GUIDE-2010-EN.pdf

IOC Social Media, Blogging and Internet Guidelines: www.olympic.org/Documents/Games_
London_2012/IOC_Social_Media_Blogging_and_Internet_Guidelines-London.pdf

Korea Brand Net: www.koreabrand.net/en/how/how_search_index.do

Korean Ministry of Culture, Sports and Tourism: www.mcst.go.kr/english/index.jsp

Korean Olympic Committee: www.koc.org

LOCOG 'Inspire programme': www.mylondon2012.com/inspireprogramme/about

LOCOG 'Our brand': www.london2012.com/about-us/our-brand

LOCOG: www.london2012.com

London 2012 'Get set programme': http://getset.london2012.com

London 2012 brand information, using the brand, protecting the brand: http://www.london2012.
com/ about-us/our-brand/using-the-brand.php

London 2012 Brand Protection: www.london2012.com/documents/brand-guidelines/guidelines-
for-non-commercial-use.pdf

The London Olympic Act 2006: www.legislation.gov.uk/ukpga/2006/12/contents

London Organising Committee of the Olympic and Paralympic Games (LOCOG): www.london
2012.com

Nairobi Treaty on the Protection of the Olympic Symbol: www.wipo.int/treaties/en/ip/nairobi

Nanjing Youth Olympic Games 2014 Organising Committee: www.nanjing2014.org

National Basketball Association (NBA): www.nba.com

NBC Sports: www.nbcolympics.com

Olympic Council of Asia (OCA) and Asian Games: www.ocasia.org

The Olympics: The World's most powerful brand?: http://www.brandinsightblog.com/2010/03/
06/the-olympics-—-the-world's-most-powerful-brand

Organizing Committee for the Rio 2016 Olympic and Paralympic Games: www.rio2016.org

PyeongChang 2018 Olympic and Paralympic Bid Committee: www.pyeongchang2018.org

Pyeongchang 2018 Organising Committee: www.pyeongchang2018.org

RBC: www.rbc.com

Rio 2016 Organising Committee: www.rio2016.org

Rio launches new Olympic brand, logo: http://www.gamesbids.com/eng/other_news/1216135497.
html

Sochi 2014 Organising Committee: www.sochi2014.com

SportAccord (formerly General Association of International Sports Federations): www.sportaccord.cm

Trinidad and Tobago Olympic Committee: www.ttoc.org

Unilever: www.unilever.com

United States Olympic Committee (USOC): www.teamusa.org

VANOC: www.canada2010.gc.ca

Visa: http://usa.visa.com

World Anti-Doping Agency (WADA): www.wada-ama.org

World Olympian Association (WOA): www.woaolympians.com

감사의 말

쿠르트 르윈Kurt Lewin의 "좋은 이론보다 더 실제적인 것은 없다"라는 말을 믿는 모든 이에게…….

- 알랭 페랑

40년 전 뮌헨 올림픽에 처음 참가한 이후 올림픽 시스템과 마케팅에 대하여 이해할 수 있도록 도와준 모든 분들, 특히 이 책의 서문과 머리말을 써주신 분들께 더욱 감사드린다. 또한 2011년, 내가 해당 파트를 쓸 수 있도록 여름 수개월 동안 지원해준 가족에게 고마움을 전한다.

- 장-루프 샤플레

나의 가족, 올림픽 친구들, 학교 동료들, 캐나다 스포츠 선수 그리고 나의 모든 학생들에게, 특히 IDHEAP에서의 안식년 기간 중 올림픽 무브먼트와 스포츠 매니지먼트에 대한 놀라운 지식과 경험을 공유해준 알랭 페랑과 장-루프 샤플레에게 특별한 감사를 전한다.

- 브누아 세갱

스포츠를 사랑하는 모든 이들에게…….
특히 이 훌륭한 책을 한국어판으로 함께 출판할 수 있게 해주신 나의 MEMOS 지도교수인 알랭 페랑, 장-루프 샤플레, 브누아 세갱 교수님에게 특별한 감사를 전한다.

- 오지윤

올림픽 마케팅

2014년 1월 27일 초판 1쇄 인쇄
2014년 2월 4일 초판 1쇄 발행

지은이 | 알랭 페랑, 장-루프 샤플레, 브누아 세갱, 오지윤
옮긴이 | 오지윤
펴낸이 | 김영호 기획 | 정진용 편집 | 조영균 디자인 | 최려진 관리 | 이영주
펴낸곳 | 도서출판 동연
등   록 | 제1-1383호(1992. 6. 12)
주   소 | 서울시 마포구 월드컵로 163-3
전   화 | (02)335-2630/4110
전   송 | (02)335-2640
이메일 | yh4321@gmail.com

ISBN 978-89-6447-227-9 93200